康熙嵊縣志

1

紹興大典

史部

中華書局

圖書在版編目(CIP)數據

(康熙)嵊縣志 / (清) 張逢歡修 ; (清) 袁尚衷等纂 . — 北京 : 中華書局 , 2024.6. — (紹興大典). — ISBN 978-7-101-16806-8

Ⅰ . K295.54

中國國家版本館 CIP 數據核字第 2024HF1938 號

書　　名	(康熙)嵊縣志(全二册)
叢 書 名	紹興大典・史部
修　　者	〔清〕張逢歡
纂　　者	〔清〕袁尚衷 等
項目策劃	許旭虹
責任編輯	梁五童
裝幀設計	許麗娟
責任印製	管　斌
出版發行	中華書局
	(北京市豐臺區太平橋西里38號 100073)
	http: // www. zhbc. com. cn
	E-mail: zhbc@zhbc. com. cn
印　　刷	天津藝嘉印刷科技有限公司
版　　次	2024年6月第1版
	2024年6月第1次印刷
規　　格	開本787×1092毫米　1/16
	印張67　插頁2
國際書號	ISBN 978-7-101-16806-8
定　　價	890.00元

學術顧問（按姓氏筆畫排序）

安平秋　李　岩　吴　格
袁行霈　張志清　葛劍雄
樓宇烈

編纂工作指導委員會

主　　任　盛閱春（二〇二二年九月至二〇二三年一月在任）

　　　　　温　暖　施惠芳　肖啓明　熊遠明

第一副主任　丁如興

副 主 任　陳偉軍　汪俊昌　馮建榮

成　　員（按姓氏筆畫排序）

　　　　　王静静　朱全紅　沈志江　金水法　俞正英

　　　　　胡華良　茹福軍　徐　軍　陳　豪　黄旭榮

　　　　　裘建勇　樓　芳　魯霞光　魏建東

編纂委員會

主編　馮建榮

副主編　黄錫雲　尹濤　王静静　李聖華　陳紅彦

委員（按姓氏筆畫排序）

王静静　尹濤　那艷　李聖華　俞國林

陳紅彦　陳誼　許旭虹　馮建榮　葉卿

黄錫雲　黄顯功　楊水土

史部主編　黄錫雲　許旭虹

序

紹興是國務院公布的首批中國歷史文化名城，是中華文明的多點起源地之一和越文化的發祥、壯大之地。從嵊州小黄山遺址迄今，已有一萬多年的文化史；從大禹治水迄今，已有四千多年的文明史；從越國築句踐小城和山陰大城迄今，已有兩千五百多年的建城史。建炎四年（一一三〇），宋高宗駐蹕越州，取義「紹奕世之宏庥，興百年之丕緒」，次年改元紹興，賜名紹興府，領會稽、山陰、蕭山、諸暨、餘姚、上虞、嵊、新昌等八縣。元改紹興路，明初復爲紹興府，清沿之。

紹興坐陸面海，嶽峙川流，風光綺麗，物産富饒，民風淳樸，士如過江之鯽，彬彬稱盛。春秋末越國有「八大夫」佐助越王卧薪嘗膽，力行「五政」，崛起東南，威續戰國，四分天下有其一，成就越文化的第一次輝煌。秦漢一統後，越文化從尚武漸變崇文。晋室東渡，北方士族大批南遷，王、謝諸大家紛紛遷居於此，一時人物之盛，雲蒸霞蔚，學術與文學之盛冠於江左，給越文化注入了新的活力。唐時的越州是詩人行旅歌詠之地，形成一條江南唐詩之路。至宋代，尤其是宋室南遷後，越中理學繁榮，文學昌盛，領一時之先。明代陽明心學崛起，這一時期的越文化，宣導致良知、知行合一，重於事功，伴隨而來的是越中詩文、書畫、戲曲的興盛。明清易代，有劉宗周等履忠蹈義，慷慨赴死，亦有黄宗羲率其門人，讀書窮經，關注世用，成其梨洲一派。至清中葉，會稽章學誠等人紹承梨洲之學而開浙東史學之新局。晚清至現代，越中知識分子心懷天下，秉持先賢「膽劍精神」，再次站在歷史變革的潮頭，蔡元培、魯迅等人「開拓越學」，使紹興成爲新文化運動和新民主主義革命的重要陣地。越文化兼容並包，與時偕變，勇於創新，隨着中國社會歷史的變遷，無論其内涵和特質發生何種變化，均以其獨特、强盛的生命力，推動了中華文明的發展。

文獻典籍承載着廣博厚重的精神財富、生生不息的歷史文脉。紹興典籍之富，甲於東南，號爲文獻之邦。從兩漢到魏晉再至近現代，紹興人留下了浩如煙海、綿延不斷的文獻典籍。陳橋驛先生在《紹興地方文獻考録·前言》中説：「紹興是我國歷史上地方文獻最豐富的地方之一。」有我國地方志的開山之作《越絶書》，有唯物主義的哲學巨著《論衡》，有書法藝術和文學價值均登峰造極的《蘭亭集序》，有詩爲「中興之冠」的陸游《劍南詩稿》，有輯録陽明心學精義的儒學著作《傳習録》等，這些文獻，不僅對紹興一地具有重要價值，對浙江乃至全國來説，也有深遠意義。

紹興藏書文化源遠流長。歷史上的藏書家多達百位，知名藏書樓不下三十座，其中以澹生堂最爲著名，藏書十萬餘卷。近現代，紹興又首開國内公共圖書館之先河。光緒二十六年（一九〇〇），紹興鄉紳徐樹蘭獨力捐銀三萬餘兩，圖書七萬餘卷，創辦國内首個公共圖書館——古越藏書樓。越中多名士，自也與藏書聚書風氣有關。

習近平總書記强調，「我們要加强考古工作和歷史研究，讓收藏在博物館裏的文物、陳列在廣闊大地上的遺産、書寫在古籍裏的文字都活起來，豐富全社會歷史文化滋養」。黨的十八大以來，黨中央站在實現中華民族偉大復興的高度，對傳承和弘揚中華優秀傳統文化作出一系列重大決策部署。中共中央辦公廳、國務院辦公廳二〇一七年一月印發了《關於實施中華優秀傳統文化傳承發展工程的意見》，二〇二二年四月又印發了《關於推進新時代古籍工作的意見》。

盛世修典，是中華民族的優秀傳統，是國家昌盛的重要象徵。近年來，紹興地方文獻典籍的利用呈現出多層次、多方位探索的局面，從文史界到全社會都在醞釀進一步保護、整理、開發、利用紹興歷史文獻的措施，形成了廣泛共識。中共紹興市委、市政府深入學習貫徹習近平總書記重要指示精神，積極響應國家重大戰略部署，以提振紹興人文氣運的文化自覺和存續一方文脉的歷史擔當，作出了編纂出版《紹興大典》的重大決定，計劃用十年時間，系統、全面、客觀梳理紹興文化傳承脉絡，收集、整理、編纂、出版紹興地方歷史文獻。二〇二二年十月，中共紹興市委辦公室、紹興市人民政府辦公室印發《關於〈紹興大典〉編纂出版工作實施方案的通知》。自此，《紹興大典》編纂出版各項工作開始有序推進。

百餘年前，魯迅先生提出「開拓越學，俾其曼衍，至於無疆」的願景，今天，我們繼先賢之志，實施紹興歷史上前無古人的文化工程，希冀通過《紹興大典》的編纂出版，從浩瀚的紹興典籍中尋找歷史印記，從豐富的紹興文化中挖掘鮮活資源，從悠遠的紹興歷史中把握發展脉絡，古爲今用，繼往開來，爲新時代「文化紹興」建設注入强大動力。我們將懷敬畏之心，以古人「三不朽」的立德修身要求，爲紹興這座中國歷史文化名城和「東亞文化之都」立傳畫像，爲全世界紹興人築就恒久的精神家園。

是爲序。

温暖

二〇二三年十月

前言

越國故地，是中華文明的重要起源地，中華優秀傳統文化的重要貢獻地，中華文獻典籍的重要誕生地。紹興，是越國古都，國務院公布的第一批歷史文化名城。編纂出版《紹興大典》，是綿延中華文獻之大計，弘揚中華文化之良策，傳承中華文明之壯舉。

一

紹興有源遠流長的文明，是中華文明的縮影。

中國有百萬年的人類史，一萬年的文化史，五千多年的文明史。中華文明，是中華民族長期實踐的積累，集體智慧的結晶，不斷發展的産物。各個民族，各個地方，都爲中華文明作出了自己獨具特色的貢獻。紹興人同樣爲中華文明的起源與發展，作出了自己傑出的貢獻。

現代考古發掘表明，早在約十六萬年前，於越先民便已經在今天的紹興大地上繁衍生息。二〇一七年初，在嵊州崇仁安江村蘭山廟附近，出土了於越先民約十六萬年前使用過的打製石器〔一〕。這是曹娥江流域首次發現的舊石器遺存，爲探究這一地區中更新世晚期至晚更新世早期的人類活動、

〔一〕陸瑩等撰《浙江蘭山廟舊石器遺址網紋紅土釋光測年》，《地理學報》英文版，二〇二〇年第九期，第一四三六至一四五〇頁。

華南地區與現代人起源的關係、小黃山遺址的源頭等提供了重要綫索。

距今約一萬至八千年的嵊州小黃山遺址[一]，於二〇〇六年與上山遺址一起，被命名爲上山文化。該遺址中的四個重大發現，引人矚目：一是水稻實物的穀粒印痕遺存，以及儲藏坑、鐮形器、石磨棒、石磨盤等稻米儲存空間與收割、加工工具的遺存；二是種類與器型衆多的夾砂、夾炭、夾灰紅衣陶與黑陶等遺存；三是我國迄今發現的最早的立柱建築遺存，以及石杵立柱遺存；四是我國新石器時代遺址中迄今發現的最早的石雕人首。

蕭山跨湖橋遺址出土的山茶種實，表明於越先民在八千多年前已開始對茶樹及茶的利用與探索[二]。距今約六千年前的餘姚田螺山遺址發現的山茶屬茶樹根遺存，有規則地分布在聚落房屋附近，特別是其中出土了一把與現今茶壺頗爲相似的陶壺，表明那時的於越先民已經在有意識地種茶用茶了[三]。

對美好生活的嚮往無止境，創新便無止境。於越先民在一萬年前燒製出世界上最早的彩陶的基礎上[四]，經過數千年的探索實踐，終於在夏商之際，燒製出了人類歷史上最早的原始瓷[五]；繼而又在東漢時，燒製出了人類歷史上最早的成熟瓷。現代考古發掘表明，漢時越地的窑址，僅曹娥江兩岸的上虞，就多達六十一處[六]。

中國是目前發現早期稻作遺址最多的國家，是世界上最早發現和利用茶樹的國家，更是瓷器的故

〔一〕浙江省文物考古研究所編《上山文化：發現與記述》，文物出版社二〇一六年版，第七一頁。

〔二〕浙江省文物考古研究所、蕭山博物館編《跨湖橋》，文物出版社二〇〇四年版，彩版四五。

〔三〕北京大學中國考古學研究中心、浙江省文物考古研究所編《田螺山遺址自然遺存綜合研究》，文物出版社二〇一一年版，第一一七頁。

〔四〕孫瀚龍、趙曄著《浙江史前陶器》，浙江人民出版社二〇二二年版，第三頁。

〔五〕鄭建華、謝西營、張馨月著《浙江古代青瓷》，浙江人民出版社二〇二二年版，上册，第四頁。

〔六〕宋建明主編《早期越窑——上虞歷史文化的豐碑》，中國書店二〇一四年版，第二四頁。

鄉。《（嘉泰）會稽志》卷十七記載「會稽之産稻之美者，凡五十六種」，稻作文明的進步又直接促成了紹興釀酒業的發展。同卷又單列「日鑄茶」一條，釋曰「日鑄嶺在會稽縣東南五十五里，嶺下有僧寺名資壽，其陽坡名油車，朝暮常有日，産茶絶奇，故謂之日鑄」。可見紹興歷史上物質文明之發達，真可謂「天下無儔」。

二

紹興有博大精深的文化，是中華文化的縮影。

文化是一條源遠流長的河，流過昨天，流到今天，還要流向明天。悠悠萬事若曇花一現，唯有文化與日月同輝。

大量的歷史文獻與遺址古迹表明，四千多年前，大禹與紹興結下了不解之緣。大禹治平天下之水，漸九川，定九州，至於諸夏乂安，《史記·夏本紀》載：「禹會諸侯江南，計功而崩，因葬焉，命曰會稽。會稽者，會計也。」裴駰注引《皇覽》曰：「禹冢在山陰縣會稽山上。會稽山本名苗山，在縣南，去縣七里。」《（嘉泰）會稽志》卷六「大禹陵」：「禹巡守江南，上苗山，會稽諸侯，死而葬焉。……劉向書云：禹葬會稽，不改其列，謂不改林木百物之列也。苗山自禹葬後，更名會稽。是山之東，有隴隱若劍脊，西嚮而下，下有窆石，或云此正葬處。」另外，大禹在以會稽山爲中心的越地，還有一系列重大事迹的記載，包括娶妻塗山、得書宛委、畢功了溪、誅殺防風、禪祭會稽、築治邑室等。

以至越王句踐，「其先禹之苗裔，而夏后帝少康之庶子也，封於會稽，以奉守禹之祀」（《史記·越王句踐世家》）。句踐的功績，集中體現在他一系列的改革舉措以及由此而致的强國大業上。

他創造了「法天象地」這一中國古代都城選址與布局的成功範例，奠定了近一個半世紀越國號稱天下强國的基礎，造就了紹興發展史上的第一個高峰，更實現了東周以來中國東部沿海地區暨長江下游地區的首次一體化，讓人們在數百年的分裂戰亂當中，依稀看到了一統天下的希望，爲後來秦始皇統一中國，建立真正大一統的中央政權，進行了區域性的準備。因此，司馬遷稱：「苗裔句踐，苦身焦思，終滅强吴，北觀兵中國，以尊周室，號稱霸王。句踐可不謂賢哉！蓋有禹之遺烈焉。」

千百年來，紹興涌現出了諸多譽滿海内、雄稱天下的思想家，他們的著述世不絶傳、遺澤至今，他們的思想卓犖英發、光彩奪目。哲學領域，聚諸子之精髓，啓後世之思想。政治領域，以家國之情懷，革社會之弊病。經濟領域，重生民之生業，謀民生之大計。教育領域，育天下之英才，啓時代之新風。史學領域，創史志之新例，傳千年之文脉。

紹興是中國古典詩歌藝術的寶庫。四言詩《候人歌》被稱爲「南音之始」。於越《彈歌》是我國文學史上僅存的二言詩。《越人歌》是越地的第一首情歌、中國的第一首譯詩。山水詩的鼻祖，是上虞人謝靈運。唐代，這裏涌現出了賀知章等三十多位著名詩人。宋元時，這裏出了别開詩歌藝術天地的陸游、王冕、楊維楨。

紹興是中國傳統書法藝術的故鄉。鳥蟲書與《會稽刻石》中的小篆，影響深遠。中國的文字成爲藝術品之習尚，文字由書寫轉向書法，是從越人的鳥蟲書開始的。而自王羲之《蘭亭序》之後，紹興更是成爲中國書法藝術的聖地。翰墨碑刻，代有名家精品。

紹興是中國古代繪畫藝術的重鎮。世界上最早彩陶的燒製，展現了越人的審美情趣。「文身斷髮」與「鳥蟲書」，實現了藝術與生活最原始的結合。戴逵與戴顒父子、僧仲仁、王冕、徐渭、陳洪綬、趙之謙、任熊、任伯年等在中國繪畫史上有開宗立派的地位。

一九一二年一月，魯迅爲紹興《越鐸日報》創刊號所作發刊詞中寫道：「於越故稱無敵於天下，海岳精液，善生俊異，後先絡繹，展其殊才；其民復存大禹卓苦勤勞之風，同句踐堅確慷慨之志，力作治生，綽然足以自理。」可見，紹興自古便是中華文化的重要發源地與傳承地，紹興人更是世代流淌着「卓苦勤勞」「堅確慷慨」的精神血脉。

三

紹興有琳琅滿目的文獻，是中華文獻的縮影。

自有文字以來，文獻典籍便成了人類文明與人類文化的基本載體。紹興地方文獻同樣爲中華文明與中華文化的傳承發展，作出了傑出的貢獻。

中華文明之所以成爲世界上唯一没有中斷、綿延至今、益發輝煌的文明，在於因文字的綿延不絶而致的文獻的源遠流長、浩如煙海。中華文化之所以成爲中華民族有别於世界上其他任何民族的顯著特徵並流傳到今天，靠的是中華兒女一代又一代的言傳身教、口口相傳，更靠的是文獻典籍一代又一代的忠實書寫、守望相傳。

無數的甲骨、簡牘、古籍、拓片等中華文獻，無不昭示着中華文明的光輝燦爛、欣欣向榮，無不昭示着中華文化的廣博淵綜、蒸蒸日上。它們既是中華文明與中華文化的基本載體，又是中華文明與中華文化的重要組成部分，是十分重要的物質文化遺産。

紹興地方文獻作爲中華文獻重要的組成部分，積澱極其豐厚，特色十分明顯。

（一）文獻體系完備

紹興的文獻典籍根基深厚，載體體系完備，大體經歷了四個階段的歷史演變。

一是以刻符、紋樣、器型爲主的史前時代。代表性的，有作爲上山文化的小黄山遺址中出土的彩陶上的刻符、印紋、圖案等。

二是以金石文字爲主的銘刻時代。代表性的，有越國時期玉器與青銅劍上的鳥蟲書等銘文、秦《會稽刻石》、漢「大吉」摩崖、漢魏六朝時的會稽磚甓銘文與會稽青銅鏡銘文等。

三是以雕版印刷爲主的版刻時代。代表性的，有中唐時期越州刊刻的元稹、白居易的詩集。唐長慶四年（八二四），浙東觀察使兼越州刺史元稹，在爲時任杭州刺史的好友白居易《白氏長慶集》所作的序言中寫道：「揚、越間多作書模勒樂天及予雜詩，賣於市肆之中也。」這是有關中國刊印書籍的最早記載之一，説明越地開創了「模勒」這一雕版印刷的風氣之先。宋時，兩浙路茶鹽司等機關和紹興府、紹興府學等，競相刻書，版刻業快速繁榮，紹興成爲兩浙乃至全國的重要刻書地，所刻之書多稱「越本」「越州本」。明代，紹興刊刻呈現出了官書刻印多、鄉賢先哲著作和地方文獻多、私家刻印特色叢書多的特點。清代至民國，紹興整理、刊刻古籍叢書成風，趙之謙、平步青、徐友蘭、章壽康、羅振玉等，均有大量輯刊，蔡元培早年應聘於徐家校書達四年之久。

四是以機器印刷爲主的近代出版時期。這一時期呈現出傳統技術與西方新技術並存、傳統出版物與維新圖强讀物並存的特點。代表性的出版機構，在紹興的有徐友蘭於一八六二年創辦的墨潤堂等。另外，吴隱於一九〇四年參與創辦了西泠印社；紹興人沈知方於一九一二年參與創辦了中華書局，還於一九一七年創辦了世界書局。代表性的期刊，有羅振玉於一八九七年在上海創辦的《農學報》，杜亞泉於一九〇一年在上海創辦的《普通學報》，羅振玉於一九〇一年在上海發起、王國維主筆的《教育世界》，杜亞泉等於一九〇二年在上海編輯的《中外算報》，秋瑾於一九〇七年在上海創辦的《中國女報》等。代表性的報紙，有蔡元培於一九〇三年在上海創辦的《俄事警聞》等。

紹興文獻典籍的這四個演進階段，既相互承接，又各具特色，充分彰顯了走在歷史前列、引領時代潮流的特徵，總體上呈現出了載體越來越多元、內涵越來越豐富、傳播越來越廣泛、對社會生活的影響越來越深遠的歷史趨勢。

（二）藏書聲聞華夏

紹興歷史上刻書多，便爲藏書提供了前提條件，因而藏書也多。大禹曾「登宛委山，發金簡之書，案金簡玉字，得通水之理」（《吴越春秋》卷六），還「巡狩大越，見耆老，納詩書」（《越絶書》卷八），這是紹興有關采集收藏圖書的最早記載。句踐曾修築「石室」藏書，「晝書不倦，晦誦竟旦」（《越絶書》卷十二）。

造紙術與印刷術的發明和推廣，使得書籍可以成批刷印，爲藏書提供了極大便利。王充得益於藏書資料，寫出了不朽的《論衡》。南朝梁時，山陰人孔休源「聚書盈七千卷，手自校治」（《梁書·孔休源傳》），成爲紹興歷史上第一位有明文記載的藏書家。唐代時，越州出現了集刻書、藏書、讀書於一體的書院。五代十國時，南唐會稽人徐鍇精於校勘，雅好藏書，「江南藏書之盛，爲天下冠，鍇力居多」（《南唐書·徐鍇傳》）。

宋代雕版印刷術日趨成熟，爲書籍的化身千百與大規模印製創造了有利條件，也爲藏書提供了更多來源。特别是宋室南渡、越州升爲紹興府後，更是出現了以陸氏、石氏、李氏、諸葛氏等爲代表的藏書世家。陸游曾作《書巢記》，稱「吾室之内，或棲於櫝，或陳於前，或枕藉於床，俯仰四顧，無非書者」。《（嘉泰）會稽志》中專設《藏書》一目，説明了當時藏書之風的盛行。元時，楊維楨「積書數萬卷」（《鐵笛道人自傳》）。

明代藏書業大發展，出現了鈕石溪的世學樓等著名藏書樓。其中影響最大的藏書家族，當數山陰祁氏；影響最大的藏書樓，當數祁承㸁創辦的澹生堂，至其子彪佳時，藏書達三萬多卷。

清代是紹興藏書業的鼎盛時期，有史可稽者凡二十六家，諸如章學誠、李慈銘、陶濬宣等。上虞王望霖建天香樓，藏書萬餘卷，尤以藏書家之墨迹與鈎摹鐫石聞名。徐樹蘭創辦的古越藏書樓，以存古開新爲宗旨，以資人觀覽爲初心，成爲中國近代第一家公共圖書館。

民國時，代表性的紹興藏書家與藏書樓有：羅振玉的大雲書庫、徐維則的初學草堂、蔡元培創辦的養新書藏、王子餘開設的萬卷書樓、魯迅先生讀過書的三味書屋等。

根據二〇一六年完成的古籍普查結果，紹興全市十家公藏單位，共藏有一九一二年以前産生的中國傳統裝幀書籍與民國時期的傳統裝幀書籍三萬九千七百七十七種、二十二萬六千一百二十五册，分别占了浙江省三十三萬七千四百零五種的百分之十一點七九、二百五十萬六千六百三十三册的百分之九點零二。這些館藏的文獻典籍，有不少屬於名人名著，其中包括在别處難得見到的珍稀文獻。這是紹興這個地靈人傑的文獻名邦確實不同凡響的重要見證。

一部紹興的藏書史，其實也是一部紹興人的讀書、用書、著書史。歷史上的紹興，刻書、藏書、讀書、用書、著書，良性循環，互相促進，成爲中國文化史上一道亮麗的風景。

（三）著述豐富多彩

紹興自古以來，論道立説、卓然成家者代見輩出，創意立言、名動天下者繼踵接武，歷朝皆有傳世之作，各代俱見槃槃之著。這些文獻，不僅對紹興一地有重要價值，而且也是浙江文化乃至中國古代文化的重要組成部分。

一是著述之風，遍及各界。越人的創作著述，文學之士自不待言，爲政、從軍、業賈者亦多喜筆耕，屢有不刊之著。甚至於鄉野市井之口頭創作、謡歌俚曲，亦代代敷演，蔚爲大觀，其中更是多有内蘊厚重、哲理深刻、色彩斑斕之精品，遠非下里巴人，足稱陽春白雪。

二是著述整理，尤爲重視。越人的著述，包括對越中文獻乃至我國古代文獻的整理。宋孔延之的《會稽掇英總集》，清杜春生的《越中金石記》，近代魯迅的《會稽郡故書雜集》等，都是收輯整理地方文獻的重要成果。陳橋驛所著《紹興地方文獻考録》，是另一種形式的著述整理，其中考録一九四九年前紹興地方文獻一千二百餘種。清代康熙年間，紹興府山陰縣吴楚材、吴調侯叔侄選編的《古文觀止》，自問世以來，一直是古文啓蒙的必備書，也深受古文愛好者的推崇。

三是著述領域，相涉廣泛。越人的著述，涉及諸多領域。其中古代以經、史與諸子百家研核之作爲多，且基本上涵蓋了經、史、子、集的各個分類，近現代以文藝創作爲多，當代則以科學研究論著爲多。這也體現了越中賢傑經世致用、與時俱進的家國情懷。

四

盛世修典，承古啓新，以「紹興」之名，行紹興之實。

紹興這個名字，源自宋高宗的升越州爲府，並冠以年號，時在紹興元年（一一三一）的十月廿六日。這是對這座城市傳統的畫龍點睛。紹興這兩個字合在一起，藴含的正是承繼前業而壯大之、開創未來而昌興之的意思。數往而知來，今天的紹興人正賦予這座城市、這個名字以新的意藴，那就是繼承中華優秀傳統文化，建設中華民族現代文明，爲實現中華民族偉大復興，作出自己新的更大的貢獻。

編纂出版《紹興大典》，正是紹興地方黨委、政府文化自信、文化自覺的體現，是集思廣益、精心實施的德政，是承前啓後、繼往開來的偉業。

（一）科學的決策

《紹興大典》的編纂出版，堪稱黨委、政府科學決策的典範。二〇二〇年十二月十一日，中共紹興市委八屆九次全體（擴大）會議審議通過了關於紹興市「十四五」規劃和二〇三五年遠景目標的建議，其中首次提出要啓動《紹興大典》的編纂出版工作。

二〇二一年二月五日，紹興市第八届人民代表大會第六次會議批准了市政府根據市委建議編製的紹興市「十四五」規劃和二〇三五年遠景目標綱要，其中又專門寫到要啓動《紹興大典》的編纂出版工作。二月八日，紹興市人民政府正式印發了這個重要文件。

二〇二二年二月二十八日的中共紹興市第九次代表大會市委工作報告與三月三十日的紹興市九届人大一次會議政府工作報告，均對編纂出版《紹興大典》提出了要求。

二〇二二年九月十五日，紹興市人民政府第十一次常務會議專題聽取了《〈紹興大典〉編纂出版工作實施方案》起草情况的匯報，决定根據討論意見對實施意見進行修改完善後，提交市委常委會議審議。九月十六日，中共紹興市委九届二十次常委會議專題聽取《〈紹興大典〉編纂出版工作實施方案》起草情況的匯報，並進行了討論，決定批准這個方案。十月十日，中共紹興市委辦公室、紹興市人民政府辦公室正式印發了《〈紹興大典〉編纂出版工作實施方案》。

在中共紹興市委、紹興市人民政府研究批准的實施方案中，《紹興大典》編纂出版的各項相關事宜，均得以明確。

（二）嚴謹的體例

一是主要目標。系統、全面、客觀梳理紹興文化傳承脉絡，收集、整理、編纂、研究、出版紹興地方文獻，使《紹興大典》成爲全國鄉邦文獻整理編纂出版的典範和紹興文化史上的豐碑，爲努力打造「文獻保護名邦」「文史研究重鎮」「文化轉化高地」三張紹興文化的金名片作出貢獻。

二是收録範圍。《紹興大典》收録的時間範圍爲：起自先秦時期，迄至一九四九年九月三十日，部分文獻酌情下延。地域範圍爲：今紹興市所轄之區、縣（市），兼及歷史上紹興府所轄之蕭山、餘姚。内容範圍爲：紹興人的著述，域外人士有關紹興的著述，歷史上紹興刻印的古籍善本和紹興收藏的珍稀古籍善本。

三是編纂方法。對所録文獻典籍，按經、史、子、集和叢五部分類方法編纂出版。

根據實施方案明確的時間安排與階段劃分，在具體編纂工作中，采用先易後難、先急後緩，邊編纂出版、邊深入摸底的方法。即先編纂出版情況明瞭、現實急需的典籍，與此同時，對面上的典籍情況進行深入的摸底調查。這樣的方法，既可以用最快的速度出書，以滿足保護之需、利用之需，又可以爲一些難題的破解争取時間；既可以充分發揮我國實力最强的專業古籍出版社中華書局的編輯出版優勢，又可以充分借助與紹興相關的典籍一半以上收藏於我國古代典籍收藏最爲宏富的國家圖書館的優勢。這是最大限度地避免時間與經費上的重複浪費的方法，也是地方文獻編纂出版工作方法上的創新。

另外，還將適時延伸出版《紹興大典·要籍點校叢刊》《紹興大典·文獻研究叢書》《紹興大典·善本影真叢覽》等。

（三）非凡的意義

正如紹興的文獻典籍在中華文獻典籍史上具有重要的影響那樣，編纂出版《紹興大典》的意義，同樣也是非同尋常的。

一是編纂出版《紹興大典》，對於文獻典籍的更好保護——活下來，具有非同尋常的意義。歷史上的文獻典籍，是中華文明歷經滄桑留下的最寶貴的東西。然而，這些瑰寶或因天災人禍，或因自然老化，或因使用過度，或因其他緣故，有不少已經處於岌岌可危甚至奄奄一息的境況。編纂出版《紹興大典》，可以爲系統修復、深度整理這些珍貴的古籍争取時間；可以最大限度呈現底本的原貌，緩解藏用的矛盾，更好地方便閱讀與研究。這是文獻典籍眼下的當務之急，最好的續命之舉。

二是編纂出版《紹興大典》，對於文獻典籍的更好利用——活起來，具有非同尋常的意義。歷史上的文獻典籍，流傳到今天，實屬不易，殊爲難得。它們雖然大多保存完好，其中不少還是善本，但分散藏於公私，積久塵封，世人難見；也有的已成孤本，或至今未曾刊印，僅有稿本、抄本，秘不示人，無法查閱。

編纂出版《紹興大典》，將穿越千年的文獻、深皮密鎖的秘藏、散落全球的珍寶匯聚起來，化身萬千，走向社會，走近讀者，走進生活，既可防它們失傳之虞，又可使它們嘉惠學林，也可使它們古爲今用，文旅融合，還可使它們延年益壽，推陳出新。這是於文獻典籍利用一本萬利、一舉多得的好事。

三是編纂出版《紹興大典》，對於文獻典籍的更好傳承——活下去，具有非同尋常的意義。歷史上的文獻典籍，能保存至今，是先賢們不惜代價，有的是不惜用生命爲代價换來的。對這些傳承至今的古籍本身，我們應當倍加珍惜。

編纂出版《紹興大典》，正是爲了述録先人的開拓，啓迪來者的奮鬥，使這些珍貴古籍世代相傳，使藴藏在這些珍貴古籍身上的中華優秀傳統文化世代相傳。這是中華文化創造性轉化、創新性發展的通途所在。

編纂出版《紹興大典》，是紹興文化發展史上的曠古偉業。編成後的《紹興大典》，將成爲全國範圍内的同類城市中，第一部收録最爲系統、内容最爲豐贍、品質最爲上乘的地方文獻集成。

紹興這個地方，古往今來，都在不懈超越。超乎尋常，追求卓越。超越自我，超越歷史。《紹興大典》的編纂出版，無疑會是紹興文化發展史上的又一次超越。

道阻且長，行則將至；行而不輟，成功可期。「後之視今，亦猶今之視昔」；「後之覽者，亦將有感於斯文」（《蘭亭集序》）。讓我們一起努力吧！

馮建榮

二〇二三年六月十日，星期六，成稿於寓所

二〇二三年中秋、國慶假期，校改於寓所

編纂説明

紹興古稱會稽，歷史悠久。

大禹治水，畢功了溪，計功今紹興城南之茅山（苗山），崩後葬此，此山始稱會稽，此地因名會稽，距今四千多年。

大禹第六代孫夏后少康封庶子無餘於會稽，以奉禹祀，號曰「於越」，此爲吾越得國之始。

《竹書紀年》載，成王二十四年，於越來賓。是亦此地史載之始。

距今兩千五百多年，越王句踐遷都築城於會稽山之北（今紹興老城區），是爲紹興建城之始，於今城不移址，海内罕有。

秦始皇滅六國，御海内，立郡縣，成定制。是地屬會稽郡，郡治爲吴縣，所轄大率吴越故地。東漢順帝永建四年（一二九），析浙江之北諸縣置吴郡，是爲吴越分治之始。會稽名仍其舊，郡治遷山陰。由隋至唐，會稽改稱越州，時有反復，至中唐後，「越州」遂爲定稱而至於宋。所轄時有增減，至五代後梁開平二年（九〇八），吴越析剡東十三鄉置新昌縣，自此，越州長期穩定轄領會稽、山陰、蕭山、諸暨、餘姚、上虞、嵊縣、新昌八邑。

建炎四年（一一三〇），宋高宗趙構駐蹕越州，取「紹奕世之宏庥，興百年之丕緒」之意，下詔從建炎五年正月改元紹興。紹興元年（一一三一）十月己丑升越州爲紹興府，斯地乃名紹興，沿用至今。

歷史的悠久，造就了紹興文化的發達。數千年來文化的發展、沉澱，又給紹興留下了燦爛的文化載體——鄉邦文獻。保存至今的紹興歷史文獻，有方志著作、家族史料、雜史輿圖、文人筆記、先賢文集、醫卜星相、碑刻墓誌、摩崖遺存、地名方言、檔案文書等不下三千種，可以説，凡有所録，應有盡有。這些文獻從不同角度記載了紹興的山川地理、風土人情、經濟發展、人物傳記、著述藝文等各個方面，成爲人們瞭解歷史、傳承文明、教育後人、建設社會的重要參考資料，其中許多著作不僅對紹興本地有重要價值，也是江浙文化乃至中華古代文化的重要組成部分。

紹興歷代文人對地方文獻的探尋、收集、整理、刊印等都非常重視，並作出過不朽的貢獻，陳橋驛先生就是代表性人物。正是在他的大力呼籲下，時任紹興縣政府主要領導作出了編纂出版《紹興叢書》的決策，爲今日《紹興大典》的編纂出版積累了經驗，奠定了基礎。

時至今日，爲貫徹落實習近平總書記系列重要講話精神，奮力打造新時代文化文明高地，重輝「文獻名邦」，中共紹興市委、市政府毅然作出編纂出版《紹興大典》的決策部署。延請全國著名學者樓宇烈、袁行霈、安平秋、葛劍雄、吴格、李岩、熊遠明、張志清諸先生參酌把關，與收藏紹興典籍最豐富的國家圖書館等各大圖書館以及專業古籍出版社中華書局展開深度合作，成立專門班子，精心規劃組織，扎實付諸實施。《紹興大典》是地方文獻的集大成之作，出版形式以紙質書籍爲主，同步開發建設數據庫。其基本内容，包括以下三方面：

一、《紹興大典》影印精裝本文獻大全。這方面内容囊括一九四九年前的紹興歷史文獻，收録的原則是「全而優」，也就是文獻求全收録；同一文獻比對版本優劣，收優斥劣。同時特別注重珍稀性、孤罕性、史料性。

《紹興大典》影印精裝本收録範圍：

時間範圍：起自先秦時期，迄至一九四九年九月三十日，部分文獻可酌情下延。

地域範圍：今紹興市所轄之區、縣（市），兼及歷史上紹興府所轄之蕭山、餘姚。

内容範圍：紹興人（本籍與寄籍紹興的人士、寄籍外地的紹籍人士）撰寫的著作，非紹興籍人士撰寫的與紹興相關的著作，歷史上紹興刻印的古籍珍本和紹興收藏的古籍珍本。

《紹興大典》影印精裝本編纂體例，以經、史、子、集、叢五部分類的方法，對收録範圍内的文獻，進行開放式收録，分類編輯，影印出版。五部之下，不分子目。

經部：主要收録經學（含小學）原創著作；經校勘校訂，校注校釋，疏、證、箋、解、章句等的經學名著；爲紹籍經學家所著經學著作而撰的著作，等等。

史部：主要收録紹興地方歷史書籍，重點是府縣志、家史、雜史等三個方面的歷史著作。

子部：主要收録專業類書，比如農學類、書畫類、醫卜星相類、儒釋道宗教類、陰陽五行類、傳奇類、小説類，等等。

集部：主要收録詩賦文詞曲總集、别集、專集，詩律詞譜，詩話詞話，南北曲韻，文論文評，等等。

叢部：主要收録不入以上四部的歷史文獻遺珍、歷史文物和歷史遺址圖録彙總、戲劇曲藝脚本、報章雜志、音像資料等。不收傳統叢部之文叢、彙編之類。

《紹興大典》影印精裝本在收録、整理、編纂出版上述文獻的基礎上，同時進行書目提要的撰寫，並細編索引，以起到提要鉤沉、方便實用的作用。

二、《紹興大典》點校研究及珍本彙編。主要是《紹興大典》影印精裝本的延伸項目，形成三個成果，即《紹興大典·要籍點校叢刊》《紹興大典·文獻研究叢書》《紹興大典·善本影真叢覽》三叢。選取影印出版文獻中的要籍，組織專家分專題開展點校等工作，排印出版《紹興大典·要籍點校叢刊》；及時向社會公布推出出版文獻書目，開展《紹興大典》收録文獻研究，分階段出版研究成果《紹興大典·文獻研究叢書》；選取品相完好、特色明顯、内容有益的優秀文獻，原版原樣綫裝影印出版《紹興大典·善本影真叢覽》。

三、《紹興大典》文獻數據庫。以《紹興大典》影印精裝本和《紹興大典·要籍點校叢刊》《紹興大典·文獻研究叢書》《紹興大典·善本影真叢覽》三叢爲基幹構建。同時收録大典編纂過程中所涉其他相關資料，未用之版本，書佚目存之書目等，動態推進。

《紹興大典》編纂完成後，應該是一部體系完善、分類合理、全優兼顧、提要鮮明、檢索方便的大型文獻集成，必將成爲地方文獻編纂的新範例，同時助力紹興打造完成「歷史文獻保護名邦」「地方文史研究重鎮」「區域文化轉化高地」三張文化金名片。

《紹興大典》在中共紹興市委、市政府領導下組成編纂工作指導委員會，組織實施並保障大典工程的順利推進，同時組成由紹興市爲主導、國家圖書館和中華書局爲主要骨幹力量、各地專家學者和圖書館人員爲輔助力量的編纂委員會，負責具體的編纂工作。

《紹興大典》編纂委員會

二〇二三年五月

史部編纂説明

紹興自古重視歷史記載，在現存數千種紹興歷史文獻中，史部著作占有極爲重要的位置。因其内容豐富、體裁多樣、官民兼撰的特點，成爲《紹興大典》五大部類之一，而别類專纂，彙簡成編。

按《紹興大典·編纂説明》規定：「以經、史、子、集、叢五部分類的方法，對收録範圍内的文獻，進行開放式收録，分類編輯，影印出版。五部之下，不分子目。」「史部：主要收録紹興地方歷史書籍，重點是府縣志、家史、雜史等三個方面的歷史著作。」

紹興素爲方志之鄉，纂修方志的歷史較爲悠久。據陳橋驛《紹興地方文獻考録》（浙江人民出版社，一九八三年版）統計，僅紹興地區方志類文獻就「多達一百四十餘種，目前尚存近一半」。在最近三十多年中，紹興又發現了不少歷史文獻，堪稱卷帙浩繁。

據《紹興大典》編纂委員會多方調查掌握的信息，府縣之中，既有最早的府志——南宋二志《（嘉泰）會稽志》和《（寶慶）會稽續志》，也有最早的縣志——宋嘉定《剡録》；既有耳熟能詳的《（萬曆）紹興府志》，也有海内孤本《（嘉靖）山陰縣志》；更有寥若晨星的《永樂大典》本《紹興府志》，等等。存世的紹興府縣志，明代纂修並存世的萬曆爲最多，清代纂修並存世的康熙爲最多。

家史資料是地方志的重要補充，紹興地區家史資料豐富，《紹興家譜總目提要》共收録紹興相關家譜資料三千六百七十九條，涉及一百七十七個姓氏。據二〇〇六年《紹興叢書》編委會對上海圖書館藏紹興文獻的調查，上海圖書館館藏的紹興家史譜牒資料有三百多種，據紹興圖書館最近提供的信息，其館藏譜牒資料有二百五十多種，一千三百七十八册。紹興人文薈萃，歷來重視繼承弘揚耕讀傳統，家族中尤以登科進仕者爲榮，每見累世科甲、甲第連雲之家族，如諸暨花亭五桂堂黄氏、山陰狀元坊張氏，等等。家族中每有中式，必進祠堂，祭祖宗，禮神祇，乃至重纂家乘。因此纂修家譜之風頗盛，聯宗聯譜，聲氣相通，呼應相求，以期相將相扶，百世其昌，因此留下了浩如煙海、簡册連編的家史譜牒資料。家史資料入典，將遵循「姓氏求全，譜目求全，譜牒求優」的原則遴選。

雜史部分是紹興歷史文獻中内容最豐富、形式最多樣、撰者最衆多、價值極珍貴的部分。記載的内容無比豐富，撰寫的體裁多種多樣，留存的形式面目各異。其中私修地方史著作，以東漢袁康、吴平所輯的《越絶書》及稍後趙曄的《吴越春秋》最具代表性，是紹興現存最早較爲系統完整的史著。

雜史部分的歷史文獻，有非官修的專業志、地方小志，如《三江所志》《倉帝廟志》《螭陽志》等；有以韻文形式撰寫的如《山居賦》《會稽三賦》等；有碑刻史料如《會稽刻石》《龍瑞宫刻石》等；有詩文游記如《沃洲雜詠》等；有珍貴的檔案史料如《明浙江紹興府諸暨縣魚鱗册》等；有名人日記如《祁忠敏公日記》《越缦堂日記》等；有綜合性的歷史著作如海内外孤本《越中雜識》等；也有鉤沉稽古的如《虞志稽遺》等。既有《救荒全書》《欽定浙江賦役全書》這樣專業的經濟史料，也有《越中八景圖》這樣的圖繪史料等。舉凡經濟、人物、教育、方言風物、名人日記等，應有盡有，不勝枚舉。尤以地理爲著，諸如山川風物、名勝古迹、水利關津、衛所武備、天文医卜等，莫不悉備。

這些歷史文獻，有的是官刻，有的是坊刻，有的是家刻。有特别珍貴的稿本、鈔本、寫本，也有珍稀孤罕首次面世的史料。由於《紹興大典》的編纂出版，這些文獻得以呈現在世人面前，俾世人充分深入地瞭解紹興豐富多彩的歷史文化。受編纂者學識見聞以及客觀條件之限制，難免有疏漏錯訛之處，祈望方家教正。

《紹興大典》編纂委員會
二〇二三年五月

康熙嵊縣志　十二卷

〔清〕張逢歡修，〔清〕袁尚衷等纂

清康熙十年（一六七一）刻本

影印説明

《（康熙）嵊縣志》十二卷，清張逢歡修，清袁尚衷等纂。清康熙十年（一六七一）刻本。半葉九行行二十字，小字雙行同，白口，單魚尾，左右雙邊，有圖。原書版框尺寸高20.6釐米，寬15.1釐米。書前有張逢歡、王國蕃序，袁尚衷《嵊誌紀事》，以及修志凡例。卷十二末收録了歷代舊志序，以及此次參與新修志書者裘組、盛旦、謝三錫、王心一、袁尚衷五人跋語。卷前圖畫，除《鄉都圖》《城邑圖》《縣治之圖》《學宫圖》外，另有邑人王基鞏所繪嵊縣佳山水之作十四幅，前有小序，自言各圖「仿先輩筆意」，實爲清代地方志版畫插圖中的精品之作。

張逢歡，號玉臺，閬中人，康熙五年來任嵊縣知事。《（乾隆）嵊縣志》卷十有傳，言其「居官廉静，周知民間疾苦，凡一利可興、一弊可革，無不悉心爲之」。袁尚衷，嵊縣人，諸生。另外六位纂輯者，即「沉酣理學者有吴君鉉，練達治體者有裘君組，標鑒人物者有王君心一，馳騁古今者有姜君君獻，家學淵源、屬辭比事者有王君國蕃、國維」。

此次影印，以國家圖書館藏本爲底本。另據《中國地方志聯合目録》，南京大學圖書館亦有收藏。

嵊縣序

誌猶史也唯史不能詳遍天下故廣而爲誌史載妍媸俾鑑以自飭誌有隱揚俾風以自興其爲功一也邑誌古小史之遺尤不可廢俾宰邑者資之奏績則

邑治天下之邑各有所資則天下治誌豈緩圖哉丙午承剡貫恐恐焉負乘是懼將稽古籍視已成爲吏事式左右以海門周公之誌進見非全書又多亥豕不可讀姑束之高閣若戶口之

多寡土田之升除賦役之繁省風習之淑慝都邑之盛衰山川之要害以及城池署廨橋梁道路之廢興茫然不知如操舟而亡其楫馭馬而失其轡倀倀乎無之矣故余於刻誌蓋有志焉

而未逮也越庚戌思周誌以大儒鉅筆不可湮没爲完刻其全書竣事未幾而

郡大人之檄至　郡大人以荆楚奇材旁求掌故於會稽鵬鷃之分雖殊而心理之符適合甚

雀躍焉即偕學博謝君三錫邑佐胡君玒以泊毛掾鼎鉉謀之通庠酌其摻觚者僉曰袁子尚褒可請廣之得鄉俊吳君鉉州刺裘君組司戎姜君君獻暨王生心一王生國蕃王儒士國維

凡七人秋七月恭致禮聘假館於尹生益之絳雪齋諸君啟訪編摩窮晝夜不輟至臘而稿成今春催檄至乃以王子心一袁子尚衷報命又加較讎補殘刪複乃登諸簡閱其書知其記載

則守開之舊錄編次則遵　郡之新條約而該詳而不濫可令宰邑者察多寡而戶口得培焉考升除而土田得理焉核繁省而賦役得均焉觀淑慝而風習得回焉知盛衰要害而都邑山

川得紀焉審廢興而城池署廨橋梁道路得修焉如把楫而操舟執轡而馭馬何所之而不可吾知邑無不治凡邑皆然吾知天下無不治修誌之功顧不偉歟 郡檄徵序沉吟久之余愧

不文也烏能序且余志乎誌者今志成勿克資之奏績徒以序冠寔深汗浹耳然而郡大人摟羅百年將墜之文獻功不可泯爲述其槩云

旹

康熙歲次辛亥季秋知嵊縣事

閬中張逢歡謹識

嵊誌紀事

越誌自孫張兩太史筆削後經八十五年許簡編漫漶掌故不可稽　楚中張公來守憫其殘缺用搜討焉庚戌秋馳檄徵修誌以爲於越光　邑侯張與謝師氏　胡贊府　毛仙尉及　通庠諸英公推六子且旁羅不肖彼沉酣理學者有吳君鉉練達治體者有裘君組標鑒人物者有王君心一馳騁古今者有姜君君獻家學淵源屬辭比事者有王君國蕃國維之數人使討論撰次秉管書靑則可以不肖嘗此

何異蚑負山蚷馳河烏能勝任哉嘗閱世情旁觀者每嗤其當局後作者多陋其前覘凡事盡然況修誌乎故修誌者必備三美一曰德二曰才三曰位三美備則人望所歸無遺議矣不肖夙抱羸疾近更年衰而德非孔顏才非左馬又自甲申棄業誰與二三知巳證學鹿山未嘗紆紫拖青掛榮仕籍其得免於譏彈否安敢不辭五辭不得無如何左右諸君以勸厥事相月就館其條例則遵　郡所頒本以周子之舊錄參以王子之新編間嘗旁採他書補其不逮冀凡

四易不肖往營先人宅兆諸君以廪給不繼亦各散去創緒未竟亥之花朝隨檄上郡寂寥旅邸兩旬買棹東歸疾漸作埽塌焚香靜消白晝未幾催檄至諸君村居皆懶視事不肖思士不可以鮮終無如何扶疾搆思以致中暑不能起臥荏苒秋半催檄又至爲吏胥所廹强起卒業佐以補心之劑不勝請　邑侯發刺延諸君唯王友國蕃來屈舍踰月其賦役一書與孝義列女仙釋方技諸傳皆其手訂繫蓮後告竣是役也諸君既懶於卒業不肖又無如何卒業於疾

中觀者作者其鑒之哉昔辛亥菊月袁尚衷謹識

宋邑令史安之訪鄮人高遹議似孫作剡錄十卷本泰嘉初郡守會稽誌而增之許東岡譏其擇不精語不詳周司空曰以余觀之信之體要然其文成一家而創始之難葢不可泯元許編修汝霖緝嵊誌十八卷汝霖見稱於景濂宋公固博雅君子應無遺議明成化甲午邑令許岳英聘諸生錢悌緝誌周州刺山譏其收錄失當爲人所厭觀周司空曰既悌筆而有悌傳何也人謂錢君已耄所紀無次理或有然然許

爲文令稱其采集靡遺不可謂無功弘治辛酉邑令徐恂訪夏孝廉雷緝誌時有學諭余成學訓林世瑞周倈分門協纂德州守周山專編人物故複訪文獻甚詳餘姚孫奉常鑛謂其文采可觀而未剪其蕪以濫入故家記述且不脫學究也文采亦誌中一長迨未易得萬曆丁亥邑主政汝登周先生緝誌十三卷以理學鉅儒手司筆削後有作者未能或先別駕王公大康序其議公而覈事簡而該文古而雅馴知言哉伯氏國楨編備考二十卷續丁亥以後事亦間補

前誌所遺文物典故得考鏡焉今者五六君子分任編摹其稽典要以潤精華則袁君刪定之功有獨勞瘁不肖附驥觀成實獲厚幸然歷攷修誌之得失用是凛凛祇懼安知所撰者不卽爲所譏故不肖與袁君雖有損益亦惟闡繹舊聞守其師說以塞一時之命云爾王國蕃謹識

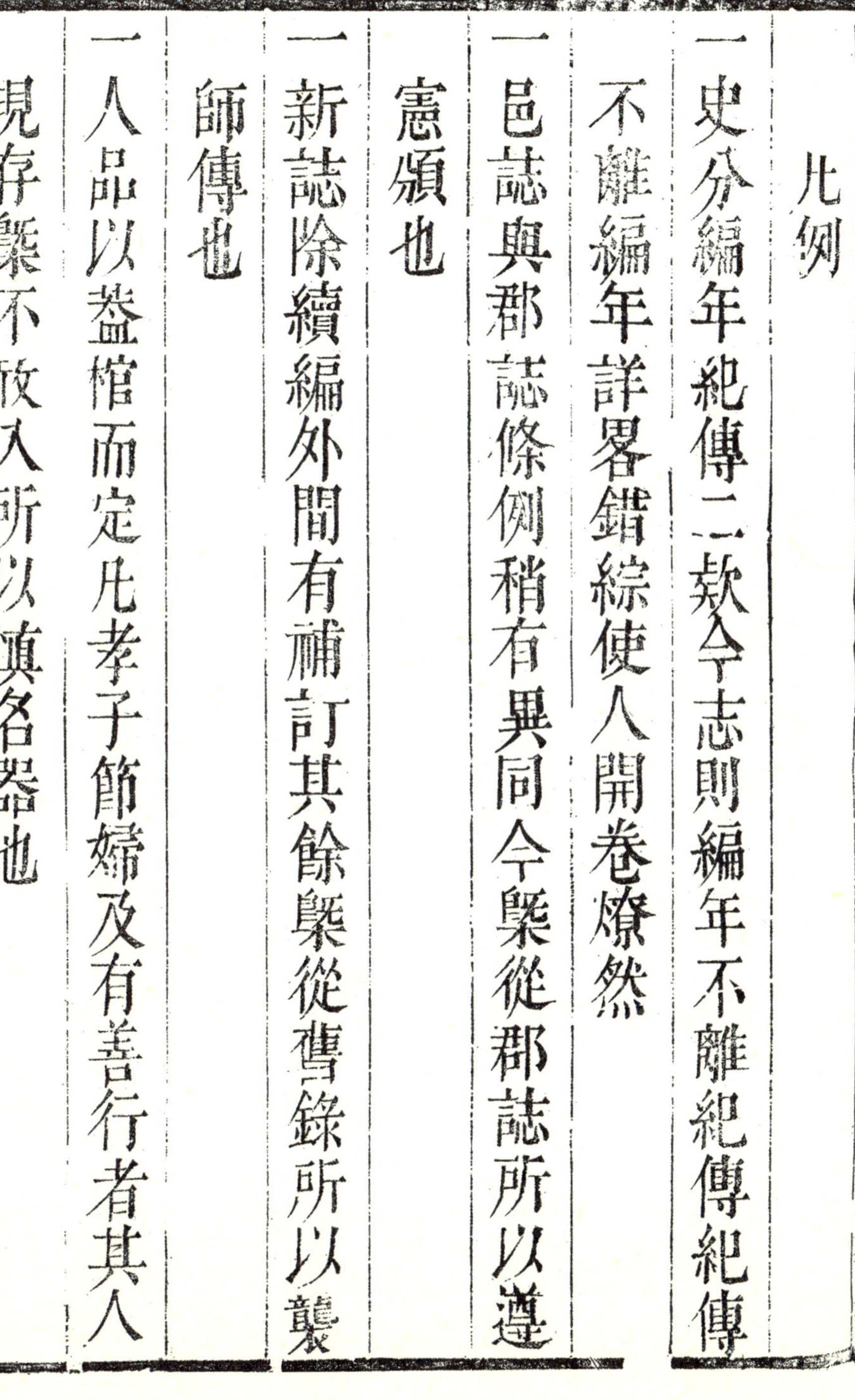

凡例

一史分編年紀傳二欵今志則編年不離紀傳紀傳不離編年詳畧錯綜使人開卷燎然

一邑誌與郡誌條例稍有異同今槩從郡誌所以遵憲頒也

一新誌除續編外間有補訂其餘槩從舊錄所以襲師傳也

一人品以蓋棺而定凡孝子節婦及有善行者其人現存槩不敢入所以慎名器也

一人物有實蹟可徵或舊誌失載今悉補錄

一名宦功德表著凡其贈予詩文采錄以志勿諼

一寓賢中有入鄉賢者以遺徽在境故也今槩從舊
誌編入

一田賦新全書款額分部彙入無從縷析今備載往
代規則及興革顛末以俟徵信於後

一凡名蹟題咏有名氏失實者訂之有忌諱當遵者
缺之

一邑北德政東土二鄉明時始附嵊惟續入山川田

土不槩入前代人物

一邑南鄙十三鄉分析新昌即未析以前山川人物槩不記

一舊誌叙論與今事規相判列前恐致淆目今貫載於後

嵊縣誌目錄

卷之一

卷之二

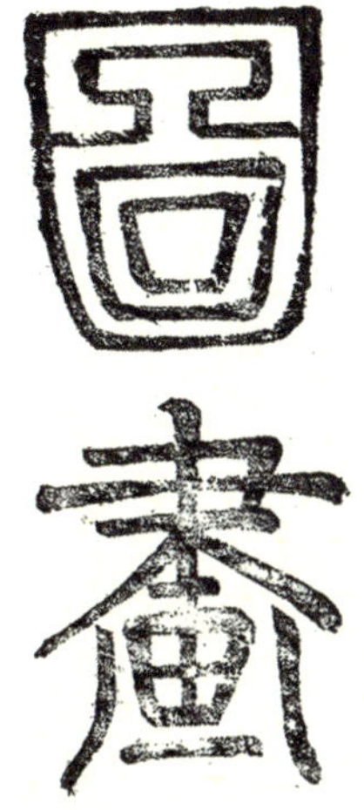
圖畫

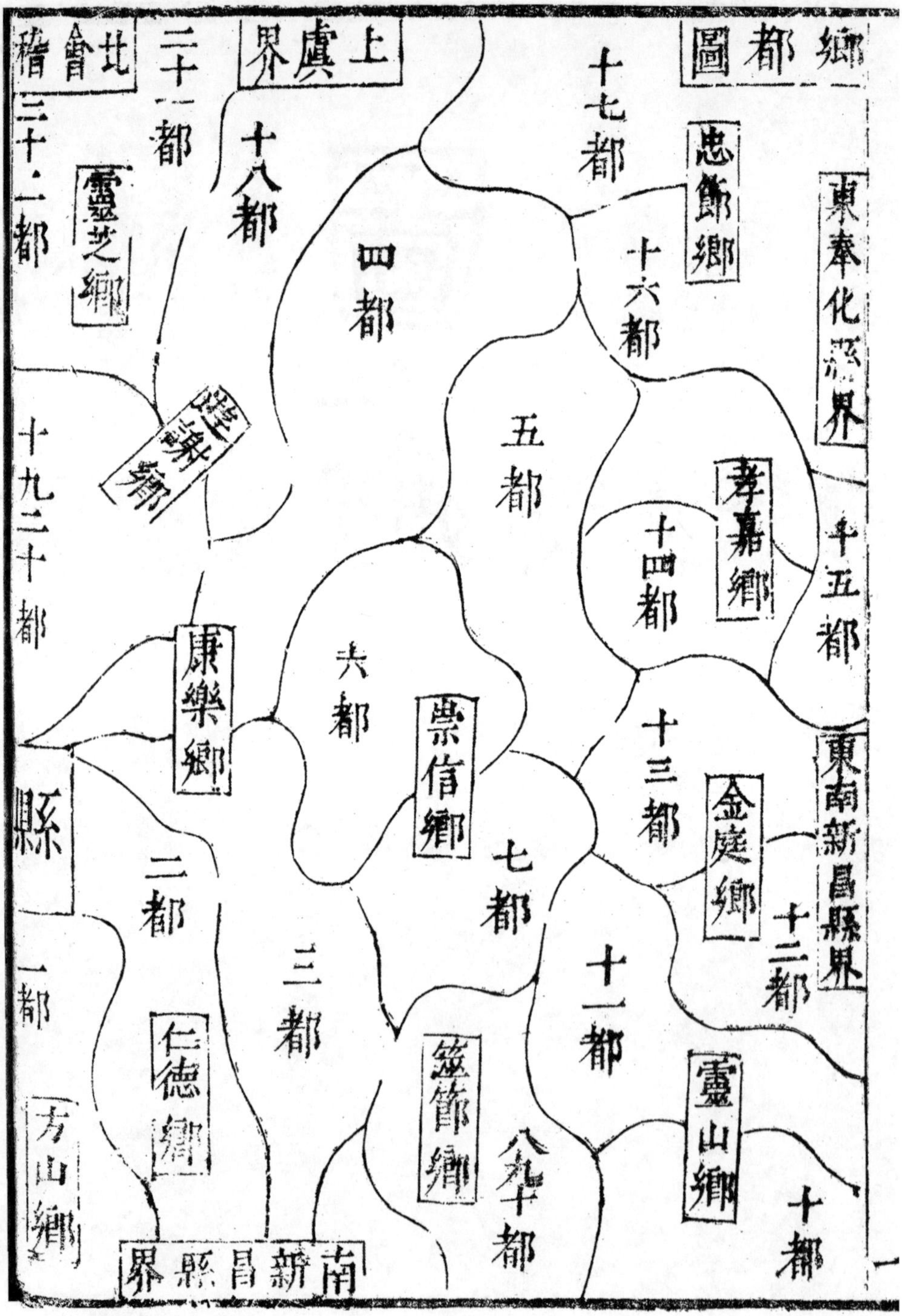

鄉都圖

東奉化縣界
十七都
忠節鄉
十六都
上虞界
十八都
二十一都
北會稽
三十二都
靈芝鄉
四都
五都
孝嘉鄉
十四都
十五都
東南新昌縣界
十三都
金庭鄉
十二都
遂議鄉
十九二十都
康樂鄉
六都
崇信鄉
七都
縣
二都
三都
十一都
一都
仁德鄉
旌節鄉
八九十都
剡山鄉
十都
南新昌縣界
方山鄉

一

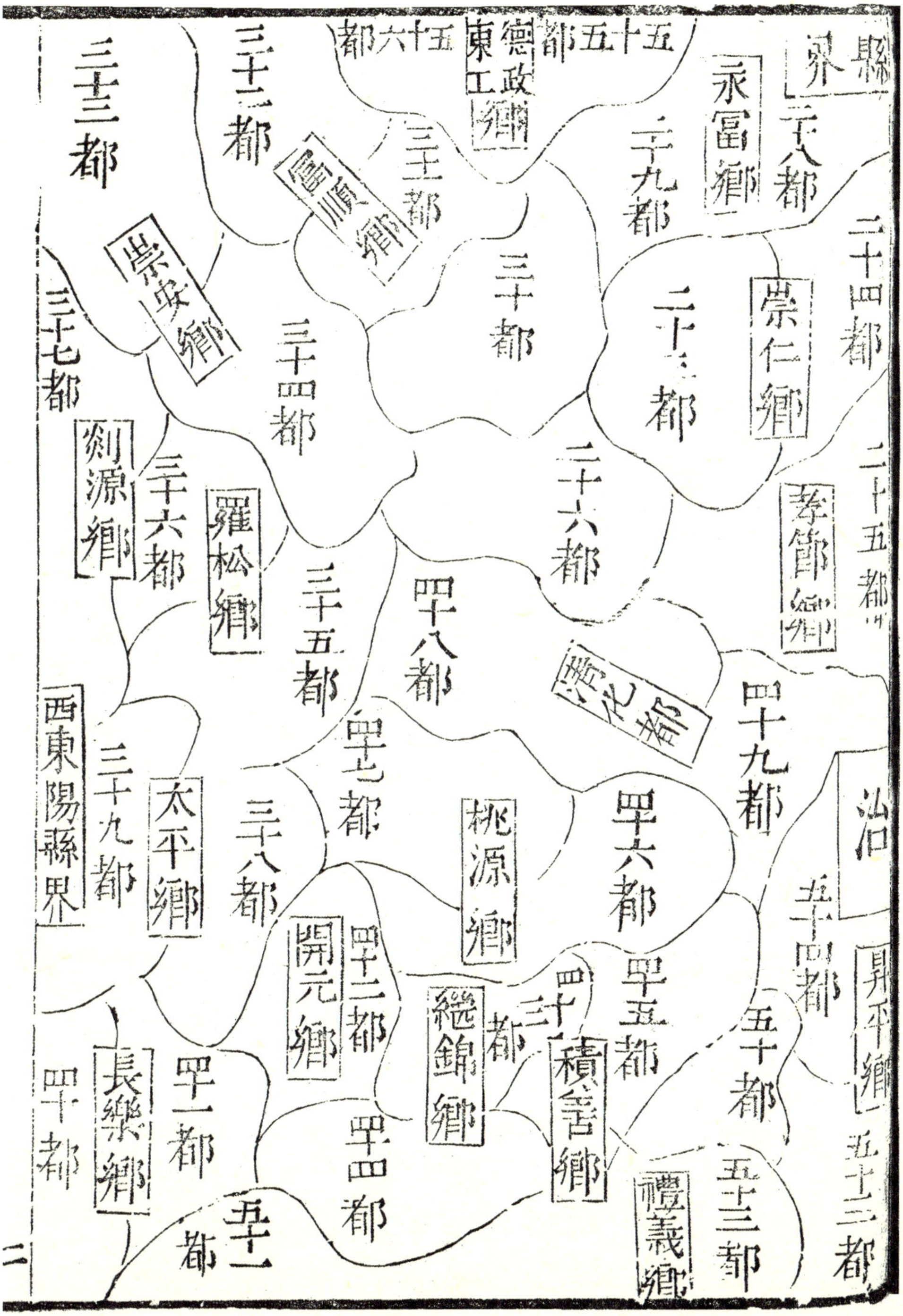

縣界
永富鄉
二十八都
五十五都
德政鄉
東工
五十六都
二十九都
三十三都
三十二都
三十一都
富潤鄉
崇安鄉
三十都
二十四都
崇仁鄉
二十七都
三十七都
三十四都
剡源鄉
三十六都
羅松鄉
二十六都
孝節鄉
二十五都
三十五都
四十八都
靈芝鄉
四十九都
治
西東陽縣界
三十九都
太平鄉
三十八都
四十七都
桃源鄉
四十六都
五十四都
昇平鄉
開元鄉
四十二都
繼錦鄉
四十三都
積善鄉
四十五都
五十都
長樂鄉
四十一都
四十都
四十四都
五十一都
禮義鄉
五十二都
五十三都

二

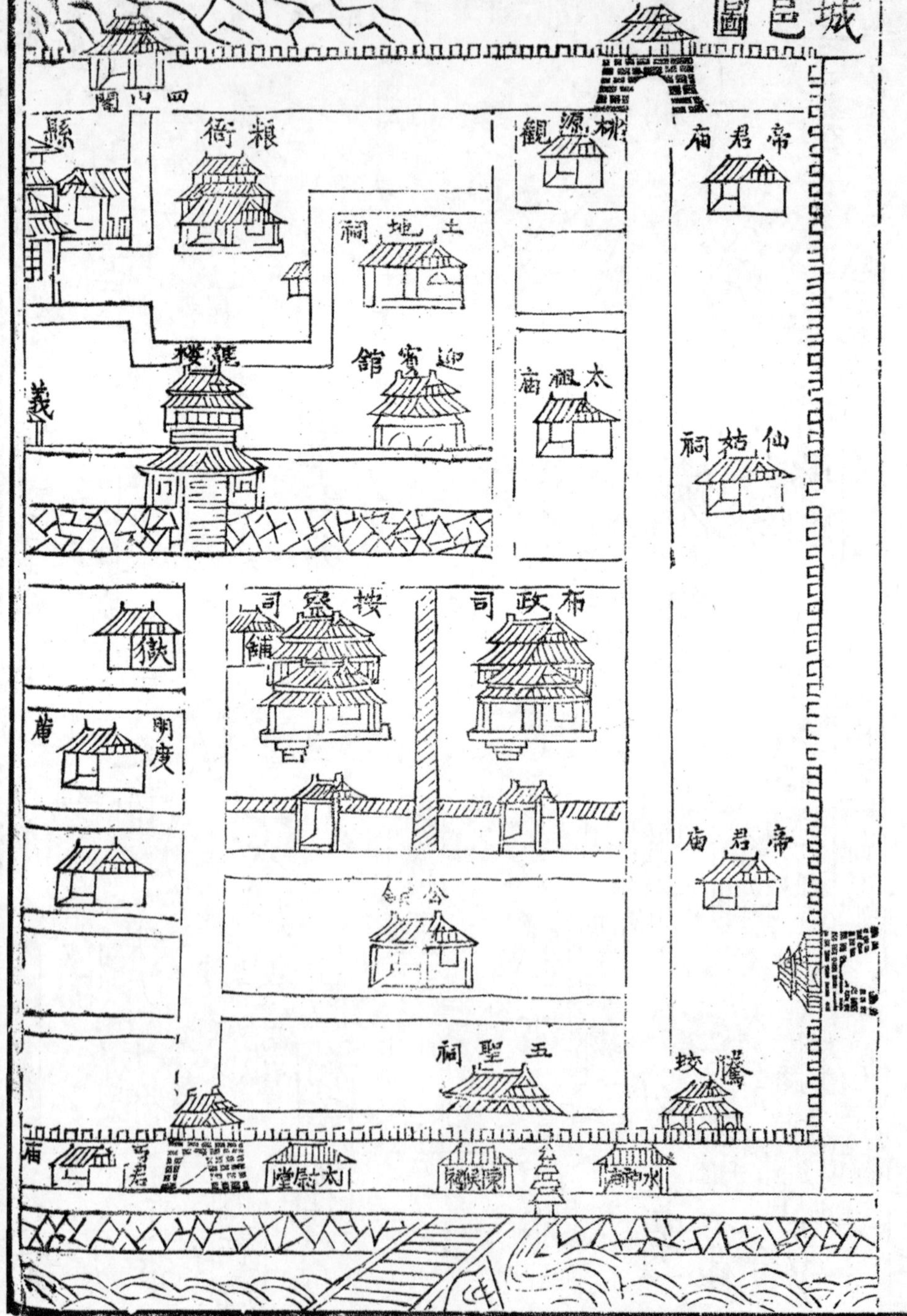
城邑圖
帝君廟
桃源觀
四山閣
糧衙
土地祠
迎賓館
鼓樓
太祖廟
仙姑祠
按察司
布政司
獄
鋪
公館
五聖祠
帝君廟
太尉堂
水神廟

海雲菴
鹿胎書院
惠安寺
城隍廟
廳捕衙
啓聖宮
門
聖殿
明倫堂
儒學
泮池
鄒化寺
雙井
起鳳亭
化龍門
帝君
廟
三

縣治
縣丞衙
幕廳
東廊
舊典史廨今改倉
土地祠
迎賓館
嵊縣

之圖
舊主簿廨今改典史衙
龍亭
齋
衙
廳
門
舍
吏
吏舍
吏舍
四

學宫圖
大成殿
土地祠
戟門
宰牲池
鄉賢
泮池

敬亭
啓聖宮
文昌閣
明倫堂
訓衙
諭衙
訓衙
名宦
儒學
五

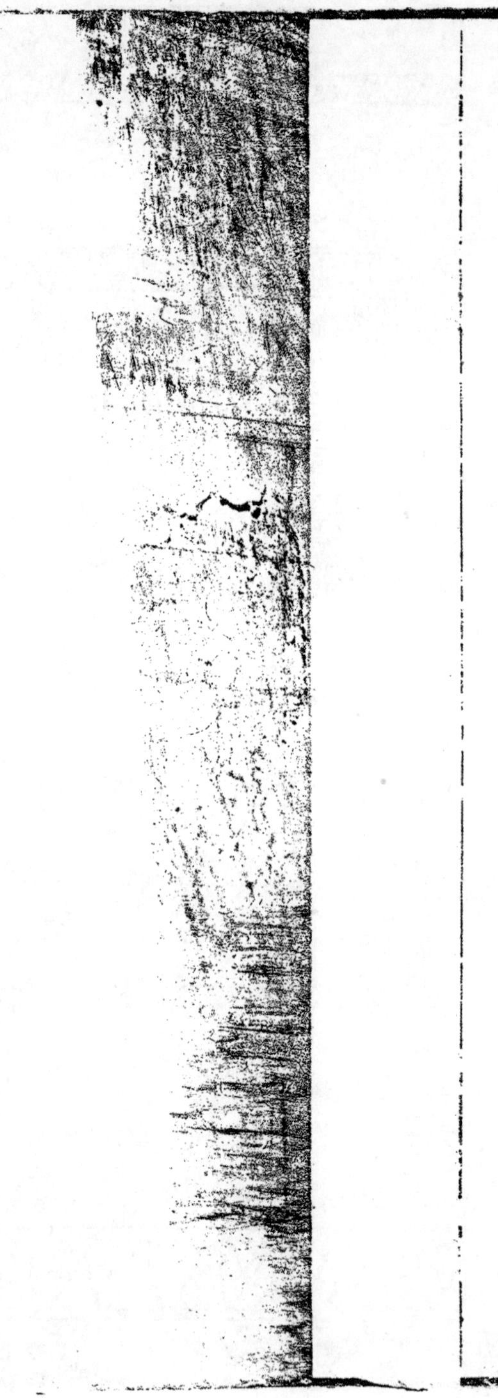

余不解畫當興會所感嘗率意偶書及作剡溪與諸名山圖各仿先輩筆意始寧艇湖法范寬嶀浦了溪臨趙孟頫清風以郭熙爲之畫圖南浦用信世昌卧龍寫文與可蜀道圖之半康莊金庭髣髴馬遠僊岩則米芾兒笠山則藍田赤鹵浦又以蕭尺木也其餘橋榭城居悉本劉松年杜士良求知有當否請以質之解畫者

康熙壬子季清穐金庭屺菴王基鞏識

剡邑山水全圖

七

始寧

八

嶀浦

九

清風

十

畫圖

十一

僊岩

上二

了溪

十三

岱山

艇湖

子猷橋
十五

南浦

十六

卧龍

十七

布將軍墓
金庭

十八

鹿苑

十九

两甬

二十

嵊縣誌卷第一

文林郎知嵊縣事閩中張逢歡校行
儒學訓導太平謝三錫
縣丞孝感胡　玨　仝校
典史武陟毛鼎鉉監梓
資善大夫工部尚書周汝登纂輯
後學吳　鉉
裘　緝
王心一

袁尚衷

王國蕃

姜君獻

王國維續輯

疆域志　分野　沿革　區界　隅都
坊村　市鎮　形勝

〔分野〕周禮保章氏以星土辨九州之地所封封域皆有分星以觀妖祥此分野所自來也揚州分斗牛女越與吳同觀然史墨之占有云越得歲而吳伐之必受其凶在三星中固自有辨張衡虞翻皆以

紹興王牽牛則隸紹者可知其他經緯干支陰陽八卦嵊大都與郡同必欲絲分縷析以俟推步之君子

沿革 縣古名剡唐虞爲揚州地夏少康封庶子於會稽國號於越地在封內商周沿之顯王時越亡籍諸楚時未有剡名秦滅楚始皇二十六年以故越地置會稽郡剡爲領縣始稱焉道書及梁載言十道志云兩火一刀可以逃言剡多名山可以避災剡則不知何義舊誌云縣後有星子山秦王東遊斷其山之南以洩王氣坑深千丈餘曰剡坑因以名縣梅福四明山記剡楊德祖至四明山遇兩仙人把火燗中湧金

刀一頃之不見德祖日兩火成炎炎邊得刀是爲剡字因號溪山爲剡爲銘二百字刻此峯按秦皇嘗遊會稽鄞山之說或然而德祖生魏剡名自秦不足信姑兩存之漢至王莽改名盡忠光武復舊自三國至隋隨所易置隸會稽如故唐高祖武德四年平李子通唐鄭言有平剡錄一卷以剡地置嵊州析置剡城縣八年復爲剡縣隸越州梁太祖開平元年吳越王錢鏐析剡東十三鄉爲新昌縣新昌縣治剡石牛鎭乃改剡爲贍宋復舊宣和三年方臘既平詔剡縣改名嵊越帥劉述古以剡字有戈火請改之象書曰四山爲嵊許氏謂東簟山南黃山西太白山北嵊山是誌爲東四明南天姥西太白北嶀山恐不必泥宋

紹興時隸紹興府元隸紹興路至正十五年方谷珍據台温張士誠據淮浙縣境東屬方西屬張丙午明定越仍隸紹興府成化八年知府洪楷奏割會稽縣德政東上二鄉隸嵊爲五十五六兩都舊里七萬暦間併爲六里戶八百有奇國朝仍舊

後學續論曰利不百不議創害不百不議更國邑沿革凡以爲民也盖嵊距台二百里供徭者遠會稽之都距會治一百五十里輸稅者遥故錢之分嵊以爲新意在便民供徭洪之割會以與嵊意在

便民輸稅議頗近是顧新之分千有餘歲乃攀嵊協濟銀壹百叁拾柒兩會之割根額僅貳千餘兩而協濟東關銀乃至壹千柒百壹兩玖錢柒分是分嵊者嵊濟與嵊者又嵊濟且浮來額之半亦獨何哉此周誌所以有不平之鳴也近行一條鞭法總以解司銀爲通融嵊困始甦而沿弊所自可不表而出之以垂後鑒

區界域東西廣一百七十六里南北袤七十里周九六百三十里與六邑界東北六十里盡郁樹嶺北

虞境界東一百四十里盡陸照嶺奉化境界東南七十里盡大湖山南一十五里盡湖堎並新昌境界西南九十里盡白峯嶺東陽境界西一百三十里盡勞績嶺諸暨境界西北七十里盡孫家嶺北六十里盡三界並上虞會稽界達府二百一十里達省三百二十五里水陸等達　京師水行四千有百里陸行三千有八百里

隅都　縣領鄉鄉領隅都隅都在城曰隅在鄉曰都都領圖即里　嵊舊領鄉四十析十三鄉爲新昌縣割會稽縣

二鄉以附實領鄉二十九爲隅二東隅西隅爲都五十一嵊舊缺二十七都不知何謂又有連數都爲一都者故次都至五十六而實五十一爲圖八十二里之中分爲十戶名十遞年逐年輪流應役隅曰坊長都曰里長隅所領圖等而都所領多寡不一

方山鄉都一曰一都領圖一在縣南五里舊有全節永壽懷仁通山光德凡五里

仁德鄉隅都各一曰東隅領圖三曰二都領圖一在縣東三里舊有甘棠永樂餘粮歸仁金塘凡五里

康樂鄉領都二曰三都領圖一曰四都領圖一在縣東十里舊有遊謝宿剡竹山康樂感化凡五里

崇信鄉都三曰五都領圖一曰六都領圖二

曰七都領圖一在縣東十五里舊有仙祠甘泉竹山懷安剡中凡五里笙節鄉都三而實一曰八九十都共領圖一在縣東二十里舊止領八九都有灌濤昇仙駟翟思善澄江凡五里靈山鄉都二而實一曰十一二都共領圖一在縣東三十里舊領十都十一都有欽義下闔靖安守義崇孝凡五里金庭鄉都一曰十三都領圖一在縣東五十里舊領十二十三都有昌化善政惟新永寧歸德凡五里孝嘉鄉都二曰十四都曰十五都各領圖一在縣東五十里舊有石鼓桐栢安樂忠節安義凡五里忠節鄉都二曰十六都領圖一曰十七都領圖二在縣東七十五里舊有三峯孝嘉石鼓忠節修仁凡五里遊謝鄉都三而實二曰

十八都領圖四舊爲圖三曰十九二十都共領圖一在縣東北三十里舊有庾樂明登宿星瞑挍吹臺凡五里○宋陳克詩雨裏落帆遊謝鄉寒聲古木共荒涼四山爲我洗蒼玉況有故人歸上方故人汪彥章也時寓東山國慶院靈芝鄉都二曰二十一都曰二十二都各領圖一在縣北五十里舊有石床東節正筠化善凡四里崇仁鄉都二曰二十三都曰二十四都各領圖一在縣西北三十里舊有感化霞坵靖林歸善愛敬凡五里孝節鄉都二曰二十五都領圖一曰二十六都領圖二在縣西二十里舊有新豐崇化詔安綏安方山凡五里永富鄉都二曰二十七都曰二十九都各領圖一在縣西北二十五里舊有克遊西清東關[illegible]凡

禪房凡五里富順鄉都三曰三十都領圖二曰三十一都曰三十二都各領圖一在縣西北三十五里舊有長敬新安温泉慈烏凡四里崇安鄉都二曰三十三都領圖二曰三十四都領圖一在縣西四十里舊有澄清懷善依賢化俗清安凡五里羅松鄉都二曰三十五都曰三十六都各領圖一在縣西四十五里舊有紫巖雙壁中川斷金豐樂凡五里剡元鄉都一曰三十七都領圖二在縣西五十五里舊有尊賢詹成中和光明崇善凡五里按剡錄稱剡元今以元爲源太平鄉都二曰三十八都領圖二曰三十九都領圖一在縣西七十里舊有碧潭擇賢懷仁建昌懷信凡五里長樂鄉都二曰四

十都曰四十一都各領圖一在縣西南七十里舊有陽明崑山昭仁禮義寧安凡五里開元鄉都一曰四十二都領圖二在縣西南六十里舊有靖居廻鄉招仁居賢水魚凡五里繼錦鄉都一曰四十三都領圖二在縣西南三十里舊有馴善攀轅鳴絃戴里遷星凡五里○剡錄云繼錦古名治化天聖中邑人史淪登進士第子叔軻繼之縣令魏琰改今名齊唐題史氏西園詩戴水寒流對軒檻桃源深徑入漁樵積善鄉都二曰四十四都領圖二曰四十五都領圖一在縣西南五十里舊有南巖雙璧豐樂中川斷金凡五里桃源鄉都二曰四十六都領圖一曰四十七都領圖三在縣西三十里舊有永闓白泉長樂崇信安居凡五里清化鄉都二曰四十八

都領圖三曰四十九都領圖二在縣西二十五里舊有懷善開明欽賢集善招賢凡五里禮義鄉都三曰五十都曰五十一都曰五十二都各領圖二在縣西南二十五里舊有長安仙林平樂懷忠新安凡五里昇平鄉隅一都二曰西隅領圖三曰五十三都曰五十四都各領圖二在縣西五里舊有承霞靖豐尚賢太和五山凡五里德政鄉都一曰五十五都領圖三在縣北五十五里舊有太欽赤石奉化碧紗凡四里東土鄉都一曰五十六都領圖三在縣北五十五里舊有美箭謝公廻潭凡三里兩都卽會稽所割地夏誌合兩都稱德政周志合兩都稱東土今按兩都實各爲一鄉也水經曰吳黃門郎黃哀明居嵊弘訓里唐天寶間秦系避地居剡郡守名

其居曰泰君里今俱不可考○縣東鄙舊有五山豐樂彩烟善政新昌安仁守義永壽石順昌化象明遵德石城共一十三鄉梁開平時析置新昌縣

坊宋會稽郡志嵊十坊續志二十四坊今稍有損益大都無改於初在縣之東隅凡一十五坊曰宇民曰清紀曰成俗曰淳化舊名遷善曰齊禮曰聯桂舊名通安曰益詠舊名進德曰嘉會曰豐義曰醴泉曰仁德曰桄源曰絃歌曰棲鸞即迎春坊曰訪戴今廢在縣之西隅凡一十坊曰秀異曰集賢曰化民曰繼孝曰兆慶曰繼錦曰科貢舊名妙音以西門周氏改今名曰招提曰清河曰鵲

桂今廢

市

城市舊在招提坊廢今一在望仙門内一在化龍門内月以單日爲期

國朝因化龍門市屢火廢康熙九年請縣重立外有上岡市五都浦口市六都黄澤市嵊新界華堂市十四都太平市三十八都長樂市四十一都開元市四十二都兩頭門市四十七都蛟井市四十六都今廢崇仁市二十九都相坪市三十一都北有三界市五十五都蔣岸橋市嵊會界黄城市嵊會界

鎮

剡鎮舊誌在縣東南一百步今無考會稽郡志云近邑民於縣西惠安寺前池中得片石題曕

部鎮下有文不可辨所謂贍部疑卽舊鎮也然以剡爲贍又天慶觀有錢氏時東都公移稱兩都都軍糧帖檢先據贍縣奏云云則錢氏僭號兩都時常改剡爲贍矣疑因兩火一刀爲不祥改爲豐贍之贍理或然也浦口鎮在縣東十五里宋元有驛明革有倉有市蛟井鎮在縣西二十里宋宣和四年置今廢華堂鎮在縣東六十里兩頭門鎮在縣西三十里有倉有市開元鎮在縣西六十里長樂鎮在縣西七十里崇仁鎮在縣西永富崇仁兩鄉三界鎮在縣北五十五里隋始寧治初隸會稽明成化間改隸嵊有城隍廟鐘鼓樓皆始寧遺跡有常平倉都民又置便民倉今皆廢有申明亭今廢有公館今設防守官一員兵四十名

形勝周誌以固國域民不在險阻此理之經論之不

易者也寧惟兹嵊將金城千里龍盤虎伏之區亦
安足恃然就形勝而言嵊有嵊之形勝也其治枕
鹿山襟剡水象駱福泉肘於右艇湖竹山腋於左
星峯聳以作扆拱北環以爲屏千嶠穿雲百川灌
雪溪山第一晦翁之品題有自來矣東屹四明西
巍太白南隆天姥北峙大嵊實爲四塞長江一帶
巨塹天成雖通三郡界六邑其陸照白峯勞績上
館諸嶺行不得併度必須緣唯自虞至新爲孔道
而清風峻監三溪阻深亦未易梯航也善撫其民

而用之麗越之首壯台之門豈非雄邑哉

城池志

縣城不知何昉或以爲吳令賀齊云剡錄云漢剡縣城在今縣東北孔曄會稽記云縣治在江東吳賀齊爲令始移今治開城四門擊賊以故知城亦齊建今城即齊所城故處舊志稱剡城縣城在縣西一十五里或云四十五里一統志稱剡州城在縣西南一十五里豈唐置州縣他徙而州廢乃還故處耶皆不可考舊經云嵊城周一十二里高一丈厚二丈輿地志云城開門向江宋宣和三年

守帥劉述古命縣令張誠發修之括蒼管晉記曰會稽縣八剡爲清勝承平日久橫目習治庚子之冬睦寇狂勃剡寇應之縣有城壘城弗克守爲賊巢穴明年春帥劉公述古統制一道掃清賊黨謂令張誠發庀徒虔事課工督程出緡粟以僦役甫閱旬朝完壁高堞城之環亘十有二里未幾寇率其徒擁梯壁下仰覗完壯失氣奪色將兵出銳掩之俘馘自是寬伏孽不熾爲侯智宏遠知所先務借不急此孰與民保時續維茂磨石無愧

慶元初溪流湍悍城被嚙存才二三尺令葉甄累石爲堤百餘丈以捍城後二年水復決東渡提舉常平李大維給錢千緡修築又明年秋大水城決一百二十餘丈令高悅築補完承平久行陋制禁民舞完城

城曰圯城址近東者強半蹴爲民居僅五門存東曰東曦（一名迎春）南曰望仙西曰西成（一名繼錦）北曰通越西南間曰化龍明洪武間湯國公徙故城磚石城臨山衛城益無餘堤亦就壞弘治甲寅知縣臧鳳築堤約高三仞廣稱是袤二百四十五丈（爲費一千九百五十三兩有奇）民稱曰臧圩岸（錢塘李旻記）嵊陰據山東西南皆剡水環城下有路四衢南台新北山會上虞奉化諸暨東陽皆出其左右路以水嚙就圯漸侵於城民居蕩析人病往來弘治壬子冊阜臧侯以名進士來尹之明年謂路苟弗治薦入嶮巇行貨莫至邑終弊矣疏請藩臬得府帑羨餘銀三百兩倡之於是民富者資貧者力紛如子來諏日從事繩杠筐筥鋤钁畚鍤肅

肅以就備石以砌鑿土以運闊浮植椒按堅甃石登登馮馮之聲響應山谷崎嶇險阻遂成平夷一望數里狂流悍湍自是莫齧乎峻防矣功訖民以侯功宜紀將圖志石而邑人秋官丁君以賢適讞南獄便道歸省民以是告之既還國轉求余記夫昔東坡爲杭守築堤西湖民以蘇公名之謝安築堤新城而民以召公況之皆以其澤之存名以識不忘耳嵊民之請亦似於斯也因書以志　戊午堤稍隤知縣徐惝出堤外五尺築護堤七尺許堤以永固費贖金三百五十餘兩　嘉靖三十四年倭寇猖獗民無守計知縣吳三畏尋故城址大興役築城前臨溪後跨山高二丈有奇厚一丈有奇周圍一千三百丈有奇內外具甃以石爲門四東曰拱明西

曰來自南曰應台北曰望越門外有甕城門上有樓扁其樓東曰凝翠南曰可遠西曰長清北曰迴峯東北間爲陡門陡門上有亭扁曰溪山襟帶北門右有瞻宿亭一稱四山閣東門右有亭曰騰蛟西門左有亭曰起鳳爲傲舖若干所敵臺四所城內有餘城六尺餘城內有馬路六尺城外路與內稱是

年倭寇兩臨邑境民恃無恐○邑人周夢秀記○世宗皇帝二十有九載海氛爲孽倭奴搆禍於浙東黃巖萬室爲燼爾時承平久矛鑛斧鈍未遂斬艾甲寅歲再陷天台兩寧紹沿海諸聚落歲被攻掠僅僅全者皆恃城以守而兩邑繼遭毒螫患無城也嵊介峙台寧間故

山城頗壯爲信國公湯和建議壘之二百年來無異聚落官民惴惴懼禍之及乙卯歲海上羽檄無巳時知縣吳侯喟然嘆曰是可以當吾世而坐受無城之圍乎乃請其事於諸上官旣允則相基度費故址屋于民者撤之然帑無羨鏹民又艱于土瘠力不任重役而事不可巳侯焦勞形于色諭民人不峙爾城家且莫保苟儆爾役室告罄願擇之則瞿然以寤而翕然惟侯之命侯于是稽版籍丁口田地凡五十餘丁築城一丈不足取諸罰鍰計丈九百有奇因舊爲址繞山帶溪侯日周省城功勞勤策惰自忘飢疲工始秋九月四閱月告竣東西南北爲四門東北二門間爲陡門北門右爲四山閣先是城甫半倭奴自台突入嵊黃泥橋夜遣諜來覘視望城上燈燎晃耀呼噪之聲動地遂出浦口宵遁迫城工未竟止二版倭奴又自台流嵊侯日夜督民兵分城哨守倭奴遁逃夫城工雖未完而有險可據侯故得以殫力警守而保完億萬生靈使侯不早計而亟圖則兩番寇至嵊能免於

黄巖天台之難否也黄巖天台以無城陷嵊以有城全侯是以有功於嵊甚大先君別駕謂寇至侯城而禦之令寇滅久矣而斯城巋然與國罔極宜爲之記未就而先君即世萬曆五年冬舉人張君希秩王君應昌以命夢秀畢先君之志夢秀因憶先君誦賢侯經始時鑱故址得一甎識云漢乙卯歲剡長吳其記夫賢侯築城千五百年之後而與前令姓同其築之歲又同亦奇矣哉夢秀敬書此勒諸石使知所考鏡云

萬曆十二年知縣萬民紀重開化龍門　邑進士周汝登記

萬曆甲申南城萬侯民紀奉命來令剡祗謁先師因視學宮曰學校爲治務首凡所宜興革吾矢力焉越明年敎洽澤流興廢實惟其會司敎陳君埜王君汝源趙君棟言於侯曰惟學之前故有門曰化龍以通黌道今湮矣是宜闢敢請侯曰士論曷以諭多士多士曰固士望也即堪輿家學士不談而聖道賢途不宜壅古創是者豈漫耶命名謂何而可使湮也審如師言闢

之便侯曰民情易以諭諸父老諸父老曰固民願也諸生實我子弟即率作以興諸生誰不樂爲從事且民夾縣治以居由南門而界左右埒左爲門二而右一出入艱焉豈惟作士亦以利民審如士言闢之便侯曰昔啟而今湮曷以士民進曰嵊有城載自吳爲門四方而西南間一是爲五門後城圮而門存嘉靖乙卯吳侯三畏復故城而民力詘議省五門之一曰吾留不盡以須嗣者乃門塞而名存于今三十年所啟實其時即啟諸費民自輸不以貽公累矣曰凡令之職孰先作士而利民作士而利民也昔無而創自我竭公帑不爲厲剏有其舉之而民自子來者乎上其狀于郡大夫報曰可於是採石徵工蚤夜並作闢城建門高若干丈門上構樓幾楹成之者速甃之者堅往來利而遠近易觀矣孝廉張君希秩輩謂不可無紀以命言于余余惟是舉有三宜書者夫興作難言春秋書僖公新作南門以譏不時左氏謂啟塞惟時時則何病乃修泮宮則删詩而有取時故也時何稽稽

諸士與民士民所趨是爲時夫知時乃可議興作若今開龍門是已是宜書以告凡爲吏者侯闢門爲士士尚思厥門名而自樹以無負侯夫門以名龍龍出則雲流雨集將利益於物諸士登河津而驤首奮翌有以脥土而澤枯乃與茲稱是宜書以告爲士者侯闢門以利民而民易使夫嵊民或指爲難治而茲足破所指見一節然必益若訓化政永無改于役龍門時則稱良是宜書以告爲民者三宜書于是乎縣丞吳君鶚鳴克殫乃力以終厥事得備書云　明年修四山閣　知縣萬民紀（登閣詩）清溪九曲抱金城更有層巒入望明四境田疇盈澍雨半空樓閣掛新晴傳杯促席情偏洽玩月推窗興自生坐久夜深天宇淨麗譙惟聽鼓三聲○周汝登詩共登絕壁倚重城虛閣玲瓏見四明遠水帆歸江樹晚隔林鐘起寺雲晴葛衣翠幌松風入玉笛胡床海月生今夜庾樓須盡醉更深閭巷有歌聲　天啟七年風雨四山閣可遠樓迴峰

樓化龍門樓俱圮崇禎元年知縣方叔壯重建十
三年知縣鄧藩錫增修城堞
國初五門樓四山閣城垜俱圮順治五年知縣羅大
猷重建東北城樓十五年知縣郭恍奉檄增砌城
垜高五尺康熙六年知縣張逢歡重建四山閣九
年霪雨西北城壞五十餘丈知縣張逢歡補築典
史毛鼎鉉董其事
周志曰有城無兵城孰與守嵊賴吳侯有城而守
何恃邑故設民壯若干名民壯者民兵也兵不奪

走是供而簡汰訓練令專習武事一足當十一旦緩急可倚不爾如城何若夫餙器械豫儲畜亦時宜與城俱講夫桑士之計常在事先是所稱瞿瞿者哉

後學續論曰嵊城工始於東南西終於沿山一帶人情勵始倦終故三面堅緻而北面低狹且磈磊不齊潦易墮賊易梯也前所未逮不望補于後哉至城必有守雖斷岸長雲亦烏可廢剜易梯如嵊城者乎今民壯既復當簡練爲時廵計而儆鋪敵

樓尤當復故爲時巡者棲泊計不然剽庫劫衙如

往盜之再見殆哉奈何而不蚤爲之所

署廨志

縣治在剡山南鹿胎山之麓漢三國時吳縣長賀齊所卜因高爲址歷坡而升（剡錄云樓觀聳峙頗似府譙○唐方干和陳明府登縣樓詩）郭裏人家如掌上簷前樹木映窗櫺烟霞若接天台地分野應侵婺女星驛路古今通北闕溪山日夜入東溟緇衣才子多吟嘯公退時時見翠屏舊有德星堂一名迎薰○（盧天驥詩）河陽滿院栽桃李風過落花吹不起潘郎遠韻故不凢爲米折腰聊爾爾剡溪詩尹亦何人作堂餉客名迎薰薰雖無桃李繼潘令紅梅一窠香入雲自憐多病綉衣客百年未半鬢先白長鞭短帽飽霜露田園將蕪身未索何日背琴攜瘦筇鳴絃堂上迎薰風梅香已斷花初茂滿枝着子雙頰紅寄聲艇子可留意爲我泝溪撐短蓬東園四山閣遺蹟宋嘉

定八年令史安之增建有霞書堂詔吉亭頒春亭

遺蹟元達魯花赤高閭爲東廳尹仇治作後堂令

瓚作譙樓〔天台應奉翰林承事郎楊敬德記〕嵊會稽山水縣也治據星子峯之陽清溪千仞流景常新宰斯邑者莫不喜其地偏境勝俗美民淳而盡心焉至正甲申膠東冷侯瓚來蒞茲邑侯由儒科興廉勤宅心人民化服鳴琴裕如也度民可使矣乃與僚佐議葺新廳大修學校顧譙樓之址鞠爲茂草鼓角寓他所垂四十年比邑父老而計之咸願助資給用侯從之市材深谷會天旱溪涸致力爲艱俄大雨水溢木浮而來如赴期約售工傭徒厚於私家之直民歡趍歛給不久就緒經始于至正四年十有二月落成于明年八月爲樓橫八楹縱十二楹旁舍翼翼然宏壯加昔其材需官無費而不擾徙鼓角其上以時與息深得古人申敎防微之意云噫上古聖神挈壺有職鷄人謼

囂上焉致辯色示朝之戒下焉謹出作入息之度政教巨細不同所以儆怠荒一也昔太宗用馬周以鼓代傳呼之制譙樓始遍郡縣亦古法之通變者矣夫使林林之衆興息有節惰游是懼寇攘屏跡則晨昏號令豈非厚民生之一事耶如侯可謂盡心矣遂記

至正二十年盡燬於兵火明初王簿張安道知縣江蘭有建天順中燬知縣王琦建未備成化弘治間知縣李春許岳英劉清臧鳳徐恂縣丞帥玠方玘相繼營葺規制乃全中爲治廳三間南向元至正間燬明洪武三年主簿張安道建復燬知縣王琦建小廳弘治元年縣丞帥玠改建顏曰牧愛堂萬曆間知縣萬民紀更曰節愛知縣王志達又更曰親民　國朝順治四年圯六年知縣羅大猷重建　治廳東爲幕廳三間明弘治二

年知縣夏完建後圮國朝康熙六年知縣張逢歡重建爲里民輸納之所幕廳北爲冊庫南爲吏廊八間治廳西爲龍亭國朝康熙八年知縣張逢歡重建龍亭北爲銀庫南爲吏廊九間兩廊皆明成化間知縣李春重建崇禎五年知縣方叔壯修後圮國朝順治五年知縣羅大猷重建又圮康熙二年知縣焦恒馨重建治廳後爲燕思堂元至正初尹仇治建二十年燬明正德十八年知縣林誠通建自爲記嵊舊惟政事廳退食禮賓尚未有所乎始經營作穿堂兩間題曰燕思葢取昔人閉閤思過之義昔禹思天下之溺由已溺之稷思天下之饑由已饑之伊尹思匹夫匹婦有不被澤者若已推而內溝從古聖君賢相留心于民未嘗不積諸念慮尤不但如延壽之閉閤而已嘗觀諸書曰思曰賛襄曰思日孜孜是思固臣道之所當務也燕閒之餘烏可不思遂爲之記嘉靖間知縣吳三畏更

日思補

燕思堂後爲儆齋明弘治間知縣徐惟建南城編修羅玘記儆齋記予記也予爲徐信夫記之也信夫何警乎予知之警生於有心土石草木之無心莫之能有警其非動物故也雖動物之有心有有警者有無有警者有有警亦若無有警者鳥有之不能爲巢居他之巢至其自爲則墮卵殰雛焉是之謂鳩拙啇有之見虎而逐叢角而觝以遺虎殘是之謂羊狠獸有之見木而登且登且下而卒亦莫之能上下是之謂猶豫鳥又有之俛而啄仰而四顧鷂過之過也彈過之過也是之謂鳥警其於人也在鳩拙爲蒙爲木強在羊狠爲自罹于辜所謂有無有警者也在猶豫爲太蚤計爲多心所謂有有警亦若無有警者也在鳥警爲常惺惺所謂有有警者也今夫鳩拙之與羊狠同於無警者也而世之人有以鳩拙自退者乎寧爲羊狠敗焉後之懲者則又警之太憂持之太固於是有猶豫焉猶豫者悔釁之囮也猶豫之警非警也非固爲警也有待焉時然後警

焉其惟鳥警乎是之爲善警嗚呼信夫之警其亦有取於是也乎然予又感夫鳥微物也俛而啄取以養其生仰而警焉以避其害於鳥可也而君子之居人上也其亦有俯而取乎則十目視焉十手指焉而害斯至矣雖有百警其可乎哉今夫龍非不昭然靈矣然以其有所嗜取也人得而擾之亦得而醢之若鳥獸然以龍之靈而豈無警乎警不足恃也或曰龍以聾取辱非警與嗜取之罪也則予不能知矣然信夫方持是警爲宰以臨嵊民予記警齋者不可以不告儆齋後爲令

廨有門有廳有寢宋政和間建迎薰堂東園及四山閣後圮嘉定八年令史安之重建增敞之東有霞書堂北有面山堂累石爲山汪水爲池雜樹卉竹臺榭凡十餘所元至大間達魯花赤高聞以霞書堂爲東廳至正間燬明初重建後燬成化弘治間重建後相繼修葺 國朝順治六年知縣羅大猷重修

丞廨在縣廨東舊在縣東南七十步清紀坊有目戩軒宋

嘉定八年令史安之徙今所元末燬明洪武間建後燬弘治間知縣徐啇縣丞王謨重建後圯萬曆十四年縣丞吳鸎鳴建半間堂清嘯臺知縣萬民紀詩雨餘官舍長蒼苔時值清和霽色開但願秧針隨處插不誇花錦徧郊栽狂歌莫謂無風韻清嘯應知有月臺終古剡溪名勝地須教秉典續傳杯○邑舉人張向辰詩獨坐幽齋未破苔羣賢月下一樽開千重翠壁當筵聳幾種名花倚石栽莫道綺羅志蔀屋須教閭里頌靈臺公庭瀟洒無餘事願逐河陽再舉杯後圯天啟間縣丞江子循重建　國朝康熙二年縣丞門有年建東軒

典史廨在縣廨西舊在縣東南一百步舊丞廨東宋乾道間尉謝深甫建吏隱軒元至正十一年徙縣南儒桂坊明徙縣治內丞廨前弘治間知縣徐啇典史蔣進重建萬曆三十六年主簿裁徙今所即簿廨廨宇畧相當

西吏廊後有廨宇以居羣吏明洪武間建成化間知縣周曆弘治間知縣臧

鳳徐恂相繼營葺西吏廊南爲濟留倉今廢治廳前有甬道元至正初尹仇治築甬道中爲戒石亭明洪武九年知縣高孜奉制建亭南爲儀門出儀門折而東爲大門門上爲譙樓三間元至正四年尹冷瓚重建二十年燬明洪武三十一年知縣江蘭重建復燬成化弘治間重建嘉靖知縣林森重修事見名宦傳下後圮天啟間縣丞江子循重建後圮國朝康熙二年知縣焦恒馨重建大門內稍東爲土地祠三間前有戲臺國朝康熙九年知縣張逢歡縣丞胡珏典史毛鼎鉉及吏胥各役捐貲重建譙樓東爲寅賓館三間萬曆三十六年主簿裁徙典史廨于簿廨知縣施三捷建館于典史廨址崇禎十六年知縣蔣時秀修後圮國朝康熙三年知縣劉廸穀建樓于舊址樓上祠文昌星樓下爲館縣治俱繚以垣

弘治九年溫賊破垣剽庫十一年知縣徐恂修大築之厚六尺高一丈二尺周一百三十丈五尺門外東爲旌善亭三間卽宋詔旨亭遺址明洪武三年建西爲申明亭三間卽宋頒春亭遺址明洪武八年建後兩亭皆燬弘治間知縣臧鳳重建崇禎間知縣方叔壯修今皆圮旌善亭南爲總鋪有門有廳三間有屋十餘間繚以垣國朝康熙九年燬知縣張逢歡重建申明亭南爲獄有門有廳有屋繚以垣成化丙申洪水衝垣囚多壓死知縣許岳英暫移禁於儀門西二十一年署篆事餘姚縣丞李實修建增廳三間屋九間補砌繚垣東西廣一十二丈二尺南北袤一十六丈二尺鋪獄前皆有掛榜亭舊在儀門東明萬曆間知縣施三捷移建今所東西各三間崇禎間圮國朝康熙九年知縣張逢歡重建

行署由縣治而南一百一十五步折而東五步（舊稱旬宣坊）爲布政分司（舊三皇堂址）中正堂左右夾室後穿堂聯以寢堂（三間）設廂房兩側（各三間）正堂前爲露臺爲儀門儀門內有東西廊房（各三間）外爲大門繚以周垣明成化間知縣許岳英重建今燬由布政分司折而東爲按察分司制與布政分司等明知縣許岳英建後火知縣劉清重建間兩司中爲候館有正廳（三間）有耳房（二間）明萬曆六年知縣譚禮建今爲喻司馬祠去兩司前二十餘步爲府館許岳英建

舊在秀興坊口許徙茲地故布政司址後火劉清重建萬曆四年火譚禮重建中正廳三間後退堂及寢室廳前有東西廊房各三間外爲大門三間出望台門轉而東有代驛館三間舊名駐節亭明嘉靖間廢萬曆五年譚禮重建改名敬亭萬曆十二年邑士民肖巡撫蕭廩巡按龐尚鵬知縣林森朱一栢像於館內以志感縣北六十里三界有公館故稅課局址明弘治間知縣徐恂建萬曆十四年知縣萬民紀縣丞吳鶚鳴重修有正廳三間有耳房有門中明亭五十三所在城三所

在鄉五十所旌善亭制與申明同勸農亭二一在縣南五里鋪一在縣北楊公橋側成化九年邑民吳叔陽錢楚雄等爲知縣許岳英建侍郎王洪記畧壬辰古潮許侯岳英來縣自視篆迄今惟以興學勸農爲急每當東作循行郊外視民耒耜秋成復歷前所徧詢民瘼吳叔陽等割巳地率同事者捐貲作亭余時署姚江學事二尹古青徐君倫走書幣徵余文余爲之辭曰布穀雨後啼春風千村萬落農事同于耜舉趾與厥功霑體塗足寧敢慵我侯政暇乘青驄循行阡陌樂雍雍問民疾苦惻疲瘝慰勞勸諭言從容墻下植桑爲蠶供女當織紝事紉縫誰家缺食誰家充周給惠與同化工四郊綠徧禾芃芃來牟既發年屢豐官租私廩兩不空男耕女織皆有庸頌歌載道聲隆隆不殊白叟暨黄童我詩旣成民允從家傳人誦垂無窮甘棠千載師召公

迎恩亭在縣北二里爲接詔敕之所

雜署陰陽學明洪武十五年設今廢醫學及惠民藥局在縣治前三十步街之西洪武十五年設成化中知縣許岳英重建宇三間門一間知縣劉清復遷街東以故公舘舊址易民居爲之後圮嘉靖間知縣林森重建醫學于城隍廟右地廣十二丈深二十丈餘後圮崇禎間以遺址前作關帝祠後作天妃祠惠民藥局在府舘左三間今圮

國朝康熙六年疫知縣張逢歡延醫施藥就寅賓舘

爲藥局僧會司在惠安寺道會司在桃源觀由來

白門西爲養濟院明成化間知縣李春許岳莫徐恂相繼增葺有正廳三間扁曰施仁今圮有住房一十間有門繚以垣直三十一丈橫一十丈　預備倉在城隍廟左又名城隍倉東西北三面有廒東十間西十間北四間明弘治間圮知縣徐恂重建崇禎十六年知縣蔣騎秀改北廒爲正廒每年額存經費役銀四十兩　便民倉二許志曰倉爲運糧兌軍而設使小民艱于遠運者於此輸納令糧長領部以輸故曰便民　一在縣北五十五都三界今圮　一在縣西養濟院右萬民紀縣丞

吳鶉鳴重修有官廳三間後堂一間門樓三間東西厫三十二間周圍墻凡七十六丈今圮

義倉四　一在縣東六都浦口官廳一間東西北厫皆三間門樓一間繚以垣　一在縣西四十六都兩頭門官廳三間門樓一間繚以垣　一在縣南一都阮廟官廳三間南西厫皆三間門樓一間繚以垣　一在縣西北二十九都西清官廳三間南厫三間西厫二間門樓一間繚以垣　俱明正統間知縣單宇建弘治間知縣徐恂修崇禎間縣丞周士達重修今俱圮

邑人張胄記天以生物爲心帝王代天理物故水旱之災而爲之預備周官遣人掌縣都委積以待凶荒

倉人旅師各有所掌而大司徒又以十二荒政聚萬民養政備矣去古既遠其法莫行隋長孫平建議令民間每秋出粟麥一石以下貧富爲差貯之里閈以備凶年此義倉所由設也唐戴冑因而行之宋文公立社倉於建之崇安請米於官得六百石每年散之以濟民取息米二分十年之後本米還官息米不可數計更不取息一方賴之明太祖高皇帝詔天下立預備倉饑則散豐則斂此即周官遺人之遺意恩至渥也嵊爲倉凡四歷歲滋久宇圮穀亦弗積稍遇水旱民無所賴今天子重念斯民特命藩臬重臣布政司方公巡行屬邑而綜理之郡守羅公專董其事邑宰單侯奉行惟謹乃勸募于富民得穀若干石建四倉于故處地之狹者售于民而廣之每倉爲屋若干楹材木惟良瓴甓惟堅外設重門繚以崇垣規制精壯締構完好其于防守區畫尤加意焉夫天災流行何代無之亦在夫備禦有具而長民者之得人耳聖天子養民之心非藩郡之臣能體上意賢侯奉行之至焉

能臻是哉故樂爲之記常平倉一在丞廨前舊典史廨址東

國朝康熙七年知縣張逢歡建縣丞胡玨董其事演

武亭在拱明門外

廢署稅課司在縣東南一百五十步明宣德間除今布政司址

弘治間重置在縣北六十里三界知縣徐恂建隆慶

間復除今公館即其地宋有米倉在縣北一十步鹽酒稅廨

在縣東南二百步稅務酒務在縣南鎮守司在東曦

門外訪戴驛在縣左嘉定六年令史安之移置東

曦門外五十五步元至元中置驛縣北六十里三界主簿

廨在縣廨西舊在縣西三十步鹿山頂有朔風堂宋嘉定八年知縣史安之徙建今所元末燬明洪武間建復燬弘治間主簿周嗣祖重建後軒三間嗣知縣徐恂主簿沈蘭重建有門有廳有寢萬曆三十六年簿裁以其廨爲典史廨今俱廢

郵舖　嵊惟南北爲通衢故舖在南北凡八所縣前二十步曰總舖由總舖渡江而南五里曰五里舖又十里曰天姥舖新昌縣境界由總舖而北八里曰八里舖一名迎恩舖又十里曰禹溪舖又十里曰仙巖舖

又十里曰楮林鋪又十里曰上館鋪五里至三界上虞會稽二縣境界館各有廳三間有廊房有郵亭有門繚以周垣明弘治間知縣臧鳳及徐恂重修萬曆十四年知縣萬民紀重修四十六年知縣張時陽重修

國朝康熙九年知縣張逢歡典史毛鼎鉉重修總鋪驛使一人鋪司一人鋪兵五人各鋪鋪司一人鋪兵四人縣吏一人總領之是曰鋪長各鋪鑼鼓旗幟傘燈日晷之類俱全

周志曰余志廢置至訪載驛蓋執筆嘘唏久之宋元有驛而今罷不設以僻故烏知百年後非故嵊耶嵊故監司經年不一至而今台郡有專制之兵巡旬時來去驛道東出寧波而近以彼濵海迂阻避不走走嵊以故屬吏涓人奔走旁午於途嵊夫廩之供歲無虚日度費與驛稱矣而歲且協濟水岸夫銀一千七百餘兩於東關驛夫邑自有驛之費而更遠濟東關非法濟東關蓋自成化間始以割都故議者謂宜以兩都復歸會稽而歸我所助

東關銀合歲自所供應費復訪戴驛于東門外或沭戶惟是設丞無費則嵊邑小可例新昌裁簿一員裁簿置丞事兩利計甚便也斟酌而損益之是所望于持衡之君子若義倉若勸農亭亦古常平補助之遺令圯令長加意反覆手耳不以志廢後學續論曰復驛足以惠嵊而裁簿置丞庶幾不費乎後簿果議裁而驛不復丞不置意先生退老無肩之者處今日而言復驛難矣使候人得如舊制亦可無不均之嘆

國家畫土分疆邑各有界嵊北盡三界南盡黃泥橋舊時夫馬至界交換今北則東關不應每遠送至嵩南則新昌不應每遠送至台長途跋涉饑寒疲敝甚有至死者痛哉夫兩處之協濟則嵊竭其膏而兩處之差徭則嵊當其困乃卒無敢齒者悲夫所望請詳各憲令照舊界接應不亦釐奸剔弊無恤民瘼一惠政乎

嵊縣誌卷第二

山川志

山 峯 巖 嶺 洞 阜 坪 石 溪 河 湖 浦 坑 潭 塢 泉 池

山

剡山在縣治後介羣山中南當平陸奏羣流而特峙舊云秦始皇東巡見王氣命工鑿之故名有峯曰星子峯峯上冠以亭曰星峯亭有坑曰剡坑（唐趙嘏詩）正懷何謝俯長流更覽餘封識嵊州樹色老依官舍晚溪聲涼傍客衣秋南巖氣爽橫郛郭天姥雲晴拂寺樓日暮不堪還上馬蓼花風起路悠悠○（宋李易詩）剡山無數野薔薇黄雲爛熳相因依玉杯淺琢承隆露金鐘倒掛搖晨暉斑竹筍行三祀地紅葯開時一尺圍豆角嘗新小麥秀來禽

向長櫻桃肥歌古隨風椰外轉翠花帶水烟中飛魚跳破浪分赤鬣鶴唳投松翻縞衣鄉關萬里久無夢巖壑四年今息機丁亭杜宇往江北爲喚故人令早歸明　邑人張罥詩剡山千仞聳晴空下瞰羣峯培塿同官舍半依青嶂外僧房多在白雲中清吟此日思王鍔高隱當年憶戴公卻笑秦王多此鑿不知隆準起山東

鹿胎山剡山南出二里縣治跨其麓昔獵士陳惠度射鹿此山鹿孕而傷既產以舌舐子子死而後母死度即出家苦行以悔前罪日誦維摩經歸戒者數百人遂拓所住曰法華臺今曰惠安寺鹿死之處草生曰鹿胎草山曰鹿胎山宋淳熙間朱元晦入剡嘗登眺其上書其額曰溪山第

一山嶺有宗傳書院明進士周汝登詩書山曾許幾人棲風物都歸舊品題遠近樓臺疎閒樹東西桃柳半臨溪宿亭春蚤傳鶯語驛道塵高送馬蹄一望天台雲外路桃花空笑古今迷

紀事

嘉靖間知縣吳三畏隆慶間知縣薛周皆諭民就剡山栽木周汝登曰縣學負剡山其山在城內者凡若干畝昔無林木夫山巉屼無木若人之立而裸其衣其足爲衣冠之士乎哉先是吳侯三畏令民家各栽松木不栽有罰乃以迁去勿果後十餘年侯家居凡數致書惓惓以栽木爲囑侯之用心勤矣哉後薛侯周丈量土田以城内之山並不起科納稅雖在粜山亦令栽松又以調去勿果夫二公惓惓而不得覩厥成功豈一林木亦有數耶余以爲即不栽松栽竹亦可夫栽竹隨月皆宜且易成林今府中臥龍山皆可覩矣誰爲此者甘棠之詠其寧有窮

一艇湖山在縣東

五里康樂鄉崻剡山之左山上有塔山下有子猷橋訪戴亭爲晉王子猷返棹處（題咏在子猷橋下）竹山在縣東十里康樂鄉出艇湖山左（邑人張燦詩竹山好似篔簹谷碧條陰森遍林麓丁丁樵斧響空林麋鹿相驚竄相觸夕陽負擔下嵳峩一聲高唱徹烟羅）象駱山在縣西五里昇平鄉崻剡山之右形如象駱福泉山在縣西十五里清化鄉出象駱山右山如展屏左右裂崖峭壁凝丹女羅蕩碧不減震嶼翠巖也嘉靖間左右崩裂深數丈長亘數里今名拆坑花山在縣東北三十里遊謝鄉畫圖山嵊山冬怪

石畫圖尤勝從花嶼左出一岈岃可數丈許岑巒出晡哨莓蘚斕斑幽松古薜差差相間下滙碧淵舟行如織禽鳥和鳴漁樵迭唱流覽情怡唐人日圖山數尺可抹台宕諸峯明知縣詩岳英刻佳山水于崖陰（邑舉人夏雷詩）舟過碧溪漁唱杳雲收斜谷雨聲殘○（邑貢周泰詩）古木于雲連嶂翠野花隨雨襯溪紅○（邑諸生王三台詩）畫圖天設掛清流容舫千秋供覽游剡上幽人看不盡扁舟戴月宿溪頭○（邑諸生袁祖憲詩）淺勤峯巒濃點若舟行鏡裏片帆開花烟雪月經年掛留與騷人看畫來○

嵊山在縣東北四十五里遊謝鄉有嵊亭松嶺森鬱深張嵊所生處十道志曰自剡至此溪流

湍險商客往來皆以東裝宋虞騫詩命揖尋嘉會信次歷山原捫蘿上雲紀與石下雷奔澄潭寫度鳥空嶺應鳴猿榜歌唱將夕商子處方昏車騎山在縣東北六十里遊謝鄉晉車騎將軍謝元爲會稽内史於此立樓居止有車騎故宅車騎坐石逍遥山在縣東北五十里靈芝鄉相傳有趙將軍隱此逸其世羅隱山在縣東五十里遊謝鄉唐羅隱所往來覆卮山在縣東七十里遊謝鄉晉康樂謝靈運登山飲酒覆卮巖上中有龍眠石石竅水流不涸絶項四望東大海西會稽皆彷彿可見宋進士邵惟中詩四海登

清氣朗暢青雲頂上採靈芝登山須記山高處醉向崖頭一覆巵

動石山在縣東五十里靈芝鄉山臨溪溪中巨石磊磊天欲雨則石必先動下有潭

簟山在縣東三十里靈芝之鄉章如設簟上有白巖龍祠下有潭

四明山在縣東五十里靈芝鄉高四萬八千丈周二百一十里跨勾章姚虞等縣道書稱第九洞天有二百八十二峯四面巑聳形勢區分東曰鷲浪山西曰奔牛隴中曰三朶峯少南曰芙蓉峯中峯有漢隸深刻曰四明山心上爲騫鳳巖又南曰驅羊之勢地宛轉吐

出清潤水南流入鄞西南曰八囊山北曰走蛇之峭两山如走蛇騫鳳右爲石窓四面玲瓏亦名四窓是稱四明（唐孟郊詩）閑于獨寉心大于高松年迥出萬物表高棲四明巔千尋直裂峯百尺倒瀉泉絳雪爲我飯白雲爲我田靜言不語俗靈蹤時步天（附考）舊記楊德祖事見沿革下

臥龍山在縣東四十里靈山鄉四明迤而西内有二十七名勝爲邑進士王心純別業碧洞呑雲瑶泉捲雪怪石磊磊或竦或蹲穿徑而行蔭森香遠邑司理徐一鳴有記其畧云嵊溪巒陡絶止戴家堄土被黄鸝倩住次畫圖峯側小可置几案間從未有及臥龍者一日叙之持檄來曰某近日于綠蘿中覓得數尺天地須兄來脩葺而傳諕處多灑

灑動人遂于月九日訪歷師共四僧徃至山口爲淸石村村東數武忽一巨龜負赤文曳尾稻芒中與白鷺爭明沒乃靈巖岡里許兩石嵯峩戟峙山前作揖客勢從西徑入有方塘畝餘澄碧靡底遵崖北上曲蹊澗心者爲躡仙橋再里許有蒼虬數十攫雲而升竟欲夾簷楹飛去予驚謂龍窟耶已而知爲五大夫欺我松足即眞君祠尋不見武侯像固知作梁父吟人溥此不爲循徑而北爲臥龍菴鐘聲嵐色雜出娛賓促蹬上西山麓見一泉名漱瑶紺徹鑑鬚眉如畫從漱瑶左爲絡馬巖紫葷紅鶴大類曹韋筆法而四蹄蹭踏如欲騰空爲薜蘿纏定猿引數武爲赤芾巖絡理奇巧倶天孫所織其在食武鄉邑後耶從赤芾巖上即兜鍪峯此山人祇用羽扇綸巾何物而不化如此意當脫此以覓鹿皮冠耳披蔓倒下見老比丘鬈髮垂眉偕數大德喃喃方竟午參有十八公碧角蒼髯各持幢蓋相侍衛乃得生公臺蜿蜒而下見雲根大沸覓得滴乳泉木蹊石罅中出淸冷徹骨泉右爲漆

書壁歷落斑駁俱古篆文泉左爲眠雲崖霤謎下垂五色相[illegible]稍上一小凹卽印月窩浩影金波方方具見至子眞洞幽不可言云中有十六室若能取火造其闕定有唐人題識巖前數十丈爲浮磬巖自此四旁石岸崿峭絕嶔空裂摧或立或仆俱是半空飛墮而每石率有一荔枝裳縈迴盤詰曲折盡意然至此足力已竭而毅之猶嘖嘖稱勝不休子上月宿而不探天根終不得飛大淸也再勉登綴星巖星光歷歷可數吾知此經緯所成五百里必有奎賢人聚巖前峭削兩石夾揷天心爲逼天徑徑中僅線許止容一足登然步步引入勝地足盡處忽已身在碧空旁看四虛眞滇濛無際至此西山之景已完方思笑倚最高峰縱觀積氣而冷然雲璈忽已響薄林裾此爲飛白泉蓋兩山爲左右彌此居兩山之中以一片冰簾垂拱其內眞足指揮萬峰泉下有一石橫拜稱枕流倨矣左爲東岡轟雷傑構如闕重門乃天然丁幃幔几帳雅非人世稍東上一老人曲肱方枕偃息而臥此爲

睡仙巖名臥龍以此東外嶙峋𡸣起忽伏者爲蹲獅石丹黃互烜崇麗豐肥仰覘飛瀑巖貼貼欲墮再上倚嘯臺恍見當年抱膝胸次吞盡大江南北仲謀孟德兒臺上爲象鼻峰百尺老柯俱作金絡縧穿却臺下爲爛柯坪枰酒局棋早已爲老人勘破而稍東最高一岡隆平塏厰爲東眺臺惜安石君已死不及載酒相過從東眺下望平田中有物如伏犀俯踞作辟塵形恰守前隅自此東山之景亦完大抵兩岡相對迭和更酬嘗思督五色霓駕一彩橋俾相婚嫁下以激湍瀠洄交贊巖阪雜以羽觴每至一峰則盡一巨觥觥盡便醉消算三萬六千塲亦足稱陸行仙子無洪流殊不快意毅之輙疾走大呼曰汝不窮河源安得以升斗量人乃連袂而西忽見巨波注洋千頃即鳫子湖剛瀦飛白之巔飛白水即受此龍湫百尺自有貫頂醍醐但山下人不知俾雲行雨施豈止一瀉千里哉湖東盡爲賓雁洲瀟湘一夜楚國皆秋至此山前後之景亦盡足奄奄隨葛龍去而曜靈亦已掩山角

欲西仍取道自松風嶺抵瑶泉捜逸再上西山見九座須彌臺廻出塵外諸山眉列遥指四明峰如帳裏芙蓉恰得間月岡作翠屏一障數十里形勝以一目收之到此欲醉不得非醉亦不得急喚持觥來送以吳歌未數廵月盈盈在樹杪間入樽中俱松栢影酌盡五斗竟不能寐薄曉雲鐘點點倌人促装余實戀戀愧不能爲十日遊是日同遊者歷然師淨相何其因淵王毅之儆弦居印白偉與余共五人明崇禎十一年四月之九日也知縣吳用光序古今序山水者必以文章不知文章非能序山水也山水序文章爾山水能予文章以所有文章不能予山水以所無故凡層壘兀突曲折幽深溯湃瀠洄汪洋浩蕩非文章也山水也矧山水之奇勝靡窮欲以文章窮其所靡窮而終莫能窮其所不能窮余故曰文章不能序山水山水序文章爾余幸令佳山水間四抱一泓毎懐應接不暇之想公餘之下毅之王子拉余爲臥龍之游遂與六七同人偕往夫山名臥龍者有二武侯居隆中

宇其岡殆以人名乎越城亦有臥龍山禹陵在焉此又一臥龍山也王子其迴護禹功乎其高吟梁父乎大抵山以靜勝水以動勝而玆則兼動靜之勝山來則受以蓊欝水出則覆以琳琅曲徑板橋小亭高閣天工人巧無一不勝曾讀徐文長游記到此乃知刻畫之盡也探深涉奥磅礴盤桓遂至竟日雖賓主情深亦山水留人耳烹泉啜茗剪燭賦詩誠一時之雅也所得詩若干首王子已付梓人囑余爲序噫余素不能文章又何能爲序山水之文章哉即黽勉應命能不懼山水笑人然亦有說焉蘭亭一序第序時與地而畧其人醉翁一記亦敘情與意而畧其事太史公無勝不游蘇長公無游不記各出手眼各抒胸臆皆不可千古而我輩此游何遂讓古人蓋山與水常新者也時與事遷遷者也而今同遊之人則我輩獨也第敘其人可乎敘其人俾千百世後登臨至此者知高山流水之間我輩宛然在焉其人維何蜚聲西江攬勝南遊鳳翥鸞翔金輝玉映則池陽二華張子也內

外閣肆吐納淵深潤略非徃矜慎不苟則華池君頡田子也名高閥閱望重蟬聯古貌古心不衫不履則鑑湖吾家期生也雄辯未已高談轉清望係蒼生胸蟠經濟則丹水文孺徐子也文華燭漢俠氣凌雲博洽多才登高善賦則山陰敦如單子也重若看山靜如觀水天童獅象黃蘖兒孫則發祥二隱和尚也法演三乘教傳五葉諦闡印月香送逆風則明覺寧遠禪師也門無彈客戶有藏書照耀文星留連花月則臥龍主人穀之王子也中有拙若有餘謙如不足願言避俗勉爾從游則剡溪令鹿苑映微吳子亦在焉斯時也意氣俱合形骸悉忘誠快集也哉王子進而語余曰諒同人借斯文同不朽矣余曰否否山水能予諸同人以不朽也非臥龍不足以來我輩之遊傳我輩之遊還藉遊臥龍傳爾余故曰文章不能序山水也大抵人能勝山水則人能予山水以名山水勝人則山水亦能予人以名我輩譜牒中當高置臥龍一座矣至吁泌欲得臥龍山水之妙則有徐子之記在余

不佞不過借山水序文章是亦序山水云（邑舉人吳應芳遊臥龍山懷友詩）山骨何稜稜藉茲奇石礪道力果堅強日結幽棲契此山本荆莽一朝增體勢譬彼懶梳娥爲之挽髻幰時節相因緣不爾竟埋瘞昔年恣攀陟物物窮其際眼豁片石寬一泓輒思揭猶記梵磬聲閒維潺湲細惜哉昔人遐遺文寉引唳胡爲不自達苦被塵鞅縶松篁拂地垂擬再牽余袂（邑諸生袁尚衷會講臥龍山詩）談鋒相對有新機携杖來山聽麈揮壑洞深深藏雨露瑶泉滴滴落珠璣孤巒樹老奇鶯眼曲徑花香暗惹衣石上傳觴觴不盡春風滿面咏而歸（邑王國維詩）問水盤橋到剡東蒼松翠栢老春容艮塘十畝天光滿峭壁千重鳥道通步躡雲花鶯囀樹身穿月窟袖翻風咏歸點瑟聞新韻擊石高歌起臥龍（邑諸生王心一登臥龍懷伯氏詩）臥龍烟水別天壺不信人間有畫圖樓上琴聲何處去迴洄悵斷雁。雲抓

（錦山）在縣東七十里崇節鄉山類錦屏山

趾一澗流亘石壁折旋西去數十步有石如鎖貫澗中名石鎖傍有石卓立圓靜如米廩下數十步有石溜澗可三尺許深入尺長可五丈許澗流東入其中至溜口入石井南有小溜澗尺許深二尺奇長二丈餘井水南循小澗而出井東平卧石龜

龜山在縣東七十里忠節鄉兩山類子母龜介二水間

三峯山在縣東七十里忠節鄉三山鼎峙峭拔中有龍池下有清隱寺傍有東林嶺

石鼓山在縣東五十里孝嘉鄉怪石層堆如甕覆立玲瓏曲

折不可名狀（沃洲記曰北對四明而金庭石鼓介焉世傳晉右軍王羲之嘗放鵞飛入此山故又名靈鵞山有十石詩見石下舊有石道院今廢○（周汝登詩）諸子同登屐板蘿興自長玲瓏穿藕竅𥨸宛入蜂房石共飛來聳名標武庫藏最憐歌一曲繚繞住空梁（王三台詩）繚繞聲傳空谷應崒嵂竅引白雲來（丁美祖詩）奇峯錯落處連袂共攀躋劒歷風霜右屏開翠錦齊洞深雲不鎖石險步成蹊不盡登臨興行行松下棲（周孕淳詩）探奇來石鼓疊翠覆青蘿隙受天光少空容樹色多千尋誰鑿斷一刻曾倫過望望靈鵞遠松中起浩歌（王心一石壁詩）飛來飛海外岸幘測溪東顔適白雲濕丰凝碧漢空崖懸千丈雲壁落萬尋虹我亦憑虛遡仙仙府臨風○

金庭山在縣東六十里孝嘉鄉舊經云崇妙洞天金庭福地天台華頂之東門積翠縹緲雲霞所興神仙之宮

也道書云二十七洞天高一萬五千丈周圍四十
里上有桐栢合生初名桐栢山有二池在山巔眞
誥曰金庭不死之鄉上有黄雲覆之樹則蘇玕琳
碧泉則石髓金精其山臺盡五色金也山之西有
小香爐峯南劍峯前有五老峯後有放鶴峯東有
毛竹洞天唐裴通記曰剡中山水之奇麗金庭洞
天爲最晉王右軍羲之嘗家此有書樓墨沼鵞池
遺跡南齊道士褚伯玉置金庭觀卽右軍宅也唐
小白詩羽客相留宿上方金庭風月冷如霜直饒
人世三千歲未抵仙家一夜長宋盧天驥詩嵩高

秀入洛川清鶴去雲歸冷玉笙霜白金庭今夜月流風依約有遺聲明知縣許岳英詩金庭之山幾千尺上薄窮窿象緯逼雲滃霞剽陰液升造化鍾靈神所惜天台鴈宕相鈎連天吳屏翳精英騫危崖颷颷識動石律令擊搏江濤喧元精夜降淨瑕㦸河鼓鏗鏘徹幽秘踉蹡百怪歸杳冥仙跡丹房最奇麗右軍之居竟渺茫千年遺跡爲仙鄉吹笙子晉不知向浮丘羽化幾山陽蠙珠脫殼影搖扤疑是丹光照虛室崖間薜荔五色縈澗底石泉清夜泣望美人兮竚青宮翠眉丹臉世罕逢握瑾携瑜人孰與猿儔寉侶時相從翩然被髮步虛躡聽得瑶華氣清壯暮歸不知山月高撼郭潮聲動虛幌周汝登詩千年古洞鎖蒼苔洞口遊人自去來赤水泄邊瑶草淨香爐峰畔野花開吹笙竹裏聲疑在跨寉雲中客未歸試看樽前今夜月當年曾照讀書臺本府同知黄瑩詩久慕金庭作勝遊今來素志已全酬路通洞口那能住水遶靈湫不斷流爐鼎香凝烟樹晚劍峰斜依碧天秋興來長嘯

出門去回首乾坤無盡頭壁爲成化間良二守人有黄壁真壁之頌過剡留連山水不忍去〔王國禎〕

〔詩〕一幅金庭列洞天峯頭跨寉詫誰仙揭來紫氣非秦地占盡丹崖屬晉年筆走龍蛇會人沼波浮雲霧尚升烟風流萬古追王子竹隱松聲聽自妍

〔邑人王鈍賦〕繄金庭之爲山鎮東剡之要衝壯洞天之形勝爲福地之靈宗勢岌業而若馳羗偃蹇而横空根厚地以盤盤屹層霄其崇崇崔嵬㠑立兮偉矣卓劍放寉之雄峯崒嵂孤撑兮壯哉香爐五老之峯雖高華之莫追邁培塿之難同𠣘石扇以中開瀑金壁而無窮仙岡走萬里之驕神湫潛斛水之龍蜍蝗勿起豺豕遠踪風泉清漱崖谷蒨䓀鬱秋典兮滿庭澹斜月兮西風四照之花萬品九衢之草千計桐合栢而虬枝竹曳毛而鸞尾釀酒味之玉泉飫粳香之石髓鳴晉祖之鳳笙飛王喬之舄鋋仙之人兮列如麻虎鼓瑟兮鸞回車嗟三徑之松菊幻五色之烟霞層軒出雲霓而延袤飛閣臨無地而紛奢燦炳炳以照爛隆崛㘃以交加

雖鐘鳴之羽館實鼎食之王家余於是有所感矣昔芊棘之重合菴離黍以興悲今寶地之宏開虎文焰于寒灰是宜休文記館裴子文池鏤金玉之麗句樹雕篆之貞碑覽前修之遺蹤曾不滿夫一嘆見桑變而海遷幾星移而物换今天家之奮典紛離立而輪奐啟金谷之瓊樓開玉京之瑶殿剙霞爲丹䕶之明夕霞爲珠綱之燦柱館蘭亭梅軒竹院麗花影之重重洒松風之面面集元羽之翩䙰盛遊娱之壯觀遇希夔以乘風請分山于一半來土駕以盤旋遊寻目以睇盼聊吐綉以摛辭奉郡公之娱玩於是振衣而起擊節而歌歌曰五雲爛熳兮欝霄之宫寶地清虚兮瀛海之東紫簫雙吹兮兩兩玉童控羣仙而遐舉兮雲冉冉以從龍

附考

天台山志曰唐咸通中有客自金庭將抵明州日暮遇道士托宿山谷中寂烹野蔬以享餓有叩門者童子報曰隱雲觀來曰齋道士去客問童子荅曰觀去此五百里當隱雲中故名客驚曰尊師何日當還曰往來頃刻耳道士歸留客

久住辭焉乃遣童子指其舊路行太湖山在縣東未遠失所在問歲月已三年矣六十里孝嘉鄉清泉山在縣東四十里金庭鄉白雲山在縣東三十五里筮節鄉邑人袁榜詩白白雲遮麓青青山露峯不知此境外更有幾千重花鈿山在縣南十里筮節鄉謝慕山在縣南十里方山鄉郎馬鞍山方山在縣南十里方山鄉高八尺廣二丈許突起田中黃榜山在縣南十里方山鄉平正如截明知縣臧鳳詩一幅齊雲峙剡灣分明天榜揭人間登科莫作尋常事要使芳名等此山○知縣徐恂和前韻詩直上層樓望剡灣一方橫列彩雲間分明天掛黃金榜底是當年誤作山姥山在縣南十五里方山

蒼岩山卽府志所載本縣蒼岩

鄉林木蓊欝蒼翠刹之南望也山外析爲新昌境

拱北山在縣南十里昇平鄉俗曰潭邉山縣治學宮所向形勢北拱如拜上壁山在縣南十里昇平鄉蒼巖山在縣南二十里禮義鄉石壁奇峭一邑用石采諸此歲久采石成洞洞中積水成池山下有草堂爲邑布衣俞昂母石氏課昂讀書處邑進士周汝登詩千古蒼巖勝聯朋始一過眼開千丈壁情谿數聲歌古色歸樓蒲朝光散野多個中難著語切莫問如何丁彥伯蒼巖坐雨詩連宵頻不寐燈影照更深雨過巖猶滴衣单寒乍侵獨含千古意肯負一生心黙坐時開卷猿聲度遠岑釋爭地晚歸蒼巖詩巖路曾行熟歸笻趁晚風香含昨夜雨

花發舊時紅蘚石鶯蹲豹鱗松老中白山在縣南
臥龍所嗟人異代對境思何窮
三十里禮義鄉上有龍湫宋尚書求移忠作書院
讀書遁山在縣南四十里禮義鄉旁出一隴曰小
遁山下有白雲塢漢車騎將軍求恭長隱於此
王國蕃詩枕流終日喚歸雲嶺上白雲不
贈人倘爲甘霖仍出岫山靈蚤已賦移文白巖山
在縣南六十里禮義鄉縣北有山曰白巖獨秀山
在縣南三十里桃源鄉十道志曰一名罕山又名
昇平末倪龔祖行獵見山石文三處若生其上刮
苔視之其大石文曰黃天皇蕭宇道成得賢師天
下太平小石文曰刻石者誰會稽南山李斯也唐
觀察使元稹使人訪碑不獲會稽賦云若封石刻

是也舊傳晉王右軍嘗遊樂於此山頂廣有鵝池墨沼在焉鄉人卓祠祀之○李易詩訪戴溪長近若耶金庭雪對赤城霞沼從鵲舉添蕭索峯似鸞翔解嘆嗟每愛林間百種蝶難忘竹外四時花剡川圖上他年指獨秀山前是我家○明[illegible]張蘊修詩獨秀雖高路豈迂右軍遺跡未全疎龍池水暖雲歸後鵝沼波平雨過初登暇謫仙巢五老醉同太守樂環滁始寧清興今猶昨步躡松陰想自如○袁尚衷詩亭亭直上薄雲高了得爲山氣骨豪四顧蜿蜒多碌碌便教獨步剡江皐○邑司戎姜君獻詩仰止先生百世名到來祠下弔幽貞鵝池有跡雙鶯白墨沼無人一鑑清月掛藤蘿陪夜榻烟凝紫翠鎖朝檽輕泓暗滴東坪下恰聽黃庭娓娓聲○金雞山在縣西南十里禮義鄉平野中崛起一隴狀如展扆相傳有金雞鳴○亞父山在縣西南七十里禮義鄉昔有採樵

者遇一異人曰吾亞父也久宅此山明日往覘石上足跡甚巨石名亞父石巖下有潭名亞父潭九州山在縣西南八十里長樂鄉山頂望窮千里邑布衣錢思棠詩一望中原盡此巔淋漓杯盞午風前白雲巴幔歸時路不識身居第幾天○貫門山在縣西南七十里長樂鄉峯嶂干雲疉曾森錯壁立萬仞一峯尤卓然佳林老樹陰翳樛盤下有仙人洞又有三懸潭舊名鹿門山宋壽春呂規叔居此朱仲璠過訪爲易今名李易卜築詩亂後亦擇居笠山山輒許居民百餘家喜甚手欲舞去久聞公名此幸殆天與感茲鄭重意時節共雞黍剡

川非沃野地解民更窶趂時務擷茗餘力工摘楷寡婦念遺棄汚池憐數呂我欲教耦耕盡力循南畝桃杏種蓮山深居可長處東隣有節士酒酣乃發語公昔起布衣高議掩前古親擢類平津決見逢真王兩宫佇六飛萬乘思一舉交侵止偏强邊釁起益旁午浩然公獨歸偶出寧有補默塞復何言長嘆汗如雨東隣節士蓋指呂祉璟也（呂諸生袁尚袁詩）貴門山自巨靈劈山高去天僅咫尺屐發步步躋雲巔斗牛星可舉手摘誰誇洞裏隱神仙那羨三懸為龍宅曾憶山前卜築人潔修溫潤如圭璧至今民似葛與懷比戶敦龐見遺澤月明靜夜聞琴聲布穀啼春耕釋釋價高不用百萬錢聲重無關中許籍山有賢人良足貴鹿門應改貴門額

上巖山在縣西長樂鄉正統間有上巖嶮社

盧峯山在縣西南六十里長樂鄉峯高出雲山產盧竹山半有龍井深不可測

〔明〕訓導黄份詩〕絶頂生蘆竹烟雲含雨意墨濕米顛圖瑩窓正相對〔遥望山〕在縣西南四十五里積善鄉當繼錦開元蕭鄉之界俗曰遥慕〔龍恩山〕在縣西七十里〔太白山〕在縣西七十里剡源鄉爲縣治西障與東四明山相望絶高者爲太白次曰小白面東曰西白面西曰東白在東陽者曰北白剡錄云峻極崔嵬吐雲含景趙廣信昇仙處也雙石筍高十丈許有天柱峯鎖石巖疊石巖廣信丹井廣信洞又有葛洪丹井頂有仙女盤水旱暵不乾有白猿赤貜又有鳥如雞文彩五

色口吐綬長數尺名吐綬齊楮伯玉太平館在焉

或名太平山又名岑山（齊）孔稚圭詩石險天貌分林交日容鈌陰澗發春榮寒巖留夏雪（唐）賈島送僧清徹遊太白詩卷經歸太白珥蘚到蘿龕若履浮雲上須看積翠嵐倚身松入漢瞑目月離潭此境堪長往塵中事可諳（宋）釋仲皎詩無地卓錐生計難且空兩手到林間猥隨碧水占明月堅打白雲賒好山巖石空邊依草舍藤蘿低處着松關年來老去知何許合向人間占斷閑（又）遇雪看山詩西白名山處那堪帶雪看四圍銀世界一望玉峯巒夜色和天冷晴暉放月寒溪梅初一二着意爲渠看

鹿苑山在縣西六十里剡源鄉即小白山迤而南上有葛仙翁祠山巔二石穴泉湧如噴流至山半二石甕蹲峙稱丹竈泉復自甕

罔出名石甕泉一里許石崖壁立懸瀑數十丈曰瀑布嶺下注石澗滙爲龍潭對瀑有玉虹亭同知黃璧詩數載期來鹿苑遊夙心今日喜初酧茯苓不向松根結瀑布泉通石縫流日上三竿纔覺曉風生六月已知秋山僧獨擅其中趣何事年來也白頭東湖山在縣西三十里清化鄉有元處士張爚藏書樓址桂山在縣西二十五里桃源鄉曠野中屆而獨立俗稱杜山姜淇顯跡於此秋山在縣西二十五里孝節鄉瞻山在縣西四十里永富鄉挺然秀峙下有白道猷滌巾處曰滌巾澗石門山在縣西北二十五里崇仁鄉

山有石洞洞有石床床有石枕傍有龍湫麓有沸泉晋謝康樂嘗營居其間名山志曰石門溯水上入山口兩邊石壁石石巖下臨澗水足盡幽居之勝縣西北九十里三十三都亦有山名石門兩石峭立如門晋謝靈運登石門最高頂詩晨策尋絶壁夕息在山棲疏峯抗高館對嶺臨廻溪長林羅戶穴積石擁階基連巖覺路塞密竹使徑迷來人忘新術去子迷故蹊活活夕流駛噭噭夜猿啼沉冥豈別理守道自不携心契九秋榦目玩三春荑居常以待終處順故安排惜無同杯客共登青雲梯又夜宿石門詩朝搴苑中蘭畏彼霜下歇暝還雲際宿弄此石上月鳥鳴識夜棲木落知風發異音同至聽殊響同淸越妙物莫爲賞芳醑誰與伐美人竟不來陽阿同晞髮

五龍

山在縣西北四十里永富鄉舊錄云重崗複嶺巖壑蟬聯老木虬松青蓊失日水自真如山其來迢迢或奔或滙爲龍窟者五有晋釋帛道猷道場相傳有五大豕居巖穴中狂風爲祟道猷用術降之化爲五龍一名烏豬山其南出諸隴爲五百崗相傳有五百阿羅過此曾分崗而坐山坡產薇爲異草真如山在縣西北五十里與五龍山並產茶就其水烹之味極香美有帛道猷禮拜石石姥山在縣西四十五里崇仁鄉宋山陰王誼詩石姥山穿雲一徑窄難聯袵上有猿猴

悲楓葉秋如錦穀來山在縣西七十里十道志曰舜耕於此天降嘉穀紫巖山在縣西七十里崇安鄉有仙巖上接雲霄有石洞盤古松前爲獨秀峯有三井龍潭上周山在縣西六十里崇安鄉舊名子周山榆樹山在縣西北九十里天竺山在縣西四十里靈芝之鄉頂有井泉味清美葛峴山在縣西北二十里遊謝鄉晉釋竺法崇居之謝巖山在縣北三十里遊謝鄉晉謝靈運遊此四顧放彈彈丸落處爲祠今有彈丸石舊錄云山陜深峭被以蓁箭有巨

澗奔激清湍溯騰映帶左右〔邑諸生王國楨詩〕好風吹我上雲頭忽駐層巔瞰怒流亂石銜濤龙放彈危崖懸溜響鳴球身隨嘹嚦孤鴻渺吟破蒼茫萬壑幽脚立不知何世界天門應許獨遨遊

〔大嶀山〕在縣北四十里靈芝鄉高可干霄水經注曰嶀山路峻狹不得併行行者牵木稍以進不敢俯視西有孤峯飛禽罕至山頂樹下有十二方石地甚光潔常有採藥者沿山見通蹊至此還復更尋遂迷前路上有華家崗義之坪酒蕩山蘆棲嶴東嶂峰豹窟龍塘白竹嶼烏蚫峯龍角石鷹窠巖砦嶺梁詔亭等勝岧嶤而東曰小嶀

山疊石巑岏虬松偃蹇竹林蘿線曳紫擢青下爲嵊浦溪樣銀沙潭凝碧水霧晴霞明奇麗殊絶王元琳稱爲神明境錢鏐舟至山下嘆賞其異住舟賦詩留連不能去有晉謝康樂釣石有顯應神廟有普濟茶菴跨水有洞橋宋王十朋嵊山賦名境嵊山程途往還望高坡而峭峻登聳嶠以塡彎上與雲齊霧擁於烟蘿之內下臨水際舟横於巨泒之間原夫勢接江湖岐分台越奠嶷峯嵐崔巍孰埒懸崖則時時瀑布深谷則年年積雪華崗蔚窖南乘謝眺之巖嶮徑陰森北倚趙公之阜上多名木內足谿坑猛獸或過酒蕩靈龕忽者蘆棲兩畔澗流四面雲低武肅王駐舸吟哦嘆斯境絶異謝靈運彈飛巖嶂慕此地堪棲夜夜雲生朝朝霧起岩峉嶔崟岩嶤嵲嵒三

春之桃李芬芳九夏之林巒蔚翠梁王別室歸建業以登天陳廓漂流立靈祠於此地杳杳冥冥勢連嵊亭龍吟兮虎嘯水白松青上館嶺兮龍宮梵宇錯嶼嶺兮夫人石形有良工而巧琢或走獸以奔星豈勞嬴政役鬼神之力休說梁元呈圖畫之靈昌一邑之黎元疲民蘇矣鎮三方之土地訟者咸寧至異哉玩此山體面最奇形容殊麗黃沙磷磷兮水岸碧嶂嵳峩兮雲際樹矗叢崗枝纏薜荔石闌干險以崎嶇何峭水淨而搖拽周圍四顧相同華頂之前宛轉羣峯猶然芋蘿之勢西原伏豹東埠飛龍墩突屼兮白竹水潺湲兮烏峯綠雲映於野外翠羽鳴於山中洞倚巑岏之石巖款偃蹇之松嶺峻則月華易度林高則霜霰難融鄭郭祠前且見井坑之跡皇書亭畔又看塵滯之蹤莫不雲雨蕭蕭枝柯浩浩或賢者玩而升騰或智者賞而辭藻懿乎可以尋真思之而即悟道

舜皇山在縣北三十五里靈芝鄉大嶀東出一隴山矗

嶺複崖嵬岑嵒與嶁巔顛上有舜井舜廟不知何蹟井有金蛇生角今以石覆之啟則水湧起立餘

糧山在縣北十五里遊謝鄉一名了山大禹治水了功於此餘糧委棄化石宋王十朋詩禹跡始壺口禹功終了溪餘糧散幽谷歸去錫元圭

金波山在縣北二里山有荷花坪偃公泉宋學士高文虎築樓讀書其間有明心禪寺僧仲皎居此

峯星子峯在剡山後四山迤邐孤岑獨出有亭冠焉剡錄云星子峯上有浮圖號白塔寺僧仲皎結廬

於此曰閑閑菴平湖陸光祖嘗與周夢秀陟眺其上記曰秋色澄湛四望數百里溪山宛在目中（邑周汝登詩）鎮日探奇思不遑行來自覺世情稀郊原野色連江碧城郭鍾聲出樹微人唱石根雲作起月明山半鶴初歸卻怜夜雪船空去不上峯頭一振衣○（丁彥伯詩）探奇登絕頂佇望與雲齊日落孤城小烟迷萬壑低樵歸松下徑鹿走澗邊蹊恍出人天界孤高未可棲○（訓導謝三錫詩）曳屐闖登星子巔斗牛咫尺意岔岔千村紅露墻頭杏一郭青浮脚底烟王子橋邊帆影疾戴公墓上草芊鮮雲中遠指鄉遊謝惆悵春風自爽然（三朵峯）在四明山漢張平子家焉（八囊峯）在四明山八峯如甖囊（芙蓉峯）在四明山五峯相望狀類芙蓉（兜鍪峯）在臥龍山（五老

峯在金庭山邑諸生袁尚衷詩五氣氤氳散五嶽耆顏峭骨古蒼蒼軒皇多相連山出漢儲遺人化不黄聚首拜稽遊舜世同聲酬唱飲雎陽倦勤仍結煙霞友高臥金庭不夜鄉卓劍峯在金庭山香爐峯在金庭山頂爲洞天北門人莫得見之放鶴峯在金庭山爲王子晋遺跡邑訓導王鈍詩昔人跨鶴絶幽踪此地空遺放鶴峯鶴去不還人不見春風芳草綠茸茸飛鶴峯在中白山燕尾峯在明覺寺後邑諸生袁尚衷詩嵱嵷雙峯夌紫烟驚看燕尾倒延延春秋埋首無來徃老宿山南不記年〇九州峯在九州山九華峯在天竺山高脚峯在榆樹山獨秀峯在紫巖山東墩峯在大嶀山烏蚝峯在大嶀山

巖䶵石巖在花鈿山鶱鳳巖在四明山綴星巖在卧龍山覆卮巖在覆卮山石鼓巖在石鼓山俗曰石鼓匈怪石磊疊好遊者或一二十人入其中可從上盤旋而出稱爲異境獅子巖在蒼巖山類獅形天成如削又西北一獅抱毬相向宛然可顧邑西北天竺山石門山並有之邑人俞昂詩不識何年踞碧流昂頭高聳半空秋蘿生頷下垂纓絡浪起波心滚繡毬日月雙懸開復闔烟霞一口吐還收夜分灘瀨聲相應疑是迎風吼未休西施巖在白巖山俗祀西施於巖下邑諸生王國番詩有心報國女郎躬一諾難辜烈士觀音巖風雖說五湖珊珮杳崚崚石骨倚長空

在福泉山巖壁如削俗傳大士曾現形於此虎嘯巖在福泉山十八巖在福泉山下十八石崒然卓立排列如指明王國楨有記疊書巖在貴門山巖石方整層疊如書或指爲朱仲晦與呂規叔談道時所遺也邑諸生王國楨詩當年聽講頭應點今日封函畫不開潑冢嵐迷蝌斗字心傳還待我儂來卓筆巖在貴門山巖石峭直卓立如筆或指朱仲晦題貴門時所擲也邑王國楨詩貴門題罷筆公存倒卓峯頭醮白雲吹盪秋風毫力勁掞成天漢郁乎文疊石巖在九州山巖石如疊下有洞虛敞可容坐臥鋸石巖在太白山巖

石方削高十餘丈中有痕直裂如鋸百丈巖在縣西五十里有飛瀑瀉落下瀦爲潭巖壁嘗產銀蘭幽勝殊絕邑王國楨寄百丈巖詩巖高百丈浸清波壁峭潭空寒翠多我爲山靈魂欲到山靈爲我夢如何歇石巖在紫巖山爲沙門茹蘭伏彪處靈巖在上周山片雲巖在逵溪舊名滴水巖相傳巖爲晉戴逵別業遺址側有巖石削立高丈許狀如側掌左右如削石痕迸裂宛然如砌釋靜地遊滴水巖詩扶筇獨上雨花山幾度回眸怯步艱竹隱鳴禽聲細細巖懸飛瀑響潺潺天花夜落千株靜蝶夢春回一榻閒他日卜隣容我否傍崕縛屋兩三間獅子巖在天竺山鷹窠巖

在大嶀山。

謝眺巖在謝巖山，晉謝康樂靈運遺跡。

聖巖在縣北二十五里，高百餘丈，上可步，下可避風雨。

仙巖在縣北三十里，有馬蹄跡。郡志曰：秦始皇東巡時馬足所踐。

臨川湯顯祖詩未抵嵊雨阻仙巖詰朝留新昌作

江寒風雨飛，仙巖氣噓碧。崩雲沉戶牖，衝飈蕩簷隙。孤亭下車馬，濕裝開委積。爐衣寧及晨，蓐食且茲夕。安知氣淋漓，滅燭移枕席。恐爲奔湍阻，侵宵警前策。抵嵊日逾午，剡棹典非昔。黽勉向津衢，新昌留暮客。信宿何足難，去住亦取適。欣言領幽意，南巖候輝魄。極目莓梁滑，路迴桑洲驛。畧約風雲掀，始覺霞標赤。軒署復開斂，消散流寓跡。豈免厨傳費，用慰山水役。佳期旦在茲，秋光灑蘿薜。

桂巖在二十四都崇仁鄉。

嶺梯雲嶺在明倫堂前舊名桂嶺教諭黃份易今名訓導王洪詩石磴雲封望轉高諸生升降莫辭勞循資步驟趨吾道躐等工夫戒爾曹蟾窟九秋從此上鵬程萬里讓誰翱捫參歷井須臾到一任氤氳惹綠袍康熙十一年訓導謝三錫捐資修砌石埠詩巍巍絕德與天齊欲步青雲自有梯力怯因循途便畫心誇躐等路終迷斗山誰道人難仰日月吾知手可批從此層層隨級上人龍何患更蟠泥凱嶺在縣東五里仁德鄉明金之聲廬其下花鈿嶺在縣東二十里仁德鄉過港嶺在縣東十五里康樂鄉邑人盧鳴玉曰水從天落崖與皐平見遠天一際直從石罅中入耳有金之聲詩千年轍跡今應舊熟路覷來塵徑

還遯漁隱雲泉思剡水樵行石谷間樂山寒巖駐馬勞皆息茅屋烹茶事已删地前書濕歸去逸莫辨家室易安閒

擔架嶺在縣東四十里遊謝鄉童家嶺在縣東五十里遊謝鄉愛坑嶺在縣東九十里東林嶺在縣東七十里忠節鄉壁立數百丈人用懸滲

九雷嶺在縣東七十里孝嘉鄉黃罕嶺在縣東七十里孝嘉鄉陳公嶺在縣東七十里孝嘉鄉舊名城固以宋知縣陳著度嶺去故易名以志思明宣德間鄉民王斯浩出資砌石二十餘里嶺下建菴施茶以濟行人陞照嶺在縣東一百四十里界奉

化縣境郁樹嶺在東北六十里文公嶺在通山楊家嶺在縣西七十里兩崖峭立如門有石檻石棋秤天門嶺在貴門山貫門嶺在貴門山宋呂規叔居其里朱仲晦嘗過訪之多遺跡細嶺在縣西八十里蘿松鄉裹栢嶺在縣西八十里太平鄉白峯嶺在縣西九十里太平鄉界東陽境元金華余闕詩一過東峯路幽懷不可言山如倒盤谷水似入華源時有天飄香度多聞囀鳥喧何人此中住謂是辟疆園崑嶺在縣西八十里太平鄉高數丈山峽險逼下爲絶壑路窄處不容走砟水爲棧無異蜀道瀑布

嶺在鹿苑山宋華顛曰福善所集蔚有靈氣者產仙茗重沓嶺在縣西五十里崇安鄉元邑人張倫詩松間叠石步高低啼鳥幽林聽隔溪七尺枯藤可扶老青鞋香汗落花堤折坑嶺在福泉山潞田嶺在縣西三里昇平鄉[illegible]嶠嶺在縣西十里昇平鄉太師嶺在縣西三十里永富鄉宋太師姚舜明遺跡石姥嶺在縣西四十五里石姥山永富鄉布穀嶺在縣西五十里富順鄉對田嶺在縣西五十里富順鄉[illegible]嶺在縣西七十里富順鄉楡樹嶺在縣西六十里富順鄉[illegible]蟠塢嶺在縣西九十

里富順鄉蒙家嶺在縣西一百里富順鄉勞績嶺在縣西一百三十里富順鄉界諸暨縣境沸水嶺在縣西北二十五里孝節鄉九曲嶺在縣西北五十里東土鄉溜頭嶺在縣西北五十里東土鄉孫家嶺在縣西北五十里東土鄉邑諸生王國楨詩難得山行步步高孤峯直上御寒飈天門咫尺呼應動索筆淋漓欲賦騷上舘嶺在縣北五十里靈芝鄉界會稽境清風嶺在縣北四十里靈芝之鄉古名青楓宋王貞婦死節於此易今名孤岫澄江遊人輒多憑弔宋王貞婦爲元兵所掠至嶺嚙

指出血題詩巖上投崖死歷今數百載每陰風雨時遥望巖上猶隱隱有赤光不滅云元李孝先詩山下江流本自淸山頭明月已無情此心若媿王貞婦莫向淸風嶺上[illegible]餘詩見祠下翁嶺在縣北三十五里遊謝鄉三瑞嶺在縣北二十五里遊謝鄉嶺前深淵紆裊紺碧一色舊名三墜有嶺坍塌知縣陳昌期更闢之改今名餘糧嶺在縣北一十五里遊謝鄉明心嶺在縣北二里明心寺右爲省郡孔道山徑嶮嶇每當雨雪則泥凝不可上行者苦之邑人尹如環捐貲砌石遂爲坦道剡坑嶺

在縣北二里仁德鄉王鍷詩嶺上寒梅自看栽山斜一半似屏開春寒點點枝頭雨爲有東流水過來附蕭棚嶺在四十五都係明初沒入官者向屬里民樵採有王姓佃葬祖坟在里以爲官薪在王以爲祖蔭致疊訟不休里民周漢明與王咬贖訟府斷以水碓山歸於王黃泥嶴狗㪷塘裡外金竹嶴等仍聽民樵漢明又控府批入誌府准行縣縣批奉　憲批縣准入誌書今據呈開載

洞丁眞洞在臥龍山邑舉人徐一鳴詩衆喧誰大寤獨照見吾天堅淨蓮花蘂輕浮莢子錢松垂雲到塢花滙石留泉個是眞消息從君共解顏白雲洞在金庭山

爲周王子晉遺雅洞門有祠祀之〔元〕諸生袁尚衷詩仙人騎鶴去古像遺祠梧無處覓吹笙雲封洞口白〔邑〕生王心一詩寂寂金真洞萋萋芳草叢一簾常似雨水瀉白雲〇毛竹洞在金庭山洞口有竹生毛節覆一節中故名〔張燦詩〕毛竹陰森洞門古靈蹤舊號神仙府洞中仙樂杳難聞月明微聽朝真鼓鶴馭鸞輿紛往來仙官催入玉宸班鬖鬖妙韻在何許只隔烟霞縹緲間穿山洞在獨秀山洞口幽窄人可俯而入一丈許虛敞可受百餘人硃巖窮覆上下一色時有幽香馥馥襲人歷階而下見泉穴積水莫測其底側有石門半裂取炬窺之邃深無際人皆膽慄不敢入十道志謂獨秀

爲穿山故名一名桃源洞以洞在桃源鄉也仙人洞在貴門山（李易詩）雲巘分佳茗風潭蠹怯松書疑黃石授稅可紫芝供抵工那驚鵲探珠欲近龍晩來聽近雨乞水濯塵容

廣信洞在小白山怪石纍起空洞如屋爲趙廣信昇仙處（邑生王國楨詩）昨日登山興未終今來重上王岑峯斜穿石壁雲生足俯瞰銀河影在筇學到窮源天地見身躋絕頂古今從千年洞杳人何去莫詑長生誤脚蹤

石門洞在石門山石洞虛敞有石床石枕洞門蘿薜引罩有謝靈運遺（王國藩詩）撥破雅雲烟崆峒懸巨靈巧斲是何年金波漏彩長流月玉宇支空別戴天匝地瑤林氛杳靄淩崖碧澗水潺湲丹房春冷難成夢欲把壑心問偓佺

紫巖洞在紫巖山

皁**趙公皁**在縣北三十里遊謝鄉趙公者佚其名晉懷帝時太常樂工永嘉二年以石勒亂隱於山皁凡二十四人或云一十八人（王國蕃詩）宗國淪胥可若何憂填難讀黍離歌飄然抱器完吾職站得清幽剡一陂

坪**思國坪**在縣東三十里

塢**白雲塢**在遊山漢車騎將軍求恭隱處**紫芝塢**在明覺寺（邑庠徐思恂詩）竹徑深藏滿塢春風前醉舞六英新飢時採適山人口齒頰餘香香煞人

石**車騎石**在車騎山晉謝元嘗箕踞石上水經云樹

下有三方石地甚光潔龍眠石在覆巵山石竅水瀉不竭（上虞山人葛曉詩萬仞未易梯綿蝘亘雙邑草木不敢生中有仙人室登臨俯層空羣峯亂崒嵂勺水蛟龍蟠今古不枯溢農人向予言歲歲沛膏澤）四牕石在四明山四面玲瓏如牕故名晉謝康樂山居賦注云四明者方石四面自然開牕者（唐陸龜蒙詩石牕何處見萬仞倚晴虛積靄迷青鎻殘霞動綺疏山應列眞嶠宮便接方壺祗有三山客時來教子書（明邑人許薦記）余頃過天台石室訪青蓮君於子微子與遊金庭玉宇璧麟脯飲流霞酒朗吟明月下視人間風雨厭厭也一贈我以五色石曰余藏此久未嘗示人此可以補天文章畜之室耿耿有光能驚眼目走神鬼也一惠余以龍根草形狀宛轉曰饑可削而食比塵世矜五鯖詫翠釜紫駝峯擢素鱗於水晶盤者若

蛆瞿浮羽蟻孔廚股屑屑米粒虫蜆不足食也四明山第九洞天凉瀑飛夏雪芳草開冬花危磴榜空深雲絶壑怪竹靈樹瓌異萬狀巖巖峩峩人迹所不到之地風露高寒玲瓏四壁非玉而王非瓊而瓊石窓四開通明透白子宜王之遊夜一鶴清唳碧霄足醒醉夢闞巖坑洞一湫深不知其幾千萬丈下納一龍蟠伏霧水澤澤其畊蘇蘇而炎可起之以召霹靂而逐虐魃大作霖雨以沃焦株活枯根也唯唯笑顏一別又若干年矣余之居是窗也而少有識者不知青蓮君子微子更何時會耶偶逢陽明山人輿之言請余記其事繫之詩詩曰玲瓏九洞天壁立四明山曉檻烟霞暖夜窗風露寒龍吟眠正熟鶴唳飲方闌塵世無人識關門煮白丹

鞠溪石在四明山麓

仙石在臥龍山（邑舉人徐一鳴詩）取次看山眼刼蒼大望遷鳥歌嫌石語鹿隱護雲眠荔磬懸風發蘿衣對月懸惺惺直睡足絶勝廣塲筵○（邑士王國維詩）南陽諸葛老雲偎此地仙

蹤夢未回片席莎茵流作枕半巖懸溜鼻如雷久拋歲月供閑卧一笑乾坤付刧灰豈學山中千日醉酩然直待太平來

鼓石在石鼓巖一在悟空寺側石形類鼓人履之輒響釋仲良詩人說雷門此地藏頑皮面面老風霜蜀桐不用頻撾擊自有清聲徹四方○邑人王鈍和前韻九雷山下地雷藏蘇駁頑皮面結霜形肖岐陽名不異清聲千古達殊方

磬石在石鼓巖釋仲良詩一方蒼玉掛巖扃色潤鏗鏘擊有聲因憶夢中曾聽處月涼仙樂度蓬瀛○王鈍詩輕玉高懸古洞雲月涼風勁振秋聲雲部仙石來何處一丈鴻毛自海瀛

劍石在石鼓巖釋仲良詩造化爐中鑄太阿西山爲匣鎖藤蘿倚天未遇英雄手風雨年年爲洗磨○王鈍詩巨靈爲寶似泉阿蒼壁爲函束薜蘿縱遇英雄難舉手萬年風雨爲誰磨

鋸石在石鼓巖釋仲良詩神匠凌空截險巇平分蒼壁線痕微春風幾度

花狼籍眼纈猶疑玉屑飛○（王鈍詩）化工何事破嶔巇半截蒼巖一線微紅雨春深繚亂處眼中常似雪紛飛

筆石在石鼓巖（釋仲良詩）力挽千軍勢有餘峙剩名不厠中書圓錐自醮銀河水倒寫烟雲滿太虛○（王鈍詩）截玉銛錐見緒餘天家裁詔付尚書禿毛倒卓銀河底猶寫龍蛇走太虛

硯石在石鼓巖（釋仲良詩）何年長劍割貞珉碧蘚重重護紫紋但覺潤光濃潑墨不知磨盡幾峯雲○（王鈍詩）神斧凌空伐翠珉琢成青鐵點星紋回仙欲醮吟風筆磨盡松烟一壑雲

帽石在石鼓巖（釋仲良詩）層層苔髮長青柔骨冷天應爲纍頭絕頂西風吹不落黃花知是幾番秋○（王鈍詩）碧蘚蒙茸似軟柔圯巒驚見號蒼頭不知自落天工首冷淡黃花幾度秋

屏石在石鼓巖（釋仲良詩）方方峭壁立天涯隔斷雲烟蔽月華若使黃金開孔雀定應千載屬豪家○（王鈍詩）翡翠高分隔水涯蒼苔點飾卸鉛華晚來秀色猶宜對好似羊

元舊隱家笏石在石鼓巖釋仲艮詩方圓自是法乾坤剛亞猶堪擊佞臣誰謂山靈廻俗駕年來正待執圭人○王鈍詩度循規矩肖乾坤堪擊妖蛇與亂臣重器不宜虛貺受至今留待執圭人枕石在石鼓巖釋仲艮詩誰斷雲根數仞堅珊瑚樣濶玉凹圓黃粱炊熟難成夢留與仙人蕙帳眠○王鈍詩遊仙靈玉自貞堅旅郎高岡帳大圓不向邯鄲成客夢且留風月醉人眠龜石在錦山廣三丈許昂首南向背折八卦紋下空洞可坐十餘人龜尾有人履跡一龜足有石鼓扣之崆崆有聲有石梁縣雨水溢井溜莫別稍霽則漱流注玉泠泠可玩○棋枰石在白雲洞又縣西陽家嶺縣北大嶀山並有之○亞父石在亞父

山聽松石在福泉山羅漢石在貴門山數石類僧踞水崖相對危坐俗呼石和尚李易詩鐵騎侵涯海龍潭碧始通雲生倚寶刹月出現珠宮瀉澗水噴薄依巖樹鬱葱神交難獨擅吾黨契元同釣臺石在黄覺寺前相傳葛仙翁嘗得魚化龍去石上有釣車痕路入石梯甚奇險教諭黄份詩仙翁去已久魚釣憶高臺我春深紅雨亂日暖錦屏開獨有尋幽客時時載酒來鐳公石在黄沙潭石當潭渚中方整高濶盈丈許山陰鐳績嘗飲酒坐釣其上故名拜龍石在三懸潭石踞潭戸方而整明白太守玉常步禱乞澤禮拜於此仙甕石

在鹿苑山葛元遺跡仙盤石在太白山水旱禱不
竭相傳七夕有仙女下沐於此天門石在太白山
俗稱石筍夏雷日石高五六尺對立如闕將軍石
在榆樹山安禪石在天竺山禮拜石在貞如山晉
帛道猷遺跡石上有雙膝痕彈丸石在謝巖坑謝
靈運遺跡釣床石在嶀浦上昔康樂嘗垂釣於此
龍角石在大嶀山傳爲神龍所蛻年久成石天欲
雨則雲從石起餘糧石在餘糧山大禹古跡山石
磊磊如拳碎之内有赤糝或傳爲餘糧委棄所化

甑石在縣北十里亦傳大禹遺跡俗呼石蒸籠其地有禹妃祠孤石在葛峴山（唐劉長卿詩）孤石在何處對之如舊遊氛氳峴首夕青翠剡中秋

○溪

剡溪在縣南一百五十步迤而東且北下三界與曹娥江接凡六十餘里泉流所奏穿萬山中迂迴曲折或奔或滙或淺而灘磧或深而淵潭巒峻石峭樹古林幽夾岸爭奇映舟成趣故李杜有清妙秀異之稱（李白詩）忽思剡溪去水石遠清妙雪晝天地明天開湖山貌○杜甫詩剡溪蘊秀異欲罷不能忘○錢悌曰剡溪之景春漲桃花溶溶漾漾多白魚錦鱗之游躍岸芷汀蘭之馥郁

鳷鶄瀉瀨眠沙戲水不驚不猜猶入武陵桃源也暑雨不日千巖飛瀑驟漲瀰漫奔流若馳觸堤走石溪齊平瞿塘灎澦也霜落水潔曼無纖滓白沙鋪玉澄波拖練舟帆撩映日光滉漾水天一色不減平斷磯赤壁也嚴冬雪霽峯巒皆玉潔萬象寥閬禽鳥無聲漁歌絕唱梅影橫斜倒浸寒碧恍若羅浮世界也秀異梅溪有渭水輞川之擬尤未易殫之稱蓋以此也

王十朋剡溪春色賦

地屬甌越邑為剡溪氣聚山川之秀景開圖畫之齊雖禹穴之小邦樓臺接境實仙源之勝地桃李成蹊竊原清環戴水之流翠列姥岑之岫登樓而望也南接台溫之左按圖而察也北據越杭之右謁極目之雲霄簇連甍之錦繡一十八里春風城郭觸處爭新二十七鄉暮雨溪山望中發秀臺榭入萬家之風月簾櫳捲百里之江山雕鞍驟兮落花亂香陌晴兮芳草閒畫槳遶溪搖蕩綠波之上流鶯剡塢縉蠻紅樹之間豈不以柳暗東門梅肥西嶺美地秀玉山之

嶂洞天麗金庭之景酒旗搖翠幕之風池水浸紅樓之影滌塵僧舍瀑飛二鹿之泉泛雪茗甌香汲五龍之井非獨一時之秀實爲千古之奇琴跡不存尚垂芳於安道墨池猶在更留譽於羲之自是雨中橫東渡之舟月下引南樓之笛青山東望曾經安石之遊綠水南流尚有阮仙之蹟雨過烟墟叢叢綠蕪渭水依稀之景輞川彷彿之圖或氣融於廣莫或嵐霽於虚無翠滴嵊峯多步花朝之履碧分越水曾回雪夜之桴

白居易沃洲記曰東南山水越爲首剡爲面

信乎此地誠有可觀者焉

夏雷曰山水秀麗皆生於剡猶人之秀麗皆發於面也

會稽郡誌曰會稽特多名山水潭壑鏡徹清流瀉注唯剡溪有之王子敬曰從山陰道上行山川自相映發使人應接不暇若秋冬之際尤難爲懷子

敬所云豈唯山陰剡溪特又過耳高似孫剡錄曰剡以溪有聲清川北注下與江接合山流爲溪如顧凱之所謂萬壑爭流者其源有四舊錄誤今正之一自東陽之玉山折而出合太白山衆壑北注與青陽岡五龍山諸泒合流經邑治南入於溪一自台婺界道新昌之彩烟下長潭東注上碧入於溪一自天台山北流會新昌溪至拱北山西與上碧溪合而東注入於溪一自奉化界道新昌之柘濂與四明山衆壑合注於清石橋繞黄澤折而東出浦口

入於溪（此四派皆會於邑東者下有嵊溪嶀浦二派與邑治稍遠不錄又五十五六兩都一派從蔣家山出江與剡溪無與亦不錄舒元輿弔剡溪藤文謂剡溪綿亘四五百里則未考也是溪也）朱放謂之剡江（詩曰月在沃洲山上人歸剡縣江邊）李端謂之戴家溪（詩曰戴家溪北住雪後去相尋）方干謂之戴灣（詩曰戴灣衝瀨銀帆通高枕微吟到剡中）陸龜蒙謂之剡汀（詩曰歸鴻吳島盡殘雪剡汀消）林槩謂之嵊水（詩曰溪連嵊水與何盡路接仙源人自迷）齊唐謂之戴逵灘咏贊不同於以見騷人韻士心寫而神領矣（李白詩霜落荊門江樹空布帆無恙掛秋風此行不爲鱸魚鱠自愛名山入剡中○借問剡溪道東南指越鄉舟從廣陵去水入會稽長竹色溪下綠荷花鏡裡香辭君向天姥拂石臥秋霜○秋寄張衛尉王徵

君詩〕何以秋相贈白花青桂枝月華數夜雪見此令人思雖然剡溪興不異山陰時明發懷二子空吟招隱詩○〔崔灝詩〕鳴棹下東陽迴舟入剡鄉青山行不盡綠水去何長地氣秋仍濕江風晚漸涼山梅猶作雨溪橘未知霜謝客文逾盛林公未可忘多慚越中好流恨閱時芳〔宋放詩〕潺湲寒溪上自此成離別回手望歸人移舟逢暮雪頻行識草樹漸老傷年髮唯有白雲心爲向東山月○〔戴叔倫詩〕風軟扁舟穩行依綠水堤孤樽清露滑短棹曉烟迷夜靜月初上江空天更低飄飄信流去誤過子猷溪○〔丁儇之詩〕夜久聞羌笛寥寥應客堂山空響不散溪靜曲宜長草木生邊氣城池逗夕涼虛然異風出髣髴宿平陽○〔項斯詩〕歇馬亭西酒一卮半年間事亦堪悲船橫鏡水人眠後參暗松江雁下時山晚迴尋蕭寺宿霜寒誰與戴家期夜來忽覺秋風急應有鱸魚觸釣絲○〔趙嘏詩〕兩重江水片帆斜數里林塘遶一家門掩右軍餘水石路橫諸謝舊烟霞扁舟幾度逢溪雪長笛何人

然柳花若到天台洞陽觀葛洪丹井在天涯○錢照詩剡溪風雨霽航葦重行行到處楊柳色幾家荷葉聲噪蟬金鼎沸游水玉壺清最喜漁梁伴歸帆的的輕○僧皎然詩雲泉誰不賞獨見爾情高投宿輕龍窟蹄涔笑鷺濤秋荷爲片席灑水靜方袍剡路逢僧侶多應問我曹○潘閬詩莫嘆塵泥泊且圖山水遊幾峯天姥翠一舸剡溪秋不見戴安道有懷王子猷西風無限意盡屬釣魚舟○曉泛剡溪水晚眺剡溪山徘徊住行棹待月思再還漁唱深潭上鳥啼高樹間應當金石友念我無暫閒○吳處厚自諸暨抵剡詩爇猶雙槳去莫不辨東西夕照偏依樹秋光半落溪風高一雁過雲薄四天低莽蕩孤舟卸水村楊柳堤○出得雲門路風悽日夕曛船撐鑑湖月路指沃洲雲山色周遭見溪流屈曲分一觴復一詠誰是右將軍○秋渚函空碧秋山刷眼青掛頭烟樹老撲面水風醒上瀨復下瀨長亭仍短亭夜船明月好客夢滿流螢○倪光薦詩東山山下海潮通一片江流出鏡中

度嶺拾薪歌稚子和烟牧犢走村翁千年橋鎖高人跡百丈巖垂烈女風此去天台知幾許桃花深處失東西。盧天驥詩愁呵龜手冷摇鞭乘興來登訪戴船解事篙師小鳴觴空驚寒雁入晴天。剡溪書懷山鳥逢春恰恰啼桃花流水路猶迷何時鼠子膏齋釜笑領白雲歸剡溪。故園生事只銜茅不骨方兄久絶交糲食枯椽吾易足鷦鷯只占一枝巢。山杏枝頭皂鵓兒來傳春令語多時危紅可是渾無力不奈東風盡日吹。李易剡溪幽居詩絶勝剡溪邊巢枝度半年燕回啣落絮魚涌樓飛泉香鼎山頭氣茶爐竹外烟幽居已成趣催致若爲傳。趙寬詩行役曾何補江山似有緣雨餘天姥展月下剡溪船避與塵勞外歸期日至前乘流更風便飛鳥欲爭先。半月流清淺千巖鎖翠微子猷如對此乘興定忘歸。山色朝來得雨新船頭爭獻玉璘珣人間圖畫應無數誰信丹青自有眞。鄭善夫詩曹娥江接剡溪流舞石幽花只漫愁剡曲渦疑安道宅山陰誰上子猷舟。

何景明詩溪之水兮幽幽誰與子兮同舟舟行暮入山陰道月濛濛雪皜皜千載重尋戴逵宅溪堂無人夜歸早乘興而來興盡休君不見王子猷○王稺登詩剡溪新水緑漫漫魯酒銀罌迸作寒白日無多客易落青山一半不曾看千年自欲同徐稺五月非關訪戴安不是風流堪應棹舟中那得客愁寛○周汝登詩雪盡山迴野水平孤帆遥指越王城沙鷗有意如留棹鴻雁無情喚客行行舟初出剡溪口回首門前五樹柳立馬離亭盡友生相看無語惟呼酒要將酩酊破離懷人人欲盡手中杯酒闌人去風初息夜静船頭明月來○陶望齡詩剡溪如畫影清波石磴崚嶒掛碧蘿虹亘兩橋嘶去馬帆輕百道傍浮螺夜燈村落紅千點春釣汀洲緑一簑明月寒潭無限景山陰樂興雪中過○郡守許如蘭詩從來稱名勝況復是清秋地古墟烟少天晶日色浮樹光連野合溪響傍山幽黄葉飛何急雪輕潛欲流○釋如曉剡溪夜發剡溪秋夜月水静一舟涼雁落汀蘆白魚翻渚荇香

沾衣屢露薄掛席引風長石嶂峯嶺岏川廻路渺茫頻年違故國今日別他鄉悽斷蓬窓夢驚看野店霜傳歌譙鼓裡放棹欲鳴榔孰道江湖晚溪花幾度黃○石泉盟未了更作剡溪遊沙轉灘聲急山當水面浮村烟多護竹漁浦暫維舟宛昔春無恙桃花借渡頭○王思任詩千山夾東盡此地一回寬古縣仙常到名溪雪不乾晚魚呼市酒野鶴下舟灘月色時來鬧桃眠夢未安○邑司空周汝登遊剡溪記丙戌冬望後十日周子與弟夢科姪元齡步出郊門臨流而視曰此剡溪也我輩實生長是可一日負耶時有虛舟泊岸下微風自南來遂買舟携酒乘風而北倏至艇湖登王猷橋是其回艇處此去戴安道宅纔半里猷不見而返豈云興盡正留不盡之興耳故興至今存因相笑引觴坐舟頭而下至竹山山小而峭仰視卓絕一宇巋然名竹峯菴起登菴倚檻臨江而樂之適坐江中未盡此江之觀而今覩其全固知超物外而後可覩物也舉頭天外其幾乎明日過仙岩陸行五里

謂仙君廟土人稱仙君者爲謝康樂靈運鄉名遊謝亦以康樂故由仙巖而下兩峠山壁立相向愈迫江流曲折窮而復開溪禽谷鳥聲同應和舟容與竟夕不能舍又明日至印月寺山勢逆上如吞江復吐再下數里爲清風嶺宋王貞婦投崖死節於此因歌元李孝光詩此心若愧王貞婦莫向清風嶺上行樵人孺子環而聽之俱爲動色清風而下抵嶀浦兩岸勢稍開臨江一山如拳三面跨水山下石磈磊如砌上有廟廟碑爲宋名士樓鑰記文嶀山在北鑿崛雲間積雪迷道不可上問謝車騎桐亭無知者走嶀山東北數里入龍宮寺有唐李公垂碑記是千年物里稱嵊亭齊張稷爲剡令過亭下生子因名嵊嵊忠節炳史册宜立石表其生處而有司者闕焉是夜舟泊嶀橋星明水沙一色三人起坐沙石間且飲且吟不覺徹旦開舟抵三界古始寧地也東山在望雲月如待周子顧語二子曰余自少至長於茲江山百里之間往來當以百計然向也山吾履而不知其高水吾泛而不

知其深林林碨碨者觸乎目而如不見淙淙嚶嚶者接乎耳而如不聞而今乃知有茲山若水也夫知何得耶不知何失耶將昔不逮今醒耶抑今不逮往忘耶二子默然言未已風轉北來舟艱于下舟人曰返棹則順遂張帆而返故所歷處逆而覩之若更為一景奇麗不可復識周子顧謂其弟子善圖圖其逆而上者余為記記其順而下者俱系以詩各就舟中為之甫就而舟抵城下漏下三鼓入城街衢燈火熏灼人奔走如狂蓋是夕為除夕云茲游五日夜往返百數十里飲酒五斗而玄齡斷飲不與得詩二十首記一圖一從行僕一舟子一（又後遊記）丁亥元日周子將出遊以陰翳不果夜大雨如注翼日復霽可遊而不可陸也周子復與其友五六人者泛于剡之上流時溪水清淺中流如鏡挂席數餘里反而容與石橋之下座有善笛者三弄酒數行周子起而觀流則兩岸若拓而開橋可俯視之矣而直望一碧萬頃蕩蕩洋洋不可以際向登舟時所覩沙洲土渚盡失其處以器

舟子舟子曰晴昔之夜四山雨水作集故暴漲乃爾顧消亦可娭周子曰嗟乎是何消漲倏忽至此哉余因以思昔之出遊去此兩日乃歲新舊異令矣余與諸君齒加長異數矣則何以異是水之倏忽漲消哉夫漲消可以識桑海新舊可以見古今齒長可以度生死倏忽可以覩千百年愚者見于著智者燭于微則何可以不樂或者曰歲之新舊汝自名也齒之長少汝自憶也水之漲消汝自見也不名不憶不見者無新舊無長少無漲消如此則亦無桑海無古今無生死無倏忽千年烏乎樂烏乎不樂周子大笑復與諸君飲酒數十行泛舟澎湃之湍諸君曰水石噌吰聲何壯耶周子曰寂然有雲拂樹而過周子曰聞耶諸君笑周子亦笑曰子烏知聲之非寂而寂之非聲也已復放舟石壁之下周子曰水者止乎石者流乎諸君笑周子亦咲曰子烏知流之非止而止之非流也於是諸君有目周子醉者謂言非情也周子曰子又烏知醉之非醒而醒之非醉非之非是而是之非非耶

子休矣於是周子起而歌歌曰水清淺兮安流魚潑潑兮幾頭我歌初起兮羣鷗滿洲水乍漲兮連天芳草發兮年年我歌既放兮餘音滿谿歌闋而歸

江田溪在縣西十五里清化鄉合高古後潘二溪入剡江高古溪在縣西二十五里清化鄉水出五龍潭經蟾山南且東折流入江田溪後潘溪在縣西二十里清化鄉水出廣利湖下會石門天竺二流繞福泉山麓至後潘入江田溪逵溪在縣西二十里廣利湖水涯流折環峩巖山麓晉戴安道所居故名邑諸生孫時躍詩爲尋高人蹟深尋烟樹鄉桃源剡鑒宅雪滸子猷櫂百世風梅流事千秋姓氏香行行山下水感慨對斜陽

溪在縣西八十里崇安鄉　三溪在縣西五十五里崇安鄉水出暨陽界仙家岡泉坌奔湊滙梅溪後溪費院溪三水而東且南注入蘿松溪故曰三溪

蘿松溪在縣西四十五里蘿松鄉　西漁溪在縣西三十里桃源鄉滙蘿松溪會遥姥東派合流注入

南溪邑諸生丁美祖詩風雨初消月渡津貪春夜與鳥花親一壺高話身何寄祇見磯頭垂釣人

戴溪在縣西三十里桃源鄉瀏溪入有戴逵故宅

剡原溪在縣西五十里剡原鄉水自暨陽界出鎦田東注入西漁溪曰剡原者剡山所自來也　珠

溪在縣西六十里開元鄉爲剡溪上流（張慷詩）湛湛珠溪漫玉盤微風不動碧波寒驚鴻莫漾清光碎留與詩人帶醉看○邑諸生袁尚衷訪鄭彥詩舊村烟樹古仁巷隱淪奇寒菊開三徑新詩歌五噫憶珠溪深秋月夜鹿苑曉雲時不宿鄭公處高深那得知

溪在縣西七十里太平鄉水自東陽界白峯經太白山麓入珠溪西溪在縣西六十五里長樂鄉水出東陽界裏栢經黄沙潭出深溪之右北注入珠溪（李易詩）玉龍劈山開南騖肆奔猛風蕩雪濛濛月流光烱烱壯氣動貴門前驅入蛟井萬籟息中消一區臨絶境奔雷有餘音垂磬得深省白雲何所嵩就宿孤峯頂

昆溪在縣西六十五里太平鄉水出東陽玉山滙爲上湖下湖

居深溪之左南注入珠溪寶溪在縣西南三十里禮義鄉水自台婺發源歷彩烟山下滙長潭經蒼巖入上碧溪上碧溪在縣西南二十里昇平鄉新昌溪在縣南十里方山鄉水由天台經新昌入潭過港繞拱北山會上碧溪入剡溪水味較他處獨勝棠溪在縣東十里崇信鄉流入浦口袁純訪吳而大于棠溪詩曳履尋山色松嵐拂面凉半塘青草濕一路野花香雲冷飛僧舄烟孤點客裳星峯舊相識待我水中央浦口溪在縣東十里崇信鄉黄澤溪在縣東三十里筮節鄉水一由新昌之柘瀧一由四明之

晉溪合而西注清石港下東郭北流至浦口入江

（丁美祖詩）爲愛靈鵝千古勝相隨問徑踏蒼苔村烟密樹行人渺曲澗平堤細柳栽日暖乍將湍凍瀉山深携得袖雲來春光到處皆行樂莫把明朝去路催

（平溪）在縣東六十里孝嘉鄉水出金庭山折入下任埠合東林羣壑西注晉溪

（張璨晉溪道中詩）溪融沙路軟無塵拂面東風醒醉魇紅雨正飄花落澗白雲深護鳥啼村山光巳豁春晴景草色都驕野火痕咫尺金庭仙洞近應隨流水問桃源○（盧鳴玉詩）溪小鸕鷀促驚魚走石汀廟留秦代物水志晉時名蒼麈揮簷樹清言轉壑聲流雲與佳馬一片古人情

（漁溪）在縣東三十里靈山鄉水爲四明八澗併流

黄澤溪（晦溪）在縣東九十里忠節鄉宋時里有單

崇道與朱元晦交嘗過訪之故名嵊溪在縣東三十里遊謝鄉水一出四明山梅坑歷小溪聞水入迢石溪一出覆巵山烏坑經石舍至將軍潭會迢石溪西注折入江一曰黃石渡邑諸生王國楨詩繞到秋水天地明嵊山山下水渟泓虹光不逐湍流瀉劍氣常隨遊浪生忽放榜歌寄嶺去驚看松影落波橫澄潭一碧須眉見不死人心憶令聲○了溪在縣北二十里遊謝鄉一名禹溪舊經云禹鑿了溪入方宅土邑貢金之聲詩歷年桃信春漁舟亦到黃花醉戴樓溪了了禹功開古昔津迷不識幾春秋○邑諸生王國楨詩莫道秦皇能字剡剡名直溯了功巍拯將巢窟憂咨去闢出溪山面目來兩岸茨茅隨水住一江桃杏到春開韶華爛熳

知誰力挽影花先共一隈廻溪在縣北五十里靈芝鄉水出石門突環大嵊山之陰會嵊浦長橋溪在縣北六十里德政鄉水自龍巖山經樊岸會前巖溪歷范洋折入大江前巖溪在縣北六十里德政鄉水發自甑蔕蔀墩諸原環廻村落會長橋溪入大江打石溪在縣西六十里富順鄉水發諸暨經仙家岡併流竇院雙溪在縣西七十里富順鄉一自青桐嶺逾北綦一自桃源嶺逾呂綦會流入西溪滙瓦窰潭入剡

河（朱公河）在縣東北一里舊有溪流抱城名古溪後漸湮遏隆慶六年知縣朱一栢尋故址鑿河通流下入艇湖廻環數里萬曆七年提學副使喬因阜檄縣重濬今復淤（新昌大司馬呂光洵有記萬曆十二年邑人士請知縣萬民紀復濬新河邑司空周汝登曰新河一帶雖起自朱侯而繼此者亦宜時濬之夫已享其利者胡可使之復湮物我無間予文所以稱忠如以爲朱公河而我不與福之乎其爲心矣愛民造士之君子必不如是）

○湖（艇湖）在縣北五里仁德鄉晉王子猷返棹於此舊曰並湖（宋蘇軾訪戴圖詩）溪山風月兩佳哉賓主談鋒夜轉雷猶言不見戴安道爲問適從

何處來○（蘇轍次前韻）亟往遄歸。真快哉聾人不識有驚雷空言不見戴安道已誤扁舟犯雪來○（李商老詩）閑庭秋草積潚砌蒼苔深忽向氷絖上聊窺訪戴心雪月俱皎皎風林互森森縱觀停艫處猶聞擊汰音終年剡溪曲何嘗返山陰徒言興已盡真安誰能尋浮生圖畫耳慷慨爲長吟○（王十朋詩）千古剡溪水無窮名利舟乘閒雪中興唯有一王猷○（明王世貞詩）晋有王子猷、風流掩前輩、高展郄公門、枉笏馬曹歲、歸來百事希、種竹凡幾園、貪看鏡湖白、坐失青山暉、風吹大空雪、片片鏡中飛、千巖鳥雀凍不喧、田父墐戶爐頭眠、孤棹花烟放歌出、故人應在剡溪邊、人間戴生寧易得、共若歸心浩還發、空林無枝玉凌亂、獨破寒流載明月、相逢稚子候荆扉、東方漸高跡已微、偶然適意差足快、千載何人勞是非、誰爲強被丹青色、令予欲訪山公宅、荻花茫茫不知路、中夜披圖與蕭瑟、○（張燦詩）素練涵光川色瀞淅瀝蓬色六花迸亭亭孤艇雪中行清絶難禁此時興訪戴高人去幾秋至今登覽慕王猷莫謂當時招隱興一官還是晉風流○（葛焜詩）溪流曲曲遶山麓溪風拂拂來樹巔溪雪冉冉出空谷溪月皎皎明前川天開佳景自今古遊覽還將往事怜扁舟雪夜欲訪故典盡何爲頃刻旋圍爐可談經世策促膝或歌招隱篇百年消得幾回首知心不面情徒懸吾聞昔有張范約千里遠赴何嘗御恐此道寥寥人相棄美談猶說子猷船○（錢思棠詩）雪夜懷賢思不禁西風一棹發山陰總然興盡情何盡千載難酬欲見心○（邑貢金之聲艇湖行詩）朝從剡中事夕復剡中行驢過停鷗起江空落月明山雲歸舊閣漁火出前汀王子回舟處蒼茫千古情○（邑貢王心淵詩）湖峯高塔窓流連貫日穿雲近碧天桃影動搖千古雪雁文斜曳萬墟烟蒼崖極目超塵外紅葉迷人舞席前曠浪風光携不盡蘆花明月剩江干○（王國楨詩）空山木落暮烟收忽憶冰壺剡上遊一棹凄風極在手半江殘雪月當舟懷人夢輒尋梅寄報客郵亂教鶴留逸興到今修不盡湖光雲

影共悠悠○（裘纁詩）訪戴偶然事到今此地傳湖
開新舊艇山識去來烟塔引初生月鷄鳴薄暮天
應知王子後
別自有高賢（愛湖）在縣西南七里方山鄉（麗湖）在
縣西南十五里禮義鄉（東湖）在縣三十里清化鄉
廣五十餘畝遍蒔荷蕖夏時紅白繽紛香聞十里
（西湖）在縣西四十里清化鄉廣八十餘畝今淤爲
田輸課入公而民無水利矣（廣利湖）在縣西北二
十里孝節鄉俗名廣利塘環界三山築壩爲湖周
一百五十餘畝四岸蒲柳叢生秋時水天一色雁
鳧滿渚不減彭澤崖巖也（羅洋湖）在縣北五十五

都三界約廣百畝

○嶀浦在縣北四十五里靈芝鄉嶀山之水東流入溪兩岸峭立勢極險阻潭深千尺蛟黿宅焉王元琳稱爲神明境有晋謝康樂釣臺石是爲剡流水口江潮至此而返水經註曰顒洞懷烟泉溪引霧吹畦風馨觸岫延賞○〔張爕詩〕夕照穿紅波瀲瀲漁家舴艋臨孤岸一聲欸乃水雲間鷗羣驚起鳧羣散太平官事不相關醉歌長得笑開顔曉風歸棹泊何處只在黃蘆淺水灣○〔邑諸生袁尚東雨夜泊嶀浦詩〕一天蓼雨滿嶀橋坐對蓬窓鎖寂寥雲接浮嵐江晴晴風翻落葉岸蕭蕭漁舟燈火來寒渡山院鐘聲送晚潮鄉夢不成單夾冷寥寥啼雁徹清宵○〔邑諸生趙德馨詩〕蒼崖千尺綴藤花樹偃藤蛛拂水斜山獻錦屏波

獻鏡一泓碧
裏一天霞

坑剡坑在剡山下舊云秦始皇所鑿以泄王氣剡錄云清湍潺潺行竹樹陰坑左右多果卉傍坑一潭穴泓泓可勺康熙間邑王氏治其路好事者謂仍宜植木以助勝云潭水養僧汲以濟雲水水味甘美每值大供必自停汲一日易水滿注爲異過澻坑在縣東十五里康樂鄉兩崖壁立一水縈流好事者於崖陰鐫高山流水四字邑進士盧鳴玉詩念年懷澗槃今夕澗邊宿水漱襯石蒲雲幙眠岩鹿聊爲寄棘鶍仰看摩天鵲古道豈殊尤於義稱止足烏坑在縣東六十里遊謝鄉獅巖坑在縣北三十里遊謝鄉強口坑在

縣北二十五里遊謝鄉晉王謝諸人冬日至此見水石清妙徘徊不能去曰雖寒猶當强飲一戶故名〔晉謝靈運初發强中詩〕杪秋尋遠山山遠行不近與子別山阿含酸赴修畛中流袂初判欲去情不忍顧望脰未悄汀曲舟已隱隱汀絕望舟驚棹逐驚流欲抑一生歎弃弃千里遊日落當棲薄繫纜臨山樓豈惟夕情歛憶爾共淹留淹留昔時歡復增今日歎茲情已分慮況乃協悲端秋泉鳴北澗哀猿響南巒戚戚新別心悽悽久念攢攢念久別心旦發清溪陰暝投剡中宿明登天姥岑高高入雲霓還期那可尋儻遇浮丘公長絕子徽音

潭〔元仲潭〕在縣東十里仁德鄉〔杜潭〕在縣東二十里崇信鄉〔覆卮潭〕在覆卮山〔動石潭〕在動石山高似孫品

泉第七簟山潭在簟山碧潭淵淵用千霖雨下衆流趨導湍石迅激浮險四注高似孫品泉第四石井潭在錫山有石溜石井井潤丈餘圓潔如琢一名海眼相傳有人以物投井後自海畔人家見之因謂下與海通白龍潭在四明山潭水下注成飛瀑數百丈下復爲注潭幽險莫測又觀音潭三角潭並在四明山三峯潭在三峯山亞父潭在亞父山高似孫品泉第十二桐柏潭在金庭山唐先天二年勅女真道士王妙行詣金庭山投龍即其處太湖潭在太湖山古稱赤水丹池深可二三丈水色赤勺之則清潔有神龍居之

之雪潭在上乘禪寺側高似孫品泉第十三白蓮龍潭在明覺寺後福勝潭在福泉山巖石磊磊潭在石罅中深不可測潭口兩石對峙名龍門石三懸潭在貴門山四山石壁如劃丹翠萬狀山半泉湧如噴三潭瀦焉上兩潭中有石磣相界下滙一大潭潭口一石方而整日拜龍石外有海眼大小三所圓深莫測直與海通爲神龍之所出沒絶壁虛敞如另闢天地壑中怪石磈磊奇幻足稱幽勝第一寒氣逼人六月無暑好事者或遊之則衣裘而往高似孫品

泉第八○宋李易詩鹿門今是貴門山盡室扶
携萬壑間流水相隨眞自悟遲岑一望若爲攀風
翻竹塢淸如洗月過松扉靜不關潭底臥龍煩一
起正須霖雨濟塵寰○明鑰續詩欲識三懸險相
將踏磴臺青天咫尺近丹壁萬尋開沫濆千秋雪
晴喧五月雷尋幽不到此空負剡中來○邑諸生
王三台次韻三懸懸絕險丹壁聳危臺洞古龍常
臥山深雲不開凌空奔白浪墮壑吼狂雷片石浮
千頃飛身照膽來○邑諸生王幽維詩三懸傳剡
勝今始上層臺鮫室冰簾掛龍宮錦幙開無風蛩
玉屑不雨吼晴雷足戰扳躋絕翶疑屬夢來○邑
諸生袁尚衷詩杖策穿雲嶺攀蘿入洞天瀑浮虹
一帶潭徹鏡三懸石冷苔生雨松幽
鶴唳烟神龍特好靜也擇澗阿棲○響巖潭在細
嶺高似孫品泉第六○百丈潭在百丈巖下山陰張岱詩并序百丈泉爲贊
院水口萬道飛流至此出谷地多惟石齟齬如鋸
齒湍流盤礴齧齕其間聲氣嘈嘈至山口奔放一

瀉百斛雷輥瀨趨東坡云項羽擊章邯差足擬之○余曾入龍湫仰面看瀑布余踞龍湫上瀑布出吾胯石齒何嗟呀奔流激其怒觸咽不得舒張口只一吐萬斛豕傾囊一去不復顧風雷送白龍攖奪山鬼怖噴礴盡驪珠逆鱗馬足護余憤填胸中磊塊成癖痼何日劃然開探喉如吐哺大快復酸辛破我千年鋼笑與涕淚俱氣慄無可措此氣旣已伸山靈敢復妬願隨百丈泉奔騰出雲霧

石門潭在石門山高似孫品泉第五

五龍潭在五龍山山絕危峻凡五潭高似孫品剡泉第三

橐潭即五龍潭之一一名浮收高似孫品泉第十

紫巖潭在紫巖山一名三井龍潭高似孫品剡泉第九

靈巖潭在上周山

白雪潭在道場巖後山二十五都

謝巖潭在謝巖山高似孫品泉第十七○

石將軍潭在

縣東五十里遊謝鄉潭深澈中有石突立如勇士（王三台詩）涿鹿曾酣一戰贏歸來化石尚遺名樹搖晴影旌旗動灘激風聲鐵騎鳴袍色綠添春蘚燦劍腥紅點落花明嵬然獨立寒潭上砥柱中流奏治平

泉

醴泉在東隅有醴泉坊孔氏泉在學宮後教諭黃份有詩芙蓉泉在四明山泉出芙蓉峯巖石間冬夏淙淙味最甘洌洗卮泉在覆卮山泉穴清洌泉口石坪方廣有仙人膝跡或傳爲謝康樂醉而振衣洗卮其上高山泉在寶積寺側（宋釋擇璘詩）高山偶喜得佳泉徹底澄清常湛然茶鼎齋厨隨應用竹龍相引任流傳白鹿泉在明覺寺（邑諸生袁尚衷詩）泠

冷山溜瀉瓊瑶芳潔曽將白鹿招飲 明覺井泉在罷鹿歸廬洞去還留清响徹晨霞明覺寺 高似孫品泉第十五 福泉在福泉山泉穴甘洌天旱不竭 八池泉在顯淨寺池小清美 蛟井泉在獨秀山下 龍井泉在蘆峯山 文公泉在貴門山宋朱文公嘗過其地 葛洪丹井泉在太白山味如霜雪下通海眼上有石覆之 高似孫品泉第一○唐顧況詩老人愛向山中宿况在葛洪丹井西○明金華王稌詩轆轤聲斷靈源在一掬清冷九夏寒○邑人張燦詩憶昔仙翁入紫廬山中遺井已荒蕪丹砂九轉人誰識知道如今有更無 趙廣信丹井泉在太白山水甚清美四時不竭 石甕泉在小白山爲葛

孝先遺跡瀑布泉在鹿苑山瀑布怒飛，淸被巖谷，對瀑有玉虹亭。高似孫品泉第二○邑貢周儀世詩：百尺高懸喧佛鼓，一支細引接爐烟。冲巖紋起凝漂素，碍石潭深欲染元。○邑諸生王國楨詩：鹿苑堆雲幾萬重，怒濤破峽吼狂虹。丈夫吐氣應如此，瀉落珠璣滿碧空。○邑諸生袁尚衷詩：走窮絶巘識山靈，開闢無煩倩五丁。漢上飛來四練白，煙中劈破兩鬟靑。鹿歸古洞猶留苑，虹落寒潭何處亭。欲覓仙踪問葛緒，蒼茫雲樹悄冥冥。滌巾澗泉在瞻山下，爲晋帛道猷滌巾處，水痕如氍狀。沸泉在石門山山麓，一坑紆碧，穴周五尺許，水如湯沸。淸風泉在淸風巖下，即剡江潭，澄一碧，水味甘美。獅巖泉在天竺山。高似孫品泉第十八乳巖泉在大嶀山卓杖泉在大嶀山龍宮泉在龍藏寺有巨井高似孫品泉第十四竹山大井泉在竹山高似孫品泉第十六偃公泉在金波山僧偃公施飲處高似孫品泉第十三〇宋永嘉王梅溪詩泉自何時有其名得偃公誰能繼長陸爲載水經中

池丹池在金庭山府志云赤水丹池深可二三丈水色赤勺之潔白神龍窟也〇鵝池在金庭山墨池在金庭山並爲王右軍遺雅縣西獨秀山亦有墨池張燦詩元香漬水沉雲墨肘運縱橫秋兎泣當時神龍號無雙千古能書誇莫及碧澗荒凉古蹟存猶含遺墨映氤氳公餘按轡攬奇勝好似蘭亭高會人放生池四所一在通

越門外里許今無攷　國朝邑進士尹巽於門外長春書院後卽巳塘爲池一在來白門外邑司空周汝登立卽溪爲池禁止釣罟池上有觀生閣閣後有放生菴明末廢　國朝康熙七年知縣張逢歡邑進士尹巽延僧明道重建一在應台門外張陳二侯祠前邑進士尹巽及邑人杜瑞宋龍等請官立亦卽溪爲池禁止釣罟一在四十二都普惠寺東名寺塘（邑諸生王國楨賦剡溪西上潭澄一碧海門周先生就不關之流施廣生之澤有魚停蓄莫紀千百不畏餌于狂童嘗招詩于騷客是歲桐月日維幾望王子國楨將事春疇

過而美之因爲作賦賦曰夫羽吾知其能飛鱗吾知其必游彼四海之淼茫與五湖之浸浩自應破浪以去詎復吹沫而遊似逃湯祝於數網竟戀禹鑿於了洲地當聖里上有巨鄞峙鹿嵛之嵯峩接珠浦之澄滬砂明于兩岸鳧泛乎中瀏無屈乎之荷蓋有子猷之雪舟乃飲䑸以藏更棹尾而浮白爲鱎而靑爲鱄大爲鯤而小爲鯫比於物於文泓同相忘乎海鷗時近渚以狎人亦溯上而食猶仰殘星之離合若萍蹩初月之屈曲如鈎望白雲兮靄遠岫待淸風兮飈上游志士感其一躍達人悟其知休噫嘻世路狂兮波沸人心險兮石激貪得者喪躁進者躓誰似若族之無知獨識此邦之僅僻不慕遠舉兮海鯷聊守一介兮溪鱗春來南漲秋過水涸任風濤之屢變依臥虹以不易自爲升沉絶無厭擇非高麗之紅裳傲貴妃之玉液老氷底於一隅窺日光於咫尺感君子兮不網笑行人兮勿息翠以華而見殺龜則靈而反阸維得聖人之淸故倖免夫矰繳彷上智之愚悉庶終全乎沙磧

周誌曰剡自昔以山水名其析入新昌山僅五之一水余邑專焉夫山水匪人不名剡山名自王戴諸人今有若王戴者或度越之則山水之名不特甲東南矣山水惟人是籍哉或者曰剡建星亭鑒新河而人物盛則山水靈淑乃鍾人文山水實人所藉耳要之建且鑒以導厥靈者亦莫非人故余以前若人責生斯者以後若人責吏斯者夫有兩若人即謂山水藉人人藉山水也無弗可矣

王氏備攷曰嵊山水邑也山水之名實始於王戴

諸君子然王在瑯琊戴在譙邑使非聞所聞而來則亦何因至止山水無王戴固亦自名惟是前乎王戴者有人後乎王戴者亦有人前乎不名後乎不名而必王戴乃名山水王戴若相待耳雖然人亦貴所自得也剡山自高剡水自洌要必胸中先具一丘壑皆成佳趣若利欲牽於外憂懼動於中則雖入寶山亦成空手剡之人非不日在剡山剡水中尚不及一見剡山剡水之面亦可慨已邇自海門先生倡道以來人皆知學倘能景遺風而興

起力求正學以孔孟爲依歸則樂山樂水唯人自領之矣王戴云乎哉

後學續論曰嘗讀禹貢而嘆聖人之於山川何詳且盡歟蓋賦役則於土田土田麗於山川山川不誌將經理天下者無以按籍而識版圖矣即或秉鉞專征而一方山谷聚米可在目中安在不資形勝哉至賢人君子轍迹所遍其歌詩見志作賦寄情者又烏庸泯泯也剡山水冠東南名傳載籍尤不可不詳若曰人以山川而靈山川以人而顯則

先儒之論近是

橋渡

大橋在東隅　三板橋在東隅　南門橋在南門外南津渡當南北通津元末有浮橋廢明弘治十年邑人夏雷上書知縣請復之不報書畧云嵊城南溪水環如東帶鄉市人民來去四方商賈貿遷與夫吳越台溫司府縣衛公文走遞晝夜必由所謂國中之水當涉者衆近設船濟渡亦乘輿之惠濟寡不能濟衆濟晝不能濟夜濟緩不能濟急往往積之多候之久以至爭先觸浪渡船因而規利無罪陷於積亡良可痛憫爲今計莫如興建浮梁通計浮梁釘鐵船板灰石蔴油工價不過千兩以出入鄉隅之人計之不下萬家以一家助銀壹錢亦自足用況更有富民大商義助不甚費公帑伏望明公提綱於上選任公敷良民委任責成數月之間事當就緒既成更

立看守補葺之法又何慮功不垂久哉竹橋渡　嘉靖二十六年知府沈啓檄縣造木橋尋圯山陰郎中王幾記略剡縣南二水合流南溯台溫北連吳越爲通津焉湍悍最稱險阻舊官制渡舟人競渡多覆或以徒涉溺死民思橋爲利便郡伯吳江沈公以事蒞嵊曰太守坐郡治不行部按屬邑隱憂無由周知除道成梁非王者之政乎既不爲鄭卿之濟人又不若漢丞相之治橋梁道里其年[illegible]長文耶畀鍾令奉議爲之民歡呼趨事踰月而木橋成名曰沈公橋丁未歲記　萬曆元年知縣朱一栢置渡船二隻渡夫二名每年修理與工食銀共一十四兩四錢俱泒入條鞭內三十六年秋七月邑進士周汝登請知縣施三捷建今橋石

蟻且鬩天下況活生靈獨無報耶伏惟裁處

磯石梁長亘里許廣厚過輿焉（一名施恩橋汝登捐銀五十兩爲倡）嗣知縣王志達縣丞王文運修之天啟間推官李應期崇禎間知縣方叔壯相繼增造復爲怒濤衝圮行人病之 國朝康熙間知縣張逢歡（捐俸銀二十兩）縣丞胡玨（捐俸資十五兩）典史毛鼎鉉（捐俸二兩）連年修葺（明舉人周孕淳詩春夏秋冬四章）褰裳自惜嘆沾濡頓謌橫梁接路衢信步漫携節竹杖觀燈浪說廣陵都○垂釣溪頭日已曛夜凉乘露卧微醺醒來白鶴間相伴不信康衢是水濱○鍊石誰人羨七星何如刻曲彩虹橫夜凉共奏霓裳舞莫是銀河玩月行○辰角初明水正凝石鹽飛渡見崚嶒溪南野雪衝梅蕊路破寒威萬里冰○邑貢周光臨詩相携滌暑對江天初駕長虹障百川題柱千秋唯

我輩落梅五月爲誰妍金沙布渚明還滅銀漢浮雲斷復連此夕尊彝猶須盡醉清光幾度到尊前

邑諸生鄭自强詩繚遶沃洲東江流入剡中基臨戴土宅渡接阮仙宮鞭石浮文鷁驅牛駕彩虹津梁恩蔭遠交口頌施公

知縣張逢歡給鄉民募修南橋引余承剡匱見城郭宮室道路橋梁百務具廢每欲待乃畚揭而輒罷非怠也念民力之維艱而未敢孟浪也及朞有半若城郭若宮室若道路次第興舉而橋梁爲人民所輻輳行旅所往來尤汲汲者夏令有之天根見而成梁周之官有司險合方野廬以達川澤之阻正恐大則溺小則戰病方甚也其可不障不梁以貽有司羞故嶀浦西溪凡有倡議皆捐助之鼓舞之俾告落焉獨南之施恩厥功未就蓋岸廣而橋長又當兩水之冲長則匠石不資冲則澎湃易敗年來亦有議修者如精衛塡海無益徒自憊耳此余所以有待於時和年豐而未敢孟浪也鄉民某願棄家任此具呈懇簿嘻將邑令所不敢爲者而委之匹夫耶將百征

所不能爲者而决之一朝耶將逆其後日之未成而拒之今日耶非也熊渠子射石飲羽心之誠者金石爲開安在有其志者之不竟其事乎仁爲人心拯溺而救饑四方君子心所同也安在同其志者之不勤其事乎余於斯民嘉乃心欽乃志尙亦若嶀浦西溪事觀厥成所謂不用財賄而廣施德于天下者也何爲而不可其請

○**西門橋** 在西津渡宋時建二十五船浮橋廢繫橋兩石柱猶存明弘治間建邑民黃漢二捨銀甃石爲洞橋甫成而壞更造石礅橫以木嘉靖二十四年知縣譚潛增礅爲十四易木以石萬曆二十九年知縣吳濟之縣丞邵斗重建

國朝洪水衝激礅壞康熙七年知縣張逢歡捐俸

兩　縣丞胡玒捐俸　兩　典史毛鼎鉉捐俸　兩　邑進士尹巽助銀　兩　延僧明道募助修葺九年大水礅壞邑進士周汝登携及門諸子飲橋上詩西橋緩步踏滄浪習習溪風灑葛裳狂發絶憐山影動情閒不厭水聲忙雲開月蒲沙汀白魚散船依岸柳凉百盞交斟歡未極歸歌一曲調彌長○邑諸生丁美祖詩雙樹橋頭佛子徒偶將清供坐跏趺聲傳麗閣千燈晚影入沙汀一塔孤江靜漁歌誰共荅雲空鶴伴自相呼當秋夜月家家蒲萬事如閒幾丈夫○邑舉人周孕淳詩渺渺烟波一派新層層石砌百花紃杖頭速報携尊酒歸岸花飛正僕人

文昌橋在朱公河口明知縣譚禮建今廢○子猷橋在艇湖山麓晉王子猷返棹於此舊有橋明成化十年知縣許岳英重修

隆慶間縣丞王廷臣立碑識之萬曆十八年西隅義民喻裁重建邑貢胡雅詩百尺長虹臥碧波依依兩岸枕青荷絶憐一夜扁舟興嬴得芳名萬古多○邑進士周汝登詩王猷乘雪興偏饒千載予今上此橋古墓花烟浮斷不空江斜石照寒潮一天雲氣山吞吐轉眼沙痕浪漲消夜靜遠林松籟起誰歌招隱徹清霄　蔣家埠橋在縣東三里明萬曆間甃石為洞下可通舟上劚石欄人稱花橋　謝靈橋在縣東五里以謝公靈運得名明成化間知縣許岳英重修　直瀆橋在縣東十里　和尚橋在縣東十里　許宅橋在縣東二十五里　清石橋在縣東三十里　晋溪橋在縣東三

十里邑巡檢姚順建訓導林世瑞有記一名會龍濟渡橋在縣東七十里明景泰間邑民王湯仲建有屋五間萃靈橋在縣東七十里通濟橋在縣東七十里陳公嶺下瑞昌橋在縣東七十里金山橋在縣東八十里上有廊屋三板橋在縣東南七里上碧橋在縣東南十里邑人袁國望建姚家橋在縣南十里謝公橋在縣西一里以靈運得名石佛橋在縣西二里茅岸橋在縣西八里邑人馬元宰重建道堂橋在縣西十五里干村橋在縣西二十里梅

灞橋在縣西二十五里胡村橋在縣西二十五里弘士橋在縣西三十里阮橋在縣西二十五里阮壁遺跡張文珊張公泰重建五馬橋在縣西三十五里張氏宦顯有五馬之榮故名魏家橋在縣西三十六里周郎橋在縣西三十五里積善橋在縣西四十里三轉橋在縣西四十里新橋在縣西四十五里方橋在縣西六十里西金橋在縣西六十里山頭橋在縣西七里馬元宰建倪家橋在縣西二十里袁思皐建相家碶橋在縣西二十里瓦窰

頭橋在縣西三十五里應家橋在縣西五里瀟橋在縣西十里十五板橋在縣西十五里江田橋在縣西十五里高古橋在縣西二十里新官橋在縣西十五里橋首有菴署月施茶宋家橋在縣西三十里錢神橋在縣西三十里楊神橋在縣西四十里黄陵橋在縣北一里楊公橋在縣西北一里以楊公餉得名洗屐橋招隱橋在縣西北一十四里跨達溪上下流兩橋皆戴逵遺蹤獨松橋在縣北十里了溪橋在縣北二十里碑山橋在縣北二十

里廣抗橋在縣北二十五里王沙橋在縣北三十
里强口橋在縣北三十里望仙橋在縣北四十里
舊名嵊浦橋明萬曆元年主簿吳祺重建崇禎五
年山陰胡氏易址徙建去舊址十步後石橋爲洪
水衝斷布以竹木屢修屢壞行人病之康熙六年
知縣張逢歡捐俸二十兩縣丞胡玨捐俸四兩典史毛鼎鉉
捐俸二兩邑進士尹巽助銀二兩鄭二生助銀七十兩幹首鄭大
生沈全等延僧自一募功易址重建洞橋頗堅壯
邑進士尹巽有記古之循吏濟民爲先濟一人孰
與濟千百人濟一世孰與濟千百世然而功之大

且久者事必繁而難而撓之者衆苟非篤於濟民
安能力排羣議斷而決之以至有成邑之嶀浦峭
石嶺屼沉江渺瀛竹亭松偃霧白烟青謝公之所
垂綸錢王之所住舸神明勝地也當藝齊閩越之
衝馳車驟馬躋蹻擔簦者日雜沓焉乃兩岸對峙
而一帶橫流南北界絕矣漸帷濡轡瘴肉瘃膚誰
不臨河而嘆橋其得已哉向曾駕石屢斷於馮夷
緝綴竹木塗目前而已丙午張侯來撫務在教化
故民皆易使至興利除弊救災卹患知無不爲一
日余與侯議建此橋欲更舊址擴以垂久謀之衆
中不拂於言則拂於色侯獨曰達川澤之阻周有
專官近代則統於令是以不忍之心行不忍之政
者吾忍也乎哉即捐俸若干爲序募助遠近聞之
無不樂輸恐後經始於丁未之夏落成於戊申之
秋用若干工費若干鏹是役也不惟濟溱之輿跨
湑之木惠止一人一世也其排羣議而獨斷以成
則又元凱之富平矣使事盡若橋令盡若侯寧茲
一邑將天下後世其誰不弘濟厥功懋哉○（邑諸

生哀尚求輿嶀橋之落詩雅志懷猶溺隨班拜落成衣冠鶩宿雁鼓吹出游鯨速饔爐三藥酬工盡再傾輿梁此日架不病水中行○又登嶀橋詩不是償租邑吏賢螭龍那得架長川蘆花白饅泉溪霧鳥線青提傾洞烟跨木身從雲漢渡乘虹影打向月宮穿神明勝地還增勝千載行人心自銷

石橋在縣北六十里　長橋在縣北六十里　沭恩橋在縣北六十三里舊爲木橋明弘治間邑人鄭岳易甃以石　蔣岸橋在縣北七十里

渡

東津渡在拱明門外三里俗呼下東渡　南津渡在應台門外宋明置浮梁年久而廢後置兩舟爲渡今有橋　西津渡在來白門外舊置二十五船爲航後廢

今有橋（宋編修王銍詩雪後孤村一段烟晴光遠照玉山川酒旗隔岸招閑客獨上溪西渡口船）浦口渡在縣東十里黄澤渡在縣東三十里胡滕渡在縣南十五里茶坊渡在縣南二十里茅岸渡在縣西八里有橋山頭渡在縣西七里有橋孟愛渡在縣西十五里明正統間孟知縣文嘗勸農於此今有橋倪家渡在縣西二十里有橋求家墈渡在縣西三十里有橋瓦窰頭渡在縣西三十五里有橋横店渡在縣西六十里太平鄉竹山渡在縣北十里三墜潭渡在縣北三十里遊謝鄉明知

縣王淵捨船爲渡有田地以給舟人今廢白沙渡
在縣北五十里黃石渡在縣北四十里
後學續論曰除道成梁夏令也達川澤之阻周制
也正以渡有深淺非溺則皺民患方大故聖王盡
心焉嵊之南西兩渡暨嶀浦乃往來要津不可無
橋今嶀之新橋圓已西橋修而礅又壞宜亟補也
南橋當二水之衝故隨建隨圮邇來鋪板布木歲
破數百金僅時日計耳非從水勢平緩處易址更
新其何能久雖然言之非艱行之維艱蓋橋之費

不貲而人之情畏難以畏難之情當不貲之費鮮
不留以待後也後又待後訖無成日嗟乎南津前
無橋得施公而有橋施豈鞭石哉亦誠以致之而
已休息之後時和年豐竊有望焉

水利

碶一都曰上渠碶曰下渠碶（各長一百五十餘丈里下設碶長領其事）二都曰陳塘碶（長五丈）三都曰桃花碶（長二十餘丈）曰吳家碶（先爲洪水坍塞萬曆三年修築今塞）五都曰大巖碶（長二十丈）六都曰守山碶曰臨安碶曰縱枝碶（各長一百餘丈）曰前花碶（即東郭碶今圮）曰桃花碶（各長五十丈）八九十都曰黃濟渠碶曰賴石碶（各長五十丈）曰黃澤碶（長八十丈今圮）曰巖頭碶曰大淺碶十一二都曰許宅碶（長一十丈）曰任泉碶（長三十餘丈）十五都曰梅林碶（長一十五丈）二十二都曰干浦碶

長二十丈曰曹娥䃾長一十丈二十三都曰油草䃾長六丈曰道士䃾二十六都曰秋頭䃾曰黃城䃾各長三十丈曰澄溏䃾長二十丈二十八都曰相家䃾長二十丈曰黃巖䃾長六丈曰黃石官䃾曰青木䃾二十九都曰油草䃾長二十丈康熙間縣丞胡珏督濬曰胡洋䃾三十都曰下黃坂䃾長一十八丈曰樣頭䃾長一十二丈曰秋祿䃾長二十餘丈三十二都曰城後䃾長一十丈曰黃家塘䃾長二百餘丈三十三都曰下齊䃾長一十丈三十四都曰苦竹大䃾長二十丈三十五都曰苦竹䃾三十六都曰鑰黃䃾長二十丈三十七

都曰新石碶長三十丈曰石砰碶長一十餘丈三十八都曰

八畝碶曰白肚碶長一百餘丈曰橫溪碶長一百餘丈三十

九都曰古碶四十都曰沿巖碶長二百餘丈四十一都

曰前田碶曰石古碶曰苦竹碶四十二都曰通渠

碶曰胡家碶曰菖蒲碶長三十丈四十三都曰泉碶長二

十丈曰沈郎碶曰史鉄碶四十四都曰皂角碶長二十丈

曰新橋碶四十五都曰宋家碶四十六都曰康郎

碶長一十五丈四十七都曰俞家碶長一百餘丈曰甲溪碶

曰新石碶四十九都曰碑石碶曰戚家碶長四十丈五

十都曰浩江大砩長五百餘丈曰石皷砩長二百丈崇禎間鄉民李嘉壽倡濬後淤康熙間典史毛鼎鉉督濬五十一都曰浩江大砩長五伯餘丈曰陳村砩長二十丈五十三都曰深林砩長一百二十丈曰潭渴砩長七十丈曰湖塍砩長一百三十丈五十四都曰源通砩長二百餘丈曰益通砩長一百餘丈萬曆間爲洪水衝坍邑人趙明峯復修治之畚插踰歲五十五都曰陳大砩長五十丈

塘

縣東十里曰何家塘崇信鄉七都廣十畝二十五里曰任憐塘八九十都四十里曰妳烏塘十四都五十里曰西山塘十五都七十里曰清隱塘十六都南七里曰愛湖塘一都

八里曰黃塘沸泉冬夏不竭二都二十里曰洌潔塘五十三都西南十五里曰麗湖塘五十一都曰古跡坑長四十丈五十一都西二十五里曰道塘四十六都曰貴家堰四十六都三十里曰新塘曰東湖塘曰西湖塘俱四十八都四十里曰官塘三十六都五十里曰普惠塘四十二都曰蘆塘三十七都曰泆塘二十都西北二十里曰廣利塘界十九二十都二十五都曰漢塘二十五都北曰俞家塘十九二十都○縣丞胡珏歲巡阡陌以時修濬民享其利○胡珏詩翠陌紅阡錯錦章千川萬壑水泱泱春犂將事桃花亂社鼓頻撾燕子忙作雨有心謀灌溉生涯無智佐開漳民天所恃唯溝洫敢不巡行督濬防○按紀田土有塘總而此冊書

塘何彼塘人所私有溉田畝不盈十此則鄉都所共溉畝以千百計者

周誌曰嵊田所賴者惟砩與塘而砩利大顧善堋職水者當時巡而濬治焉余又覩夫夏時稍不雨人輒以水爭甚且聚衆百餘持梃石相格不下夫爭始不均田於砩有遠近而勢有强弱或界限不明致是昔召信臣既導水利更立均水約束刻石田畔以防紛爭其慮周矣今司水者督之長砩次其先後而設牌輪轉其田屬何砩砩管何阪令井井不得亂爭何自起此宜先時爲計俟其爭乃理

不直農事廢而且以圯其冢夫溝洫本以爲利而反階之禍是職水者之責風之讓畔不易乃次莫如息爭

井在城有東廊頭井五顯廟井東門裏井抽塘井桃源觀井關王廟後井太祖廟井縣前井城隍廟井城隍嶺井惠安寺井寺嶺井雙井明倫堂前井集賢坊井科貢坊石井在鄉有大士井（在豈妙寺）竹山大井白鶴井（在顯淨寺西廡）明覺寺井（有七所大者濶一丈深五丈有一靈鰻大如椽）蛟井巨井（在龍藏寺水色紺寒凡見山水條內者不入）

○濠邑內故有渠廣深俱八尺許周流兩隅近俱壅塞而蹟未盡湮在陡門濠導繡衣坊集賢坊二渠之水環司前後一遶榔頭衖經東門二巷一遶丁家橋經趙祠前二巷並入濠出會流河又北門街一渠北遶長巖濠出城溝會於河寺嶺街前街二渠會於西濠自城下溝入溪西門渠科貢坊渠會於化龍門濠自城下溝入溪俱有渠址存望越門外坑導剡坑澗流入荷華塘會於河

周誌曰舊誌城內井不載而載在鄉者余故詳內

者何城内井其尤不可湮夫使烽燧或儆計欲閉城城守即積貯裕而烏可無不匱之泉嘉靖間曾以倭警故城不開者兩日人乃病渴唐裘甫據城時亦惟渴是困往可鏡已故諺有焉城之蕩蕩莫倚其疆三日無水十日無糧以是知井之用大所志特其顯者民居内尤夥守土者禁不得填壅乃防臨渴之思哉若夫渠塞而水走衢衢民居率沮洳爲病地理家又謂水出無道曰潛水風氣亦乖故道可遡撒僣者而濬復之邑利也并揭之蓋以

示利弊之徵而鉅者

後學續論曰民之天在穀穀之天在水古者力溝洫觀流泉以至開渠導淤築隄均水聖王賢臣無不竭歷以從磽确之嵊望水尤亟可忽乎哉嵊之水利有三曰坑曰塘曰碑坑爲山澗盈涸無常塘有人成者有天成者人成溉以十計天成如穴泉如嵢澤溉以千百計唯碑引溪源遠而流長所溉者廣故坑宜堰塘宜防碑宜濬治也且地之近溪者宜廣置碑穴之能出水嵢之能瀦澤者宜增置

塘守土之君子不視爲細故而寔心焉嵊得所天矣而又立法以防爭非所稱古之遺愛者歟

嵊縣誌卷之二終

嵊縣誌卷之三

景蹟志

宅　居　堂　樓　閣　亭　臺　軒
齋　圃　園　處所附　壇　塔
道場附
古物附

宅

王右軍宅　在金庭山。晉王羲之去官，與東土名士縱山水之遊，以弋釣爲娛。有讀書樓、墨沼、鵞池諸跡。今爲金庭觀。按羲之別業在府戒珠山，而居在嵊之金庭。古志亦謂其子孫世居金庭之側。唐裴通記：越中山水奇麗，剡爲最；剡中山水奇麗，金庭洞天爲最。洞在縣東南，循山趾右去凡七十里，得小香爐峯。峯在洞天北門也。谷抱山閭，雲重烟客，廻互萬變。淸和一氣，花光照夜，而常晝水色含空，而無底。此地何事常聞異香？有時值人從古不死，眞天下絶境也。有晉代六龍先馭，五馬渡江，中朝衣冠盡寄南國，是以瑯琊王羲之領右軍將軍，家於此山。書樓墨沼，舊制猶在。至南齊永元三年道士褚伯玉仍思幽絶勤求上元啟高宗明皇帝於此山置金庭觀正當右軍之家書樓在觀之西北維一間而四徘徊高可二丈墨池在殿之東北維方而斜廣輪可五十尺池樓相去東西差值纔可五十餘步雖形狀卑小不足以壯其瞻覩而泰險有守斯可以示於將來況乎處所遐深風景秀異契道遙之至理閱鸞鶴之參差其金庭洞天即道門所謂赤城丹霞第六洞天者也按上清經洞天在天台桐柏山中辟方四十里北門在小香爐峯頂人莫得見之樵夫往往見之者或志之以奇花異草還報鄉里與鄉里同往則失其所志也過此峯東南三十餘里石竇呀為洞門即天之便門也人入之者必齎糧秉燭結侶而往約行一百里二百里多為流水淤泥所阻而返莫涯其極也通以元和二年三月與二三道友褰足而遊登書樓臨墨池但見其山水之異也其險如崩其聳如騰其引如肱其多如朋不四三層而謂天可昇經再宿而還以書樓闕壞墨池荒毁話於邑宰

王公王公瞿然微王氏子孫之在者理荒補闕使其不朽即題茲實錄而已詩曰寂寂金庭洞清香發桂枝魚吞左慈釣鶩踏右軍池此地常無事冲天自有期向來逢道士多欲駕文螭○楊蟠墨池懷古詩空山寂寞人何在一水泓澄墨尚新

戴安道宅　在剡源鄉有戴溪後徙桃源鄉鄉有戴村村多戴姓其遺氏也又孝節鄉有別業遺址今其地稱逵溪○世說郄超每聞高隱者輒爲造立居宇在剡爲安道監宅甚精雅安道與所親書曰近至剡如入官舍○宋王銍詩山水戴逵宅尚餘淸興中千巖落花雨一榻卷松風酒茗延幽子圖書伴老翁長生吾不羨久悟去來同○周汝登詩星子峯前草滿坡醉餘乘興謾經過山通曲道村烟古水落寒潭樹影多歌鼓城中[illegible]落日鷗鳧江上弄輕波戴公宅畔尋遺事惟有枯松掛薜蘿

許元度宅　在孝嘉鄉晉許元度愛剡山水自蕭山徙居此劉眞長曰淸風明月輒思元度

謝車騎宅　晉車騎謝元嘗家剡

嶀山東北江曲處起樓桐梓森鬱因自號桐亭

張忠貞宅　在桃源鄉爲梁侍中開府儀同三司謚忠貞張嵊遺址

姚太師宅　在永富鄉爲宋太師開國男姚舜明遺址

杜御史宅　在西隅明御史杜民表所居民表忠孝廉節風儀百世凡過遺址輒多憑弔去

周侍郎宅　在西隅明侍郎周汝登所居四方問道者多造其門○自述詩獨枕城隈自一家小堂初構只如蝸鹿門野老鋤荒徑洛下先生過小車盃酒肯同消歲月盤飧惟有供烟霞留連莫盡厭厭興松際光多月未斜

喻尚書宅　在西隅明尚書喻安性所居安性謝職家居一十餘載杜門掃客不以片牘干有司世爭羨之

謝靈運山居　在石門山當時以嶀山爲南山東山爲北山山北海瀉惟訥曰靈運幽居之志猶以山南石壁爲未深故又卜此新營所住四面高山廻溪石瀨多茂林修竹○新營石門自著

詩躋險築幽居，披雲登石門。苔滑誰飛步，葛弱豈可捫。嫋嫋秋風起，萋萋芳草繁。美人遊不返，佳期何由敦。芳塵凝瑶席，清醑滿金尊。洞庭空波瀾，桂枝徒攀翻。結念屬霄漢，孤景莫與諼。俯濯石下潭，仰觀條上猿。早聞夕飈急，晚見朝日暾。崖傾光難留，林深響易奔。往慮有復理，來情無更存。庶乗日迅車，得以慰營魂。匪爲衆人說，冀與知者論。○今過港有康樂遺跡，港東爲康樂鄉。

阮光祿居　傳曰：阮裕居會稽剡山，志存肥遯。世說曰：裕在東山，蕭然無事。

朱放山居　唐史：朱放隱於剡溪，徵辟皆不就。○唐戴叔倫詩：山曉旅人去，天高秋氣悲。明河川上沒，芳草露中衰。此去又萬里，少年能幾時。心知剡溪路，聊且寄前期。

王緒舊居　唐王緒居剡，一日王公別業。○唐皇甫冉詩：不見開山者，何時到剡中。巳知成樹木，更道長兒童。籬落雲常聚，村塘水自通。朝朝憶玄度，非是對清風。

袁稠故居　一日家林。○李端寄稠詩：花澗滿沉沉，仙壇隔杏林。漱泉

春谷泠搗藥夜窓深石上開仙酌松間對玉琴戴家溪北住雪後去相尋

吳處士故居

溪嶼

賈島憶吳處士詩半夜長安雨燈花越客吟孤舟行一月萬水與千岑島嶼夏雲起汀洲芳草深何當折松葉拂石剡溪陰

王翁信舊居

皇甫冉送還舊居詩海岸耕殘雪溪沙釣夕陽家中何所有春草漸看長

許汝霖山居

宋濂送還山序婺與越爲隣壤越屬縣曰嵊有許氏居之以詩禮相傳爲名門而時用則又其最秀者也濂家婺之金華距嵊爲不遠在弱齡時即與時用相聞方以文墨自漸磨無風雨無晝夜危坐一室不暇見既同試藝浙闈旅進旅退於千百人無有爲之先容者又不能見厥後時用以禮經擢上第爲諸暨州判官金華抵諸暨比嵊尤爲邇將騎驢走鈴下而謁焉時用又入行臺御史爲椽史御史治百司其地清嚴雖時用亦不宜與人相接又不敢見會未幾何金華陷于兵士大夫螻蟻走推流子里爲桑土丞挈妻奴避

焉流于里隷諸暨地在嵊之西北近數舍即至濂苦心多畏而士著民往往凌虐流寓者白日未盡墜輒翳行林坳鈔其囊橐物甚者或至殺人又不可見及至兵戈稍息寻還金華日采藥以自娛間念及時用即欲約二三子往候之以解夙昔之思去年冬聞時用有弓旌之招使者促迫上道急于星火又不及見濂竊自念時用英俊士此行何所不至鑾臺鳳閣將以次而升何日能賦歸纔時用欲歸上之人亦未必聽也濂雖少時用一歲則已頽然成翁度何由至南京既不能至又安得與時用一抵掌笑談耶茫然遐思久之會朝廷纂修元史宰臣奉特旨起濂爲總裁官使者亦見迫如前逮濂將戒行李時用至武林始旬日耳濂自念史氏事甚重當有鴻博之士任其責者濂敢以聞藉是以往或得一見時用亦非至幸歟濂至南京時寓於護龍江上方求時用舍館之所忽有偉丈夫來見者問其姓名則曰我許時用也子豈非宋景濂乎濂驚喜不及答亟延入座備陳五欲見而弗

能之故時用知濂向往之切亦相與傾下風晨月夕無不相往來一旦忽悽然曰予先朝進士也春秋又高矣不足以辱明時使者不我知強委幣而迫之來我不敢違今已陳情於丞相府矣丞相倘言之上得遂賦歸田焉不翅足矣他日又來言曰聖天子寬仁今用丞相言如所請矣已具舟大江之濆吾子遇我厚幸一言以爲别嗚呼婺與越其壤相接爾其相見甚易也乃積四十年而莫之遂厥後始見千里之外既見矣遠或四三春秋近或及朞相與論學以盡夫情可也未及兩月而卽去既去矣或買小艇相隨五六百里閒採江花之幽靚殷勤道别亦云可也修史事殷足不敢踰都門愴然而别既别矣一二年閒或得聚首如今焉猶可也然向者已如此自今而後其可以必期而必信之耶人事之參差不齊何可復道尚奚言爲時用之别耶雖然時用之歸也其有係於名節甚大時用採蕺山之薇飲鑑湖之水日與學士談經以爲樂者果誰之賜歟誠出遭逢有道之朝故得以

上露滂沛之恩而適夫中處之宜也夫道宜上德以布昭於四方者史臣之事也固不辭以爲之序區區聚散之故一巳之私爾則又當在所不計也○

獨孤處士山居　栢白寄獨孤處士詩林下別多年相逢事邈然扁舟浙水上輕策剡溪前携履吟松月眠雲憶島仙巖花紅與白伴我雪中禪○

李給事山居　在貴門里宋給事李易宋末隱于剡中初寓獨秀山下卜築詩見貴門山下

王編修舊居　在靈芝鄉宋編修王鉌忤賈似道去職居剡自號雪溪居士○（自著詩）我家住在剡溪曲萬壑千巖看不足却嘆當年訪戴人扁舟一夜去何速○

阮肇故居　在縣南五里今爲廟○（宋王十朋詩）再入山中去山中鎖翠微故山遺宅在何日便來歸

迎薰堂　在知縣廨後詩見縣廨下

霞書堂　在知縣廨東宋嘉定八年知縣史安之建

南山堂　在知縣廨北宋知縣史安之建

聚奎堂　在教諭廨後明萬曆間教諭王天和

建○增勝堂在惠安寺後宋時建○王銍詩心是華嚴境圓機更善根一塵猶可見十勝不爲繁放鶴歸松徑呼猿開竹門妙高峯頂住客到亦忘言○俯山堂在圓超寺側宋時建○釋懷讓詩香閣俯孤城登臨敞竹扃水流雙澗白煙散萬家青華雨迷蓮座松雲護石屏何當來借住重著息心銘○淵源堂在東曠門内宋邑人周瑜建製先聖十哲諸賢像闢齋學輝聲集彥擢秀敎義五齋有細論堂蘊秀軒同德館蘭香館永嘉王十朋居師席台溫秀士多在館塾○王十朋記孟子曰君子深造之以道欲其自得之也說者因孟子之言論淵源之學本乎自得非有傳授所能嗚呼是究孟子之所言不究孟子之所不必言也夫欲造道於未得之前不資諸師友可乎未有舍師友而自能深造者此孟子所不必言者也孟子知性本善知道莫大乎仁義爲七篇書其自得有如此者世之學者多矣自得者鮮父兄之教子弟固非無師友也命之之意鮮有及乎道學之淵源

者望其深造自得可乎周君手誡子孫曰親師友之淵源噫君之家訓過人一等矣慮子若孫關而弗遵爲名其堂且記其事云

愛諼堂 在西隅孝子翰林孫建奉化王芳爲之記

高山堂 在寶積寺後宋時僧擇璘建○〔釋仲皎詩〕此堂何許覓知音山自高高水自深要見德雲堂面是莫勞童子別峯尋講殘王几天花落定起蘿窓海月沉輝爲高人居絕頂一毫端上刹塵心○〔宋節度使梁佐詩〕巍巔層閣倚雲平一凭闌下醉魄醒霽雨亂山生淡碧帶風寒竹有餘青孤猿傍石來深澗幽鳥銜烟入畫屏却重僧多仙景象蓬萊不獨在滄瀛○〔知縣史安之詩〕閣憑嵬構敞軒扃一望塵凡目暫醒岩嶂遠供千疊翠松篁還聳四時青登臨雅愛恣吟筆圖畫尤宜作座屏我欲從君滌未得壯心方欲翥南溟

接山堂 在鹿苑寺後宋時建〔盧天驥詩〕有序〕余嘗愛晉人支隱多在會稽而子猷冒雪訪戴尤爲一時勝事余以捕寇過剡時方大雪初霽山流暴漲橋斷不可

行遂登鹿苑寺憑慧欄四顧偏覽溪山來相映發豈真中令嘗曰應接不暇處耶遂名茲堂爲接由且賦詩以記其事故藤老欲盡新春慳未來無令朧梅覺且遣山禽催雲間古招提鐵鳳翔斗魁單車夜剝啄境淨無纖埃修篁舞瘦蛟怒瀑生晴雷生一夕談頗風吹我心霧開乃知白蓮社未下黄金臺緬懷王騎曹逸韻挽不回且同謝康樂屐齒破蒼苔重遊定不惡林壑富詩材

王峯堂 在金武山宋學士高文虎建有藏書舂

李紳書堂 在龍藏寺秀堂雪舘舊誌云在明心寺東麓側紳微時肄業於此

愛日堂 在孝嘉鄉明閩漳郡司訓王鈍乞終養歸建明翰林侍講呂原記予惟天下之道莫大於孝孝莫大於愛親親而至於愛日愛之深者也故楊雄氏云事父母自知不足者惟舜乎不可得而久者事親之謂也孝子愛日夫日一晝夜而行天一週而常以三十日會於月又三百六十日而會於天亘古今未始一時息也然則孝子曷爲愛夫日誠以天之日無窮人

之日有限況人生上壽不過百歲其爲日不過三萬六千耳親之壽日多一日則子之事親日少一日懼來日之無多惜此日之易過雖欲不愛烏得而不愛耶希敏之母壽已八袠其於上壽蓋不難至苟慕斗祿而曠定省之勤離膝下而勞倚閭之望人子之心寧能恝乎此其所以深有感於雄之言也兹歸日用之間事父母之際得一日必竭力盡情以務職分之所當爲恐恐焉恒若有今日無明日不敢自暇自逸則於所謂愛日者誠無負矣宋王介甫詩云古人一日養不以三公換斯言也請朝夕共警焉

事斯堂　在鹿山巔明侍郎周汝登講學處

經訓堂　在東土鄉明處士鄭邦賢建有丘庸記

留耕堂　在剡源鄉明處士錢時寧建有劉師邵記

序倫堂　又有迎暉瑞蓮在孝嘉鄉明處士王文高建有山陰胡謐記

歸咏堂　在臥龍山明進士王心純建

凝道堂　在金庭義學明刺史王應昌創以延經師子王心一重建

養正堂

在金庭義學明刺史王應昌創以延蒙師子王心一重建樓○

巑雪樓在訪戴驛前宋令史安之建下俯溪流前列疊嶂樓之下扁曰剡川一曲

讀書樓在金庭山晉右軍王羲之遺跡○笠漁隱詩天上虛勞詔六飛書臺墨沼自棲遲將軍豈是忘王室曾悟華亭唳鶴時○史子綬詩金庭坐斷疊青霞即是當年逸少家惆悵書樓人不見東風吹老玉蘭花

花光水色樓在金庭香爐峯之麓明宣德乙卯重建刑部承直郎王以剛爲之記并詩○千古金庭洞丹霞一逕通花光明永夜水色湛長空勝地滄桑裏仙壇渺漠中登臨興無限回首幾春風○

半仙樓在望仙門外

抗塵樓在明倫堂右明弘治間知縣徐惝爲訓導司休建○

藏書樓在東湖山處士張今建○諸暨楊惟禎詩戴顒溪上藏吾舟三十六曲鏘鳴球濯足太白雙龍湫名山更須聽浜泄浜洲之陽溪上浮着此一所張家樓捲簾爽氣

天姥曉倚欄秀色蓮花秋張家之樓無[illegible]尺夜夜虹光射東壁中藏異書三十乘太史東入珠未識城中瓊樓高五城吳吹楚舞鎮崚嶒一錢不直兎園冊一丁不識黃金贏樓中主人計誠[illegible]遺安遺危各在我帝門奕葉有光價郿塢何人侈貨禍樓頭校書腹便便眼中松楸手遺編前年[illegible]光九原書中始識兒孫賢卻問瓊樓金玉貯[illegible]有美人化黃土君不見魏家高樓何足數誰復西陵護歌舞○金華黃縉詩木杪出飛樓仙山在上頭可能無客至少爲借書留芸草春仍在虹光夜不收如何試乘興一棹剡中舟

閣騰蛟閣在東城隅起鳳閣在西城隅俱明嘉靖間邑令吳三畏建○周孕淳詩虛閣依沙戶不扃亂山攢黛漾漁汀雲迴遠嶼原無意水抱孤城似有情烟雨飄時淸客夢月輪流處換疎櫺一聲唱斷橫江浦不數當年賦二京○轟雨檄翻列缺光漫將三弄據胡牀輕音度去和雲冷

空翠移來入盞香爲有名山勞李白慚無高閣序滕王千年景物依然在幾見吾曹共舉觴

四山閣 在北城隅一名瞻宿亭嘉靖間知縣吳三畏建知縣萬民紀修詩見城池下

棲雲閣 在惠安寺側○明徐渭詩氤氳觸石起坤垠疊閣層梅巧樣新卻笑紅塵飛不到無心常伴老僧身

齊雲閣 在西白山南齊褚伯玉建○釋仲皎詩山雲吹斷路頭開此處疑穿月峽來怪底行人看碧落笑談容易作風雷

隱天閣 在鹿苑寺後宋時建○盧天驤詩欲結愛山人共了尋山債未有買山錢愁聞有山賣小雨濕春風捲雲遮落日不若斗風來吹雲放山出一眼吞萬山寸心貯千里何日上歸舟教人問春水殘雪須春來暁鐘驚夢去尚憶昔年愁孤舟繫江樹

歸鴻閣 在金波山宋時建○王銍詩初離江渚荻生芽飛到龍荒雪滿沙寄語不須傳信遠將軍憂國不憂家

冲霄閣 在東門外

潺湲閣 在金庭山晉右軍王羲之建湍流激

湍映帶左右〇倚吟閣在金波山宋僧仲皎建一名閑閑庵按剡錄閑閑庵在星子峯下夏誌改屬金波〇王銍詩賀家湖東剡溪曲白塔出林聲斷續雪中興盡酒船空境高地勝何由俗誰結禪居在上方山房屈曲隨山麓個中非動亦非靜自是白雲簷下宿〇盧鳴玉詩倚吟閣廢知何日山地清深是往時今朝初下遊春楊日到梅香理舊詩

勅書閣在孝嘉鄉明司訓王鈍建〇明景泰間袁鉉記并詩人生穹壤間百事宜奚勞所勞在六籍識廣志自超先生世儒家立心異常髦思與姬孔接神與朱程交編簡肆探索精粗析秋毫兀兀窮歲月繼晷焚蘭膏乃厭喧雜聲別築山之坳巍然構傑閣輪奐干雲霄揭扁時仰瞻興免寒暴嘲顧言益自勵終始慎此操他日深造詣至理融以昭〇徐輔詩滿堂貯金玉子孫務吞侵滿室載管絃子孫學荒淫偉哉夫子謀有閣臨竹林閣中藏羣書古人可披尋子孫登是閣不懈惜分陰子孫精是書坐可攀朝簪君不見邉先生

便是腹王夫子醉其心清風颯颯傳於今

又不見漢相韋賢家一經教子輕黃金

凌虛閣在浦橋里明崇禎間史氏建閣

觀生閣在來白門外放生庵前高三層規制昂然奠於中野邑司空周汝登建明末廢國朝康熙七年知縣張逢歡邑進士尹巽捐資延僧明道重建

星峯亭在星子峯上一望四山昂然獨據每逢重九邦人士多登眺其上古有亭廢明萬曆元年知縣朱一柏建

山陰徐渭記　山川之勝否關人文之通塞而臺榭之助亦不可廢今夫冠以飾男髻以飾女髻與冠本非肌髮之屬於人身也而使男與女者徒美其肌髮而不冠且髻焉以處則鮮禮而入於亂易妍以爲媸矣嵊有山曰星峯者枕邑之北處羣山中古構亭於上正若男女之有冠髻峩然可望當其時科甲之選不乏至明永樂間猶一比而五捷其後亭既圮至於今不復且剡流之遶邑者改向而南馳於是邑中士入棘者歷卄舉不一捷隆慶五年八月朱侯來令宜慈布

文政教兼舉、及館校諸生曰文藝不讓於昔而科目則大減爵、故哉曾周君震喻君思化以前所云山溪亭榭之故告矦曰是未可必也予其試哉於是改流襲舊構亭則新秋士入彀者三邑士聞之旣駭駭與起而全浙且注目於矦以爲文翁治蜀至買刀布遺京師博士令文學受授而歸轉相傳習蜀文大振楊馬之流輩出蜀士遂甲天下矦蓋文翁哉其人耶亭非刀布也然即刀布矣哉而邑之父兄子弟創建三人者之舉來相述德令記其事余曰余未識堪輿也特大槩例以陰陽義故以男女喻山川而覆於巔者爲冠髻然語其形勢則然耳若比諸實用則諸君所云文翁之刀布是也矦寧國人名一栢○喻安性詩更陟崔嵬處羣山此獨豪三垣羅地局一柱倚天高夜靜星疑摘秋深落雁號勞君頻指點王謝舊弓刀○邑諸生王國楨九月十日登峯亭詩重陽佳興尚無涯翊日登臨挽歲華卷石擎空參碧漢長江環帶湧銀沙亭孤野曠城墟小雁唳風飄日影斜極目不知何世界黃花無恙屬莊家〇(邑諸生袁尚束次韻)景物時新未有涯登亭更恰好風華簪嵐羅列千峯翠雪浪分開兩岸沙幾葉疏楓秋意老數聲落〇戴雁夕陽斜歸來拍手賡同調笑煞山前學圃家

溪亭在望仙門外宋令姜仲開建佳水馳波芊林古渡蔚茂平遠盡入眺望〇(宋王銍詩)碧玉仙壺表裏清我來閒伴白雲行四山逶邐青圍野一水蜿蜒碧遶城試問春來觀秀色如何雨後聽寒聲昔人飛馭烟霞外落日空含萬古情〇天上東風轉斗星天涯羈客尚飄萍道途只漫經殘歲風雪那堪客旅亭春到怯添雙鬢白夜寒愁對一燈青絶憐萬古淒涼恨不討樽前一醉醒〇(王十朋詩)剡水照人碧剡山隨眼青吾來非雪興暫上戴溪亭〇(林東詩)溪亭故事幾年華來值秋霖眺望賒雲障山巒多少處雨埋烟火兩三家水肥去馬行高坂汀沒浮鷗上淺沙誰是子猷誰是戴小船盃酒興無涯

尚書芮輝持憲節登亭賦詩更名興盡(內翰

詩溪山之典無時盡典盡名亭意可知出岫孤雲含細雨投林宿鳥愛深枝風流已是千年事公案今成七字詩短棹悠然隨所適人生出處要如斯

天香亭

周汝能建○宋龍圖閣學士温州王十朋記

剡中佳山水爲東南州之省目汝南周君堯夫得爽塏於剡山之陽挾雙溪之勝而家其上廣厦耽耽在剡爲甲有巖桂數百根皆古木也蒼然成林森然而陰洞然而深闢徑通幽而亭乎其中主人自與客游焉如入宜人之林而夏不知暑如登飛來之峯而香飄自天如騎蟾蜍游兎宮而下視人間世真剡中之絶景也予丙子冬過剡把酒是亭時堯夫將戰藝南宮予因目之曰天香明年春果擢巍第與予爲同年友堯夫命予記之而未暇逮今七載每移書必及之乃爲之言曰學者方未第志在乎得耳得則喜失則悲故以登科爲化龍爲折桂春風得意看花走馬晝繡還鄉世俗相歆豔曰仙子天上歸也是特布衣之士詫一第以爲天香耳若夫學士大夫所爲香者則不

然以不覔居職以不欺事君以清白正直立身姓名不汚干進之書足跡不至權貴之門進退以道竊達知倫節貫歲寒而流芳後世斯可謂之香矣唐宋璟以芬香勉張説漢李固以糞土視胡廣趙戒名乎名乎科第爵祿云乎哉堯夫筮仕有能聲且挺挺好議論時事遠大未易量予方以名節相期必不負所以名亭者矣堯夫又能樂教難弟諸子皆力學行見棣蕚聯芳芝蘭並秀濟濟詵詵天香滿門不止燕山之竇而已然科第之香孰如名節之香堯夫又當躬行以樂之也

秀異亭在明倫堂東

詠歸亭在泮池前

聚奎亭在教諭廨後明萬曆四年教諭王天和建

覽封亭在鹿胎山明萬曆間知縣施三捷建○喻安性詩聞道新亭好登臨傍夕暉臺高留照遠徑僻避塵稀白露連山席丹楓襯醉衣夜寒歸路暝微月上林扉○張我綱詩獨上高山久心閒覺晝長溪山一望闊烟火萬家忙亭畔聞樵語天邊數雁行有懷千古意寂寞對斜陽

翠寒

亭 在惠安寺弘治二年建○(楊撫詩)小試偶同瀟團高樹翛翛落翠寒山鳥聲喧牕外曙石苔香卸屐初乾○(夏雷詩)尋幽避暑特相過松竹森森遶薜蘿對酒不妨清話久有錢難買綠陰多四山雲盡青成兩腋風生興欲歌心境會時皆樂地浪遊蓬島竟如何○(邑舉人周孕淳詩)長安五載道途寬練依依續舊歡昔日吟風竹韻冷今來細雨柳枝搏燒鐺夜煑兒拳蕨遞盞閑憑萬字欄更欲携君十日飲孤松濤振夏亭寒○(周光臨詩)古木參差玉宇團窗虛蔭合磬聲寒僧來說偈天無暑客到題詩壁未乾竹影低垂橫講席松花細落點棋盤晝長讀罷無餘事曲在啼鶯臭在蘭

挾溪亭 在圓超寺側宋時建○(盧天驥詩)孤亭瞰平野雙溪分兩腋野潤春草香溪清照人碧我來亭上天欲春溪聲野色爭趍人胷中丘壑相映發悠然便欲乘飇輪惜無妙手王摩詰半破鷺溪重畫出溪山應喜得賞音晝遣烟霞供落筆我嗟跧鬢犯車塵一凭危欄眼界新寄謝溪聲與

山色他時來作箇中人〇王十朋和前韻路入剡山暖風生玉川蕨孤亭物外高雙溪環中碧山僧作亭去幾春賞音端的逢詩人自從妙語發丘壑遂使絶境多歸輪我來首訪維摩詰問訊雙溪自何出發源應與婺源同賦物慚無沈郎筆憑欄一洗利名塵入眼翻驚客恨新出城重重水如帶何能挽住〇玉虹亭在鹿苑山與瀑布泉對故名宋時思鄉人建〇盧天驥詩饑驅愁𧞣號窮冬層巒秀壁撐晴空閑拖小藤借餘力來看霜巖飛怒虹小溪催呼老欵段淪鼎篝火烹團龍餘甘入口齒頰爽兩腋便欲生清風悠然千里陸眼界金篦刮膜開雙瞳乃知足力不到處別有天地生壺中國恩欲報巳華髮征車未去先晨鐘玉川乘雲紫皇家謫仙騎鯨河伯宮聊追二子歸禹穴遺空轉首山〇嵊亭在嵊山帶山臨江松嶺森重重鬱爲梁張志貞嵊所生處〇恩波亭在北在東白山褚伯玉建〇僧仲皎詩放意嘯猿亭在雲表飄然更自由桂烟羣木冷啼口

一山秋裊裊清風裏棲棲碧澗頭三聲歇似聽行客若爲愁○啼切孤猿曉更哀柴門半掩白雲來山童問我歸何晚○

埭西亭 吳黄門傷袁明居弘訓昨夜梅花一半開里閈讀作埭埭之西作亭

天章亭 在謝慕山明萬曆丁酉知縣文典章建俗名謝慕亭當縣治之巽位爲一邑人文所繫

梁詔亭 在大嵊山舊傳梁武帝微時經嵊家娘爲婚后代齊南面發詔徵之也今圯一名皇書亭

麗句亭 秦系避地剡中作居名曰秦君里○系辭鄭守薛僕射詩由來那敢議輕肥散髮行歌自采薇逍遥客未能忘野興辟書翻遣脫荷衣家中匹婦空相笑池上羣鷗盡欲飛更乞大賢容小隱益看愚谷有光輝○又山中寄張正評事詩終年常避喧師事五千言流水閑過院春風與閉門山容邀上客桂實落華軒莫强教余起微官不足論○戴叔倫酬秦徵君春日見寄詩終日愧無政與君聊散襟城根山半腹亭影水中心朗咏竹牕靜夜晴竹徑深那能有餘興不作

剡溪尋

舒嘯亭在孝嘉鄉處士王春建

毓秀亭在孝嘉鄉明王尚德建

歸雲亭在明心寺○〔俞皎詩〕一從流出岫舒卷意何長作雨遍天下乘風歸帝鄉無心憐灑落到處自清涼縹緲來空碧吟邊帶夕陽

臺

文星臺在拱明門外明萬曆丙午知縣文典章建未就知縣施三捷嗣成之歷三級而升豎樓於上屹爲剡溪砥柱○國朝順治巳丑知縣羅大猷易樓以磚砌層臺焉○〔周汝登詩〕文星初起鬱崔嵬春日登臨共舉杯屹立自看成砥柱歡呼端不愧靈臺名山萬疊環相應王氣千秋此復回欲頌文翁能賦否慚予猶歉大夫才○〔喻安性詩〕誰從中野奠元圭百尺高臺雲作梯水遇迴還驚欲住山將返照望還低幾聲僧磬來烟郭數點漁灯散遠溪今夜臨風一長笑不知身際與天齊○〔周孕淳詩〕孤亭碑兀依山墉漱玉琤琤和鼓鐘忽訝岑崟同嶔宿還驚桂石類飛龍地迴百里奔騰

氣天㮣千山斷續峯一笑狂。坌林谷振歘高臺畔幾追踪。

清嘯臺在縣丞廨左詩見縣廨下

松月臺在臥猊山之巔。王心一詩松月臺高入望多萬家垣雉隔藤蘿雲深遠岫如烟合月照長江似練拖旭靄花光聞誦讀霞明毓秀起絃歌憑空羽翰生雙腋未許翩躚獨泛槎

菊趣軒在桃源鄉邑觀察使張思齊建。海寧方孝孺記人之嗜於物者必有樂乎物樂焉而勿厭非深有得乎物之趣者不能也好權者之於位慕利者之於財竭思慮殫歲年孜孜求之而不止彼其爲趣亦有所樂矣而曠達之士以爲非孟嘉之於酒阮孚之於屐支遁之於馬舉世之所尚者不足以易其好其所得之趣亦可謂深矣而高潔之士未免以其所樂者爲累蓋人之心不可繫於一物苟有所係而不能釋雖逸少之於書元凱之於左傳李賀賈島之於詩當其趣之自得以爲雖萬物莫能易及其流於玩物而喪其天趣則與好世俗之微物者無以異惟君子之知道者則

不然在我之天趣可以會乎物之趣巳有以自樂不資物以爲樂召公之卷阿曾點之舞雩是曷嘗有聲色臭味之可以適乎情而快乎體哉縱目之頃悠然有會乎心忘巳以觀物忘物以觀道凡有形乎兩間者皆吾樂也皆有趣也而吾心未嘗留滯於一物也夫是之謂得乎天趣後之士知聖賢君子之樂者蓋有矣吾嘗於陶淵明有取焉淵明好琴而琴無絃曰但得琴中趣雖無音可也嗟乎琴之樂於衆人者以其音耳淵明并其絃而忘之此豈玩於物而待於外者哉蓋必如是而後可以爲善用物會稽張公思齊氣清而志美好學有長才少喜淵明之爲人嘗別業於瑶芝之山中種菊釀秫名其居爲菊趣軒及遇聖天子擢爲陝西布政司左叅政去林壑而處公署之崇嚴覩園林之靚麗無復隱居之適矣猶揭菊趣之名不變或者疑之予以爲琴而無絃猶不害淵明琴中之趣公苟得菊之趣豈問身之隱顯與菊之有無哉菊之爲物楊英發秀於風霜淒凜之際有類乎盛德之士

不爲時俗所變服之可以引年於澤物濟世之功又有類焉公之趣誠有得乎此處富貴而弗盈臨事變而不懾御繁劇而不亂推其所得者於政使數千里之民樂生循禮躋乎仁壽之域則公之樂果有出於菊之外者矣夫樂止夫物之內者其樂淺樂超乎物之表者其樂深淵明之屬意於菊其意不在菊也寓菊以舒其情耳樂乎物而不玩物故其樂全得乎物之趣而不損己之天趣故其用周嘗試登公之軒誦淵明之遺言而緩談古人之所樂則夫淵明之趣果屬之公乎屬之我乎尚幸有以語我哉

疏山軒 在東白山南齊褚伯玉棲〇釋仲皎詩竹裡泉聲急松心月色寒人間推曠絕只是倚欄杆

吏隱軒 在尉廨後宋尉蔣深甫建深甫歷官二王丞相

一鑑軒 在超化寺側宋時建〇石延慶詩一軒曾鑑爲名軒下方池徹底清坐客不須頻拂拭主人猶恐太分明一塵不立原無物萬象俱涵豈有情堪笑越湖三百里等閑風浪豈曾平

水竹

軒在開元鄉處士周汝霖建○鎦師邵詩瓏瓏蒼玉圍瑣牕凝澤入簾翡翠光秋波漾空飄寒綠廻飈拂烟躋佩瑠浴金熏爐水紋簟生色曲屏照廻檻幻魄光搖十二欄鳳凰飛出參差管水仙騎龍歸渺茫蘭芽茁土氣氳香湘流不盡湘雲杳夢落蒼梧九峯小

成趣軒在縣治後明嘉靖間邑知縣王淵建○訓導汪學曾詩舊經尋山麓理名不在深坐看飛倦鳥閑枕治餘琴四壁圖書滿一庭花木陰涉園成趣後千載兩同心

悠然軒在孝嘉鄉義學○王心一詩終日對南山悠然心自開花將流水去鳥共白雲還竹羽翔幽徑松濤渡遠關鶯啼清夢覺何事到人間

○太平館在西白山爲褚伯玉隱處齊高帝建○孔德璋撰褚先生伯玉碑文河洽摘寳神道之功可傳高華吐秘仙靈之蹟可觀金事詳於王牒理煥於金符雖冥默難源顯晦異軌淵心觀古可得而言焉是以晉笙歌馭風於天海王喬雲舉控鶴於元都亦有羽蛻蟬化影遁形銷神翥帝

宮迹留劍杖迹瑶池而不返宴元圃以忘歸永嘉
惡道者窮天地之險也歟實過目折石横波飛浪
突雲奔湍懸箭先生挙途躋阻宿棲涉折而衝飈
夜鼓山洪暴激忽乃崩舟墜壑一裂千仞瓢地淪
篙翻透無底徒侶判其氷碎舟子悲其雹散危竟
中夜起阻相尋方見先生恬然安席辭曰關西升
妙洛右飛英鳳鳴金闕簫歌帝京絕封萬古乃旣
先生先生浩浩惟神其道泉石依情烟霞入抱秘
影窮岫孤棲幽草心
圖上元志通大造

〔齋〕

〔直内齋〕在桃源鄉邑長史張邏建〇方孝儒記人之受于天者均也聖人與天同德而衆人至於與物爲徒可不知其故哉於此有泉焉其發源同其潔瑩可美同其一注之金玉之器而庋之幂之塵鹽無自而侵則其明可以察毫髮其味可以薦鬼神其發源之初無以異其一人乎淤泥積潦之溝牛馬之所踐鳧鶩之所浴汙穢之所集而莫或瀋挹澄治之則雖欲不異乎其初弗可致矣

聖人之質金玉之器也而又以禮爲度以敬爲纍持之以兢兢之畏守之以翼翼之恭是以其中心渾全無所虧蝕其德即天德也其道即天道也其語默進退出處久速舉措設張後乎天者不違乎天而先乎天者天不違也故聖人之質即美而又有自新之具其所合乎天者豈偶然哉若夫常人其質固已不美矣天理之所在嗜好汩之於內利害鉥之於外聲色臭味爵祿名勢所以穢汚之者非一端而又重之以怠肆放之以邪僻彼安能復同於天而不變其始哉其與物相去不能分寸者不知自新之學故也大聖人之與庸人其質之不侔固有由然矣使衆人亦以聖人自新者治其心而加謹焉雖未至於聖其有不至於君子者乎此予於會稽張君遜之名齋而喜其有志也張君之質過衆人甚遠而好學慕古道取孔子釋坤六二之言以直內爲齋居之名夫敬爲復善去惡之機天理之所由存人欲之所由消也故人能一主乎敬窔奧之間儼乎若上帝之臨造次之頃凜乎若

圭璧之奉妄思邪慮罔或萌蘖於中而皆發於義也以之事父則盡乎孝而非欲人稱已之孝而爲之也以之事君則致其忠而非願乎富貴華寵而爲之也操之而不失則内直内直則外方者在是而聖人之天德可庶幾而至矣故曰直方大不習無不利則不疑其所行也學而至於不疑其所行非幾於聖而能之乎嗟夫夫人故可以與天同德而不知主敬以明善斯有志者之所以爲難能與若張君者獨取古人之學以自勉非有志而能然與予也固志乎道而未至者焉得不與君言之而且心自警也歟

儆齋　在知縣廨後知縣徐惝建

圃

長春圃　在望越門外邑州倅尹如度建（知縣王志逵詩）

有圃名長春圃中何所有縣山只盈尋架屋僅如斗梵音遠藹若魁星當户牖異卉本過百雕欄曲成九時亦事清修時亦攜趣友時亦叶奇句時亦酌旨酒撫琴慰爾心彈棊談君手東皐或舒嘯北郭或矯首我來明月中正值清秋

後蕉燚餘紫莖蓮枯存碧藕楓葉紅於花松枝翠於柳階除幽以閒池沼淸以瀏盎然元氣融習習春生時得與溪山親得與烟霞耦圃中許龍臥門外憑虎守悠然護桂蘭行星當薪爝卓哉先生志學圃良不苟○周汝登詩元亭自作楊雄草花徑何曾緣客掃北窓一枕傲羲皇春去春來春不老

養志園在珠溪邑諸生孫大順爲娛親課子建植名花異卉邑人遊賞之

園止止園在孝嘉鄉明刺史王應昌立臨平溪負功嶠喬松拂日古栢參天繞垣森森環以修竹不減渭川淇水殊有幽致焉

謝公宿處在康樂遊謝二鄉○李白詩謝公宿處今尚在綠水蕩漾淸猿啼○李嘉祐詩綠塘剡溪路映竹五湖村王謝登臨處依依今尚存

王謝飲水處在縣北二十里晉王謝諸人雪後汎舟至此徘徊不能去曰雖寒强飲一口今其地猶稱强口

求穆忠讀書所

在中白山

飛鶴峯前

壇

灌頂壇　在惠安寺○唐張繼詩九燈傳象法七夜會龍華月靜金田廣幡搖銀漢斜香壇分地位寶印辨根芽試問因緣者清溪無數沙

葛仙翁壇　在小白山晉葛稚川煉丹處也世稱葛仙翁壇壇有甕甕有泉泉下流爲瀑布○盧嗚玉詩輕桴短棹入溪光石瀨盤紆與與長野杵亂春新黍熟葛巾初灑晚秔香霞封古洞仙翁竈月近高樓處士牀未許入山能久住頓隨莎鳥共相將

塔

應天塔　在惠安寺側梁天監二年建明景泰中僧巨元修天啟二年僧法瑞修國朝順治二年雷震

艇湖塔　在艇湖山明嘉靖二十四年知縣譚潛建崇禎丁卯兆知縣方叔壯重建

萬鶴塔　在縣東南當要位依城爲址高數級裂一角

萬曆己卯知縣譚禮造二級中止萬

曆十五年知縣萬民紀嗣成之縣丞吳鶚鳴董其事稱萬鶚重成功也天啟辛酉年圮

一禪師二禪師道場在太白山今圮○僧仲皎詩過勝境東西白高僧一二禪只知行道處不記在山年澗月平分照林花各自妍披雲尋舊趾猶在絳峯邊

古物會稽徽命鐘晉時邑人於井中得之長七寸二分口徑四寸五分上有古文奇字十八字云會稽徽命鐘餘字時人莫識郭璞傳曰元帝瑯琊王使璞筮遇豫之睽璞曰會稽當出鐘以告成功上有勒銘應在人家井泥中得之繫辭所謂先王以作樂崇德殷薦之帝者也及帝即位大興初會稽剡縣人果於井中得一鍾璞曰蓋王者之作必有靈符塞天人之心與神物合契然後可言受命矣觀五鐸啟號於晉陵棧鍾曰告成於會稽瑞不失類出皆以方豈不偉哉

許承瓢　上虞吳曇得許承一瓢遺褚伯玉伯玉留付弟子朱僧標歷代寶之可受一斛唐先天二年勅女真道士王妙行詣金庭觀投龍因持以進　真見誥

曰戴安道琴比常製長一尺曰顧歡素琴麈尾曰玉硯　開元鄉民斲土值研　刻錄云色下巖也渾璞洩蝕受墨處獨砥甲嚓向處　唐以前物　銘玉在深山有道則見山耶石耶陵谷幾變嗚呼此玉不晦不炫不以知貴不以棄賤　曰八角石硯刻丁發硯於破塚外肖羲畫內鑒禹海入土老石性已空赴手輕爽　銘二火一刀研與人俱高甲乙丙丁研與數不逃石之饕餮志之勞文之騷人之豪　曰端硯元大德

中靈慶寺僧於頹墻底得之製與時異下方濶凡五寸上三角有金紅點如星底有十八圓點具五色直透上面墨磨之流動至元庚辰爲廉訪司寶宗茂所得銘字古莫識曰秦系硯系注老子穴山石爲研系山居詩洗研魚仍戲移樽鳥不驚曰二大洗宋嘉定間吳莊漁人得之歸章氏章氏遺高似孫銘金兮精火兮明土兮英水兮清器兮貞人兮聲曰三足洗周櫃得之清化鄉銘尚古維人模範首智伊谷可陵厥用罔墮曰甕壺宋嘉定甲戌冬刻丁發諸荒墟壺範簡古蘚花黛綠銅性空入手輕甚銘黛澤含

靈芸花舍蹟金性積蜕土骨輟鐫

巳上硯銘等疑皆高似孫所著

周誌曰褚伯玉之居以深僻而愈顯戴安道之琴以不鼓而有聲破塚之硯荒墟之壺以沉埋而益重物有晦極而彌光者在質有其内耳語有之避名名歸逃名名隨詎不信哉

後學續論曰志景蹟後及志所附古物未嘗不嘆名之歸否似有天焉而不可必也夫剡之來久矣剡之物亦多矣而著於錄者止有此數亦獨何歟葢物之沉井堞埋荒墟者未必盡出出矣未必盡

鑒賞宜剡録之寥寥也嗟乎剡録未作以前沉埋
者不知凡幾剡録既作以後沉埋者又不知凡幾
而此數物特傳豈非天哉豈非天哉

物產志

穀 蔬 茶 菓 木 竹 花 草 禽 獸 魚 介 蟲 藥材 貨物

物之產宜先九穀，故志自九穀始，以及其餘。

穀 一曰稻，有秔有稉。秔有蚤白一名六十日夏末登、蚤青荇，凡八種秋初登；泰州紅等，凡六種秋仲登，皆宜飯。下露白等十餘種三秋皆有登，皆宜飯宜糕。稉有三十餘種，皆宜酒。一曰麥，有大麥早晚二種秋播夏登屑亦宜飯可以繼匱、小麥毛穗光穗二種皆宜麵、蕎麥秋初播秋末登喜霧畏霜亦宜麵。一曰黍秈粘大穗散穗等種秈者亦可飯粘者亦可糕亦可飴亦可酒。一曰稷禮稱明粢俗呼蘆穄嵊不多藝。一曰荳，有白荳、黃荳、青荳、烏荳、褐荳、菉荳、虎斑荳、清明

荳麥未刈播麥行中 秋荳淸明荳未刈播荳行中 田荳靑白二種刈蚕白播田中

小白荳播山谷中 皆大荳也詩謂之菽可以作腐 赤荳

赤小荳 茶䓘荳圓長二種 豇荳赤黑二種或夏收或秋收 裙帶荳可以

蔬 刀鞘荳俗呼醬荳 白穭荳 紫眼荳 白眼荳 羊角荳 羅

漢荳麥秋時刈莢可食苗可糞 豌荳俗呼蠶荳褐白二種麥秋時刈子可食苗可糞 一

曰蘇有芝蘇黃白黑三種可醡油味香美 胡麻種來西域 苧麻可爲布

蔬 有芹邑舉人周孕淳詩春苗曲水滑芹吐小芽滋在野味堪擷獻君知幾時暖風來燕子寒食

伴棠梨一夜休教[illegible]留尖煑鱠絲訓導葉祺龍頌

珊瑚宮兮碧玉洮水漁漁兮春風吹芹濯濯兮水

之湄中戚虛兮氷雪姿根交麗兮葉紛披香馥馥

兮明醒宜雖欲勿用神舍之知其解者文在茲采

芹采芹兮我將以爲師介我景福復奚疑

菘　有白菜青菜紫菜黄芽菜水段白等凡五種

芥　秋冬皆可蒔惟秋蒔者雖老東坡■謂豈如五蜀富冬蔬霜葉露芽寒更茁是也有牛耳雞冠九心等種又有辣芥子可入虀○邑貢王心淵詩夜半燈爐煮菜蘭芸窓滋味勝禪關瀾翻幾卷雷儋集亂落天花月未殘

油菜　子可榨油

苦蕒

茼蒿

萵苣

波稜

蘿菔　俗呼蘿蔔

甜菜

石耳

木耳

莧　赤白紫三種野生者曰馬齒莧

茄　紫白二種

薑

芋　一名蹲鴟○求芝詩蔬食偏宜養性靈開雲種芋繞林坰甘香入口同酥乳絕勝仙家煮茯苓

葱

韭

薤

蒜

笋

薯

蕈

瓠

瓜　黄瓜冬瓜縣瓜金瓜南瓜甜瓜西瓜凡七種○邑知縣夏雷西瓜詩摘取西疇碧玉團鸞刀旋剖薦金盤休誇大液如椽萬得似瓊漿濺齒寒○邑人求芝詩村園彷彿邵平居獻掌龍

蹢引蔓初結實正期成五色肯敎犢觸嘆稀疎○南齊孝子韓靈敏母亡無以營塟種瓜半畝朝採之暮已復生遂辦塟事

蕨　檡粉　茭白　溪蓀　苜蓿俗呼孟菜　葵

茶生處不一產西山者佳有仙家崗充貢瀑布嶺五龍山真如山紫巖焙坑天皇小皇鹿苑細坑焦坑等品高似孫剡錄云會稽茶以日鑄名天下余行日鑄嶺入日鑄寺綆日鑄泉瀹日鑄茶茶與水味深入理窟茶生蒼石之陽碧澗穿注茲乃水石之靈豈茶哉山中僧言吾左右巖壑能幾何茶入京都奉臺府供好事者何可給蓋取諸近峯剡居半然則世之烹日鑄茶者多剡茶也日鑄以水勝耳建溪顧渚溪以茶名者水也剡溪流碧湍與水脈絡茶胡不奇余留剡幾年山中巨井清甘深潔宜

茶方外友以茶至者皆精絶篋中小龍公鳳至鏰不擊〔唐僧清畫詩〕越人遺我剡溪茗採得金芽爨金鼎剡茶聲唐巳著〔李易剡山詩〕雲巘移佳茗風潭遠古松栽種也趁時務擷茗餘力工搗楮釆擷也丹鼎山頭氣茶爐竹外烟烹試也〔仲皎贈剡僧秀蘊點茶成梅花詩〕釆飛三白雪卻報一枝春風流人也作茶品序瀑布以下十處獨不入仙家閬意彼時尚未著耶〔又云陸羽水品二十劉伯芻水品七品藻天下名泉也余盡取剡中潭谷水入茶三嘆茶非水不可水得茶方神耳〔盧天驥玉虹亭試茶詩〕纔見飛泉眼即明玉虹垂地半天聲何時蕭散無公事洗鉢重來汲淺清又航湖未逐鴟夷子得水今同桑苧翁試遣茶甌作花乳從教兩液起清風斯人殊有風度作泉品〔葛仙翁井泉〕〔瀑布泉〕〔五龍潭〕〔簞山潭〕〔石門潭〕〔響巖潭〕〔動石潭〕〔三懸潭〕〔紫巖潭〕〔纍潭〕〔亞父潭〕〔雪潭泉〕〔偃公泉〕〔龍藏大井〕〔明覺大井〕〔竹山大井〕〔謝巖潭〕〔獅子巖大井〕

〔苦薟〕生四明山中

菓有
梅　金剛拳大如桃消梅堅脆經秋不落
杏　沙杏梅杏二種
李　綠黃紫三種郡誌云惟剡溪者見稱
桃　匾桃方桃盆桃錦桃秋桃酸桃紫桃夏白桃臙脂桃又冬熟者名雪桃
枇杷　府誌云惟剡坑吳庄最多
棗　府誌云嵊山棗嶙又有一種青者今亡
栗　陶隱君云剡栗皮薄更甜又小者有茅栗櫧栗二種
橘　種有大小又有如彈丸者名金橘如棗者名金棗如荳者名金荳
柿　匾柿方柿朱柿蒸柿牛心柿丁香柿等種
柰
梨
櫻桃　大小二種
林禽
蓮藕
胡[illegible]
橙
榧　粗細有二種
榛
芡
葡萄　水晶瑪瑙二種王三台詩臥起葡萄帶膔餐大官不讓蔗漿寒還知病渴臨邛子甘爲當鑪遣害難
石榴　俗呼金櫻避錢武肅諱也府誌云剡中者佳
銀杏　粗細二種
花紅
楊梅
鳧茈　俗呼葧薺皮厚黑色者肉硬皮薄紫色者肉脆
甘蔗　可熬糖

黃精博物誌曰太陽之草名黃精餌之可以長生有鈎吻似黃精食之殺人山查生太白五龍四明諸山者樹高盈丈實如大腹子味極甜脆

木

有松邑人求芝之詩山中風景似徂徠松下茅堂盡日開每向綠陰深處坐不知人世有黃埃

栢　桑　柘　榆　柳趙起詩黃金嫩色識春光常伴東君錦陌狂一自長亭分折去至今垂首泣斜陽

楓　櫧　檉一名河柳　檜訓導王洪詩晝戟未門獻泮宮亭亭蒼檜倚晴空烟霏暝起將歸鶴風雨來時欲化龍屋角依稀青鎖織簷牙彷彿碧紗籠大材養就終當用不與尋常樸樕同

椿葉香者可俎　杉有刺杉溫杉　檀　黃楊　槐花可染布　柞風土記曰始寧剡界多柞木　桐有梧桐白桐二種　梓　漆　棕櫚十道誌曰剡山谷間多植之可爲雨具　穀一名楮皮可爲紙　樟一名豫章

皂莢長短二種可除垢　樨橡櫪杼栩一物異名子可濾粉斗可染皂　朴草木記曰厚朴
得之剡溪皮雖香不若南蕃者尤厚　楝　柏子可油又可燭　石楠魏王花木誌曰石楠
野生二月花開剡山谷多此冬葉尤可愛　檫　冬青周汝登詩樹有冬青者夏陰涼可據
風吹蒲樹花五月飄如絮一徑通草堂
幽鳥時來去蟬鳴萬樹中鬧聲不知處　白楊
相思木平泉草木記曰相思木得之剡溪　櫟
竹有龍鬚竹　鳳尾竹　筀竹　斑竹　紫竹　苦
竹　閃竹　蘆棲竹　石竹　淡竹　桃枝竹
毛竹生金庭山節節有毛　猫竹　雷竹　方竹　慈竹夏雨滴汁
下地而生爲子母竹　水竹四季生筍　燕竹燕來時生　人面竹如魚鱗而凸頰類人

箇筋竹最堅可為矛筍可為弩絃節山左傳曰東南之美有男乩之竹箭五龍山有一節三尺者○宋芝之詩修竹添栽數畝賒紅塵隔斷綠陰遮分明三徑風流在不用逢人問蔣家○邑諸生丁美祖詩亭亭獨立羨幽棲不共垂楊向遠堤幾許尋常墻外客引將明月入窗低

花有梅花白梅紅梅玉蝶梅炤水梅綠萼梅等數種府誌云剡中獨多千瓣黃梅今亡又有臘梅二種磬口者佳○翰林王銍梅花賦韻勝羣卉花稱盈梅禀天質之至美凌歲寒而獨開標致甚高斂孤芳而獨吐陽和未動挽春色以先回原夫尤物之生英姿特異方隆冬之屆候屬祈寒之鼎至瞻遠岫兮無色聆叢條兮失翠彼美仙姿敻存幽致春風萬里報南國之佳人香艷一枝富東君之妙意觀夫離類絕俗含新吐奇妙有江山之興蕭然風露之姿氣韻雅甚精神遠而雪滿南枝想桑園之未賦春生寒谷鄙鄒律之潛吹其時掩苒半開嬋娟一笑絢紅日以朝映耿青燈之夜炤何

郎秀句不足以詠其妍徐熙淡墨不足以傳其妙娥眄璀燦遥塘妍女之殊月下横斜作纖斂人之繚至若霜鳥寒露江村晚晴竹外烟梟松間雪清惱遠客以覔斷悦幽人之眼明謌其能則潔而無滓窮其用則大而難名倘遇兵塵可止三軍之渴如逢鼎味堪調一相之羹嗟夫豪傑之士豈流俗所能移節義之夫雖阨窮而愈厲時當搖落之候氣極嚴凝之際茲梅也排風月而逈出傲霜雪而獨麗色靡竟於陽春志可期於晚歲所以興動錢塘之老妙語增新香貽隴首之人芳期遠契彼清露兮被三逕之菊欲光風兮況九畹之蘭歌紅渠於夏衣破丹杏於春寒麗質鮮妍則在我已遠高情瀟洒而方茲實難塞曲悲涼望作南樓之美詩魂飛動尚留東閣之觀於是倚檻凝神繼瞻搔首春落英之着袂訝粉香而在手吾方破悶折嚼于北焉信花中之未有○〔釋仲皎梅花賦〕縈彼梅蕚參乎雪花香度風而綺旎影臨水以欹斜瑩若裁冰帶玉谿之瀟灑清如薰麝擬仙姿之光華且夫

粧雲仙斂於東都麗日纔昇於南國酥夢失艷鉛龍獨秀含宿霧以淒遲先晨霜而孤瘦凍開臘蒂自宜淸悄之天吹破檀心誰怯黃昏之候莫不山屏冉冉水鏡盈盈棓藟似連璧枝柯在交瓔嵯顧上之半裝未了何肖問之一剪先橫竹葉杯中野店謾資於幽味梨花夢裡曉雲難駐於高情其如寒漠天遥郵亭夜冷望窮隴首之春信踏碎階前之月影會凄斷於衰草平沙忍矜誇於夭桃艷杏冰魂招處懷清些於楚人雲馭傳時聽長歎於庾嶺朝陽借煖暮雨饒芳觀何郎之傳粉乖韓氏之偷香乳鶯未識乎妍姿遷延深谷寒蝶猶聞其勝韻飛過低墻宜乎翠綃卷而薄烟收玉琖零而殘露覩試扳鶴膝之斜朶緩舉蜂腰之快剪孤山寺側玩廻雪以無殊仰月觀前學凌波而不讓由是寂寞歌詠團圝繞行悟空花之絕艷嗟落地之繁英銀蟾低而軒窓寒悄畫角動而簾幕風清談笑收功誰使漢軍而止渴雍容推最實思商鼎以和羹媚哉寫照何多供吟非暫嫌逋吾之筆俗愛徐

熙之墨暗襟懷獨慕其孤超風味更憐其幽淡西湖處士兮朽詩骨以難尋東坡先生兮鄉才源而莫探又安得問寒芳於無何有之鄉廓參橫而河淡〇宋王十朋黃梅花詩菊以黃爲正梅惟黃最佳徒勞千葉染不是蜜中花〇又蠟梅花詩非蠟復非梅誰將臘染腮遊蜂見還訝疑自蜜中來

桃花單瓣者有大紅粉紅重瓣者有緋碧二種又緋桃花如剪絨又二色桃花開二色

杏花王銍詩玉人半醉點豐肌何待武陵花下迷記得秋香歸院後黃昏新月粉墻低〇醉裏餘香夢裏雲又隨風雨去紛紛人間有紅紫粉春色知多少莫掃殘花斷盡魂

牡丹花數暈稱富貴者花如狀元紅府誌云有单葉而着花至數百苞者剡人尤多植之〇黃構詩翠袖重重襯絳羅酒酣無力醉顏酡沉香亭畔沾恩重金谷園中得意多累蹋繁華春似海名專富貴錦成窩如今留向江南地賸與詩人促讌螺〇裘純詩玉骨氷肌眞色人三千粉黛盡稱臣明皇蚤皆留清盼不復

溫泉寵太眞

芍藥　紅紫白單瓣千瓣諸種○宋王十朋詩巳遇花王侯纔聞近侍香來遊禁酒地免作逐之狂

海棠　西府紫錦爲上垂絲貼梗木瓜次之秋開草本曰秋海棠○宋王十朋詩欲與春爭媚嫣然一笑芳雨中如有恨疑似爲無香○盧鳴玉詩輕盈似怯曉來風卻倩蛛絲碧幙籠紅暈一翻春睡足香魂猶繞上皇宮

芙蓉

桂　一名木犀有丹桂黃桂白桂四季桂雪桂等種草木記以剡中丹桂爲奇○宋程顥剡桂詩併序李德裕嘗言洛龍門敬善寺有紅桂樹獨秀伊川嘗於江南諸山訪之莫致陳侍御知予所好因訪剡溪樵客偶得數株移植郊園衆芳色沮乃知敬善所有是蜀道莠草徒得其名因賦是詩兼贈陳侍御昔聞紅桂枝獨秀龍門側越叟遺數株周人未嘗識平生愛桂樹攀玩無由得君子知我心因之爲羽翼豈煩佳客譽且就清陰息來自天姥岑長凝翠嵐色芬芳世所絕偃蹇枝漸直瓊葉潤不雕珠英粲如織猶凝翡翠宿想待鵷鸞食寧

止暫淹留終當更封植○〔宋〕高文虎入剡桂花詩溶溶漠漠秋光澹耿耿寥寥夜色清不是靈根涵爽氣如何醞得此香成玉兎搗霜千萬粒凄風拆作四花凝廣寒慣識朝真趣一笑秋空蕊欲凌○〔袁〕尚東白桂詩若非裁月殿定是樹瓊樓雪綴珠英曉霜凝碧葉秋銀蟾搖幹影玉兎弄枝頭雲外香風度遥知霓羽遊○〔姜〕君獻詩不共元霜同玉杵卻飄香魄落雲涯餘芳久入姮娥夢清影時過處士齋金粟結成鸚鵡粒瓊英繡襯鳳凰〔紫薇〕釵虬然天性偏宜老上苑名花此獨佳

〔凌霄〕〔水仙〕〔丁香〕〔山茶〕〔荷〕爾雅曰荷其花菡萏紅白二種皆結蓮有錦邊白蓮四面蓮並頭蓮臺蓮花謝房復吐蕚又有金蓮色黄今亡○〔周〕汝登詩爲賞荷花踏翠微北山飛雨驟沾衣羅衣着雨香難散故向花間緩緩歸○山頂奇花玉作神薫風吹動白璘璘坐來不覺淋漓雨一笑都成折角巾○繼曾看花是我徒驚人驟雨興難孤衣衫濕盡渾閑事

怕損花容雨點麁○（吳應芳詩）澄心堂前塘數畝清泓淨徹無纖垢遠山排崪影欲呑匝岸羣花間梧柳妍鮮迭換不苟同況此池荷獨經久始苗香吹撲面來綠羅張蓋佳人首佳人佳人春復秋羞與癡憨較妍醜含芳只待露凝脂舒葩不逐春風後煙霞若與點成粧解卸衣襦澣清劉一任紛紛蜂蝶狂心中甘苦誰知剖寥寥千古絶巳知特契吟風弄月叟非關動地牡丹花還是自家意思負周子愛蓮蓮愛渠個中況味嘀消受乃今王子嗣其巖標格文章壓星斗遐挹丰華飽染毫片片晶瑩惠瓊玖正值秋半天香飄競磨桂斧趂月走攀來只恐忝狠藉孤負姮娥用情厚我喜此荷四闋月紅白爛燦當書牖雨時瀊漾珠千斛風吹戛戛琳瑯扣憑欄晃翠熠鬚眉碧筩嘗勸椒漿酒榴花紅過槿花紅今看芙蓉凌亂揉感謝殷勤意稠疊久要賴有此良友屬吟謾不復推敲君考洪鐘我鳴缶○（王心一）蓮花賦并序（康熙乙巳開館金庭義學植蓮於庭白花錦邊雅潔可愛因賦之○皎

皎出汙泥凌波濯素姿碧玉爲莖盎兮白雪爲肌丹
霞爲佩兮流錦爲幃環珠纍黛兮瓊璜爲髭叢英
簇蕋兮廣幅爲纚中虛理直兮介體弗枝葩頡葉
頏兮比肩弗差映月瑩潔兮含露而思迎風翩翻
兮浣靧而蛇香清味雋兮不艷不脂房別實勻兮
不倚不私幼焉卷而密長焉舒而濟擎承碧漢澤
蔭覆紫瓊澠允矣花中君子爲濂溪有向日葵
夫子所愛千載下同之者乎何辭

〔葵〕

蜀葵錦葵洛葵紅葵等種

〔菊〕

知縣蔗三提著園植菊甚盛人擬之爲河陽花傳有菊譜○〔詠金絲柳菊詩〕憐爾蕭然塵外姿當杯金縷故低垂輕柔得似三眠柳不與人間管別離○〔詠玉梅白菊詩〕雪作精神玉作肌如君不負歲寒期曉霜驚起羅浮夢那得深秋白滿籬○〔詠睡香毬菊詩〕廬岳何年夢裡過香分蘭若簇秋叢石床夜半風初冷一枕蓬萊紫霧中○〔詠青心玉牡丹菊詩〕雪色誰怜秀可餐貞心祇與傲霜寒已知不及春花媚爭得君王帶笑看○〔高文虎詩〕菊載神農經不見詩三百周

宜敘菊衣一言僅可摘黃花記呂令落英餐楚客佰始飲能壽桐君書採蹟移根候萌動需時當甲析我羨柴桑里敢希屐道宅不種兒女花朱朱與白白閱譜品能多求栽地恐窄揠苗助其長抱甕滋以澤朋𡰪黃爲政流布風騷格寒香紫茁蘭畹節桐柯栢相繼蚕梅芳一笑巡簷索○白沙撿討陳獻章詩扁舟何處剡溪濱夜半歸來雪滿巾爭似一瓢秋菊伴滁園風暖蝶迷人

薔薇

酴醾 王十朋詩日烘香倍遠雨浥韻尤清

杜鵑 杜鵑啼時開故名○王國楨藍杜鵑詩春光剛半杜鵑開疑是雎陽血濺來藏血千秋應化碧一枝翠色映蘼苕

瑞香

梔子

山礬 紅白二種

木槿 紅白单瓣重瓣等種

玉簪 紫白二種

玫瑰

木香 黃白二種

長春

木筆

蘐萱

萱

木棉花 可布可絮

紅花 可染

草

鹿胎草晉陳惠度射獵剡山鹿生子處草號鹿胎

芝有石芝木芝之草芝之菌芝之等種

蘭王銑詩且掇幽叢汎綠卮紫莖碧葉正猗猗國香譽世何人重莫學湘纍賦怨詞

蕙

長生草生四明山取之以懸簷瑩雖甚枯槁得水復鮮

恒春草一名千年潤○唐方士梁鍾詩東吳有靈草生彼剡溪傍既亂莓苔色仍連菡萏香金膏徒騁壽石髓莫矜長倘使露涓滴還遊不死方

鬱金香草古人以釀酒供祭祀曰鬱鬯○徐僎惆春日巡行郊野題春草詩大塊暘和一轉餘蒙茸新綠滿郊墟漣溪悟得生生意獨對窗前不忍除

菖蒲生池塘者大生石澗者小一寸九節亦有十數節者

禽

有鷄 鵝 鴨 燕 鳩 鴉 烏 鵲邑貢士袁嘉乾解世俗愛鵲憎烏詩鵲吉烏凶在昔傳應知二物祇關先福門非德雖迎愛福始能修好斡旋鵲叙

夔龍呼泰運烏如逢北岸平川情癡彈飯真堪笑月冷忠魂欲訴天　鷗　鷺鷥　雁

鳧　鷹　鶉　鴿　雀（張親歌）野田雀禾黍熟飛鳴啣啣還相逐朝向田間食暮向田間宿農人種禾長苦辛遭爾食之胡不嗔野田雀寧忍饑莫食粟恐有虞網禍機伏鴿

鵓　鳶　布穀　戴勝　紫背　鷓鴣　姑惡

鴉鵲　鸜鵒　百舌（王國維詩）滿庭霜月冷侵人客夢依稀記不真棲鳥陽窓知歲暮梅花枝上獨呼春　畫眉（周光復詩）百囀千聲隨意移山花紅紫樹高低始知鎖上金籠聽不及林間自在啼　黃頭　鶺鴒　竹雞　雉　白鷳（袁尚東詩）素質丹顏美且都一天神韻物中無清閒不雜貞君子耿介難馴烈丈夫入座羞同鶚作伍乘軒恥與鶴爲徒秀生南國雲深處流水高山竟歲娛　告天　啄木　伯勞　鸂鶒

魚鷹　鶺鴒　鶯一名黃鳥一名倉庚　山鵲尾長　鸛形類鶴春至巢高木上哺子秋去海上　春令　婆餅　翡翠　黃雀白露來霜降去

吐綬鷄口吐五色綠綬太白山有之　杜鵑一名子規一名謝豹　鷺

獸有牛　羊　犬　豕　馬　驢　騾　虎　豹

兎　狐　貉　猫　鼠　獾猪　野猪　松鼠

鹿大者爲麋　麂大者爲麖　獺祭魚報本　豺祭獸　貍有九節狸五段狸玉面狸供歲貢

猿有白者　赤玃西白山趙廣信登仙處有之呂氏春秋曰猿五百年化爲玃　蝟

川山甲

魚有鯉紅色脊中鱗一道大小共三十六數　鱸剡溪間有之　青　鯔其味最佳逢秋

[illegible]江而上九月則去 鰱 鰣桃花時最美 鯽 鱨 鱧黑色諸魚中惟此魚膽甘可食有舌鱗細有文與蛇通氣其首戴星 白鰷 石斑 吹沙 鱓

鰌 鰻 鮎

介

有龜 鱉 黿嚩浦潭有大方丈許者時出曝沙間 蟹 鰕 蚌

蛤 蜆 螺螄

蟲

有蠶 蜂 促織一名蟋蟀 絡緯 蝸牛 蜥蜴一名守宮

寅蛤一名錦襖上春寅日出 蛙俞琦詩春來蝌斗畫成蛙清濁無分閙晚衙鼓吹眞堪當兩部公私何必問官家驟聞聲雜池邊雨細聽身潛草際涉村杜巳占豐歲兆亂鳴野館月光斜

螢吳應芳詩螢火入書幃頓忘物外機因風飛遠樹先月隱圓屏尚有通身眼能無振羽衣應令

汶汶者腐

蝶　蜻蜓　蚯蚓　蟬　蜈蚣　蛇

草與同譏

蜘蛛　王國禎賦　翳角爲蜘蛛兮誰畀以名在予之窗櫺兮孰化而生角類甚繁角實亦傳謀食隙光托宿簷櫺無夜螢之熠熠遜朝蟪之栩栩逞其匠心之巧施其肯構之能憑虛兮獨運居中兮四應以懸數罟而不入竟解三面而獨綳日炤兮如篩露滴兮若瓔弄月兮無影吟風兮無聲哀蜉蝣之楚楚饑蟲飛之薨薨惜青蠅之鼓動笑寒蟬之寂寞不用命者肯來吾網亦何心哉與物而矜嗚呼爾之蘊兮靡竭爾之欲兮易盈繭絲不同于酷吏退隱足法乎名卿身則小而用則大守則愚而智則靈非半生之噭噭庶一隅之硜硜爰語童子是予之朋勿持短竿毀爾之成

藥材　有天門冬　麥門冬　白朮　蒼朮　茯苓　何首烏　芍藥　川芎　貝母　沙參　丹參

苦參　玄參　石斛　薯蕷　半夏　五味子
南星　桔梗　牛膝　細辛　薏苡仁　香附
紅花　杜仲　黃藥　厚朴　牡丹皮　五加皮
蒲公英　枸杞　牛蒡子　車前子　女貞子
迎仙子　五倍子　骨碎補　青木香　仙靈脾
劉寄奴　金銀花　夏枯草　仙橋草　馬鞭草
烏喙草　穀精草　益母草　龍膽草　豨薟草
蒼耳草　剪刀草　金沸草　薄荷　艾　枳殼
括蔞　千里光　石葦　芡實　草禹　餘糧

紫背天葵　半枝蓮　六角蓮　萹蓄　過山龍

山海羅　金蒂鐘　金線重樓　鹿茸

貨物有綿布　苧布　紬　絹　紗　綾間成之　土扇　毛毿　泥金　靛青　剡藤紙名擅天下式凡五藤用木椎椎治堅滑光白者曰硾牋瑩潤如玉者曰玉版牋用南唐澄心紙樣者曰澄心堂牋用蜀人魚子牋法曰粉雲羅牋造用冬水佳敲冰為之曰敲冰紙今莫有傳其術者唐舒元輿悲剡藤文云剡溪上綿四五百里多古藤株枿逼土雖春入土脈他植發活獨古藤氣候不覺絕盡生意余以為本乎地者春到必動此藤亦本於地方春且死色遂問溪上人有道者云溪中多紙工萬斧斬伐無時擘剝皮肌以給其業噫藤雖植物者溫而榮寒而枯養而生殘而死亦將似有命於天地間今為紙工斬伐不得

發生是天地氣力爲人中傷致一物之疾瘵苦此異日過數千百郡泊東雒西雍歷見書文者皆以剡紙相誇予竊哀見剡藤之死職止由此過固不在紙工且今九牧士人自專言能見文章戶牖者其數與麻竹相多聽其語其自安重皆不啻握驪龍珠雖苟有曉寤者其倫甚寡不勝衆者皆歛手無語勝衆者果自謂天之文章歸我遂輕傲聖人道使周南召南風骨入於折楊皇華中言偃卜子夏文學陷入於淫靡放蕩中比肩握管動盈數千百人筆下動數千萬言不知其爲繆誤日月以縱自然殘藤命易甚柯葉波波頹踏未見止息如此則綺文妄言輩誰非書剡紙者耶工嗜利曉夜斬藤以鬻之雖舉天下爲剡溪猶不足以給況一剡溪者耶以此恐後之日不復有藤生於剡矣大抵人間費用苟得着其理則不枉之道在則暴耗之過莫由橫及於物物之資人亦有其時時其斬伐不爲天閼予謂今之錯爲文者皆天閼剡溪藤之流也藤生有涯而錯爲文者無涯無涯之損物不

直於剡藤而已余所以取剡藤以寄其悲○陳端以剡牋寄贈陳待詔詩雲母光籠玉楮溫得來元自剡溪濆淸涵天姥雲頭雪潤帶金庭谷口雲九萬未克王內史百番聊贈杜叅軍從知醉裏縱橫墨不到羊欣白練裙

周汝登曰邑所產自足於用者秔耳然必歲乃然秔而外鷄豚耳餘皆待賈而足夫邑蠶桑寡藥不足市所種種木無者待賈無論已若木綿稉稻竹木等邑故不乏之而猶無以自給乃强半衣松蕪之布飲郡城酒求新昌溫歙之木以爲宮室此豈民惰或智計鮮不務盡地力而失觀時變乃甯抑其

所有者本不堪爲用耶夫地不四通產不瑰異而人不計然民之日就貧瘠也亦宜故爲嵊民者無如折節爲儉乃足自存逐時好爲侈靡是重自殘矣若夫樽節愛養之尤宜在上治之廳扁曰節愛節愛於貧瘠之民更急扁固有深思哉

後學績論曰至治之世天降甘露地出醴泉况草木鳥獸魚鼈昆虫之咸若乎故物產之阜蕃皆人所致不盡天時地力也嵊土瘠矣而嵊民唯知稼穡未嘗有三倍之營百工之技而旱潦又不常故

無素封之家亦罕千金之子然吾聞之沃土之民不材淫也瘠土之民嚮義勞也嵊之仕者多忠廉耕者多淳樸蓋善生於勞與嬌奢者不侔矣是其勞者雖不幸而生嵊而其善者實大幸而生嵊也爲嵊計者相地之宜生養樽節使阜蕃矣然後因其善端以驅於至治所謂勞民而用之者也何瘠之足患哉

風俗志

周志曰火耕水耨民食魚稻菓蓏蠃蛤食物常足無凍餒之夫無千金之子貨殖傳槩江以南而不專諳越勤勞儉嗇愛而容廉而遜好學篤志尊師擇友士大夫家占產甚薄務縮衣節食以足伏臘農賈工作之徒皆著本業不以奢侈華靡爲事會稽賦及郡誌概全越而不專語嵊然以嵊俗質諸諳不爽雖謂專爲嵊諳之亦可夏氏云嵊俗敦古禮重爲邪力本務穡不作無益嚴尊卑不獨於宗

里閈中肩隨父事之節無敢踰越內外之辨截然婦女雖世戚寡所識面不嚮男女外境屋廬服食多從卑陋非惡安土而樂業商賈無出鄉山林隱逸者能以詩文自娛入仕多潔廉自完尚節槩其敝在溺女鬬狠喪死治酒延賓溺堪輿家言久停棺不葬畜婢老死不嫁美惡之故蓋其詳哉由今覩往大都無改乃家立祠堂喪間用素字女或不受財比今差勝惟服食奢淫僭越家人子一切御綺縠紈采燕聚窮極珍異盤盂狠藉無筭子弟赴

試百出詐巧畵倖進崇富羞貧之數事不逮往昔遠甚夫嵊俗初本舜禹二聖人嘗過化是舜山禹溪其徵而淸曠元朗經術節義得之晋以下諸賢所浸沐且山峭古水湍瀉淸渕鍾爲人往往勁朴與地稱世系久遠始自晋六代或宋聚族嘗千餘指累世比屋而居祖風能不遺忘山居而谷處不見瑰奇異產爲欲易足性率直鮮緣飾是非不枉其眞或者謂難治而實易感本以列聖賢教澤而所繫於水土成於性者如是故其稱美見諸史志

不誣惟近所紀奢僭諸敝乖其故爲元氣傷不細可慮然亦非其性所安倡之乃和若或毆之邑且未盡爾而風靡者十之三四因其性秉其未甚司風教者急宜示之趨舍左富厚而右貞修崇恬退而抑躁競使人知以詐巧進者其似穿窬不足羨悅黷貨嗜利侈田宅衣馬美飲食以誇耀鄉閭其寵饕餮不足倣效民務以敦麗好義爲良士務以學古慕道爲高雖貧賤不足愧耻趨舍定而俗蒸蒸返其古初若順流矣昔巴蜀化譏刺爲文儒額

川改爭訟爲篤厚猶然可待而況復其文儒篤厚之故者易可知已語曰魯一變至於道今嵊蓋似魯夫魯入道易語其變不變失其故魯爲嵊計者毋令失其故嵊則善矣嗟乎風行草偃之機在上而邪人士亦自宜溯古亟反即無待猶與庶幾不負嵊也歟哉

宋咸淳間知縣陳著禁演傳奇時永嘉人初造傳奇羣隊戲玩淫冶無度陳知縣出榜嚴禁無敢入境新昌王爚書譏責隣邑曰陳父母閑邪甚力諸君不惟不禁且以爲樂能不愧耶

明洪武三十年頒令縣立鄉約社鼓成化六年知縣
許岳英講鄉約獎節孝捐俸爲孝子邢曾娶室
朱一栢講鄉約頒朱氏鄉約訓萬曆元年訓導王天和著
全禮纂要喪礼尤嚴十五年邑司空周汝登行四
禮圖說又著俗訓四則儉約一篇其一居家孝弟持身謹厚匹夫亦足自立
於鄉里故盜賊不畏刑戮而畏王烈之勸誘閭里
不畏公庭而畏陳寔之表正皆非係於名與位也
若節行一虧雖貴顯不爲名教所齒況瑣瑣者乎
其二幼長知禮男女有別門祚有必興之理故龐
公耕壟而遺子孫以安冀缺饁野而夫婦相敬知
賓人之所以爲人特有禮而已家有禮義則開業
傳世氣脉長遠恆必由之一時强弱盛衰之勢不
必論也其三人於性偏處能克難忍處能忍此乃

豪傑胸襟學力所到故人有不及可以憐恕非意相干可以理遣充拓得去便是堯舜氣象更何事不可爲若一不如意卽怒形於色甚至矜己凌人識者思之寧不驚汗浹背者乎其四知足引分常覺消受不去則隨遇可安環堵蕭然而居有餘地饘粥糊口而腹有常飽古稱無事當貴穩臥當富緩步當車安食當肉皆安分無求之謂故君子無入而不自得焉○〔燕飲儉約〕敘儉美道也惜福省財厚風俗維元氣蓋則鉅矣知儉之益奢之害可勝言哉他未暇數以語燕飲一節珍饈滿案放筯卽空日食萬錢不過一飽徒侈觀美何爲且其敗禮踰度殫力靡財所以瀉風而耗氣者不啻細是首宜儉省者也東越諸邑剡最朴畧近古余髫時見丈人行宴止五饌新賓上客不過倍是父老傳聞謂成弘間簡儉尤甚雖盛燕不過五饌中間以蔬乃近來豪侈日甚嘗聚羞果盈前一席盤盂動以百計彼此倣效成風雖間達時務者有厭煩就簡之思而羣然披靡不如是則以爲薄或以爲矯匪

怒則啞特立爲難矣夫剡州近古之俗蘇長公稱累世而不遷余誠不忍父母之邦美道淳風之日澌滅而無遺也敢以告諸縉紳耆髦更以請邑大夫博士立爲燕飲一約使餚有定數生無濫殺尚侈者有所制而不渝慕古者有所據以自立都無厚薄則怒者無因不見異同彼啞者無自去奢之害而就儉之益移易或在乎此嗟乎余之約非敢違時以立異思以還吾故剡而已矣亦非過嗇而難堪姑以去其太甚而已矣凡我邦人甚毋迂我若夫由燕飲一節而推之事事由吾剡一鄉而推之天下余竊志之而綿力難持於德位君子有深望焉　二十五年監司吳應台檄縣講鄉約四十年知縣王志達講鄉約教諭陳士彥著文戒溺女戒健訟崇禎十一年監司鄭瑄檄縣禁溺女錮婢高臺演戲婦女入廟燒香知

縣劉承祚入宗傳書院講學

國朝順治八年巡按御史秦公世禎檄縣講鄉約○康熙三年縣丞門有年禁民入佛會及婦女入廟燒香入宗傳書院講學不輟○五年知縣張公逢歡作十歌勸民○六年知縣張公逢歡講鄉約刻六諭解頒行各鄉朔望令司鐸李守憲劉鳴玉袁思兼盧應日訾于道○九年總督部院劉公兆麒檄縣禁溺女鎦婢○十年巡撫都院范公承謨檄縣舉孝子節婦各里以孝子呂隹吉李光堯節婦魏龔氏周謝氏呈報又續報

孝子尹鍔惟呂佳吉特加獎勵開國來三十年我嵊僅見此舉故誌此爲勸○十一年監司史公光鑑禁婦女入廟燒香高臺演戲○巡撫都院范公承讜檄縣設立廣孝阡使家貧者有所安厝以除停柩不塟之風○頒

上諭直解十六條於縣令縣設壇於每月朔望講解一日敦孝悌以重人倫二日篤宗族以昭雍穆三日和鄉黨以息爭訟四日重農桑以足衣食五日尚節儉以惜財用六日隆學校以端士習七日黜異端以崇正學八日講法律以儆愚頑九日明禮

樂以厚風俗十日務本業以定民志十一日訓子弟以禁非爲十二日息誣告以全良善十三日誡窩逃以免株連十四日完錢糧以省催科十五日連保甲以弭盜賊十六日解讐忿以重身命范公作十六句統解每句分解顔曰

上諭直解是年十月到縣知縣張公逢歡遵行設壇於惠安寺十一月朔起集官紳士子父老耆民聽講

四禮嵊世族家冠婚喪祭多行文公禮間參以王學

博之纂要問司空之禮圖其他編戶有未盡然冠禮在明時於元旦及中元冠盛服而出拜祠堂拜尊長及親故不必另筵賓日另設燕飲意省繁費而古禮廢矣婚禮媒妁既定議男家以啟求女家以啟允即古問名之遺嗣餽繒若干銀若干猪羊盤酒若干即古納吉納徵之遺嗣仍餽銀若干猪羊盤酒若干較前減三之二即古納幣之遺可婚矣餽銀若干盤若干以爲催粧即古請期之遺臨婚前三日餽鵞鷄蒸羊豚肩等物即古奠雁之遺

又舜歲有端節歲節禮嵊俗頗繁喪禮始死遷屍於床三日而殮不用布絞用本等服飾下有薦有褥上有衾實棺以絮四日成服緦麻以內皆給服緦麻以外皆給巾帛受弔時族及外親皆有奠近有遲久受弔鼓吹迎賓開筵讌客者七七卒哭皆哭奠近有作佛度死演戲奉喪者三月一月而葬近有惑於堪輿停柩不葬者頗違禮法祭禮始祖則於冬至高曾則於春祖則於夏禰則於秋祠堂則於二分墓則於清明高曾祖禰之生辰諱日皆

有奠節日皆有薦嵊頗近古至齋戒夙具質明而行有未盡然此嵊俗之大較也記曰禮從俗嵊猶有先民之遺風焉

〔附丐戶〕邑有丐戶不知所始或以爲宋罪俘之遺男婦汚賤無行告爲民門下厮役民不與同籍不與同業先王別服色與民不同服或與民訐訟則盟其黨以求勝於民八邑皆有郡城獨盛嵊舊時丐婦走市巷者絶少近亦蔓延若山會矣丐婦專往來民家爲民婦貿易謂之賣婆嵊俗有三婆之禁蓋與尼婆相婆同不許入門以其多攘騙且善簧鼓閭人骨肉也周忘謂宜許令自新彼蓋何難自新哉其先則惰而貧心甘下賤今不無富厚者使走他方以徙業其誰禁之乃卒罕概見大都皆安其居樂其業亦鮮克振拔習之囿人錮矣哉

〔元旦〕舉家夙興盛服燃香燭家長率卑幼南向拜神治酒

饌茶菓詣祠堂及家拜禮其先供祀三日乃卑幼序拜所尊卑幼以次交拜男子出拜其宗人及外家親故各酒食相款謂之新年酒立春前一日官僚迎春東郊民間童子彩裝乘騎百餘導前鼓樂諠闐謂之迎春故事邑人周汝登詩共集團圞影燭搖爭傳春事是明朝欲知消息從何問夜半携節看柳條○諸生王三台詩不逐東風學訪春一窩靜囊小閒身無端四序忙中度士女紛馳陌上塵○舊城民各姓分扮康熙八年周丁兩姓爭先後相鬥鬨知縣張逢歡與士民定議如遇天氣晴明不許誇多每坊以十名爲率以東一啚西一啚爲先後遇雨則止穀日天氣晴明之夜仍裝臺騎佐以燈爆金鼓迎於城隍廟

縣堂及各街道以祈穀謂之打爆今議與扮春同

社日　用牲禮延巫禱於社廟謂之燒春福巨族演戲則先後不以期限

元宵　民間各於祠堂社廟結彩幔懸花燈鰲山銀海爲傀儡戲獅子戲窮極奇巧比戶屈竹爲棚掛燈於下爛熳街衢謂之街燈鄉社人縈一版版聯二燈殼兩端而貫接之長數十丈前後裝龍頭龍尾可盤可走謂之龍燈又謂之橋燈皆自十三夜起至十七夜止士女遊玩窮五晝夜

清明　緣門插柳用粘米採菁苗爲餻刲羊豚祭先

隴祭畢設燕聚族謂之清明酒（端午）以角黍及品物相餽遺摘榴花艾葉綵符繭虎色線爲兒女餙置菖蒲屑雄黃末於酒中饗其先乃自飲（周汝登詩）歲歲聯朋泛一舟端陽時節雨初收兒童兩岸羣相逐艾葉榴花插滿頭（六月六日）曬書畫衣餙以除蠹損（七月七夕）女子陳瓜菓於庭以乞巧沐髮以滌垢相傳織女會牛郎日故競行之（中元）祀先浮屠夜撤飯於道放水燈燃路燈云以饗鬼（中秋）夜酌酒賞月（周汝登詩）獨看圓月上高樓便自淋漓泛一甌好景不私年少客清光還照老人頭謳吟信口難拘律酧勸非朋自莫休莫怪夜深頻久坐此生能更幾中秋○（王三台詩）吹空不藉管

絃聲剛對傳盃分外明此夕團〔重陽〕飲萸酒或登巒看萬里風雲飄送灶香淸〔周汝登詩〕重陽拂曉上層臺淸話偕供露高一杯坐到日高松影直讓他遊客酒邐來十月朔〔下元〕朝祀先〔冬至〕祀始祖於祠堂十二月二十四日掃舍宇二十五日潔治牲醴祀神謂之送年禁詈語停取債〔除夜〕祀先祀竈飲分歲酒親故各相餽遺換桃符門神爆聲徹閭巷燃長燭熾長炭齋坐謂之守歲設先代主位俟詰朝行拜歲禮〔王三合詩〕除夕何除歲復聯祇憑蓮漏報新年朝來把鏡頭仍白曙起披衣色乍鮮七尺酬君空皚髮一宗訂友香燈傳千秋未了生都夢莫使春風咲嘯然

周誌曰余讀豳風七月之詩其所記日月剝棗食瓜采苴祭韭等至猥細矣皆緣其習不易其宜而道之禮俗以稱美我邦人歲時崇習揆之典禮不必悉中惟在因習利導使之不詭於正夫誠使樂防淫饗用慤少長儉豐勿踰其節卽歲節閒燕閒謳吟伐鼓爲壽伏臘俎瓜享獻進劇飲食小大醉飽衎衎奚翳焉語云俎豆之義始諸飲食余爲采民間好尚不忌細小者於篇

王氏備攷曰嵊僻處山谷性近朴務稼穡不知商

賈終歲拮据而租稅衣食尚懼不給歲凶即道殣相望故不敢靡麗以自放所云好樂無荒良士瞿瞿嵊庶幾有唐風哉近且朴變而囂啇改而侈燕飲窮珍錯衣飾尚綺羅一家作俑倡之而和迄今不可捄止夫嵊雖囂不足當他邑之朴而嵊爲已囂嵊雖侈不足當他邑之啇而嵊爲已侈人心物力若或限之是不可不亟返其故嵊也已又曰嵊俗尚氣人知名節自厲不屑齷齪猥瑣之行入官廉潔自持合則留不合則去襲裛蕭然綽有餘榮

也居林杜門卻埽不通有司寸牘如杜侍御民表裘侍御仕濂喻工部褧王刺史應昌輩皆耿耿有節槩郡邑長吏罕見其面今世趨日下鮮知自愛鄉大夫至諸生有迎綸吸餌爲得意者不知誰實階之以至此然崇恬退而抑奔競使之憬然自愧在司教者加之意耳

後學續論曰攷舊志所載嵊俗之美惡詳矣八十年來大都如故而敦古道矯世趨者頗勝若故孝廉吳應芳故明經金之聲故博士員王國楨袁有

瑞等數十人皆秉珪璋之質放琚珮之辭乃高蹈林泉寄情詩酒甘心窮餓而不悔先達逝且久諸生猶以時習禮其堂室至懸磬徵鐘雖繁急無不予來豈非篤於仁義奉上法歟蓋嵊之勁朴成於性而宋以後元晦來賑與单呂諸賢相往來明得海門周子宗風朗暢遺澤未斬宜嵊俗之蒸蒸也寧獨溯過化於舜禹沐清曠於王戴哉間有嬌者倡儕綸餌聞喪禮張鼓吹戲俳優開筵燕客極久停不葬社廟窮極珍錯動破萬錢淨社之會遍城

都是則風氣使然然邑不數家家不數人轉移之
勢若反掌先之令率以復故嵊何有未足爲嵊病
也

嵊縣志
卷三

災祥志

漢三國時吳以賀齊爲縣長誅奸吏斯從從族黨攻縣齊討平之吏斯從輕俠爲奸縣長賀齊欲治之主簿諫曰從縣大族山越所附今日治之明日寇至齊聞大怒立斬從從族黨糾合千餘人舉兵攻縣齊率吏民開門突擊大破之

齊武帝時山賊唐寓之爲亂令張稷禦之

唐寶應元年台賊袁晁爲亂往來剡邑李光弼遣將張伯義平之○咸通元年春正月賊裘甫據縣觀察使鄭祗德敗績夏六月觀察使王式討平之宣宗十三年冬十二月賊裘甫攻陷象山進逼剡縣觀察使鄭祗德將兵三百令台兵討之官軍敗績乙

丑甫率其黨千餘人陷剡縣開府庫募壯士至數千人越州震恐祗德復益兵擊甫二月辛卯戰于剡西甫設伏于三溪官軍大敗賊衆至三萬祗德累表告急朝議徵還祗德以王式爲觀察使式至分軍東南兩路擊賊賊敗甫由黃罕嶺遁入剡其東南府中聞甫入剡復大恐式命趨東南兩路軍會於剡圍之賊城守堅攻之不拔諸將議絶水以渴之賊乃出戰三日凡八十三戰未已甫率百餘人出降離城數十步官軍疾趨斷其後擒之

宋皇祐三年饑明年又饑知縣過昱賑之詳名宦傳宣和二年庚子睦賊方臘攻縣知縣宋旅戰死明年春帥劉述古平之方臘連陷州郡知縣宋旅奮義死之生民屠戮室廬悉燬明年劉述古掃清賊黨嵊乃平淳熙七年饑浙東常平使朱熹賑之熹至

浙東料理賑事疏凡五上內稱七月十八日到嵊以嵊三年連旱發米六萬八千石慶元元年大水城決一百二十餘丈嘉定十一年丁丑饑知縣趙彥傳賑之時民掘草根以食饑饉相望

元大德十一年夏大旱種稑俱絕至大元年饑餓死者人隨食之疫泰定元年大祲至正十八年方國珍兵掠縣所至焚掠人民逃竄十九年兵掠縣擄白坭墩婦至東陽不辱而死二十年兵掠縣二戴書院燬商淵妻張氏祝其妻胡氏皆不辱死二十一年縣治學校燬於兵二十二年縣境盜起錢愶曰兵火之際四境凶民乘間爲盜肆掠致空村無烟火人民逃匿三十三年癸卯邑民執尹陳克

明至婺州明師先於戊戌取婺州帥朱文忠守之遐邇歸服嵊民執尹至婺推邢雄攝縣事後元帥周紹祖鎮縣仍受元正朔

明洪武十年知縣高孜卒孜有惠政民哀之

永樂二十年饑

宣德八年夏旱知縣嚴恪禱之

正統二年芝生於孝嘉鄉王鈍家園鈍有賦正統二年歲在丁巳暮春之初瑞芝產于家園幽質靈華飛香吐秀金柯玉質光奪人目誠凡卉莫能鬬其妍而大鈞所以毓其靈也傳曰王者仁慈則芝草生稽諸載籍漢孝武時見於甘泉宮孝宣時呈於函德殿晉陵郡君協宰新樞生于便坐之室所以表盛德徵至化休祥之至豈偶然哉景州學正韓先生俊適見之因作瑞芝園記命鈍賦之其辭曰二氣交運四時旁午斡造化之樞機感陽和之扇鼓渾元和以同春陶萬物而得所尤蒸

孕化日而榮三秀蕩祥風而出靈連蜷兮紫金秀
苾芳兮翠羽媚粹潤兮珊瑚妙溫純兮瓊瑀曜栽
助兮不緇渥澤漆兮靡黼祥苗卓犖於群芳仙質
瑰奇于凡杜療饑之咏兮炳煥芸編和劑之良兮
光輝草部孕淑氣於上天植靈根乎下土嘗㦸熠
於商山匪萋萋于南浦羌幽蘭兮同調蹇嘉禾兮
爲伍煥然兮五色于甘泉之中邈矣瑞千齡于函
德之下昔旣禎於帝庭今胡靈於岷圃奇葩層瑞
綺之玲瓏寶幹錯文犀而媚嬿遊人步屧以環瞻
貴客憑輿而式顧致騷墨之品題來名賢之咏賦
當時詡而著名園日涉以成趣羌一卉之毓靈蹇
衆芳以同賁誠勝地之雅觀實千古之奇遇者也
是芝也生能掄瓌而世覩其爲珍出必以時而僉
贊其爲神友猗猗之菉竹絕翹翹之錯薪扇和風
於亭午膏淸露于芳辰豈驛梅之可寄非皐蘭之
足紉紛内美于陽德鮮外斲乎天眞安安焉若有
道之士溫溫乎數成德之人吁嗟瑞芝靈協祥麟
形不成于非義跡惟顯于至仁感有關于元化遐

不作於大鈞在郡庭兮著德見予室兮何因是蓋厥井之間土瘠民淳吾黨之內風美俗敦志樂遵乎王化行克篤於人倫致元和之所感肇上瑞以來臻是可以驗至德誕敷于普天之下故有以致靈物薦呈于率土之濱欽惟聖朝天命惟新現祥信禎兮來集濊濊雅謌善頌兮繼作頻頻馮翼孝德兮朝野臣臣衣冠禮樂兮文質彬彬耕食鑿飲兮無懷之民安居樂業兮有虞之辰芝之靈以時而生芝之興至和而凝

正統六年旱蝗明年又饑知縣徐士淵以憂皇卒天順元年饑成化四年大旱詔民間能賑粟四百石者授七品散官服十二年大水二十二年大旱弘治九年温賊刧縣賊鼓譟入城刧庫藏以去正德三年旱嘉靖三年旱福泉山裂今山左右有折坑長數里深數丈十三年夏六月大

水城內水深一丈二十三年饑二十四年又饑有民携麥半升被劫於途二十六年旱署縣經歷諭松禱之有詩午向僧房半掩扉炎炎烈烈透征衣捫心忍見三農苦疾首徒存一念微境內有兇稱婦屆河東無粟救民饑齋居鎮日思長策靈雨原非汗漫祈三十二年北郊麥一莖三穗山陰徐潤有賦其畧曰爰有吳公知嵊未期治政無雙高出等夔召至和氣郊麥離離兩岐昔秀今獨三岐以比張堪不猶過之一本而生三參以拔體如人目而雙瞳子譬如海洲而三島峙雙既兼耩三復加後苟非厚種焉得呈異厚豈無因中和所致致此著誰敢歸執事當迎風而靡散若濡露而品呈飄然紛比翼之鳥躍兮映大火之星實兼垂而爾俯稽台捧其愈競纍如貫珠挾組而佩錯焉割據鼎足其勍或三而二聚女髻男角之狀或二而三成男朋女粲之形分二三而兩在合三二而

五成總千莖其可合亦萬穗其可分且其濟濟蹌
蹌栗栗穟穟味以薦寢顯能脫囊屏百穀以先登
受四氣而愈揚匪后稷之專能受上帝之於皇周
官鴈其宜食天子璩以先嘗是以大水書無宣尼
示戒關中早種仲舒告王縱使結實如故則稷卽
常斯亦室家之胥慶何況于沓葆而連萌翠華綢
繆緣蔭翳翔標闘犛牛之尾粒排鮐背之章飯食
口而兼味麵始塵而烈芳木種連理胡適于用苞
有三蘗徒結其殃誠未若此物固翁嫗之所創見
而耳目之所未嘗昔子輿氏有言曰至于日至之
時皆熟矣或有不同者則人事之不齊而雨露之
長養豈覩夫今日之異種也出乎其類拔乎其萃
若麒麟之於走獸而飛鳥之於鳳凰則又安異乎
學官弟子驚告乎縣長而奔走於詞場者哉然渭
又聞學士弟子之呈茲於公也則以腰鐮盛以盂
盤謂公德政之所致焉公直答曰是偶然爾參兮
鄉今眞長者言長者之言夫豈無故胡有茲祥而
不以虢慨茲歲之元辰拚陽魄其如蓂睍時鈕鬧

雲密而不歛亦既昏而暁度適遇方之抵事云則焉其明晴斯陰陽之競淩實中和之蟆蠹聖主憂之而屢見于言公卿思之而不得其故且宋之友諒嘗進是瑞于太祖矣太祖怒之曰宋州大水何用此爲豈以當今聖明而碩俛焉是聰哉憶高皇之三載麥稱瑞于寶雞進嘉莖之五穗命學士而制詞時則南取襄荆東下江浙閩海全齊喙息來庭秦晋周梁角崩扣關豈若今日戎馬蹂躪而甫旋饑饉瞬息而靡定東南當春夏之殺傷西北苦秋冬之奔命萬室不保一麥何支四方如此一縣何爲罔知吳公之退讓或有在于斯歟　甘露降於明倫堂前之松樹纍纍成珠　三十三年夏六月集賢坊雨雪　三十四年冬十二月倭夷掠縣官軍殲於清風祠倭夷倡州抵新昌焚民居殺戮一二百人知縣萬鵬率民兵拒之遂去新昌出嵊見城上火熾不敢近逐走

浦口過屠埠抵上舘嶺會容美兵設伏待且戰且走追入清風嶺斬俘一百七十餘相傳王貞婦有靈焉三十五年甘露降於縣庭栢樹芝生尹氏庭磉隆慶二年秋七月大水城中水深一丈三尺水暴漲決西門人從屋角出溪春上村落閭皆棲樹杪或羣聚樓上多連人屋漂去凡三日夜號呼不絕萬曆四年城中火燬公舘望台門樓及民居百餘間十年遊謝鄉粟一莖四穗十一年旱十五年秋七月暴風禾熟將刈暴風連日夜摧落無遺粒儒學櫺星石門拆其左柱草根樹皮摟取殆盡民多自焚自縊餓莩塞道三十七年秋七月縣西洪水汎濫三十一二三都暴雨驟注俄傾銜山倒峽水出小江衝屋漂流屍骸滙積成丘四十四年夏旱知縣王志遠禱

之王氏家犬生五足某氏男二陽芝生王氏正學堂側高一尺類人形天啟五年夏四月李生黃瓜生於西清裘衡英家園長二寸許色黃味苦七年秋七月暴風雨七月念二暴風怪雨徹一晝兩夜拔木堰禾官舍民屋瓦飛垣塌先師殿可遠樓迴峯樓化龍門樓四山閣文星亭俱圮崇禎九年夏迄秋大旱隣邑侍郎劉宗周都御史祁彪佳以生員王朝式來剡議賑自五月二十日至九月十三日滴澤不通民掘白泥以食訛言觀音粉奔取如鶩食之反致傷人明年民率餓死山陰劉侍郎祁中丞命王朝式至嵊與知縣劉永祚竭力募賑民賴以活有賑荒册十年大有年十王年夏旱十四年春正月饑民掠穀知縣鄧藩錫平

之卽議賑正月雨雪二月饑民望穀搶刼遍地皆然鄧知縣捕渠魁杖殺二十餘人旋倣九年戍法募賑縣境乃安十六年夏旱冬〻官兵掠東鄉奉化賊竺文竺武屯聚大蘭山撫按檄文奉虞嵊新四縣會勦知縣蔣時秀率民壯鄉兵駐劄法祥寺約束無法壯役冒掠山僻婦女有不辱而死者置勿問十七年春正月獲發賊許都黨六人巡海道盧若騰戮於演武場十六年十二月東陽賊許都作叛嵊城聞風奔潰太平鄉民獲賊僧妙員等六人到縣盧巡道督兵過縣戮之

國朝順治二年五月雷震應天塔六月兵起浙東八郡以魯王起兵阻於錢塘七月大水冬〻桃杏寔三年大旱六月城中大火魯王遁台入海方國安兵亦走台延途焚掠城中廬舍燬過半四年饑斗米

四百錢壯者爲兵爲盜老弱多餓死五年增置鄉兵知縣羅大猷以四山多盜增置鄉兵八百二十名糧皆里給十三年三月隕霜殺草十四年大水衡壞山田若干士民宋學進張爾熾等具呈于按院王元禧特疏請蠲三十三都本年田糧三分之一十五年大水十八年城中火康熙元年城中火七月寧賊夜刼縣衙知縣焦恒馨被訟在省賊乘虛刼後衙不動倉庫官鄉兵追至土堁地方戰敗而還康熙三年縣丞門有年卒土人哀之有奠章見丞下四年七月大風雨水驟漲沿江男婦多淹死六年旱四月十五雨荳於富順鄉自五年秋至六年夏無雨禾不得稼知縣張逢歡竭誠祈禱四月十三雨連三日至十五雨荳者生袁尚衷有賦秋大疫

知縣張逢歡延醫施藥九年三月虎噬人知縣張逢歡禱於嵊浦廟神虎遁一日噬殺二十二都竺一思聖竺思文竺王姐三人有傳見人物誌下次日十八都石沙廟又噬僧二人尼一人皆死次日魏家庄又傷一人知縣禱于本都嵊浦廟神虎乃遁四十八九兩都小麥一莖二穗六月大風大水歲減其成城壞五十餘丈星子峯亭圮冬十二月大雪自初四日起至十六日止知縣張逢歡禱于城隍廟

周志曰邑之災其饑饉爲尤可慮也夫饑饉臻而寇亂疾疫因之故災大都饑饉始也嵊近無湖陂而溪水道湍風間亹隘無湖陂故乍晴即涸亹隘

故乍雨即盈嵊爲水旱視他邑特易凡所志蓋其甚而他時小爲災者十歲而九省歛積儲節省施惠之典宜亟講而時行焉夫備在人者天不能災無備之災雖天亦人惟人所災則有籲天已耳而其何從乃一切他災繼起是眞可慮故予志災異以示人毋徒云天者天志祥瑞奚取古有之使田疇有禾黍不必有醴泉芝草使民伏臘有雞豚不必有麒麟鳳凰故置勿志

王氏備攷曰災異在嵊惟饑荒獨多舊志備言之

近崇禎年來西且歲告其質妻析子死喪流離之苦于且備覩之意謂嵊民歷歷若難再苦而昔天降罔士馬遍郊原矣打草括丁民無寧晷初或竄處深林繼復轉奔平野兵燹相仍寇攘迭起釜漁之泣殆維今獨疚于因溯考元來傳志獨畧而不書及列攷記載則鋒鏑之禍正亦不減於今日益身不經離亂不知離亂之爲更慘也因備列之若年不順成補救是在有司亦惟勸農省賦訓儉徹情未患而先防之所謂曲突徙薪施恩澤於不言

者乎

後學續論曰災祥雖天而囘災致祥者唯人災如饑饉兵戈不可囘矣然蝗不入境兵不干令胡以有災而無災祥如甘露鳳鸞未易致矣然廣昌之降榆次之翔重泉之集胡以無祥而有祥蓋累德有素足以感孚上下使災無不囘祥無不致而邑賴以寧豈區區小補哉舊志專記災令次災兼次祥亦猶箕疇之次休咎將以徵德云爾災如天文不獨關一邑故不錄祥以舊志無攷故不多見

嵊縣誌卷之三終

嵊縣誌卷之四

田賦志戶口　貢　賦　附新舊全書

戶口

生齒獻數王者拜登於天府古之制也蓋天爲民而作君君爲民而設牧休養民生司牧之職故漢以戶口長育爲循良如新都令三年增至十倍其加意於哀鴻也可知明洪武十四年著令上大司徒黃冊列男婦牛屋等至今仍之沿爲具文非眞百里之繁耗也今日之嵊哀耗多不可問司民牧而勉圖休養蓋其亟哉

宋大中祥符四年戶三萬二千五百七十八口五萬
五千六百泰嘉元年戶三萬九千七百九十二口
七萬一千五十五嘉定七年戶三萬三千一百九
十四口五萬八千七百一十三
元至元二十七年戶四萬六千二百八十二口七萬
四千五百三十八大德十一年戶三萬八千二百
口四萬七千三百七十六
明洪武二十四年戶二萬八千七百六十五口九萬
三千六百七十二永樂十年戶二萬二千三百八

十五口七萬七千天順籍戶一萬八百五口四萬九千五百三十九成化八年戶一萬六百三十一口五萬二千四百三十八弘治五年戶一萬四百三十三口四萬二百一十一十三年增戶一百六十五增口三千八百三十四知縣徐恂增以撥會稽二都入嵊故嘉靖二十年戶一萬一千三百口二萬一千六百一十八萬曆十年戶一萬一千六百有五析之民戶九千九百八十五軍戶一千二百七十一匠戶二百二十九官戶一十二生員戶二十九鹽戶一十

提捕戶四弓兵皂隸戶三十有三水馬夫戶三十
六窰冶戶三口五萬八千七百一十七男四萬一
千二百有三婦一萬七千五百一十四析之民口
五萬二百九十一軍口六千七百二十一匠口一
千二百四十官口八十八生員口一百三十八醫
口一十三捕口一十九弓兵皂隸口九十六水馬
夫口一百有一窰冶口一十
國朝順治九年戶一萬八千有四口仍舊康熙三年
戶仍舊口增一十五今以人丁抵戶口與明黄冊不同

貢禹貢列虞書而貢始名然九州不同古今亦異大都各從所産嵊産僅足民需無可充貢舊志貢物皆越産也嵊隸越故貢亦從越明自弘治以後槩從折色於嵊尤便惟貢芽茶八觔成化間割會稽兩都過嵊另增十觔每歲四月貼路費銀六兩在派均徭附會稽以進　國朝改爲輪解會稽解一年嵊解一年内

而嵊費繁矣　明初貢額有玉面狸三隻活竹鷄三隻歲辦有雜色硝熟皮一百二十五張桑穰三千二百三十斤弓二百二十一張箭一千九百二十四枝弦一千五十五條荒絲三百六十一斤二兩一錢金線二千四十五文

俱解府轉解其折色派在均平二辦内

後學續論曰會稽貢茶以日鑄名天下也然一百二十七里貢茶三十二觔照里均派每里不過四兩三錢零所割兩都計七里則派茶不過一觔十二兩二錢零何增至十觔嵊額八觔增額反踰於舊是一邑供兩邑之貢也當事者於會何親於嵊何踈耶而會之當事與嵊之當事抑何强弱相懸耶皆不可曉且向之附解者今又改而輪解不與東關協濟同嘆不均哉故志此以告後之當事者

賦

自楊炎議兩稅唐以後遂爲定法苟量其土之肥

碗以爲稅之多寡亦古則壤之遺也宋畝稅壹斗而吳越之因蘇至泰嘉志稅額頗煩元除弊未盡明至成化弘治乃歌樂土嘉靖袖餉防倭萬曆間行一條鞭法嵊得施知縣三揵訂立全書吏民有所遵守然而額浮於舊矣啟禎之際多不可問語云作法於涼其弊猶貪君子不可不謹始

田土

宋嘉定七年籍田叁拾陸萬柒千叁百壹拾貳畝外水坍八千四百二十畝

咸淳四年度田土叁拾陸萬柒千叁百

壹拾貳畝地山數佚

元大德間至正間籍田叄拾捌萬貳千肆百陸拾捌畝三角三步

明洪武三十四年籍田土陸千陸百捌拾捌頃壹拾陸畝伍分貳毫柝之田肆千壹百壹拾陸頃玖千貳畝陸分有奇地壹千伍百伍拾叄頃玖拾叄畝有奇山玖百陸拾壹頃柒拾叄畝有奇塘伍拾伍頃玖拾陸畝有奇永樂十年籍田土陸千肆百捌拾玖頃貳拾伍畝有奇田肆千壹百壹拾陸頃伍

拾畝有奇地壹千叁百伍拾肆頃玖拾貳畝有奇

山玖百陸拾壹頃柒拾柒畝有奇塘伍拾陸頃肆

畝有奇成化八年籍田土陸千肆百玖拾玖頃壹

拾柒畝柒分有奇析之田伍千玖百壹拾陸頃伍

拾玖畝柒分有奇地壹千叁百陸拾肆頃柒拾四

畝四分有奇山玖百柒拾壹頃柒拾柒畝有奇塘

伍拾陸頃伍畝伍分有奇外撥會稽縣二十五六

兩都入嵊增田貳萬捌千肆百壹畝地陸千陸百

陸拾肆畝柒分叁厘伍毫山貳萬貳百叁拾叁畝

伍分柒釐塘壹百叁拾貳畝柒分伍釐十年知縣許岳英度田肆拾叁萬柒千壹百伍拾肆畝壹分伍毫柝之官田貳萬陸千柒百伍拾叁畝貳分有奇民田肆拾三萬肆百畝捌分有奇地壹拾肆萬叁千貳百伍拾畝伍分肆厘肆毫柝之官地柒千玖百貳拾肆畝伍分柒厘伍毫民地壹拾叁萬伍千叁百貳拾伍畝玖分陸厘玖毫山壹拾貳萬捌千壹百貳拾柒畝貳分伍厘貳毫柝之官山叁千伍百叁拾貳畝壹分肆厘柒毫民山壹拾貳萬肆

千伍百玖拾伍畝壹分伍毫塘五千柒百柒拾肆畝壹分貳厘叁毫析之官塘五百陸拾肆畝六分叁厘民塘伍千貳百玖畝柒分玖厘叁毫（會稽撥都在內）後歲久豪猾詭漏水患衝坍以致缺田貳萬浮糧千石隆慶四年知縣薛周請度田土除衝坍升新墾以足舊額其所度盈田貳萬伍拾柒畝玖分矬攤于四則田內以消其數（詳見則例下）間矬減未盡及盈出山塘入儒學贍士而田土之額如故萬曆九年知縣姜克昌奉文攟度盈田壹千壹百捌拾叁

畝貳分陸厘父老傳云此番丈步短較算法互盈異故有所盈惟前令所度爲準地肆百陸拾伍畝在城東隅地入二都西隅地入五十四都山如舊盈塘玖拾貳畝貳分貳厘五毫然田土度盈而賦役攤矬槩縣于原額不增後因丈冊不繳奸猾多隱沒有總無撒致各里缺額賠累十五年洪水又多衝坍所在見告二十四年王知縣學夔勘得坍江沙塞積荒田共壹千一百九十六畝七分四厘四毫地共五百十二畝七分一厘一毫乃弔冊通計清查且浮于九年盈數即將盈數抵豁外餘田[illegible]

原均攤於是定籍時徵丈書數十人而不究業戶清弊甦困嵊民德之田四千四百五十八頃二十三畝二釐四毫內一田二十四萬七千八百六十七畝八分四釐五毫四田一十九萬七千九百五十五畝一分七釐九毫地壹千伍百頃叁拾畝捌分貳釐山壹千叁百貳拾陸頃叁拾畝貳分叁毫塘陸拾叁頃肆拾貳畝伍分

國朝康熙五年知縣劉迺穀奉文度田較舊額盈田貳百陸拾壹畝壹分零山捌拾捌畝貳分零塘叁拾叁畝伍分零缺地壹百壹拾玖畝柒分零凡度田土六尺謂一步廣一步長二百四十步曰一畝嵊多山田有鼠耗有墈磨步稍寬減若高山邃谷疊石剮坡其田

圓如笠長如帶重疊陡峻如梯如井零碎難步若民間貿易不計畝而計所獲之數以四石爲一畝云○度田乃經國利民一善政也而利民正以經國往者當事刻深自開丈一都令將塍畔併丈入田有村農以往例言杖之幾斃奸民告隱蜂起罰鍰不貲事聞于憲總督部院趙公廷臣下嚴檄前弊槩不苛求於是重足者少安然胥役畏罪山坡沙漲無土不田而坍者告哀又攤入該都並不通計開除嗟乎墾坡開墺乃勤勤之民偶圖歲入力稍不繼坡者棘墺者灘矣至坍塌加該都該都何獨殃哉利民經國之謂何

則例宋咸淳四年弓量推排田土驗各都土色上下定爲納糧等則

元仍舊則而斛制改小至元二十六年紹興特免三

分舊額米每一石止該四斗七升九合五勺粮數

減而上下等則各視其鄉如故

明初仍舊則時泒額煩多至百有餘則田有官田分職田才賦田平糶田廣利田沒官田斷沒官田科米多寡不一俱免差徭寺觀田明初制每一寺觀存香火田三十六畝因其時解納北折報民戶充粮長解粮賠累傾家惟寺觀得免故民田詭寄于寺觀日續置田以圖倖免歷久冊存展轉查佃反以累民站田餘田分義沒庄田學院田科米多寡不等民田而民田凡四等一硃田二塘田三坑田四天田無恃而聽天者也四等又等各不齊而米多寡各視其鄉每畝之數方山鄉一等米三升四合一勺四抄二等米二升七合三

勺三抄三等米二升四勺九抄四等米一升七合七抄仁德鄉一等米四升二合九勺二抄二等米三升四合三勺三抄四等米二升一合四勺八抄康樂鄉一等米二升三合一勺一抄二等米一升八合五勺三等米一升三合九勺四等米一升一合五勺六抄崇信鄉一等米三升三合五勺七抄二等米二升六合八勺五抄三等米二升一勺七抄四等米一升六合七勺八抄筮節鄉一等米三升六合二勺五抄二等米二升九合六抄四等米二一升八合一勺六抄靈山鄉一等米三升五合二勺九抄二等米二升八合二勺四抄三等米二升一合二勺四等米一升七合六勺五抄金庭鄉一等米三升五合三勺四抄二等米二升八合二勺九抄三等米二升一合二勺四抄四等米一升七合六勺九抄孝嘉鄉一等米四升二合九勺一抄二等米三升四合三勺三抄三等米二升五合七勺五抄四等米二升一合四勺八抄忠節鄉一等米四升九抄二等米三升二合七抄三等米二升

四合七抄四等米二升四抄遊謝鄉一等米一升六合五勺九抄二等米一升三合二勺八抄三等米九合九勺四抄四等米八合三勺靈芝鄉一等米四升五合九勺四抄二等米三升六合七勺五抄三等米二升七合五勺七抄四等米二升二合九勺七抄崇仁鄉一等米三升三合三勺七抄二等米二升六合七勺一抄三等米二升四抄四等米一升六合六勺九抄孝節鄉一等米三升七合三勺一抄二等米二升九合八勺七抄三等米二升二合三勺九抄四等米一升八合六勺五抄永富鄉一等米五升二合五勺五抄二等米四升二合五抄三等米三升一合五勺五抄四等米二升六合二勺八抄富順鄉一等米四升三合五勺二等米三升四合七勺九抄三等米二升六合一勺四等米二升一合七勺七抄崇安鄉一等米三升九合四勺二抄二等米三升一合五勺三抄三等米二升三合六勺五抄四等米一升九合七勺一抄羅松鄉一等米四升三合四勺二等米三升四

合七勺二抄三等米二升六合四抄四等米二升一合七勺二抄剡源鄉一等米二升六合三勺七抄二等米二升一合一勺三等米一升五合八勺二抄四等米一升三合一勺九抄太平鄉一等米三升二合一勺八抄二等米二升五合七勺五抄三等米一升九合三勺二抄四等米一升六合一勺一抄長樂鄉一等米三升九勺八抄二等米二升四合七勺九抄三等米一升八合六勺四等米一升五合四勺九抄開元鄉一等米三升六合五勺四抄二等米二升九合二勺五抄三等米二升一合九勺三抄四等米一升九合二勺七抄繼錦鄉一等米三升九合六勺六抄二等米三升一合七勺三抄三等米二升三合八勺四等米一升九合八勺五抄積善鄉一等米二升八合二勺九抄二等米二升二合六勺三抄三等米一升六合九勺七抄四等米一升四合一勺五抄桃源鄉一等米三升七合六勺四抄二等米三升一合二抄三等米二升二合五勺九抄四等米一升八合八勺

五抄淳化鄉一等米四升二合三抄二等米三升二合二勺二抄三等米二升四合一勺六抄四等米二升一勺四抄禮義鄉一等米三升五勺二等米二升四合三勺四抄三等米一升八合三勺二抄四等米一升五合二勺五抄昇平鄉一等米三升五勺五抄二等米二升四合四勺四抄三等米一升八合三勺三抄四等米一升五合三勺德政鄉官免下田每畝科粮自八斗六斗至五斗二斗及至三升者共計壹百叁拾餘則　地有官地寺觀地學院地天漲地民地而民地凡二等科例各不等山有官山民山寺山塘有官塘民塘寺塘科例亦不等等則數多歲久弊滋以起至隆慶四年知縣薛周憂平之里民周益史等呈稱山會等七縣俱各丈量均憂嵊縣亦欲比例扒平將官民寺站續田均爲一則

查得官田粮重民田糧輕似難畫一然官田糧重而無差民田糧輕而差重均一則民田雖少加糧而官田亦少加差兩足相當且官田原係洪武等年抄沒召佃無價故重其糧稅今展轉已非原主何官非民均平乃爲一體寺續田槩縣不過萬餘而屬於民家者又過半矣民田上等三則均一無詞惟是四則天田委係磽确既與上等均憂合以秋糧內額派京庫折銀盡配天田田多折少又以南京存米兼配之則視上等所納甚輕省矣至于五十五六都田土肥沃其下田即別都之上田也官免下田與各都上等田全派南糧有米而輕折不與焉爲肥瘠適當其官地派米誠爲太重民地與山所派又屬大輕田既科米更復派麥五勺鈔二十文又何偏重今以官民山地亦均爲一則以官地之米田畝之麥均加於官民之地而田鈔地錢均加於官民之山如此則田派秋糧而麥鈔不干地均米麥而銅錢無及庶不問何田每畝糧米輕重適宜而徵科不煩矣

均科而中稍爲兩等以官寺站田及民田之一二三則者曰一田四則者仍曰四田米無多寡而科有重輕一田貳拾肆萬伍千叁百伍拾貳畝陸分叁厘捌毫全科四田壹拾玖萬壹千捌百壹畝伍分壹厘貳毫每畝陞減玖厘陸毫貳絲捌忽玖微以輕其賦以儘前度田盈出之數每畝科以折米存米之輕者地山塘各均爲一則後二年獨遊謝長樂二鄉援往例告減而遊謝鄉尤稱不平里民徐尚能等具呈乃以遊謝之上等一則者準各鄉之四則若二

鄉之下等則四者視各鄉之四則更輕之於是民稱

均便

新昌尚書潘晟爲薛知縣均平田賦碑記刻

邑紳子員胡夢龍尹汝暘持均田平賦碑記遠示余乞一言弁諸首余於誼不敢辭余邑于剡接壤歷覩前令鮮有留于其官者壽春薛侯令茲邑獨能懸明秉公約已節用凡一切蠹蠹厲民之政悉舉而更張之殊已凛然易觀聽矣至于田賦明塌既甚又多至百有餘則飛詭者百餘年積弊有不可勝言者侯乃賡集衆議蒞請于當塗選取里胥者民彊幹者將原額官民寺站山田地共七十萬畝有奇逐一丈量田則以新墾補坍塌之數賦則祇取足原額而盡蠲平之累倣禹則九州之遺意觀侯之釐議可槩見矣然而富室豪橫之徒猶有媒孽其令思以自便其私者使非當路知侯之深任侯之篤其不至于自焚溺者幾希矣古云民可與樂成不可與慮始豈不信哉雖然慮始固難樂成尤爲未易也昔余邑宋侯度田平賦最

府盡書今未三十年而府庫之籍散逸幾半余每請緝續之竟未有能傳其美者今刻籍已成又以其識鐫諸石矣二生歸其論于邑之士民自今以後盡相與思侯之苦心共存侯之美政毋徒惡其害已而思去其籍如余邑之可嘆也如此則侯亦永有利賴于剡矣

其人丁則例市民納鹽鈔鄉民納鹽糧此舊制也然市民所納有常鄉民之納有多寡是時亦憂不爲一於是徵派之則通計槩縣每畝每丁糧差之則其派在田土者田科肆升肆合貳勺伍抄肆撮玖圭陸粟柒粒叁黍以知縣姜克昌盈田槩攤每畝止科四升四合壹勺叁抄五撮五圭陸粟柒粒貳黍內一田存

折依額科派額見後四田坐科京庫折米貳升貳合陞抄柒撮柒圭捌粟壹粒南糧存米貳升貳合陞抄柒撮捌粟壹粒遊長鄉四田盡科京折而南存不與地科米壹合貳勺玖撮捌圭以本府預備米一項派之麥陸合玖抄貳撮伍圭山科錢鈔柒拾貳文折銀壹毫四絲四忽連科錢貳拾文折銀四絲田兵食銀四厘九毫八絲六忽有奇馬價銀一厘四絲二忽五微驛傳銀三厘七毫一絲捌忽三微地兵食銀二厘九毫九絲二忽有奇山兵食

銀一厘其派在人丁者市民鹽鈔銀五厘一毫七忽四微一塵二渺四埃六沙鄉民鹽糧米五升六合八勺四抄六撮一粟八粒（俱不分成不）其合田土折丁與人丁均派者額辦坐辦銀二分三厘六毫雜辦銀四分三毫七絲均徭銀三分三厘一毫民壯銀二分一厘三毫（已上惟雜辦均徭民壯三項優免士夫及職役人等共九分二厘二毫四絲九忽五塵四渺一漠三埃八纖不成丁者減成丁之半餘一體徵納而額辦坐辦不成丁者減半餘不免）是爲萬曆十四年萬知縣徵額至三十七年施知縣訂立全書較往例坐派分輸者有異

蓋自行一條鞭後始統立條折二項夏稅秋糧鹽糧鈔爲折三辦均徭等爲條通派彙徵於是法盡善而制始定焉其例市成丁每丁科條一錢二分一厘市不成丁每丁科條六分二厘三毫鄉成丁每丁科米一升四合七勺條折銀一錢四分四厘七毫鄉不成丁每丁科米一升四合七勺條折銀八分七厘一毫各鄉一則田每畝科條折銀四分八毫米一升四合四勺四則田每畝科條折銀三分八厘米八合一勺遊謝鄉一則仝各鄉四則長樂鄉四則每畝科條

三分四厘八毫米不科遊謝鄉四則全之一墾地

每畝科條折銀九厘二毫山每畝科銀二厘三毫

塘每畝科銀一毫德政東上二鄉俱係一田隆慶年間量出新墾田共五千四百

八十畝作四田該都冊籍渾淆作弊萬曆二十四年知縣王學夔聽鄉都公議勻憂五十五都共田

一萬六千六百七十一畝二分七厘四毫每田一畝聽八分一厘三毫一田聽一分八厘七毫四田

五十六都共田一萬四千三百三畝四分一厘三毫每田一畝聽七分六厘六毫一田聽二分三厘

四毫四田已上共科銀條折貳萬壹千伍百捌拾伍兩陸

分肆厘玖毫陸絲捌忽內除紳衿優免銀貳百叁

拾叁兩叁錢叁分壹厘伍毫科米伍千貳百叁拾

陸石伍斗柒升伍合叁勺貳抄柒撮萬曆末年加
增東飾田壹畝加九厘七毫地一畝加九厘
國朝徵額一則田每畝科銀陸分七厘米八合三勺
四則田每畝科銀六分二厘五毫米四合三勺遊
謝鄉一則田全遊長二鄉四則田每畝科銀六分
一厘二毫共本色米二千七百八十四石二斗二
升八合三勺九抄三撮一圭共折色銀
二萬八千九百二十一兩八
錢九分六厘三毫四忽九微地每畝折色銀一分
六釐三毫共銀二千四百四十五兩
五錢二厘三毫六絲六忽山每畝折色
銀四釐共銀五百三十兩五錢塘每畝折色一毫
二分八毫一絲二忽

八絲共銀一兩一錢四分一厘六毫五絲（丁）市鄉仍糧共本色米三百四十二石六斗三升八合二勺折色銀二千三百三十六兩九錢九分二厘五毫以上通共本色米三千二十六石八斗六升六合五勺九抄三撮一圭○折色銀三萬四千二百三十六兩五分三釐六毫三絲二忽九微內紳衿免本身一丁除銀三十七兩八錢二分二釐一毫一絲二忽一微九塵六渺五漠八埃外實徵銀三萬四千一百九十八兩二錢三分一釐五毫二絲七微三渺四漠三埃新丈出田山塘銀米數未入

〔田賦〕

夏稅洪武二十四年麥叁百玖拾貳石柒斗陸升玖合肆勺苗麥肆百貳拾捌石陸斗貳升肆合捌勺鈔柒百玖拾壹貫壹百玖拾叁文後遞增至隆慶四年稅麥捌百柒拾貳石柒斗肆升肆勺五十五六都麥五十三石九斗一升在內周志謂舊志數多互異以隆慶時爲的拆之曰〔起運者〕

一京庫麥伍百陸拾肆石陸斗玖升伍合伍勺每石折銀二錢五分該銀一百四十一兩七分三釐九毫每兩滴珠路費銀二分五釐續加二釐該銀三兩八錢一分一釐七毫解府轉解曰〔存留者〕四

一本縣儒學倉麥

伍拾石每石折銀八錢該銀四十兩聽給師生俸廩本府泰積庫鈔一百七十一錠三貫柒百捌拾肆文玖分內續收帶徵會稽縣鈔一十三錠二貫一百九文每貫折銀一厘該銀一兩七錢一分七厘五毫六絲九忽八微解府支銷

定海縣廣安倉麥貳百伍拾捌石肆升肆合捌勺每石折銀五錢五分該銀一百四十一兩九錢二分四厘六毫四絲解府支銷內扣貢具銀二兩五錢八分四毫四絲八忽解司餘解該府支銷

農桑額徵絹陸疋叄尺貳寸肆分肆厘以絲二百二十二兩準折絹數奉文全折坐派銀五兩二錢五分解府轉解

秋糧米

宋米壹萬玖千玖百貳拾柒石四斗壹合職田米叁百叁拾叁石柒斗

元至元間官民田正米玖千貳百伍拾捌石貳斗肆升玖合免糧田正米伍百叁拾石柒斗陸升肆合陸勺

明洪武二十四年米壹萬柒千柒百捌拾石捌升貳合租鈔柒千肆百叁拾玖貫伍百壹拾玖文柔[illegible]

十三年米壹萬柒千玖百捌拾貳石陸斗伍升貳合壹勺租鈔柒千肆百柒拾叁貫叁百叁文[illegible]

爲貫五貫爲錠每貫折銀二釐成化八年米壹萬柒千捌百陸拾伍石伍斗捌合租鈔柒千伍百叁拾壹貫柒百玖拾文撥入會稽里分增米壹千捌百陸拾石九斗叁升陸合陸勺租鈔玖百陸拾玖貫肆百叁拾柒文弘治五年米壹萬玖千陸百捌拾陸石玖斗肆升玖合叁勺租鈔壹千柒百錠壹貫貳百柒十貳文丨三年知縣徐恂升米肆拾捌石玖斗陸升柒合玖勺隆慶四年米壹萬玖千伍百壹拾玖石伍斗肆升肆合柒勺析之曰起運者三一解京庫北

折米肆千貳百肆拾肆石肆升肆合壹勺每石折銀一錢五分該銀一千六十一兩一分一厘零每兩滴珠路費銀二分五厘續加二厘該銀二十八兩六錢四分七厘零解府司轉解　一解南京各衛倉南折米叁千叁百石壹斗柒升伍合每石折銀七錢該銀二千三百一十兩一錢二分二厘五毫每兩加路費六厘該銀一十三兩八錢六分七厘一毫三絲五忽內一半給官解賫領上納一半抵充社倉穀本舊制解府司轉解萬曆後派六坊及五十五都里長同解　一解水兌正米叁拾玖石陸斗伍升叁合每石加耗二斗五升連耗折銀七錢該銀二十七兩七錢五分七厘一毫解南戶部交納

國朝解戶仍舊從府轉交解司順治六年因米價騰貴照金衢例議增折價每石加至八錢共折一兩五錢是加價驗下正價編入簡明全書南折銀五

千九兩七錢四分三厘以一歲暫騰之價爲歷年常貢之規民安得不困康熙十年金衢士民控總督部院劉照前減折併行查寧紹亦各懇減嗟乎減一分則受一分之賜減一載則受一載之恩但恐今日議減後日復議增增減無常奸胥得以上下其間困安得少甦蓋南米始于明以洪武都江寧故　國朝考宅北平自有惠民良法何必復留南折之名當較貴賤之中定爲畫一以垂久遠嵊其賴之

派剩米貳百叁拾叁石伍斗貳升伍合玖勺柒抄

一解太倉米壹百叁拾貳石壹斗柒升四勺伍抄捌撮柒圭　每石折銀六錢該銀七十九兩三錢二厘二毫七絲五忽解太倉銀庫交納

一解光祿寺米壹百壹石叁斗伍升伍勺壹抄柒撮叁圭　每石折銀七錢該銀七十兩九錢四分八厘八毫五絲七忽一塵每兩路

費銀一分二厘該銀一兩八錢三分曰存留者四
一絲三忽五微九塵七渺五漠六埃
一解本府預備米壹千柒百伍拾陸石伍斗伍升
陸合壹勺玖撮捌圭每石折銀五錢派入兵餉項下一解餘姚常
豐三倉秋米肆千玖百捌拾叁石捌升貳合貳勺
三抄一解常豐四倉秋米肆千玖百陸拾貳石伍
斗捌合貳勺玖抄貳圭二項倉米舊時本折中半本色一半該米四千九百
七十二石七十九升五合二勺六抄折色一半每
石折銀五錢五分該銀二千七百三十五兩三分
七厘三毫九絲三忽五塵五渺解府內折貢具銀
四十九兩七錢二分七厘九毫五絲二忽解司
天啟二年知縣黃廷鵠申請改折撫按准議盡從

折色每石折銀捌錢檄縣勒石永遵黄知縣六議云嵊爲溪山墝埆之區土田告窳刈穫微薄民間口食歲曠呼庚今謂嵊之去衛三百餘里運米爲易而衛之去餘姚數十里貿米爲難其謬一也軍士如不願改折則昔年虞新二縣又何以帖然樂從乎謂樂于五錢之折而不樂于七錢之折其謬二也時先議折七錢也本邑于運米一節賠累百端自官司而隸卒自鄉紳而細民人人蒿目疾首故敢控血瀝誠哀籲當軸冀一邑之蘇息今以逼邑所禱祝而求者而謂糧戶突生覬端其謬三也邊城雖無屯種然米價常可五錢而以七錢爲折每歲所餘不啻九畊之餘即此可備緩急矣如果風塵有警彼糧戶能遣課于無事者非能效命于有事者也無已則徵兵轉餉石室別有籌畫即各邑唇齒相關休息一體寧復以常調拘拘者哉其謬四也即今雖云運米其實軍民兩從私便大抵多歸于折矣有所偏利于驲儈則曰願折而有所均惠于黎庶

則曰不願折于情于事然乎否乎其謬五也衹緣本邑梟棍積蠹與該衛旗舍侵牟饕餮互相首尾此不顧民害而彼不顧軍害每陳請一番則必梗撓一番即該衛官亦不覺墮其雲霧中爾其謬六也府邑人周太僕汝登喻中丞安性咸贊成之嵊邑徵解之累始甦

一解本府泰積庫鈔壹千陸百玖拾柒錠肆貫玖百伍拾叄文每貫折銀二厘該銀一十六兩九錢七分九厘九毫陸忽四微

丁賦市民曰鹽鈔鄉民曰鹽糧明初制班鹽天下而徵其鈔其糧亦因食鹽而輸于公也鹽鈔所納有常若鹽糧所納無定隆慶間薛知縣亦憂平爲一

其照丁均派者額坐二辦銀每丁貳分叁厘陸毫

雜辦銀肆分叁毫七絲均徭銀叁分叁厘壹毫民壯銀貳分壹厘叁毫三辦均徭民壯不成丁減成丁之半後萬曆間施知縣全書定例原額人丁壹萬八千有四內市成丁壹千叁百有柒每丁銀一錢二分一厘共徵條銀壹百伍拾捌兩壹錢肆分柒厘市不成丁壹百玖拾有壹每丁銀六分二厘三毫共徵條銀壹拾壹兩捌錢玖分玖厘叁毫鄉成丁壹萬貳千陸百陸拾有壹每丁銀一錢四分四厘七毫共徵條折銀壹千捌百叁拾貳兩肆分陸厘柒毫每丁米一升四合七勺共徵米壹百捌拾陸石壹斗壹升陸合柒

勺鄉不成丁叁千捌百肆拾有伍每丁銀八分七厘一毫共徵條折銀叁百叁拾肆兩捌錢玖分玖厘伍毫每丁米一升四合七勺共徵米伍拾伍石伍斗貳升壹合五勺

鹽鈔額銀陸兩玖錢肆厘肆毫八忽五微七塵一渺四漠○起運本色鈔壹百柒拾貳錠叁貫該銀玖錢捌分陸厘肆毫玖忽折色銅錢壹千柒百貳拾陸文該銀貳兩肆錢陸分伍厘柒毫壹絲四忽貳微捌塵伍渺柒漠每兩加路費銀一分二厘該銀四分一厘四毫二絲五忽四微

遇閏加鈔壹拾柒錠貳貫陸百貳拾伍文折銀

壹錢壹毫伍絲伍忽三微七塵五渺加銅錢壹百柒拾伍文貳分伍厘折銀貳錢五分三厘五絲七忽一微四塵二渺九漠二項共路費銀四厘二毫六忽一微五塵二漠一埃解府轉解存留本色鈔折銀同上起運數銅錢折銀仝上起運數無路遇費閏加鈔加錢亦同上起運數解府支銷鹽糧額米玖百叁拾貳石貳斗柒升陸合貳勺內起運顏料鹽米貳百貳拾玖石壹斗柒升每石折銀六錢該銀一百三十七兩五錢二厘解府轉解存留一解餘姚常豐三倉鹽米壹百伍

拾叁石壹斗陸升貳勺本折中半該本色米一半七十六石五斗五升三合一勺運倉上納折色一半每石折銀五錢五分該銀四十二兩一錢四厘二毫五忽解府內扣貢具銀七錢六分五厘五毫三絲一忽解司有閏加米柒拾柒石陸斗捌升玖合陸勺捌抄叁撮叁圭伍粟每石折銀五錢該銀三十八兩八錢四分四厘八毫四絲一忽六微七塵五渺泒作預備解司充餉本縣儒學倉鹽米叁百石每石折銀八錢該銀二百四十兩聽給師生俸廩本縣存留倉鹽米貳百伍拾石內扣官俸米捌拾肆石每石折銀八錢該銀六十七兩二錢聽支本縣知縣縣丞典史俸粮餘并本色米一百六十六石兼給司吏俸粮併孤老及重囚口粮等項○丁徭本爲戶口之賦但依戶僉丁或丁存而田乏至貽害貧民値役之歲盡丁

當差有避征徭而竄徙者明隆慶間知縣薛周照田派丁卽地不遺地五十畝山一百畝各準一丁明季仍籍人丁富民夤緣脫漏偏累殊甚

國朝順治中知縣吳用光仍照田均僉其例市民田五十畝聽一丁鄉民田二十五畝聽一丁其不丁各儘盈餘田○康熙六年增鄉成丁銀米數未入

附食鹽自宋元至明初嵊坐派錢清曹娥三江石堰四場每月買納貳萬肆百觔萬曆至今山陰批驗所掣發嵊鹽每季一千二百五十引四季共銷五千嘉靖四十一年舊任知縣陳宗慶在京呈請巡按蘇通

鹽禁在昔以寧海縣鈇場巡司鹽運至本縣東北鄉任賣天台縣清溪鎮鹽運至本縣西南鄉任賣路途阻遠販運爲難故各鄉不能接濟而上虞曹娥場會稽長亭場地近而舟楫可通價平而

貿易自便故是時陳明府呈揭議畧云合無除私塩之禁使嵊民得食上虞會稽產塩近奉即發行塩小票每票一張稅銀二分召民給領往曹娥長亭二場照買銀解運司其稅銀却不與商人大票九分一例然給票有限法非大行猶不免于阻抑今計通縣歲報人戶計口該食之塩不下三十餘萬觔若于曹娥等塲開禁許商人販至嵊境令本縣民轉販每一百斤照例納銀二分官民兩便查照台州府先年食塩亦有重禁該府顧知府申議將中津橋地方立掣塩所委官逐月掣放亦塩百斤稅銀二分有船載者依數納稅台民至今利之本縣實與台州事例相同伏乞憲臺俯順民情云云○功令之禁私塩非不嚴矣而奸徒鬨不畏法者弊約有二一則䵡儈販塩攤拏小戶逼索重售及至敗露又將平日索詐不遂及不合者逼扳作犯以恣報復以卸巳罪更有甚者遇廵方莅郡搆通上下積蠧將平人揑名拏訪陷罪追贓每至傾家殞命而䵡儈倖免欽其不買私塩得乎一則蕩

人將市嵊額引之鹽私貨天台東陽兩路百十成羣連篺載販以致鹽竭價騰官鹽價高則私鹽價平小民惟利是趨欲其不買私鹽得乎當事君子宜痛懲焉

均平三辦昔有額辦坐辦雜辦額坐辦有定數雜辦繁而不經三辦皆十年輪轉九年併力一年而坊里之長當雜辦往往傾其家明嘉靖四十五年巡按御史龐公尚鵬以雜辦斟爲定費均派縣丁田每歲輸銀入官令執事者領銀供辦而坊里之長不與其二辦亦年年均輸無併力之艱是謂三辦均平事有畫一而民無困擾後行一條鞭法復

酌定如左

額辦銀貳百陸拾貳兩伍錢叁分陸毫伍絲捌微

内白硝鹿皮狐狸皮折色價銀一兩八錢本色年分徵銀一兩四錢五厘二毫若狐狸皮本色鹿皮折色徵銀二兩四錢○桐油本色價銀一十三兩二錢三分五厘六毫八絲五忽墊庫路費銀四拾四兩五錢八分三厘三毫六絲如徵折色墊費不派○藥材正料銀九兩六錢六分九厘二毫五絲貼路費銀四兩七錢六分五毫五絲五忽八微○弓箭弦條本色銀一百四十五兩八錢四分折色年分徵銀一百四十八兩三錢八分六厘四毫九絲辦料年分徵銀一百八十一兩七錢五分七厘九絲四忽○胖襖褲鞋本色銀四十二兩六錢四分一厘八毫折色年分徵銀四十五兩六錢八分七厘八毫以上解府轉解

坐辦銀壹千叁百伍拾壹兩肆錢貳分壹厘捌毫
遇閏加銀一十六兩三錢一分四厘九毫六絲一
忽六塵九渺八漠內○牲口銀二十八兩○果品
銀一十三兩三錢○蠟茶銀三十八兩三錢五分
六厘三毫加派銀一百九十四兩二錢八厘二毫
共銀二百三十二兩五錢六分四厘五毫內本色
蠟茶銀四十七兩八錢五分四厘五毫折色蠟價
銀一百八十四兩七錢一分○筞笋銀一兩六錢
三分加派銀二兩三錢六分八厘共銀三兩九錢
九分八厘○南京并布政司曆日紙料銀一十五
兩六錢五分二厘遇閏加南京紙銀一錢五分九
厘六毫○淺船料銀二百九十七兩八錢三分二
厘七毫○漆木料銀三兩二錢五分二毫○四司
工料銀三百五十兩○軍器民七本色銀四十四
兩三錢三分一厘五毫料銀年分徵銀四十四兩
四錢八分四厘○歲造叚疋銀三百五十六兩四
錢九分二厘九毫遇閏加銀一十六兩一錢五分

五釐三毫六絲七忽六塵九渺八漠○茶芽一十八斤黃絹袋袱旗號簍扛路費銀六兩以上解府轉解

雜辦銀貳千叁百柒拾貳兩伍錢柒分陸釐捌毫陸絲內扣省城募夫并夫役小畫銀九兩四錢一分四釐九毫遇閏加銀五十三兩一錢六分四釐七毫內○本府拜進表箋綾函紙劄寫表生員工食委官盤纏銀二兩二錢四分解府辦用○本縣拜賀習儀香燭銀四錢八分本縣徵用○祭祀合用猪羊品物共銀一百六十二兩六錢六分六釐六毫六絲內本府○諭祭銀六兩六錢六分六釐六毫六絲解府辦用○縣祭銀一百五十六兩內○文廟二祭共銀六十兩○啟聖公祠二祭共銀一十二兩○社稷山川壇各二祭共銀三十二兩○邑厲壇共銀二十四兩○鄉賢名宦祠各二祭共銀一十二兩○清風祠二祭共銀八兩

○陳侯祠二祭共銀八兩○鄉飲酒禮年該二次銀一十六兩○迎春芒神土牛春花春鞭三牲酒席銀四兩○上司并府縣門神桃符銀一兩五錢以上本縣徵用○科舉禮幣進士舉人牌坊銀七十兩四錢一分二厘八毫○武舉供給筵宴盤纏銀四錢五分以上解府轉解○歲考生員試卷果餅激賞花紅紙劄筆墨并童生果餅進學花紅府學銀一十兩解府聽用縣學銀二十五兩本縣徵用○提學道考試生員搭蓋篷廠工料銀二兩二錢解山陰縣○季考生員每年量計二次合用試卷果餅激賞花紅紙劄筆墨等項府學銀八兩解府聽用縣學銀二十兩本縣徵用考銀不敷准于內通融動支○起送科舉生員酒禮花紅卷資路費各官陪席府銀四兩四錢解府聽用縣銀一十二兩六錢五分三厘三毫本縣徵用照名儘將所派銀兩通融均給○迎宴新舉人合用提報旗匾銀花綵段旗帳酒禮各官酒席府銀二兩五錢解府聽用縣銀四兩本縣徵用如無中式及有盈餘

俱解府庫候下科支用○起送會試舉人酒席路費卷資府銀八兩三錢八分四厘四毫縣銀九兩三錢三分三厘四毫俱徵解府庫照起送名數申請動支○會試舉人水手銀三十二兩解司庫聽發賀新進士合用旗匾花紅酒禮府銀二兩縣銀二兩俱徵解府庫照中式名數申請動支○歲貢生員路費并旗匾花紅酒禮府銀七錢五分解府聽用縣銀三兩本縣徵用○孤老四十名每年給花布木柴銀六錢共二十四兩本縣徵給內有事故許將續收挨補有餘作正支銷○三院司道按臨并本縣朔望行香講書紙劄筆墨香燭銀三兩本縣徵用○三院覲風考試生員合用試卷果餅激賞花紅紙劄筆墨府學銀四兩解府聽用○布政司清軍道公用紙劄銀五錢五分○按察司直堂公用銀三兩五錢五分○交際公費銀三兩五分○兵巡道巡歷心紅紙劄油燭柴炭土夫交際公費銀七兩巡視海道交際公費銀八兩二錢以上聽各司道取用○三院查盤委官駐劄合送心

紅油燭柴炭吏書供給造册紙張等銀九兩○上
司各衙門并府縣及查盤取用卷箱架杠鎖索棕
單白牌等項銀四兩俱本縣徵用○部運南糧委
官水手銀一兩五錢解府聽給○省城上司各衙
門新官到任隨衙下道家伙等銀五兩二錢四分
一毫解杭州府○貢院屋稅家伙募夫等銀二兩
解府轉解○上司經臨及一應公幹官員合用心
紅紙劄油燭柴炭門厨皂隸米菜銀二十二兩○
本縣新官到任祭門猪羊酒果香燭銀二兩八錢
五分○府縣陞遷給由并應朝官員起程復任公
宴祭門祭江猪羊三牲酒果香燭等項銀二兩五
錢以上本縣徵用○府縣心紅紙劄等銀二十兩
解府聽用縣銀九十兩本縣徵用○軍器路費銀
四兩一錢七分五毫解府轉解如軍器改折路費
停徵○戰船民六料銀三十九兩一錢四分九厘
一毫解府聽用○雕填漆匠役銀二兩六錢二分
八厘三毫加閏○省城募夫工食銀一十五兩五
錢扣小盡加閏俱解府轉解○上司并公幹員役

經臨本縣中火宿食廪粮飯食等銀五十兩○經臨公幹員役辦送下程油燭柴炭銀四十九兩四錢○上司經臨并過往公幹官員合用門皂銀一百四十兩以上本縣徵用○屋夫銀六百五十四兩四錢內募夫八十二名每名銀七兩二錢本府越望亭并執傘夫共四名每名銀六兩俱扣小盡本縣修造座船銀四十兩役銀加閏○屋馬銀四百二十八兩四錢徵完在官或募養聽差或臨期旋雇隨便通融支用○雇船銀六十兩以上本縣徵給○修城民七料銀二十一兩八錢八分解府聽用○修理本縣城垣銀二十一兩○修理府縣廳堂公廨監房土地祠等處并新官衙宇府銀三兩五錢六分二厘縣銀二十兩六錢六分六厘七毫○修理本縣公所衙門銀一十五兩○修理儒學教官衙宇府學銀一兩一錢二分三厘三毫縣學銀八兩○修理府縣鄉飲公宴祭祀新官上任齋宿幕次器皿什物及徑過公幹官員轎傘幃褥等銀三兩二錢五分以上府聽解府縣銀貯縣遇用

各申請動支○司道衙門書吏工食銀五兩四錢五分加閏解存轉解○修理官船水手等銀七十八兩扣小盡加閏○預備雜用銀二百兩內扣人役工食小盡銀三十四兩四錢一分三厘七毫祗用外實徵銀一百六十五兩五錢八分六厘三毫內以七分聽上司行文支用三分聽本縣公事支銷俱明立文案造送查盤有餘存貯報司以備緩急之需應支項欵開後　加增　表箋過數銀　協濟昌平州銀四兩　三院觀風　考試生員合用試卷果餅激賞花紅紙劄筆墨銀　三院司道取給舉人貢生路費卷資銀　奬勸激賞孝子節婦善人米布銀　按察司進　表水手銀　修理院司公館家火什物銀　恤刑按臨合用心紅紙劄油燭柴炭吏書供給銀　其有事出不常數難定計俱于內支　萬曆十二年巡撫都院蕭公廩革去取開送查盤

預備夫雜辦內雇夫銀五百九十兩四錢乃里下輸銀入官雇役後復派預備夫里民重困

是年十五年知縣萬民紀申請司府扣夫銀還里革去萬知縣以夫銀入官多耗故請每里聽各自雇夫扣還銀六兩一錢九分九厘聽每里各自雇夫應役

均徭昔有銀力二差每十年以次輪編分別戶之三等而配以繁簡輕重胥吏得以上下其閒弊孔百出偏累爲甚其庫傳之役尤號難支嘉靖四十五年巡按御史龐公尚鵬疏請槩縣通融徵銀僱募承值宿弊乃蘇廹行一條鞭法尤詳且便焉額銀壹千捌百伍拾叁兩壹錢柒分叁厘玖毫六絲伍

忽內扣各衙門人役小盡一十四兩九錢九分八釐八毫遇閏加銀一百一十九兩九錢七分三釐六毫內○南京額班直部柴新皂隸六名每名銀一十二兩火耗銀三錢共銀七十三兩八錢遇閏加銀六兩○南京直堂把門看倉看監隸兵五名每名銀一十兩火耗銀三錢共銀五十一兩五錢○解京富戶八名每名銀二兩共銀一十六兩以上解府轉解○撫院健步二名每名銀七兩二錢共銀一十四兩四錢○按院轎傘夫一名銀一十二兩○鹽院完字號座船水手銀一兩俱扣小盡加閏○布政司解戶一名銀三十兩○馬丁九名每名銀四兩共銀三十六兩○左布政使員下聽事夫二名每名銀一十兩八錢共銀二十一兩六錢扣小盡加閏○督糧漕務道轎傘夫一名銀一十兩八錢○分守溫處道聽事夫一名銀一十兩八錢○按察司巡視海道皂隸一名銀一十兩八錢○兵巡紹台道轎傘夫一名銀一十兩八錢○兵巡溫處道甲首一名銀一十兩八錢○兩浙

運司將盈庫看守募丁銀八兩二錢以上俱扣
盡加閏聽各衙門取給○本府柴薪皂隸六名每
名銀一十二兩共銀七十二兩加閏○皂隸五名
每名銀一十兩共銀五十兩扣小盡○甲首七名
每名七兩二錢共銀五十兩四錢扣小盡俱加閏
○泰積庫役銀二十六兩六錢六分六厘六毫六
絲五忽○司獄卒三名每名銀一十二兩共銀三
十六兩扣小盡○捕盜應捕二名每名銀七兩二
錢共銀一十四兩四錢扣小盡俱加閏○新官家
伙銀二兩九錢二分七厘三毫○府學齋夫二名
每名銀一十二兩共銀二十四兩扣小盡加閏○
膳夫一名銀一十兩加閏以上聽府取給○本縣
柴薪皂隸七名每名銀一十二兩共銀八十四兩
加閏○馬丁三十名每名銀四兩共銀一百二十
兩○門子二名每名銀七兩二錢共銀十四兩四
錢扣小盡加閏○皂隸二十名每名銀九兩共銀
一百八十兩扣小盡加閏內縣堂一十五名佐二
四名首領一名耳房庫役銀三十兩給管庫吏雇

人守庫備辦筆墨油燭查盤造册紙劄工食及夏冬桌幃坐褥等費○獄卒四名每名銀九兩置辦刑具燈油在内共銀三十六兩扣小盡○捕盜應捕一十名每名銀七兩二錢共銀七十二兩扣小盡俱加閏○廵鹽應捕抵課役銀一十八兩每兩加滴珠銀一分共銀一十八兩一錢八分捕役于民壯内選撥四名責令每歲更番廵緝如能捕獲查支課銀照數給賞遇閏加鹽課并滴珠銀一兩五錢一分五厘○新官家火銀一十二兩○歲貢生員起京路費銀三十兩○預備倉經費役銀四十兩以倉夫二名每名銀七兩二錢扣小盡書手一名銀三兩六錢俱加閏修理倉厫家火銀一十兩盤量籮夫銀六兩風車籮簟銀四兩五錢紙劄銀一兩五錢○常豐二倉經費役銀三十兩内倉夫二名每名銀七兩二錢扣小盡加閏經費銀一十五兩六錢○看守布政分司門子二名按察分司府舘各一名每名銀三兩六錢共銀一十四兩四錢加閏○三界公舘門子一名銀四兩五錢加

閏○三界稅課局抵課巡攔一名銀五兩○上管儲林天姥三鋪司兵一十五名每名銀九兩共銀一百三十五兩扣小盡加閏○驛使一名銀七兩二錢扣小盡加閏○縣前伍里仙岩禹溪八里五鋪司兵二十四名每名銀七兩二錢共銀一百七十二兩八錢扣小盡加閏内惟縣前鋪四名○南門渡渡夫二名役銀并修船銀共一十四兩役銀扣小盡加閏○本縣儒學齋夫六名每名銀一十二兩共銀七十二兩扣小盡加閏○膳夫八名每名銀一十兩共銀八十兩加閏○門子三名庫子二名掃殿夫三名啟聖公祠門子一名每名銀七兩二錢共銀六十四兩八錢扣小盡加閏○教官家火銀一十二兩

以上本縣徵解

兵餉自明嘉靖三十四年始時海寇汪五峯以倭擾沿海朝廷發兵捕勦故有此餉舊額頗多後事平

漸減萬曆中全書載額銀伍千肆百叁拾壹兩玖錢叁分捌厘陸毫貳絲九忽貳微陸塵内田地山銀三千七百七十七兩捌錢四分五毫七絲四忽三微六塵○預備秋米折銀八百七十八兩二錢七分八厘五絲四忽九微○均徭充餉銀六十六兩内扣布政司解戶一名銀三十兩本縣皂隷充餉三名充役一名俱每名銀九兩○民壯充餉銀七百九兩八錢二分過閏加銀六十九兩以上解府轉解■

萬曆四十八年每田一畝加餉銀九厘七毫八絲共額銀陸千陸百陸拾陸兩陸錢柒分九厘國朝簡明全書以九厘爲名

民壯實役一百名每名銀柒兩貳錢共銀柒百貳拾

兩內折小盡銀一十兩遇閏加銀六十兩本縣徵給

驛傳額銀貳千壹百伍拾捌兩玖錢肆分叁釐叁絲內本府站銀一千七百一兩九錢七分三釐三絲外省馬價四百五十六兩九錢七分 嘉靖

四十一年舊任知縣陳宗慶呈請巡按裁東關驛累嵊縣邑小役繁原無驛遞自成化八年奏撥會稽兩都帶來差役始有東關協濟其初止編館夫一十二名及扛解等費縣派銀一百三十兩解府轉發彼縣幇貼自後會稽之民設計陸續行文加增又派水夫二十七名埧岸夫銀二百八十餘兩然亦俱是解銀幇貼至嘉靖二十四年寧波府白推官委掌紹興府印查盤本驛會稽之民其心不厭告令本縣照遵于每年徭役編派大戶解驛當值山縣小民懼見官長況地遠人疎但從雇募驛邊光棍代役其役每館價一兩坐取三兩後且

備之近甚至十三四兩又有酒禮見禮使用且不從實支值往往悞事取罪則又復指本役納罪罪一兩者勒至五六兩或自出身承當則驛傍棍徒復拴串黨類于過往承差及賓客僕從多方唆使極稱徭戶殷實廩給口糧可折乾若干不聽則皮鞭撻之又木石撾之或索細懸吊之非刑拷打必可乃已輪流當值往往家破人亡大戶固當其殃生員亦受其害爲民牧者痛心切骨况本縣支值又極繁難寒雪夜分猶且迎送坊里夫馬往往不足于用黎庶嗷嗷有悲生號死之聲看得曹娥東關二驛可合爲一驛夫一驛合則費可省而本縣之夫役可裁伏惟裁決按陳侯并驛之說不數年而行然余邑之役不省陳侯之功不錄所謂曲突徙薪無恩澤者乎

萬曆十八年奉文減派東關驛𩦿夫銀柒拾玖兩陸分柒厘東關站夏志止載館夫十二名岸夫七名後漸增加蓬萊站舊入均徭而新例分入兵食丁專派于田此兩站

及河南馬價周司空謂皆割兩都所遺其東關苦累之狀畧具呈不報邑舉人胡采極力鳴寃不報周夢秀曰東關夫舊派會稽之一百二十七里割七里過嵊帶差亦不過二十分之一我嵊當時議差止派兩都可也柰何混派繫縣增至舘夫七十二名水夫三十六名幾當東關之全役矣蕭巡撫廩憐嵊東關之累曰吾以是不平者屢屢顧其事未易言然終不可不言姑須之未幾陞去顧廷對官湖中奉委過東關問夫廩多輸自嵊已而入嵊復供夫廩慨然曰柰何一邑而兩役之民必不堪受之者能宴然耶作尹湖末議以鳴其事凡軫念民隱者無不爲嵊痛而卒未能爲嵊剔者盖除積弊如拔泰山不啻其難也後得龐公尚鵬議惟徵銀雇值雖水舘之凌趯少蘇而田土之輸將加重安得無東國之嘆哉○外省馬價銀

四百五十六兩九錢七分解府轉解

收零積餘米貳拾壹石貳斗貳升陸合玖勺折銀貳

拾捌兩肆分捌厘捌毫俱存許該縣聽備新增優免有餘作正支銷仍置簿查盤○外扣人役工食五日小盡銀三十四兩四錢一分三厘七毫批充備用○有閏年分通共加銀三百五十八兩三厘五毫毎正銀一兩加徵銀一分六厘七毫　國朝折充餉銀一十八兩六分六厘五毫九絲三忽一微

額外歲徵

課程本縣額徵課鈔壹百貳拾柒錠貳貫玖百肆拾伍文折銀壹兩二錢七分五厘八毫九絲

稅課局額徵課鈔二千一百四十二錠四貫八百八十文折銀二十一兩四錢二分九厘七毫六絲

有閏縣局共加鈔二百六十五錠七百八十八文折銀二兩八錢五分一厘五毫七絲六忽俱于均徭內編

巡攔役銀五兩抵課餘分派市鎮舖行出辦解府轉解　國朝外賦無定額每歲終以收數造報

嘉靖四十五年巡按御史龐尚鵬均平三辦額坐二雜銀差力蘇東關遞役○隆慶四年知縣薛周度田戛平賦額○萬曆十二年巡撫都院蕭公廩檄縣禁革糧里長折解及見面禮等弊○二十四年知縣王學夔勘豁坍荒淸查隱漏梓行淸田平賦錄○三十七年知縣施三捷酌行一條鞭法定賦役全

書明初賦役分項以輸緒煩而弊滋隆慶改元欽姚知縣鄧喬材申請臺司照都院海瑞法將各色額徵併爲一局曰一條鞭派徵則攢爲一總起解則分項開銷以除收頭侵那及欺勒小戶之弊臺司准通行合省嵊舊志所載賦額銀米尚坐田分派屬粮里長收解至二十一年以其法頒行天下嵊始統派類徵收解從官迨施知縣遵行酌定重纂全書規制畫一允垂永久　崇禎十七年巡按任天成檄縣勒石革除折收折解折修貨押兌庫壯頭長單南糧押發及私派浮費邑紳衿王心純吳應芳徐一鳴金之聲黃正色王徽弦王國禎袁尚衷尹膺晉等公呈本縣知縣蔣特秀行除按院行檄禁革立碑縣門

國朝簡明全書田地山塘丁額併徵額載前則例下

康熙六年加丈出米一石九斗二升

八合六勺八撮九圭銀一十七兩五錢七分六厘六毫八絲四忽九微六塵未入運留數內

一起運

各部寺本折正賦裁扣等銀壹萬七千八百一十一兩七錢七分八厘五毫二絲二忽六微六塵　渺二漠六纖六沙○滴珠鋪墊路費銀一百四十兩叁錢肆分玖厘陸毫叁絲貳忽捌塵陸渺陸漠壹埃三纖肆沙內

戶部項下本色銀叁拾伍兩肆錢壹分肆厘捌絲叁忽貳微捌塵壹渺貳漠伍埃內顏料鋪墊解損路費○黃蠟○芽茶銀

等

項

折色銀捌千陸百陸拾肆兩陸錢伍分伍厘玖毫伍忽捌微柒塵捌渺貳漠○滴珠路費銀捌拾柒兩肆錢叁分捌厘壹毫捌絲肆忽肆微捌塵陸渺陸漠壹埃叁纖肆沙

内金花○農桑絹折○派剩
米折○折色蠟價○富戶銀

○昌平州銀○芽茶○葉茶○黃蠟○江南藥
價○柴直○顏料改折○鹽鈔○九厘等項

禮部光祿寺項下本色藥材料價銀貳兩壹錢捌厘玖毫○津貼路費銀壹兩伍分肆厘肆毫伍絲○薦新茶芽袋袱簍擅路費銀陸兩

折色銀伍拾貳兩伍錢柒分捌厘捌毫○路費銀
肆兩玖分叁厘叁毫捌絲内牲口○藥材折色○果品○蔬筍等項
工部項下本色桐油銀陸兩陸錢壹分柒厘捌毫四
絲貳忽伍微墊費銀貳拾貳兩貳錢玖分壹厘陸
毫捌絲
折色銀壹千捌百伍拾柒兩叁錢肆分叁毫貳絲
玖忽伍微○路費銀陸兩叁錢肆分叁毫柒絲捌
忽貳微貳塵五渺内麂狐皮○匠役○桐油○漆木○牛角○箭○弦○胖襖○
工料○歲造段疋○軍器
民七○軍器路費等項

舊編存留項内裁改解部銀柒千壹百玖拾貳兩陸分貳厘陸毫陸絲壹忽伍微壹渺柒漠伍埃陸纖陸沙○路費銀肆兩伍錢六分玖厘柒毫内府縣捕盜○鹽捕抵課并蒲珠○馬價○預備倉經費○常豐二倉經費○本縣備用○各役工食裁剩○積餘銀○積餘米銀○順治九年裁扣○順治十二年裁扣○順治十四年裁減○膳夫裁○康熙元年裁吏書工食○康熙二年盡裁生員廩根○裁倉庫學書工食○康熙三年裁教職○優免充餉○學道歲考○里馬○軍儲充餉○南折○座船水手等項

一存留

通共存留銀壹萬陸千叁百伍拾肆兩陸錢柒分

伍厘陸毫玖忽伍塵伍渺陸漠○米共叁千貳拾陸石捌斗陸升陸合伍勺玖抄叁撮壹圭內

本省額編兵餉內撮出軍儲南折二款彙列充餉外實該兵餉銀壹萬壹千壹百柒兩陸錢叁分陸厘貳毫貳絲柒忽貳微陸塵伍渺內田地山○預備秋米折○均徭充餉○民壯充餉○本府倉歲餘米○續撥軍儲○曆日充餉○裁冗○加原協濟龍江常三縣夫馬今抵解兵餉等項

米共叁千貳拾陸石捌斗陸升陸合伍勺玖抄叁撮壹圭內除孤貧口糧米七十二石叁裁充餉已入

順治十四年裁減數內又收零積餘米一十八石八斗六升六合五勺九抄三撮一圭每石易銀一兩充餉外實該月糧米二千九百石〇縣獄四米三十六石〇解司共銀二百六十二兩一錢一分四厘三毫一絲內科舉銀七十兩四錢一分二厘八毫〇會試舉人水手銀三十二兩〇武舉銀四錢五分〇雇稅銀二兩〇曆日銀一十兩九錢二厘〇戰船銀一十九兩一錢四分九厘二毫〇解司備用銀七十七兩二錢四毫一絲〇布政司解戶銀三十兩

存留府縣銀貳千肆拾玖兩壹錢貳分伍厘肆毫壹絲貳微捌塵玖渺陸漠內進表并拜賀習儀銀二兩二錢三分〇官役俸食

心紅等項内紹守道轎傘扇夫七名共銀四十二兩○本府庫子四名共銀二十四兩○修倉備辦刑具銀十三兩五錢九分六毫九絲四忽貳微八塵九渺六漠○通判員下門子二名共銀一十二兩○燈夫二名共銀一十二兩○本縣知縣俸銀四十五兩○心紅銀二十兩○門子二名共銀一十二兩○皂隸十六名共銀九十六兩○馬快八名共銀一百三十四兩四錢○民壯五十名共銀三百兩○燈夫四名共銀二十四兩○禁卒八名共銀四十八兩○修理監倉銀二十兩○轎傘扇夫七名共四十二兩○庫子四名共銀二十四兩○斗級四名共銀二十四兩○縣丞俸銀四十兩○門皂馬夫六名共銀三十六兩○典史俸銀三十一兩五錢二分○門皂馬夫六名共銀三十六兩○訓導俸銀三十一兩五錢二分○齋夫六名共銀七十二兩○膳夫八名共銀四十兩○門子二名共銀一十四兩四錢○喂馬草料銀一十二兩○協濟新昌縣經費不敷銀一百三十六兩九

錢六分一厘六絲六忽○祭祀賓興內本府諭祭銀六兩六錢六分六厘六毫六絲○本縣祭祀銀一百五十六兩○文廟香燭銀一兩六錢○迎春銀四兩○鄉飲銀八兩○季考銀一十四兩○本府歲貢旗匾銀七錢五分○觀風銀四兩○雜支內新官到任祭門等銀二兩八錢五分○府縣歷遷祭江等銀二兩五錢○看守分司府館門子共銀一十四兩四錢○三界公館門子銀四兩五錢○舖司兵共銀二百七十九兩○修城民七銀二十一兩八錢八分○修理本縣城垣銀二十兩○修理官船水手銀四十八兩○修理鄉飲器皿等銀三兩二錢五分○存縣備用銀三十三兩八錢三分五厘八毫九絲○二三年一辦內本縣歲貢路費旗匾等銀三十三兩○迎宴新舉人等銀六兩五錢○起送會試舉人等銀一十七兩七錢一分七厘八毫○賀新進士等銀四兩○起送科舉生員等銀一十七兩五分三厘三毫○內外不入田畝銀十七兩七錢五厘六毫五絲歸經費支用

隨漕項下共折色銀叁百伍拾兩玖錢陸厘陸毫叁絲壹忽伍微壹塵內貢具銀五十三兩七分三厘九毫三絲一忽五微一塵○淺船銀二百九十七兩八錢三分二厘七毫

兵部項下共銀貳千伍百捌拾肆兩捌錢玖分叁厘叁絲內驛站銀一千七百一兩九錢七分三厘三絲○公幹官役經臨本縣中火宿食廩糧等銀五十兩○經臨公幹官員合用心紅等銀二十二兩○合用門皂銀六十兩○夫銀四百二十九兩四錢○雇馬銀二百六十一兩五錢二分○雇船銀六十兩

一額外歲徵鹽課苦滷銀叁兩○車珠銀五分一厘係外賦不入田畝

以上奉

旨彙解戶部本折正賦裁扣等項通共銀壹萬柒千捌百壹拾肆兩柒錢柒分捌厘伍毫貳絲貳忽陸微陸塵壹渺貳漠陸纖陸沙○滴珠路費銀壹百肆拾兩肆錢陸毫叁絲貳忽捌塵陸渺陸漠壹埃叁纖肆沙○存留本省兵餉銀壹萬壹千壹百柒兩陸錢叁分陸厘貳毫貳絲柒忽貳微陸塵伍渺○存留各項雜支銀共伍千貳百肆拾柒兩叁分玖厘叁毫捌絲壹忽柒微玖塵陸漠○月糧米貳

千玖百石○因米叄拾陸石

遇閏地畝加銀叄百玖拾叄兩伍錢柒分叄厘壹毫捌絲壹忽肆微壹塵貳渺玖漠壹埃肆纖捌沙○外賦加銀壹兩肆錢柒分伍厘肆毫伍絲○共加閏銀叄百玖拾伍兩肆分捌厘陸毫叄絲壹忽肆微壹塵貳渺玖漠壹埃肆纖捌沙

一起運

本折正賦裁扣等銀陸拾壹兩陸錢捌分叄厘壹毫叄忽伍微捌塵柒渺柒漠○路費共銀陸分陸厘

叁毫玖絲陸忽壹微伍塵貳漠壹埃肆纖捌沙內

戶部項下折色銀陸兩叁錢伍分伍毫壹絲貳忽伍微壹塵柒渺玖漠○路費銀陸分肆厘貳毫陸忽壹微伍塵貳漠壹埃肆纖捌沙內柴直○監鈔等項

工部項下折色銀壹拾陸兩叁錢柒分肆厘叁毫陸絲壹忽陸塵玖渺捌漠○路費銀二厘一毫九絲

內匠役○

民疋等項

舊編存留項內裁改解部充餉銀叁拾捌兩捌錢柒分肆厘玖毫

內塩補抵課并商珠○順治九年裁扣○順治十四年裁減○膳夫裁○

康熙元年新裁吏書工食○又裁倉庫學書
工食○康熙三年裁教職○座船水手等項

一存留

通共存留銀叁百叁拾叁兩貳錢玖分玖釐壹毫
叁絲壹忽陸微柒塵伍渺內

本省兵餉銀壹百肆拾兩捌錢肆分肆釐捌毫肆絲
壹忽陸微柒塵伍渺內民壯○裁冗○預備秋米○曆日等項

存縣各項雜支銀壹百貳拾貳兩捌錢玖分肆釐柒
毫內紹守道轎傘扇夫○庫子○通判員下門子○燈夫○知縣俸銀○門子○皂隸○馬快○民壯○燈夫○禁卒○轎傘扇夫○庫子○斗級○縣丞俸銀○門皂馬夫○典史俸銀○門皂

馬夫○訓導俸銀○齋夫○膳夫○門子○看守
分司府館門子○三界公館門子○各鋪司兵○
修理官船水手○兵
部項下夫馬等項
遇閏加米壹百石係運丁月糧
一額外匠班銀肆拾壹兩捌錢壹分肆厘又當稅牙
稅雜稅等銀多寡無定額至年終將收過數目造
報查核
附上虞縣協濟嵊縣馬銀叁拾柒兩
順治六年知縣羅大猷覆定秋米折色衛軍欲撓成議復聳
藩司徵米耆民周有韶張振控臺司檄縣酌議羅
知縣覆定每石價銀一兩加貼解六分加貼費一

錢四分共一兩二錢康熙元年知縣焦恒馨均定里役之初鼎華役甚繁重前界定畫每畝出銀二錢或藉口經紀公務或托名優處尊老里有三百畝或五六百畝者坊有一千四百或二千畝三千畝者多寡不均是年焦知縣均定每坊甲田一千四百五十畝每里甲田四百畝前弊乃除四年八月總督部院趙公廷臣經縣覈除加派及重耗等弊私派濫觴在明季已經大劉鼎華蜂午乘機毀仆禁碑仍踵故轍條鞭之外每里派紙張銀二十四兩修理銀五兩稅契銀四兩五錢長夫銀四十八兩馬價銀一十六兩又派上司經臨庫給席儀心紅紙劄長夫犒賞併　朝覲錦屏茶芽木籤等銀又起解南粮折色每五百兩扣銀二十八兩時趙部院巡臨駐札郊外三日不取夫馬不受供給士民迎謁于郊下詢民間利弊汪滋趙純王黻尹長寧喻安甸尹溢宋來馥袁胜安朱乾行袁有玘吳文

派錢以與史瓚等具呈立拘吏書鞫問得實吏書責革即出示禁除其畧曰照得國有常賦賦有常額全書內少一分則爲缺額多一分則爲私派今據合縣士民公呈正額條鞭之外種種雜費浮平正額業經本部院親審明白本該依律 題參將縣官拿問追擬吏書分別究遣姑念事在赦前除將蠹書某某責懲外所有前項弊款盡行革除止留每里應納税契銀二錢照例起解司庫玆恐貪官蠹役爲時不久又要借端作弊該合縣里民仍將本部院出示備抄明晰勒石立于縣前永示禁革敢有不法官胥仍蹈前轍許里民具詞到轅門控告官必拿問吏必處死須至示者○一示禁革私雇長夫除緊急差遣量雇長夫數十名即動支該縣額徵銀不許再派里下分毫○一示禁餉鎮將司道所行白牌小票不准應付○又定櫃戥較依藩司法馬五年知縣張逢歡

奉文徵搭錢凡存留銀每一兩搭徵錢二十二文五分有奇除兵餉裁改扣解部寺外

實存留經費支銷銀二千五百六十八兩該徵錢七十七萬四百九文歲報赤曆册以杜禮吏抑勒之弊九年驛傳道熊將中火宿食銀五十兩取補吳武淅三驛額食中火宿食古委積之遺也嵊東界寧郡南接土台西連閩中北通省會公幹官役不時往來舊有訪戴驛後除設兩公館一在城一在縣北之三界無驛之名多驛之費故以嵊之脂膏爲嵊之委積使征夫不至飢渴而廉吏得供糗糒耳各有封疆則各有驛館奈何割嵊兩館之常供遠補三驛之偶缺豈杭驛之額食必不可缺而嵊館之委積獨可盡廢乎剜肉補瘡于計非得奪彼予此于心似偏此必有奸胥聳憲憲偶未察故有此舉當事所當議復者十年總漕部院屈巡撫都院范概縣議除秋米折色貼費及貼價〇十一年知縣張逢歡華除小輸夫及

内衙支應舊每里派小轎夫銀八兩支應銀五錢自趙部院禁革後小轎夫猶派二兩四錢支應猶未除是年張知縣華之

總督部院劉公兆麒檄縣立衮革禁柳錢禁重戳○巡撫都院范公承謨檄縣行便民易知小單使里開花戶戶開銀總總分八限照限完納者免比以除里長保家押差之累

嵊縣誌卷之五

學校　廟學　祭器　典籍　學田
小學　社學　義學　書院

廟學　孔子廟終漢世不出闕里而邑有校魏正始間以太牢祀孔子於辟雍隋制州縣學春秋仲月釋奠然皆以周公爲先聖孔子爲先師合廟以祀至唐貞觀後始專祀孔子於學宮初曰宣文廟繼曰文宣王廟其制在剡者皆不可記已舊經載孔子廟堂在縣東南一百步莫詳其處宋慶曆間令沈振徙之西南去縣治五十步許亦莫詳其處建未

竟徙官去八年令丁寶臣嗣成之臨川王安國記不存丁寶臣自爲碑曰天之道運乎上地之道處乎下聖人之道行乎其中一物不生非天地之道一民不治非聖人之道自堯舜禹湯文武成康至孔子千餘年治天下者同其道也亂天下者異其道也剡令沈振初築學宮未及完而徙他官寶臣至則嗣而成之遷殿於其中塑孔子像高弟十人配坐左右新門嚴嚴嚴應門虓虓兩序翼翼中庭砥平令與學者春秋釋奠朔望朝望於斯學也其可廢乎噫聖道與天地無窮天地毀則聖人之道或幾乎熄學其可廢乎崇寧三年增建詔改文宣王廟曰大成殿宣和中燬於盜建炎元年令應彬建孔子殿後二年令范仲將置廊廡紹興五年令姜仲開拓大之汝陰王銍記嵊西南隅羣峯之麓下臨剡溪山川環拱氣

象雄張有學焉慶曆八年令丁寶臣始加興葺宣和初焚于兵建炎元年令應侯彬建孔子殿三年春蜀郡范侯仙將崇廊廡修像制因其舊而擴大之又明年淄川姜仲開以學爲急又建學堂後殿廡與門南向致厚於學者靡不至也落成於紹興五年秋先王建學校匪徒弦誦威儀以德行道藝教養成就其材將以明師友之道世無師友道不傳也孔門答問獨於顏子告其大者子夏子張爲諸侯師子貢築室原憲棄仕所被者遠也孔子殁而學進者曾子也一以貫之許之以道矣曾子傳子思子思傳孟子所謂忠恕所謂誠明所謂養氣一也今夫辨足以使四方勇足以將三軍一爲不善不足以訶僕妾氣懾失據不在大也是未聞曾子子思孟子大勇乎學者顯窮齊致生死不變臨道自樂至於没齒不可一日廢其常心而已吾南渡王謝孫李支許之倫初過浙江爲剡中山水清放之遊一時稱高曾不知邑東餘姚有諸馮之地舜所生也其北會稽之地禹所殁也舜禹功被萬

世而有見於遺俗亦聞聖人之至德乎范侯峻明
高爽覺於立事姜侯剛明廉肅政在恩吏寬民人
大化服郁郁然洙泗之風矣儒學爲吏師政事出
經術戎馬之間力興學校知急所先可爲卓然矣
俾刻於石知所勸焉〔銍之外舅曾公衮以書稱此
記曰會稽之地但知王謝風流不知諸馮禹跡實
爲風俗所繫其
有益世教乎〕十二年令毛鏵增葺〔講書官蘇復
嚴丁寶臣修
學記世之爲吏者往往以簿書期會爲政事之本
以剝下奉上爲進身之梯又其下者飾廚傳以悅
過客濫公帑以市私恩至學校則視爲不急之務
而設不加省夫豈知風化之源實有在於茲也三
衢毛公來宰是邑下車之初即以黌宇無完爲不
可後於是夙夜究心營葺有序又得丞佐諸公一
時之賢皆好文善士樂贊而成之曾未期月昔無
者今備一日公登眺慨然曰先聖之宮學者肄業
之所可無俎豆絃誦聲乎邑里士子欣從其化爭
先棣治齋凡布袍韋帶翕然至濟濟詵詵有魯鄒

之風晴邑之先達鎮江通守貢公燕舉因出示慶曆中丁公初興學記賛公之盛美命鑱諸石以示源流所自後之來者皆能以公之心爲心如公之不忘前人信斯學之不廢矣紹興壬戌四月望日跋

乾道九年簿江濤尉謝深甫新之記　邑人周汝士

簿括蒼江公尉臨海謝公視事之初謁夫子廟歷覩頹敝上漏下濕諸生無所歸因慨然曰政孰先於此同心之言其應如響於是定規模審材用聚糇糧命徒庸撤者葺之壞者新之課有限試有法誘掖不倦發於至誠諸生激昂日進於學剡之文治熠然一變蓋數十年未有也古之仕者以其所學後之仕者以其所不學古之學者一毫未[illegible]而使之仕雖聖人有所不能後之學者幸而入政往往覩所學爲空言設不知省日從事於斯吾徒爲政而已矣不知所學爲何事也昔魯修泮宮然公于邁無小無大蜀起學宮邦人向化鴻儒奇士間生特起異時摛藻天庭淵源四海如游夏輩可不知所自耶

嘉定七年令史安之以故學址湫隘更徙而西居鹿胎山之嶠以迄今在繼錦坊惠安寺左剡錄云嘉定七年史安之行尹事三嘆舊宮荒穢士失肄業相剡山厥兒之隅樂其崇峻開敞山水明美如杜子美所謂剡溪秀異李太白所謂剡水石清妙者廼匠新宇轍巘巍巍士志於鏗風教琢翹楚也嗚呼作學非難也繼難也繼繼非難也知爲難也然豈無知者乎晉湛方生修學教曰嶺舉雲霞之標瀁流清曠之氣山秀水清荆璞在兹剡山水有之魏曹植孔子廟頌曰修復舊廟豐其甍宇莘莘學徒爰居爰處王教既備永作憲矩剡學者圖之前殿後堂四齋曰居仁由義達道養蒙東有秀異亭國子司業袁燮記嵊古剡也剡溪蘊秀異欲罷不能忘杜少陵之詩云爾夫秀異之氣周流磅礴鍾爲人物必有資禀英粹爲時翹楚者其可擊哉燮托職成

坊日延四方士相與欵語觀其爲人品彙雜然來
易枚舉人才之生何地蔑有今猶古也維古盛時
待士厚長養磨淬良心德性日益著明於是乎皆
爲善士卽今之士類而以古人長養磨淬之道與
之周旋遲以歲月則亦當有不可勝用之才任是
責者不可不勉四明史侯之爲嵊宰也悼學宮之
壞棟橈桯欹俊秀肄業無所欲一新之役大而費
廣節浮冗窒滲漏裕財之源用由是足王簿余君
原議罔不合事由是集舊學在城之隈境非爽塏
氣鬱不舒周覽以求勝處迺得今地臨流負山面
勢宏傑經始於去秋而告具於今春殿堂齋序倉
庫庖湢凡屋百間堅壯軒豁而纖芥不擾士業其
中雍雍愉愉有雲飛川泳之適侯及王簿君皆奉
有書來屬爕識之爕不敢辭侯太史之孫今丞相
之從子生長金玉淵海之間益自砥礪不溺豪習
而留意於學宮可謂知本務矣諸生何以報稱亦
惟靜觀此心與天地同本與聖賢同類充火燃泉
達之端謹牿亡茅塞之戒更相磨厲儒風大振則

侯之至望也哉淳祐八年令水丘袤復加繕修以事去尉施復孫竟迺工邑人周炎記元元貞二年尹余洪命儒士宰里胥葺殿堂後至元二年尹張元輔增葺至正五年尹冷瓚復增葺邑人王璛記九年尹趙琬修明倫堂作仰高亭二十一年燬惟堂不燬二十三年守帥周紹祖建廟命攝縣事邢雄建廡字儒學提舉楊翮記諭貢昰至杭請記侯當兵燹興學顛沛必於是者若學者勉之周字繼先陳臺人明洪武初制因故爲新前文廟斷木摶土爲先師及四配十哲像廟前左右爲兩廡甬路而南爲戟門戟門

南爲泮池池外爲欞星門門左爲儒學門廟之北爲明倫堂三大字朱晦翁筆堂兩夾室左神厨右祭器庫堂前東爲修德齋西爲凝道齋兩齋後爲號房諸生肄業焉廟之東有碑亭故文昌祠祉西有學倉堂之東爲射圃教諭廨在堂之後兩訓導廨一修德齋後一堂之後修德齋後爲宰牲房二年十月詔重學校及鐫設科分教令式於學仍降臥碑制書三年詔頒鄉射禮儀令生員每月上旬習射二日下旬習射五日八年奉制立社學十一

年詔頒鄉飲禮儀十七年詔郡縣長以下詣學行香十八年奉制黜楊雄以董仲舒從祀二十七年教諭湯輔修明倫堂訓導施震記二十八年頒大成樂器於天下府學令州縣學如式製造永樂十五年頒五經四書大全於學宮十七年頒為善陰隲孝順事實正統三年奉制以宋胡安國蔡沈真德秀從祀令祭丁品物非其土產者鹿以羊代榛栗等項以所產果品代知府白玉視學令知縣孟文闢泮池及櫺星門前地地民所義捨郡守漢中白玉至嵊視戟門外

窄狹櫺星門逵通衢無道地屬民業命知縣禮請業民應溫遠售以直辭弗受退謀諸昆弟捨之地凡袤二十有七丈廣十八丈姪尹孫旭爲庠生二十四都人成化初知縣李春教諭戴委璯闢之地亦民捨傍爲三十四都樓秉直地時欲售之直辭弗受與其弟克剛謀捨之後戴公之姪廷節來守郡知其義命識之○按舊誌戴委係戴士雍查職官誌教諭有時雍名並無士雍時與士誤但時雍係爲歷時人不應與成化知縣同闢學地記中載戴公之姪廷節來守郡查府職官傳有戴琥字廷節浮梁人委所産地與琥同官時又與知縣李春同則其爲戴委無疑舊誌誤今正之明年修兩齋四年縣丞方玘更闢學門外之壅者民義捨以地民二十三都裘守良守儉二十九都裘彥功同捨地當學門前已上捨地俱有碑記迄今須胙爲常五年知縣許岳英

修明倫堂教諭陳烜另編藩爲南圍有孔氏泉陳公石鳳尾竹虎鬚蒲胭脂桃翠絲柳玉帶水寶墖鈴入詠訓導王洪溝書六年教諭陳烜房前爲竹林蘭砌甚幽雅載府志創議建鄉賢祠於明倫堂之東南隅八年加天下府州縣學籩豆各十十六年知縣周磨修號房弘治元年提學副使鄭紀過嵊謁廟行釋菜禮低回顧視謂制隘弗稱僅止且棟桯就圮命知縣夏完改作廟拓而大齋廡多所增飭建咏歸亭於泮橋會饌堂於廟西詳具記中（莆田鄭紀記）嵊紹屬也學宮舊在剡山之麓肄從於縣治東南宋慶曆間沈令振又徙於西南嘉定間史令安之又徙於鹿胎山即今基也夫一學

而屢徙意者以風氣之不完與基地之不廣與生
徒升散道里之不均與弘治改元予趨學至嵊謁
廟登堂遥望山嶺雄峻地勢軒昂兩浙所未有也
因細叩而靜觀之蓋坐元武而案白雲輔四明而
弼西白林巒吐吞江流繞護氣之完也自外門而
入步高一步至廟堂殆百步有奇濶亦半之地之
廣也去縣治未半里舟楫來往於前民居輻輳于
下道里之均也惜廟貌門廡隘陋傾側有弗稱焉
廼問策於今縣令夏侯完復曰往者分趨僉憲鄒
公霶曾與是念已發白金五十兩以市材矣因改
他趨而寢近者郡推周進隆亦曾區畫矣竟奪於
賢勞向完到任亦曾禮諭義官袁熙等之有力者
樂助有差又無上司以爲綱領今大人先生舉此
殊無難也於是因其山之勢別畫廟圖而興造之
貲悉以付之既而慮材料之不足廼拆圓超等廢
寺以裨益之又慮邑政之劇又令典史趙鉞與訓
導方輿以董助之原廟基逼近明倫堂今則前其
三丈原戟門逼近廟墀今前其七丈又半廟五間

高四丈七尺濶倍之深七丈五尺堂廡之上五之四廡之下一廡高七寸聖像配哲俱在堂上其下則容祭執者之周旋也墀濶九丈準正廟也深半之容兩廡也戟門臺基高一丈四尺新闢築也門屋高廣因舊規也門之階下爲泮池中結以亭題曰泳歸梁於池上以通亭也聖賢塑像增以高大冕旒章服飾以華彩臺基几案幃幕之類皆髹繪堅緻稱殿宇也明倫堂兩齋櫺星門鄉賢祠號舍倉廒饌堂射圃庖湢之處皆易腐爲新稱門廡也始事于弘治元年十二月畢工於四年六月是爲記

五年訓導王洪建璞菴於西廨（有璞菴八咏其秋夜書燈詩）萬里秋空濶西軒爽氣生恣窮今古輿愛就短長檠花燦銀缸熱光寒玉漏清飛蛾莫相撲留待養虛明

明年改訓導西廨爲教諭廨而訓導西廨以西號房爲之九年奉制以宋楊時從祀十年知縣臧

鳳重覆廟宇，飭其榱桷，廟貌一新。更增建教諭廨宇。十一年，知縣徐恂修兩廡，遷咏歸亭於明倫堂後，曰應奎亭；建觀德亭於射圃；作新號房凡九十楹，飭舊凡五十餘楹；作抗塵樓于訓導東廨，訓導周俶居之。自爲記。十四年，增置禮器鑪瓶凡三事，爵凡二十，桌凡十二。

夏雷記　天下之治系人材，人材之賢否，故朝廷責以守令六事，此爲之首；銓考守令殿最，此爲之先也。則居是職者，孰不欲舉是職哉？顧往往頹垣敗壁於榛棘中，使諸生肄業無定處，政坐才賢之弗逮爾。弘治戊午秋，嘉定徐侯尹嵊三年，而度民可使矣。於是以學舍朔望之所視，所當修繕而增創者，校於懷中，暇日偕邑博相度首詣聖廟，環視兩廡，前顧泮池，曰眎歸亭壅聖道，非古之制，且悉其餘，曰祭器不足，齋舍不立，衙宇不宏，射圃不葺，皆今日之所當急者也。侯翌日發帑市材，鳩工斲削，展石甃砌，運甓墁覆，斸大木數章，支廟梁，遷亭豎樓，凡十楹，增置祭器、鑪瓶凡三事，爵凡二十，桌凡十二，乃涓日告成而落之。嘉靖七年，建敬一亭於明倫堂北，立石刻御製敬一箴、五箴解。九年，釐正祀典，始爲木主，題曰至聖先師孔子，四配稱復聖顏子、宗聖曾子、述聖子思、亞聖孟子，十哲及七十二人稱先賢，左丘明以下稱先儒，罷公侯伯諸封爵，改大成殿爲先師廟，殿門爲廟門，令天下府州縣學用八籩八豆，樂舞止六佾先是成化十二年飭增置樂舞用八佾籩豆各十二是年更定以后蒼王通胡瑗歐陽修陸九淵從祀黜公伯寮秦冉戴聖賈逵馬融何休王弼祀改蘧伯玉林放鄭元范甯吳澄祀於鄉改正申黨名爲申棖是年知府洪珠視學命知縣呂章遷先師廟於明倫堂左是爲今所泮池欞星門等俱從而左制一切如故明倫堂南爲門曰道義門以故泮池外地爲射圃十三年奉制建啟聖公祠于訓導西廨之西故實性寺大殿廢址改顏無繇入祀啟聖公祠爲會饌堂於啟聖祠東故實性寺觀音

殿址隆慶初訓導東廨圮以會饌堂爲廨四年教諭王天和創議祀名宦知縣薛周申請肇祀未有專祠就鄉賢祠而中間爲兩制未備六年以明薛瑄從祀教諭王天和議遷儒學門於道義門南通射圃直達莊衢射圃廢邑舉人喻思化捐貲爲之凡銀二十四兩知縣朱一栢修廟廡以磚砌周垣凡數百丈許萬曆二年教諭王天和建聚奎堂於廨內三間三年知縣朱一栢重建鄉賢祠於戟門之左十一年知縣姜克昌修先師廟訓導傳遜董之僊居都御史吳時來記畧

嵊之暾有學在山之麓既以有水患徙之山之巔惟山故受雨於木易蠹惟高受風於瓦易毀自嘉靖初一修之迨今六十年以故棟橈三柰連隊萬曆八年丹徒姜侯克昌來爲嵊令於是卽諸博士所列學之圮壞宜亟修理狀聞之三臺三臺咸報可而督學使山西劉公東星守紹興郡四川傅公寵督課尤勤委新昌劉侯庭蕙計其工若干侯乃悉索諸賦歲編所積若干不足益以學租廢寺田價又不足益以金矢之贖而訓導傳遜愼而有心計爲綜理之侯與教諭章木訓導王汝源以時視其勤惰先正廟後齋六柱以石爲之避雨也次廊廡次戟門次泮池神座故用木易以磚經始於萬曆九年三月戊寅落成於十年五月丙寅諸博士以廟貌之曠有年賴侯以炳煥於邑中得有瞻依惟士暨民靡不樂觀厥成於巳與有榮侈相與礱石命諸生尹紹元王嘉士徵余爲記夫爲政孰不用民惟用其所不得不用民亦罔有不信者嵊之學勸相而亟於成若此所謂悅以先民者耶文學

子游之爲武城不聞施政以所聞夫子者聲之絃歌欲使君子愛人以感其爲君子小人易使以成其爲小人其取人行不由徑非公事不入室歸重於子羽學校賢才政之首務也侯之是舉得之矣諸博士與弟子日游宮牆戴侯之功思以服侯之教將所學何道夫避席危坐稱天語聖世每訾以爲虛談無補治理若所謂升堂入室含天與聖又奚稱豈聖天爲道外藉歟茲越諸生所聞於鄉先夫子者熟也其宜自致之以終侯絃歌之意侯爲嵊救偏補敝節冗費以惠窮乏事多可記即修學其弛張先後可槩也

十二年以明王守仁陳獻章胡居仁從祀十三年知縣萬民紀重建儒學門今號房及觀德應奎亭俱廢三十二年知縣文典章重建廟廡欞星門徙泮池於門外跨橋其上建鄉賢名宦祠於廟門兩廡

邑人喻華章助資五十兩制乃備崇禎四年知縣方叔壯重建易殿楹以石鑄鼎勒銘邑司馬喻安性記增置鑪瓶燭臺凡五事十四年知縣鄧藩錫重建明倫堂易堂楹以石　國朝順治十六年知縣史欽命重修聖殿康熙二年縣丞門有年捐俸建兩廡六間康熙五年訓導龔自淑以鄉賢名宦祠廢春秋無從行禮捐資建小屋四間以一間祀鄉賢一間祀名宦一間祀文昌一間爲講院九年知縣張逢歡修廟廡建櫺星門泮池修石欄訓導謝三錫董之邑人朱爾

銓記泮水頌魯之能修學也其詞曰穆穆魯侯敬明其德又曰濟濟多士克廣德心蓋古者大學教以明心德而已故魯人因泮宮之作即以是爲君臣頌則建學與修學意可知矣噫學在鹿嶠之翠微天姥桐柏拱其前四明太白峙其左右百川滙而經其後雲霞烟雨千態萬狀覽者神怡焉鼎革以來鞠爲茂草所留者獨大成殿與明倫堂亦上漏下濕蘚綠苺紅不可行禮今張侯初涖釋菜於先師見而嘆曰養賢之所何使至此然以瘡痍甫定不敢議興作其爲治也課農桑崇節儉尚禮樂敦教化革耗省徭寬刑息訟唯務以德明民至蹟可祈雨可禱火可滅虎可驅又奇政也民信之矣然後建倉庫成橋梁修道路而學宮尤三致意焉自己酉秋至庚戌夏殿堂門廡皆榱之桷之瓦之垣之丹之堊之泮橋之石欄櫺星之石門皆煥然一新泮池昔甃以石使可儲水池中畜蘊藻池傍栽竹木蘊藻之下游泳有金鱗竹木之間翱翔來翡翠朔望講習環橋而聽者得鳶魚之趣無不大

悅余司鐸縱山隔百里許聞之躍躍欲往將親領張侯之盛時方代庖勢與願左及見葺以事乞記遂志其陋不知其筆之走也余因之有進焉是學之修乃侯之敬明德以爲民則也余鄉之多士可不曠德心以承侯志乎亦煩澡其蕪穢矢其潔清日新又新使君臣義父子親長幼序夫婦別朋友信人人各明其德致升聞而被天下無負侯意也可余亦竊比魯人云爾侯諱逢歡號玉臺西蜀閬中人十年訓導謝三錫捐俸構兩廡神座併如古式制造　先賢先儒神王依次序列東廡四十九位西廡四十八位又造明倫堂大鼓懸架與鐘稱自後春冬鄉飲朔望行香諸生講學會文禮儀無缺

周汝登曰余嘗觀士在諸生時朔望旅進觀殿宇

頽蕪不治輒忿邑見顏色惟當事之非及其身一旦當事他邑則視學頽蕪多不問有告者曰姑置之吾且有政此爲志以境遷者也邑學不至甚頽蕪則今昔諸君之不忘其素也與乃學宫所掌祭祀鄉飲用以妥至聖激世風率典禮之大而或者忽之祭齋戒省視不必虔簠簋豆籩不必飭鄉飲在座者不必盡淳篤而視若典弁髦然蓋禮幾以廢禮廢卽崇其殿宇彌文已夫世見上官則折節禮賓薦則隆施而忽茲兩者謂神㝠㝠而賓無位

耳徇勢而闇於理悖孰甚焉邑先有王公天和加意兩者今賢者在前所稱諸弊庶幾以袪余不忍夫所在積習廢禮而懼後來者或履斯弊其爲侮聖瀆典傷教化不細故著於篇使當事者不得玩且將以聞諸握風紀爲廣大教化之王者又曰郡縣具立啓聖公祠居則同文廟舉祭始自嘉靖間稱甚盛典云顧祭祠廟後先所在不一傳曰子雖齊聖不先父食先廟者非情非禮則非禮先祠者同日兩祭則誠竭竭則懈懈不可以共神國學先期

遣官祭啓聖公丁日祭先師乃其制不達之郡縣使人得以私臆自後先則督學之任哉或者又曰先期祀祠則孔鯉得以先夫子可乎然統於尊姑弗論乃祭爲夫子設禮隆所重而反後之可乎故莫若即日同時舉祭文廟主之正官而以他官從事啓聖公祠則精誠各殫而且無妨於輕重後先之等此其說或足采書之以俟議禮之君子其將有財焉

祭器

先師位

爵三

雲雷尊一　範金爲之紐以螭首畫雲雷於腹用貯初獻酒

象尊一　範金爲象形穴背受酒覆以蓋用貯亞獻酒

犧尊一　範金爲犧牛形穴背受酒覆以蓋用貯終獻酒

登一　製木爲之高一尺四寸用薦太羹

鉶二　範金爲之三足口有兩耳覆以蓋施三紐用薦和羹

簠二　刻木爲之外圓內方兩旁有紐覆以蓋用薦黍稷

簋二　刻木爲之外方內圓兩旁有紐覆以蓋

籩八　製竹爲之用薦薧魚棗栗榛菱芡鹿脯

豆八　製木爲之用薦菁葅芹葅笋葅韭葅醓醢鹿醢兔醢魚醢

篚一　製竹爲之用盛帛帛長十丈八尺

牲匣二　製木爲之用盛羊豕

祝板一　製木爲之高九寸闊一尺二寸

四配位每位用一席

爵三尊三登一太羹鉶二和羹簠一黍簋一稷籩六鹽藁魚棗栗菱鹿脯豆六菁葅笋葅芹葅鹿醢魚醢兔醢篚一牲盤一共用羊豕二各析作四分每席用木盤一盛之置於香案上

十哲位東西各用一席

爵五東西哲各五位每位各設一爵又行禮時另獻一爵置香案上尊一鉶一和羹簠一黍簋一稷籩四栗棗鹽鹿脯豆四菁芹鹿兔篚一東西各用帛一丈八尺牲盤五共豕一析作五分每席用方盤五盛之置於香案上

東西二廡位每四位用一席

爵四每位設爵一至行禮另奠一爵于案上尊一簠一黍簋一稷籩四鹽栗棗鹿脯豆四菁芹鹿兔篚二東西各用帛一丈八尺牲盤四東西共用豕一析作一百五分每席用方盤四盛置于香案上

嵊舊存木簠簋八十籩豆四十銅爵一百四十錫爵一十二木篚九酒尊五祝板一錫香爐五木磁香爐六十九錫花瓶二木燭臺二十六毛血盤一十六香案十二黃帳八

王氏備攷曰聖祭之亡始於亡祭器祭器亡而一以燕器代之事之苟簡褻越不可言已嵊學祭器較

頒定之數十僅有五余少時入學猶及見之今疏廢轉多即存亦不復用後來曳裾膠門者幾不辨簠簋豆籩爲何物矣記曰凡家造祭器爲先噫家造如此而況爲國者乎故將頒定器數逐一開註以俟後蓋亦夫子先簿正之之遺意云

典籍

四書大全　五經大全　性理大全　十三經註疏　資治通鑑　大禮集義　聖學心德　五倫全書　文章正宗　爲善陰隲　孝順事實　大獄錄　睿宗醫書　五箴解　敬一箴

以上頒降五經大義三卷五經纂要一卷戴公全集十卷老子音別傳一卷竹林七賢論以上戴逵著幼度集十卷上晉謝元著月令章句逍遙論上晉戴顒著元度集三卷晉許恂著王右軍集九卷晉王羲之著顧愷文義三十卷顧愷著經論三卷唐秦系著姚侍制文集十卷奏章三卷補楚辭一卷以上宋姚舜明著西溪叢語史記註一百三十卷戰國策補註三十一卷玉璽書五行秘記以上宋姚寬著雪溪文集四卷宋王銍著剡錄十卷宋高似孫著春秋傳說分記五十卷春秋傳說集畧十二卷論語說約餘力稿以上宋留庚金著石牕集宋許薦著松下偶抄三卷雪後清

音歸來幽莊以上宋吳大有著春秋經傳十卷許子文集上宋
許瑾著係吟元張倫著讀杜愚得十八卷單復亨著東岡集禮庭
遺稿上許汝霖著越山鍾秀醫學秘集三百卷並明求灃著蘭室
遺稿明求漁著西溪集明張冑著林泉稿明王蘭著巽齋集張世軒著
雅音合編千齋集十卷王鈍著擬離騷騤軒集二十卷上張燦
著聽雨亭存稿莆田侍講吳希賢著孫知縣吳三臬梓行于嵊清溪存稿
南城萬實著男知縣萬民紀梓行於嵊碧虛文集周晟著清風祠集學
庸冠冕上知縣徐恂著白山吟稿張邦信著全禮纂要教諭王天和著
潛園蔚抄知縣施三捷著東越證學錄四書宗旨聖學宗

傳聖行宗系程門微旨王門宗旨助道微機揚邵

詩微以上周汝登著學畊軒稿周維韓著崑源遺稿邢德健著居彝

或問王應昌著養初文集易參上喻安性著名山息游周光臨著

金玉汝詩集教諭金以諫著四書附註詩經附註海印文

集正學堂詩微以上王三台著及幼仁書裘胤昌著明瑩齋詩

周孚淳著天澗穀吟袁祖乾著守菴集類抄袁祖憲著五達書超汝

評著荏閣集王禹佐著廣平子日集十二卷盧陰汗漫遊五

經摘解百將評衡盧陽讖語以上徐一鳴著剡中詩學聖

學正宗勿齋剩鈔勿齋陰稿以上王國楨著

周汝登曰稽掌故邑所爲典籍蓋其寥寥哉好古者宜廣收博購使士得貫穿古今而稱博雅邑固不乏碩記士也若鄉先達及巖穴之士所撰述亦往往不少然自戴王後率湮沒不傳所謂非附青雲之士無以聲施後世者也悲夫間有存者附著名氏下或傳中

學田

學故有田即碑存廢久不可復弗紀紀其所見存其爲知縣薛周置者五十四都度出盈田一十二畝

二分地二百六十七畝九分二厘二毫山一百三

十七畝九分六厘九毫塘一百一十畝六分八厘

四毫俱坐一啚塘一百畝六分零坐二啚其田地收糧差鈔差銀每

年約該三兩一錢六分五厘納學濟貧見隆慶四年均平錄

其爲民義捨者十九二十都田六畝三分租七石

二十外除糧差九斗七升嘉靖四十年生員尹紹元以易官山者土名水塘坵坐八里洋坂

三十都田十畝租九石七斗內除糧差一石六斗隆慶元年民鄭廷諧

捐二十六都田三畝二分二厘後岸坂歲字二四百八十四號

十九都田四畝七分九厘一毫一來字一百四十三號一二百十九

號共租五石三斗外除糧差二石四斗地共三畝二分六厘
八毫租銀一錢八分三毫外除差銀一分九厘六毫五系已上田地俱民
魏國濟捐四十六都田九畝八分租九石外除糧差三石民王世儀
捐其爲知縣姜克昌置者十六都田八畝三分六
厘五毫租六石一斗外除糧差一石五斗二升五合一陳家塢八十一號一風
簾坂三號一六號一九號一十號一十一號一十二號一十三號民王徭討王積寶唐生告爭入官
者五十三都田二十四畝八分七厘七毫二扁東山坂一
談字九十六號一八十一號并三十二號一湖塍坂二一百五十三號一董姑坂一百四十四號起至
一百五十一號止凡八號無號田四畝九分二厘五毫吳塍坂四坵

共租銀二兩五錢外除糧差一兩一錢六分五絲吳尚春告爭入官者五十三都地七畝租銀一兩七錢伍分外除差銀六分三厘二毫凡二坵湯希文入官者五十三都田一畝三分五厘租二石五斗外除糧差六分二厘董姑坂吳中貴入官者

萬曆十年邑人知縣王嘉相捨石紀田樹之學宮

餘姚尚書趙錦記古者自公卿以至庶人無不授田之家士生其時不惟其出於公卿大夫之後而其發於畎畝之中者亦無不得其養內之無饑寒以亂其心而外之有庠序之教師儒之聯風俗之美以磨礲浸灌之故其成德之盛濟濟藹藹賢與之興書不云其人人不愧其書嗚呼士生其時都何幸也井田廢而兼併行於是民始失其養矣民失其養而士有所不免於饑寒者矣庠序之教師儒之聯非古也祿利以爲榮而詞章以爲尚外

無所以厚其成而內有所以奪其志士生其時其卓然自立而不變於俗者蓋千里而一遇之矣孟子曰無恒產者有恒心惟士為能以之立教而厲士則可非為人上者所以養士之道也古之學校莫可詳已未聞別有田也學之有田其助于後世書院之興乎宋仁宗時嘗賜兖州學田其後有司者間亦置田於其學以濟饑廩所不及嗟乎古無養士之田而士無不養後世嘗有田以養士而士猶有不遂其養者然則學田殆衰世之意也非古之所以養士也雖然居今之世而欲望隆古之盛使天下匹夫匹婦無一不遂其養者而士與於其中不可得矣有士焉而不知所以養之又使不免於終窶之嘆其可乎故有能體念乎學校而優為之制者賢有司也知其所重者也嵊學舊未有田萬曆初始有田十餘畝今令尹丹徒姜侯克昌來視邑事慨然以興起斯文為己任踰年政修而人和始新文廟已又為置田五十畝有奇以閈於學使劉公東星郡守傅公寵成嘉允之而學博章

君本傳君遜王君汝源弟子員朔生夔龍尹生汝陽華以告於余請記其事余思惟古之所以養士以明姜侯之賢俾後之吏茲土者有所考鏡且以告嵊人士其必知所自養而後足以得公田之養云

周汝登曰田以羣士於業而免士于厄者也可少哉學故田僅餘數畝何與之艱而廢以易也薛侯周以所廢盈田地凡百計贍貧生用心殷矣已義民繼捨而姜侯克昌又以入官田益之田益以富夫姜侯益田修廟兩者實勞于學就勞厠勞誰宜權之余獨異夫朱侯一栢羅俊髦數十輩課之學宮

而蔣其旣稟經歲有常不輟迄今人曰其勞不置
而久且彌以思旣不田不乏而勞不石不磨吾不
知所由然

後學續論曰世之治術未有不本於心術人之心術
未有不資於學術學醇斯心醇心醇斯治醇學顧
不重哉無待而興者有幾中材以下大都成於習
慣故古者立學合國之子弟羣萃州處薰陶於詩
書禮樂中目不覩非聖之色耳不聞非聖之聲口
不道非聖之言身不履非聖之行果爾磨有非聖

之意萌於心否心無非聖之意出而服官庸有非聖之事見於治否是必不然余少聞嵊學典籍有須禮器樂器有須署廨號房以及亭齋厨庫秩如也故師徒聚處人材得所成就如理學經濟與夫孝廉節義之士譽髦輩出亦何盛歟迨其後典籍淪亡禮樂崩壞舍宇鞠爲茂草講習無所人情渙散而欲其學術之醇烏可得學術不醇而欲其由心以達治又烏可得嗚呼雖有賢者勞心整頓僅可行香供祭寔無以羣萃而州處豈先王養賢及

民之遺制哉今日而語嵊學竊於漢文翁宋胡瑗

是望其施爲之次第請自學舍始

小學

在城隍廟西祀朱夫子文公崇禎戊寅知縣劉永祚

建延布衣尹志賡張仲遐爲小學師今圮址存

社學

洪武八年奉制立坊都凡六所後圮成化間知縣許

岳英建今莫攷

義學

姚景崇義塾　景崇字唐英號自愛翁晉溪人宋開慶元年資政殿大學士徐清叟記自愛翁

建書塾一區於所居之旁延聘儒碩以陶育四方俊又負恠石倚橋林天光互照眞絕境也詳塾之制建聖殿于中素王之像儼然垂衣後曰自愛又其後曰書室棲賢列其左迎賓居其右如翁而翼如拱而立名扁秩然此位置之正者也堂之前翼以數楹乃會膳之所堂之後各數十楹乃肄業棲息之地義井可汲也靈源可濯也環以門牆羅以花木與俯跪起之容吾伊絃歌之韻激拂于耳目第覺春風溢于宮牆而物爲之丕變初不悟其爲何地也夫塾所以寓教也教所以爲道也苟於是有見奚啻珍羞翁獨見而獨愛之獨愛之而不能推之又豈忠恕之道翁之是舉果能俾斯士成厥德造以廣是心若修撰葉公非明驗歟余慽弗獲早登翁塾徒抱棄德之慙姑述以爲吾道淵源賀

○葉公名應鼎寧海人幼在景崇義塾中若景崇所謂宮而好義者非與

今廢

周氏義塾　宋邑人周瑜建書舍數百楹中有淵源堂旁有細論堂藴秀軒同襟館蘭馨館時永嘉王十朋居師席遠近人士及金華台温遊學之秀傑多在館周氏一門登第者凡七人

金庭王氏義學　在孝嘉鄉宋王壇嘗從朱晦翁學歸里建家塾置義田三百畝後廢明裔孫王文高復田百畝訓廸子姓又廢七世孫王應昌捐資復田百畝顔曰心傳書院鼎革又荒廢過半子心一纘父志捐巳田五十畝改建于卧蜺山之麓正屋三楹奉先聖先賢及宋元明大儒像側有養正堂凝道堂悠然軒躬訓族姓及來學之貧者弟子晨習禮暮咏詩朔望課功給賞紙筆以爲獎勸今邑南明學者咸集焉山陰王朝式詩桐栢去天只尺五華堂古道不可數衣冠猶帶晉風流兒童聚戲陳豆俎振俗餘聲起萬人重開義塾追鄒魯三代不圖見今日夜半高聲起歌舞

經訓堂書塾　鄭邦賢建　三山丘鏞記鄭氏爲邑望族邦賢公留心經史爲時宿儒家世長[illegible]

本支蕃衍雖有芳池華圃未嘗恣遊獨構一堂名圖右史以訓廸諸子弟讀書其間扁曰經訓堂公言經莫大于六藝京房之易溺于術數孔鄭之書溺于訓詁大小毛公之詩溺于穿鑿仲舒之災异康成之儀文非春秋禮樂之全也諸子弟有得于訓者曰予先人揭孔氏之全經以訓廸後昆用意深矣先生必有以發之予曰易以用變書以制事詩以正情禮以成行樂以道和垂教亦備矣是六經本以載道垂於天下傳之後世聖人精神心術之微而不汨于世儒談經之陋爲範身率物之實亦善于推訓也今之塈是全經者周邵程朱之易九峯蔡氏之書武彝訂正之詩三禮之考註而達于陳氏之傳康侯推程之要義史之大綱以集春秋以備禮樂而要不失人心之正乃全經之的傳也爾祖用是以治身用是以命堂用是以廸後人後人不辱其身亦用是以立命不愧其堂用是以名世永錫其類又用是以廸物本之以誠而光照無窮乃孝子不匱而允矣大成用是以記其堂

書院

二戴書院在縣北一里故戴逵及其子顒讀書所元

元貞二年浙東僉事完顏貞尹余洪建院以祀集

諸生肄業其間至正五年令冷瓚重修餘姚宇文諒記至正

甲申秋進士膠東冷侯瓚來尹於剡越明年既修

縣庠顧二戴書院撓棟飄瓦莫可支吾復謀治之

廼詢學院之創在元貞丙申浙東憲僉完顏公真

行部以戴氏父子深於經學事關省部列于學官

領以令名以邑士之登于籍者充弟子員用入羨

租五十餘石以增廩稍廟學之設垂五十餘年矣

敝宜也侯乃度土木陶冶之用計工徒庸傭之直

重覆禮殿作新兩廡朽蠹既易陶甓密比牆堵外

周丹堊炳煥山長巴西周宗元董其治始于至正

五年四月畢工于其年之十又一月適監邑也速

迭見侯至克相落成嵊之人士以書院創始迨今未有記之者俾以本末次第之稽諸史二戴譙人而居于剡嘉遯當世歷晉而宋者書立言其間學理義之歸脫清談之習謂深經學者千載之下饗祀夫子之宮有以也夫自侯之爲是役也將使居是學而讀其書於隱而知顯之理於藏而知行之具不惑乎晉人之高潔而一遵乎聖人之中正是侯以興學之政而所以爲教也若遯焉而釣聲名仕焉而溺利欲豈所傾於多士哉

二十年燬於兵二十四年守帥周紹祖重建

邑人元許汝霖記元混一區宇郡縣既皆有學又徵昔賢遺蹟倣前代書院成規得以始事而創置焉百年來遐陬僻壤騷騷乎鄉庠術序之盛自海內繹騷學院多罹兵變二戴書院在縣北余間過其所未嘗不踟躕浩嘆昔之翕然起者將何日復見乎至正二十四年夏嵊士董時亮稟辭來曰二戴書院創建顛末子固知之詳矣詎今僅七十載不意一旦之圯于兵也三

數年間守土者居不煖席安恤教養前年冬濮陽周君紹祖以僉浙東元帥來鎮茲土下車卽進士類謀所以輯民者未幾邊釁鮮警農漸復業君屬邑官曰當茲用武之餘未能遽興文事而聖賢妥靈之地寧誘弗祗然民力未可用廩資空匱計將安出宜姑起廢以倡後人於是旣葺學宮卽考院田遹入捐已俸爲助士以材木輸者聽之首作禮殿東西兩夾室中像聖容及四侑又東爲二戴祠四楹外儀門三間繚以周垣傷爲守舍君曰妥靈有所矣爾吉日釋菜奠幣如式夫元帥責在邊備廼移心至此請書以刻石垂示將來余聞學校者所以尊崇聖賢維持世道之大具也兵興以來宮牆化爲榛荊通都名城藩臣鎮將有不知所重者不知天理民彝不可斁忘世之擾擾至於此極政以本根之地失培養耳用武力而不反其本將何以靖天下之多故哉今周君於窮山之陬擐甲冑以問爼豆其所見必有過于人者此則剡士之所願記也乎況二戴當晉室不競之日繼世嘉遯圫

域所在歷千百年人猶展敬而獲存之我朝又以其炳靈祠於聖人之宮不惟高風峻節有足感動乎人亦其學術之懿出處去就之宜有關於世教者蓋愈遠而彌彰也七十年來蹔圮遽起自茲以往必有慨復其舊者矣此又剡士之所宜記也余之無似將與同邑之士求前人遺躅以進乎聖賢之學或出或處不失其當然以俟天運世道之復其尚有在於斯乎君字繼先嘗鎮錢清作劉寵廟人稱之其來嵊多美績　後復燬明成化十年知縣非學校所係不復書

許岳英重建春秋祀焉〔邑訓導王洪記〕并系以詩俾嵊人士歌之以爲歲時致享之侑曰鳳凰遠舉兮遺鷇雛羽儀文采兮能相符和鳴應瑞兮協禮圖鳳巢零落兮雲模糊瑶琴碎兮荒碧梧不有賢令兮將何如荊榛莽薈兮爲芟除美哉輪奐兮屋渠渠　功與金石兮同永居載歌此詞兮酌獻餘凌風隱隱兮迴飆車〔今廢〕

慈湖書院在北門內桃源坊嘉靖三十三年提學副使阮鶚檄知縣吳三畏爲楊簡立號慈湖宋時爲嵊令

鹿山書院在城內鹿山之巔萬曆十五年邑士建知縣萬民紀扁先是隆慶丁卯邑諸生袁日新袁日化丁則綬周汝登宋應光趙志伊張希稷袁日靖爲鹿山八士文行合一之會積資爲會所有年矣繼而王應昌李春榮等與焉亦各助資以建講諸邑侯更捐俸以助屋成而命以茲名蓋不特以處諸士而且以待邑中之凡有志于學者皆得以來集于斯斯立院之公心云

宗傳書院在鹿山書院之前萬曆辛丑海門周汝登建家居時相從日衆會講無定所乃擇地構堂廡

十五間院左叉構海雲菴九間初稱海門書院門人余懋孳作山陰令送扁稱今額會稽陶公石匱顏其堂曰事斯堂〔丁美祖詩〕爲問斯室事若何空傳歲月迅如波問年回首齊稱少聯坐前頭議未多花氣滿庭薰講席禽鳴幾樹促酬歌眼看物色分明處自笑從前只漫過崇禎已巳先生卒乙亥冬豫章文德翼行部至剡甫下車即詢事斯堂集諸生發明海門證學之旨有語錄有倡和詩集〔文德翼詩〕吁嗟大道久荒蕪書嘷猩猩夜嘷狐十二軒轅光忽耀伯安夫子起河圖初傳記得龍溪子得來一生經萬死龍溪付託有何人東海茫茫風涌水白洋黑洋龍嘯奔一朝汨汨地天昏高峯坐嘯心胸濶手指洪濤是海門海門白練千重光五色寒生萬

丈芒化作危冠收嶽秀剡城頂上事斯堂余來堂下草漫漫類覷山川鏡裏盤瑟瑟味歌風似舊感君此意一登壇信者何人疑者誰不支離處又支離江楓落葉山無事晚坐天泉橋上時○〔知縣劉永祚詩〕英雄衛道剪繁蕪獅王一吼膽落狐仰邇渾沌何所始洛沉書兮河秘圖中天幾傳傳孔子昌黎空訝孟軻死舜江直指天先知龍溪海門共此水嗟哉末流士狂奔青牛白馬連天皆巍巍宗幢鹿山巔聖學孤懸不二門不二門頭誰發光西江紫垣耀文芒春風一笑大小從快我下吏亦登堂天空花落雨漫漫雙旌擊來七寶盤赤羽白羽高日月偏裨莫敢睨漢壇丈夫丈夫更覓誰披得餘輝輝陸離記取愛人眞種子呼將童子捧茶時○〔訓導葉祺胤詩〕肯令大道致蓁蕪嘸點狐涎引衆狐自喚自醒只這是畫前直領亡言圖良知拈出伯安子遍照光明恒不夙傳幾見孫能暫地泝流會著源頭水揣摩卜度萬壑奔情識紛囂天地昏衆日當空忽破暗晴光瀲灧朝海門余茲來剡

伎末光彬彬子衿歆鋒芒覥面溪山我無隱幾廻
直上事斯堂庭前雲樹烟漫漫彌物明心珠走盤
夫子觀風執牛耳幸垂開闡大登壇葛藤斬却疑
者誰我信須臾不可離山是山兮水是水感恩指
點靡窮時○邑貢袁祖乾詩道乘末學漸蓁蕪白
日當空魅野狐何物小儒驕掐井紛起喧豗未晝
圖尼山去後子輿子知之堯舜今不死姚江滴泒
付龍溪龍溪洋洋洭剡水東明西白天馬奔鹿胎
一炬破重昏觀於海者蒼芒影彷彿數仞未得門
五六年餘道不光天挺匡廬耀星芒乘驄下邑閒
觀察星駕傳呼躡草堂堂深樹黒零露漫朝暾初
起水晶盤大鏞一吼呼羣夢塵尾輕揮舊講壇吾
師何人君是誰長願須臾不相離山空木落寒爐
夜莫負春風拂塵時○邑諸生王三台詩上天之
載何所蕪知坑自墮杜呌狐洞有陽明開渾沌畫
前指與羲皇圖王門信及推曾子一簑單傳經萬
死百年居近泒諸人嫡泒泠泠洭剡水龍蟠巢海
海潮奔驚雷揭日天不昏鍾簴孤懸宮百尺孰當

入室稱及門一道濤陽横白光豈同爝火鬬星芒
鹿洞鵞湖登歷久採風時蒞聖宗堂庭草萋萋白
雲漫空中墮落珠旋盤春風披得衿裾㬉不散行
生古杏壇此機拈出會者誰只疑動口轉支離山
深鳥寂花無事雲生步步幾多時○〔邑諸生袁祖
憲詩〕使君驄馬入花城搖曳旌旗夾道迎六月氷
寒清玉尺三春風㬉震金聲共憐絕學姚江杳獨
羨元宗剡水明知是文星開泰運草堂簇簇聚羣
英○〔邑諸生周應圖詩〕一幅溪山一幅圖鹿陽瑞
色赤霞扶堂開講事傳弘壁道揭良知示帶珠世
夢都從言下醒微機直向畫前符不聰自愧虛家
學仗有朝暾散日烏○〔邑進士王心純詩〕枝頭好
鳥向人鳴澹莫齋中憶友聲内照莫疑師有室虛
游渾是　覺來痛癢還歸自覔得津梁不計
程了却曉前何萬古蹉跎肯教負宗盟○〔邑諸生
趙汝璧詩〕剡溪好景鹿山收堂啓嚶鳴友是求闗
捩萬重誰入室淸虛百尺幾同樓鵞湖遺範春生
面麈柄高談石點頭琴署絃歌原盛事譜傳驄使

更千秋○邑舉人尹志烶詩吁嗟吾世道將蕪吁嗟吾力怯小狐安得天生巨靈手廓清勿使蔓難圖良知得來王夫子道通晝夜無生死天泉一派汪龍溪直決源頭天上水波流汩汩向海奔浴日恒沙照不昏百折千迴從此合低佪外望幾得門大江之西生靈光光沖牛斗寒劍芒宇宙大事一事斯率我小大同升堂憐予俗學學汗漫不識衣中珠走盤親炙無緣願私淑何日追隨白雉壇千秋寶炬更尋誰神交千里無合離江水溪流隨處是盡是先生指點時○邑諸生袁師孔詩千丈文光碧漢寒皇華軒蓋擁城看盛傳夜雪山陰棹共拂春風鹿岫壇萬死得來誰道易寸絲不掛肯言難難難易易都無是聰草青青意一般○邑進士盧鳴玉詩文芒橫出煥天章鹿洞鵞湖理學鄉獨喜海門千尺浪遥分剡岫一枝香發揮密藏機無剩擔荷先知道有光快我子衿沾化雨潚庭疑是雨琳瑯○邑貢金之聲詩一番拈動一番新木落山寒潚座春指與浮名都是假喚將影見亦非真

艮知休認姚江物王敬何疑洛水身君向蓮花峯下任濂溪去後讓讓誰人〇邑諸生尹志賡詩庵巖一畫是參同箇事薪傳統化工見徹有天堪浴日神閒無地不生風山城快卜言游治法駕欣傳清獻功被禍靡知典步履敢從消息問文翁〇邑舉人吳應芳詩此事從前恍忽過今知親切處無多溪光嵐色渾如昨可使庭柯帶葛蘿〇邑諸生張拱薇詩詞壇雄望著匡盧按節乘驄古鑑湖觀海雙眸天界闊談元一麈月輪孤岐途南北明開示兩地東西若合符到得此中親領取何如趺坐石根枯〇邑舉人徐一鳴詩天地何日始惟人開象先衆彙羅羣峯一靈俯其顛末學務卮辭詹詹徒刻鵠同歸復殊途懸河競一偏真儒窺性藏乃至忘言詮心同理亦得萬月總一川此是象山諦千古炳眞傳大江西復西一脈姚江連宗風郎高足遺文景前賢哲人今已萎法堂草芊芊君行瀓桓騶下車却金韉博詢首絕學鈴鐸固喧闐若必復有知不應事空拳若知復外心道法匪自然海水

茫茫沸日輪晝夜懸水如不在海日應不在天大悟發羣疑了解息衆喧浮雲點夕阿微風起清漣雲收天不出山花爭芳妍自性本無物俗根苦自纏我亦乘風立泠然欲登仙因之成妙義個中得奇元誰知誰不知癡人還相憐三更月出東方曠會得元明處處圓○邑諸生吳天璿詩文光歸畤大江西獨義宗風古剡溪玉麈揮時酬夙願金針度處扶羣迷烟雲消散憑呼喚庭草萋蕪借品題寄語吾徒須努力從來黄葉止兒啼○邑諸生周有鵬詩鹿胎山幽芳蘼蕪石洞深深静豐狐　堂此地弓冶在作求自愧無違圖憶昔王門爾夫子私淑先人同不死宮牆立雪雪紛紛許多商量合乳水哲人一逝宇源泉二三閑衞燈不昏道運忽開天運轉法冠文宿賁蓬門西江橫出一支光晃閃光中五色芒霜臺凜冽開笑顏黍我髦士聚一堂一堂望海地漫漫海中推起爛銀盤信斯拈出真種子點瑟回琴古杏壇孔似何人我又誰皐比肯使草離離男兒豎得千秋志射穿石虎更何時

後埋康熙三年冬門人吳天璿孫周提募資重建

嘉不施博聞重新宗傳書院誌喜　昔在弘正問道脈歸姚江再傳至先生風與剡溪長講授數十載巍然魯靈光陵谷有更變榱摧乃及梁多士咸肯構旋踵即輝煌携李余小子聞之意陽陽堂與何足羨所喜吾道昌地去世亦後如親杖履傍言念洵足樂此樂殊未央○吳鉉詩　能救八代衰猶云未破的一朝九解戍援盡天下溺歸來築剡壇谿山饒自適升堂塵一揮雷掣空中擊四國敬儀型風飛雨淅瀝我生亦既晚雪立多親覿鍾鼓日懸懸類跫常惕惕○王心一詩　仰止高山巔上遊剡溪濂洛派同悠光風不改當年度庭草依然翠欲流堂搆喜逢今日勝羨牆幸見古人修谿山面面如圖畫領畧當前一鏡收○袁尚衷詩　河洛精英注泗水後有濂溪濬其理濂溪源泝發祥長潜造波濤海門起山川旺氣剡不泄誕生偉人應爾習姚江龍溪滙一源良知灼爍輒不死馮陶爾元撒

皐北九解氷消届許子心境澄澈渾一如物外軒

軒復誰似不數琴破輿車焚殿雲棹雪安足齒亂

齋飛身天半遊下視紜紜皆封蟻赤奮之陽肯乃

堂從事于斯何唯唯憶昔先子坐春風余亦摳趨

親叔履窗前草意緣差差庭除紅白羅桃李玉盤

培得君子花滿院香風香不已歲在辰巳賢人嗟

嗣遘流離當瑣尾可憐棟折榱亦崩宮牆一旦失

富美離離禾黍百感生肯忍消歇在彈指天心不

變道心同舊址聿觀新構峙鍾兮鼓兮實式憑以

時習禮來多士絃歌聲徹鹿山巔不圖今復聞正

始堂毀堂成事偶然此堂深爲剡中喜喜剡從此

溯宗傳世有傳人學孔氏○（邑諸生王國蕃詩）結

構維新共着扃門墻重計拜前賢淵源直溯龍溪

上步履還疑鹿洞過生意滿眶非草木流行到處

是魚鳶登堂須憶名堂者斯事休敎語浪傳○（邑

諸生吳賡明詩）行看山色滿天機不是遲雩是點

沂百世高風應不歇綠松樹下復翬飛○（邑諸生

袁生芝詩）盡愛谿山別有天莫將圖畫浪名傳百

千列邑誰鄒魯今古生人幾聖賢洞口桃迷阮氏宅湖邊雪隱子猷船須知觀海難爲水寧似當年舊剡川○邑諸生李茂先詩太極成圖後宗傳濂剡江淵然接泗水源深流自長九解如冰釋風月重霽光不第望山斗起衰及齊梁講幄依鹿嶠鍾鼓聲煌煌久則棟宇折斷碣冷斜陽我其丹雘之學以證而昌海門淸浪遠濂溪同未央○邑諸生周景昉詩九諦得其解居然孔孟傳建康一振鐸天下空高賢樂道辭徵祿築堂鹿山巔鼓鍾日以考南響北轅聯庭草饒天趣谿光逞暮烟媿予負祖德薪火莫知延

艇湖書院在東隅萬曆壬午邑人王嘉相建今廢

長春書院在北門外邑州倅尹如度建邑貢周光臨記剡中饒佳山水如淸妙秀異先民之品題久矣獨爲圖一事不數數見焉余每於尋問時低廻與慨意欲南鄰

卜築爲終老之區而尚有待也乃吾嵊川之有長春園實先獲我心倚星子面四明九徑從横八窻虛敞無金谷之侈而襲其精有離垢之幽而拓其隘逼室廬而餘日涉之趣連阡陌而便植杖之芸詩酒之客每每過從舒嘯賦詠安往弗春春已無量矣又何論羣花之旖施萬木之離披也哉海門先生爲聖路闢榛蕪而獨於兹園流連忘倦固知伯氏之園緊山水之靈所藉手而標榜吾剡中之最勝者也誰謂先生之題非醉翁之意哉余因取鶴鳴之詩歌之而仍請鉅公髦士碩好之章作長春譜云○〔山陰進士王應吉詩〕早承庭誨淑良知隨處參同得趣奇周草每從窻下對程風時向坐中披歸來喜作西疇計肯使文當北岫移春意賦存無盡藏願歸君圃共棲遲○〔邑諸生鄭重光詩〕卜築聞臨戴水濆翠微佳氣倍氤氲名花手植纔三徑春意胸藏已十分洛社此時堪接武山靈何事更移文桑間亦有閒閒者高雅那能得似君○〔尹如鳴詩〕望越門邊曲徑開蕭空錦繡簇成堆小

山擁後凝交翠老栢當前挺異材鳥踏枝翻雲影亂魚遊石動水紋迴世人共詩春如許那識春從去始來◎邑舉人周孚淳詩庭柯秀挺足怡顏春意無窮一榻間泮奐每從高隱得扶搖豈爲倦飛還光含紫翠時臨沼色借烟霞半在山此際梅谿如賦刻應將茲圃作推班

周誌曰往時相嵩毁天下書院禁不得講學曰吾以疾夫僞者僞者卽廢學不講何所不僞僞者畔學學不能使人僞況彼眞者固道所由寄也而安得槩視之疾人越學疾僞越眞是以噎廢食惡莠而并除苗也余邑正慮夫講之不盛而書院之不日以擴卽僞者吾猶以爲餼羊然而何可禁其眞乎

通氏曰吾願見僞靜詐儉者斯惓惓之心其恭賢之市馬者與雖然學必講書院必擴而僞終不可長彼蕤斯稗胡不自替而以禍吾眞

嵊縣誌卷之五終

紹興大典

史部

康熙嵊縣志

2

中華書局

嵊縣誌卷之六

祠祀　壇　廟　祠　墓　冢　附寺觀

壇

社稷壇 舊在縣西南一十步一云在縣北一十五步宋嘉定八年令史安之遷置縣西二里昇平鄉五十四都西嶺上元至正間重修（邑內翰許汝霖記）古者諸侯建國各有社稷雖曹滕邾莒五十里之國皆與齊晉等不獨諸侯也有人民則有社稷矣故一邑之小亦有之魯之費楚之豐皆邑之有社者也宋朝之制縣社稷祠祭與郡同紹興與八邑皆在社稷嵊社在西門外其祭法會稽志云社以勾龍配稷以后稷配自京師達於郡邑歲再祭春以春社秋以秋社前一月檢舉關所屬前三日散齋宿於正寢不弔喪不問疾不作樂不行刑不書獄不與穢惡致齋一日質明赴

祭宋政和間祭用大成樂贊者引初獻行禮則寧安之樂作八成止引詣壇盥洗則正安之樂作詣神位前則嘉安之樂作送神則寧安之樂復作一成止自建炎後樂器多亡遂不復用本朝之祭率因宋制損益之其詳有司存焉　明成化九年知縣許岳英修葺弘治十二年知縣徐恂建齋房三間宰牲房三間繚以垣凡一百有五丈今皆圮

風雲雷雨山川壇在縣南五里方山鄉　明弘治十二年知縣徐恂建齋房三間宰牲房三間繚以垣凡一百有十丈今皆圮　上二壇俱春秋上戊日致祀

國朝因之厲壇在縣北二里仁德鄉二都　明洪武二十九年奉勘合置壇祀無主鬼神弘治十二年知縣

徐恂築周垣凡六十丈南有宰牲池歲凡三祀清明七月十五十月朔

國朝因之里社壇鄉厲壇明制每里一百戶立壇一所凡一百三十四所今社壇廢各里皆有社廟厲壇各鄉皆廢

廟在祀典者

城隍廟在縣治右創不知何始至正六年尹冷瓚修邑人崔存記畧余聞知故老南宋時邑人以元旦昧爽謁廟閧廟中語曰今歲丁旱或又曰詹義民作宰尚旱爲門啟而入始知其爲神也夏果旱則詹君實來雨隨車而至二十四年燬守帥周紹祖同攝尹事邢雄建明洪武三十年知縣江瀾新之成化中知縣劉清重建弘治十一年知縣徐恂增葺訓導周琛有記萬曆四年知

縣譚禮建儀門及東西廂宇後廟漸圮十五年知縣萬民紀撤故鼎建拓基而大廟貌一新縣丞吳鶚鳴董其事後相繼修葺　國朝後殿圮康熙八年知縣張逢歡縣丞胡玨典史毛鼎鉉重建十年又修大門

在土人思遺跡而祀者舜帝廟在靈芝之鄉舜皇山即嶀山之南巔鄉人置田贍僧居守康熙年間僧惠超[illegible]構佛殿於後又東土鄉有廟在雙港溪以祀社且肖城隍廟無朱[illegible]宜正

禹王廟在遊謝鄉餘糧山禹治水了溪於此山下有了溪後人立廟祀之

在里社所祀者嶀浦廟在縣北靈芝之鄉宋嘉祐七年七月鄉貢進士何[illegible]爲知縣高安世作嶀浦廟記

縣北曰嶀浦有廟神曰上善濟物侯告人吉凶若谷荅聲雨暘罔不應祈詢諸廟宇得石胥天福誥勅郎侯始封侯姓陳氏爲仙居令始過此日山水之勝絶有志而宅焉官休維舟遽爾覆溺靈氣發越使吾民祠天福初中原板蕩干戈不息侯有神兵之助生以美政字吾民死以靈德福吾民復能陰兵助敵安固社稷功烈若此之盛豈無銘刻以傳信後世具綴所聞以刊於石慶元元年乙卯詔賜額曰顯應廟四年重修六年成嘉泰三年十二月學士四明樓鑰撰記曰剡壯縣也邑城之北山圍平野溪行其中至四十里所兩山相向愈近剡之水易於暴漲者以此然水口氣聚所以爲壯縣也西曰嶀山巨石突踞水上其下曰嶀浦巖壑奇聳尤爲勝絶潭淵渟滀澈不知爲幾尋丈相傳中有神物無敢觸犯上善濟物侯廟夙著威靈據山瞰溪稱其爲神明之居舟楫所經無不致敬駱氏世爲廟史有吳越時公牒稱陳長官祠何淹作記云云然酈道元之注水經出於后魏已言嶀山北

有嶀浦浦口有廟甚靈驗行人及樵伐者皆先敬焉若相盜竊必爲蛇虎所傷則廟似古矣況台州安樂縣景德四年始改爲仙居不應石晉之前已有此名豈矣實爲永安縣令後人誤承仙居之名耶幽冥之事不可究知傳記亦有謂靈祠間有以剛方之士代之者惟其血食有素授職於朝故封爵之報與臣子不殊也建炎元年金兵入越欲犯邑境以神之威不戰而退乾道嘗賜香茗之奠今丞相謝公布衣時由丹丘赴南宮神已告之富貴之期既登科作尉此邑事之尤謹公既登樞筦修職魏君必大率邑人以加封爲請慶元改元賜廟額曰顯應公之力也魏君年及八十新其祠而鑰之子潚爲丞介以請記乃爲記之○嘉定十三年五月趙彥溥撰重修記畧曰彥博慶元六年夜夢謁一廟見神人語曰吾廟君爲我修之覺而不省所謂嘉定丁丑偶嵊邑缺令承乏之次年旱荒繼而中稔友人李謙舟宿嶀浦夢神告之曰爲我語令君可爲我修廟矣謙以夢來告始瞿然自省曰二

丁年前得此夢今其應矣於是再為建立○（僧法具題廟詩）自從投組踐鰲瀛民到於今仰盛名祠宇幾經尸祝老江波常作長官清我觀俗物幢幢海誰似英風凛凛生巳嘆祈禳足靈應閭君上敵顯神兵○（邑諸生袁尚東秋曉謁廟詩）曳展登神岫苔痕賦亥徑畫省唱曉風隔樾遥相應殿古封蘿烟隱隱出長磬妻其草露間釣床留名姓俯瞰石磧屼鷩黿那可定偃蹇欹巖松輕籟爽清聽所以濟物矣不須仙居命披襟發長歌良懷駐舸典○（邑諸生尹素詩）千層疊石漾清波一樹虬松繫碧蘿鳥語數聲花外轉漁歌一曲月中過僧房索畫囊詩少茅店沽來樽酒多覓釋登舟何所得雲携兩袖白儲儲

【五廟】在永富鄉宋時五姓居人境廟故名祀太祖明王廟宇宏整人氏更易廟不傾圮雖在荒野禾無蛛網門左鼓石人偶觸之即響振再舉不能動今順治間裘氏修其宇

【動石廟】在東鄉動石嶺○

【木馬廟】在西北鄉本馬突有靈異

靈輝廟在縣北三十里水旱祈禱輒應民謂之靈威王封不知何始乾道八年賜今額　東鎮廟在東門外嘉靖十六年建邑人尹鑾捨基爲東隅社會之所　西倉廟在縣治西南鹿胎山前爲西隅社會之所康熙六年八堡重建神勅封明王不知何始相傳來嵊賑饑嵊感其德故隨在祀之稱之曰太祖　溫元帥廟在縣治前康熙五年居民拓基重建　武安王廟在北門內東隅諸社立順治間邑人尹逢吉重建　五顯廟在東門內康熙七年重建　晏公廟在北門內　黃姥岑廟地輿志曰東門外有黃姥神祠民多奉事之　金龍四大王廟在南門外邑進士尹巽順治庚子公車北上渡黃河未及宿遷舟漏將沒呼神以救忽一小艇至纔更舟前船遂沒甲辰第進士假歸乃倡建之　太祖廟一在縣後

一在陡門一在西鄉東湖山一在北靈芝鄉一在開元鄉

水火神廟在南門外樓上像水神樓下像火神取水制火之義崇禎間知縣方叔壯建廟前隔街有戲臺臺後燬康熙九年知縣張逢歡募資建有引

嵊古之剡州向多火災議者謂剡爲二火一刀屢致兵火乃更名嵊然名雖更而火不熄在勝國之啟禎間特甚今與民議作廟以禳之架樓三楹於城南之門外樓下像火神樓上像水神火得水以制庶其少止乎未幾門外火廟延而燼則廟雖創而火如故今幹首某等欲募資重建以薄乞言余何言哉聞之或於讒邪國多火災而劉昆向火叩頭輒能反風是火殆關乎德之修不修矣又聞曲直積薪必有火患而廉范使民儲水咸歌安堵是火殆關乎事之慎不慎矣史載帝嚳之曽孫曰祝融辨於南方爲黃帝司徒後顓頊之孫黎

與回代掌火正亦曰祝融則祝融火神也記稱冥
勤其官而水死少昊之子修熙在顓頊時代掌水
正亦曰元冥則元冥水神也月令夏祝融冬元冥
各司其季山海圖繪祝融獸身人面乘兩龍禺彊
人面鳥身珥兩青蛇踐兩青蛇亦乘兩龍形容特
奇怪大抵水火二神神之尊者所以祀必壇坎非
天子公卿不得祀即祀亦不得數數則瀆亦不得
跡跡則怠是神又不可褻矣故救災弭患在修德
慎事不在褻神以圖苟免且火炎上水潤下陰陽
之道不可偏勝如以火濟火以水濟水無不爲患
必使炎上者嘗下濟潤下者嘗上行坎離交而陰
陽泰以之治身則五臟和病可卻也以之治世則
六府叙災可消也所貴調燮之得宜區區廟制何
足爲恃然而魯昭之十八年子產禳火於元冥回
祿子產賢者而亦禳火又曰有其舉之不敢廢也
前令實始其事矣廟而禳禱曰不可即今者遐
聖天子與賢憲臣之靈待罪以來三年不火天之
功也余敢貪天功而不神是敬獨是作廟後各修

乃德慎乃事不數不踈以虔乃祀俾神仙姑廟在錫之福而畢方不妖則余之顧也東石

北門内邑人趙鄭相建白巖廟在章山禱雨輒應又有章山廟

鼓廟在孝嘉鄉石鼓山之麓稱周王廟靈潭遏廟在五

十四都昇平鄉祀昇平鄉王阮廟在方山鄉即阮肇宅何淹撰碑

記邑人張胃詩春溪溶溶春水滿兩岸桃花連不斷遥看彷彿武陵源曉色晴曛洞霞煖花深樹密別有村青山疊絶無塵氛參差樵舍依林住窈窕漁家傍水濆當年劉阮曾居此採藥天台遇仙子靈境那知難再逢塵緣未斷思鄉里歸來但見七世孫舊遊零落嗟誰存人間歲月等飛烏浮生頃刻何須論我來弔古尋遺跡祠廟荒冷翳荊棘逝水東流去不回桃樹年年自春色天岳廟

在縣南十里陽和廟在長樂鄉元末盜起肖顯靈異明洪武間錢則

敬修後錢氏世葺之○饗王廟在剡源鄉○武肅王廟在剡源鄉
邑人錢宇之建祀錢鏐○西石鼓廟在崇仁鄉赤烏間建神烏稱護法越王
猪五龍廟在烏猪山相傳有五大豕居巖下帛道猷飛錫望山有黑氣狂風猛
惡用法降之化爲五龍○三女廟在縣西二十里烏石衕廟右有三
大枯塚相傳塚中磚有大同年號○溫泉廟在富順鄉○楊廟在清化
鄉祀清化鄉王○上蔡墅廟在崇安鄉邑人夏大有捨基重建○朱尚
書廟在桃源鄉土名上朱祀朱士明○始寧城隍廟在三界即古
始寧治廢廟存居民即以祀社○邑人吳鉉有記
廟去縣北六十里三界里人之鎮神也創于東漢
永建元年爲始寧縣治東晉咸和間中原人物遷
隱于始寧者甚多王謝其最著也隋之開皇併于

會稽唐貞元二十一年洪水衝决大壞民居今之大江即古之官巷也由是縣治廢而神祠尚存自漢晉唐宋元明歷千餘年如一日至於今不城郭而山溪自勝也不壇壝而蜡臘相承也不辟雍而多士之禮樂彬彬也不木鐸而比屋之相親相遜居然太古遺風也樓聳戴星圖凝四望互相輝映文昌耀彩武曲揚標並增赫濯廟之南爲皇華驛節之區車馬往來冠紳雜遝無燥濕之患盜賊之虞實神有以相之也德政名鄉太欽名里民安物阜居然巨鎮一十三社春祈秋報靡敢不恭水旱疾疫禱無不應其卵翼吾人如慈母居舊壞而食舊德歌思勿諼永爲始寧遺跡云

北鎮廟在北門外一里回向廟在會稽界爲德政鄉祀社之所○邑人鄭自强記畧神姓陳諱德道生於東漢孝和之元年月四日生平以勇信聞百里内咸仰焉至四十時忽語人曰今日予生辰即死辰也當爲汝鄉之王是夕果無疾而逝隣居聞鼓吹聲不絶平明羣

縣之因憶其言構椽於蔣岸橋之岡南向以祀水旱祈禱輒應後赤烏二年一夕風雨驟作如萬騎雜遝曉視之廟東向矣遂題其額曰回向

廟明天啟間郡人余煌爲神請封未報

祠在祀典者○鄉賢祠在學宮先師殿東南隅教諭陳烜創建詳學校下訓導王洪記鄉賢祠於學宮所以尊崇先哲激勵後人豈無故而然哉越之屬邑爲古剡溪山川鍾靈名賢世出在晉若會稽內史王羲之車騎將軍謝元處士戴逵暨其子顒在梁若追贈忠貞公張嵊在宋若太師姚舜明及其子編修寬參知政事憲國子録許棐定成尉張愨或隆德業或懋功名或以氣節著或以學術鳴是皆剡中表表之尤者心迹昭然載諸方冊柰何數千百年祠祀尚闕非闕風教之咎而誰歸三山士華陳先生來掌學事首以此舉爲務乃與余暨同官者福安連先生謀以建祠各節俸羨爲之倡又募諸生及邑之好義者助資有差積若干緡

遂相基於廟學東南隅市材鳩工爲祠堂三間中廣二仞旁各如中之半深如廣倍之高如深之再仞經始於成化壬辰之三月畢工於是年之五月規模堅朴足稱神棲自王謝以下羣賢奉以木主而像設弗事叙以世代而名爵勿拘既薦俎潔牲輒日告成矣諸生王輔張昇楊浩裴鈐周山章燿其久而無徵爰要余言勒諸堅珉用垂不朽惟羣賢之心之迹正先儒所謂太上立德其次立功其次立言者是已然則合祀學宮豈無其說與考之於禮聖王之制祭祀也法施於民則祀之以勞定國則祀之以死勤事則祀之撫羣賢之心迹而律之則享皆無愧矣繼自今能俾嵊人咸與仰止之心奮匹休之志其有功於世教孰甚焉於乎舉千載之闕典著一邑之表儀徵士華先生吾知其或幾乎息矣先生名炬號南窓余既歷述建祠之由仍俾刻助資姓氏于碑之外内庶嵊人益知勸云

舊記祀十人後增姚勔周山張燦喻思化周謨王尚德周汝登王應昌喻安性

名宦祠在

學宮先師殿西南隅明敎諭王天和創議知縣薛周申請肇祀詳學校下祀齊張稷宋楊簡陳著明吳三畏施三捷王志達

陳靈濟侯祠在縣東門外百數十步故有祠在浦橋明洪武十七年增建於邑之南門成化二年知縣李春重葺十三年縣丞齊倫拓大之敎諭陳烜有記嘉靖二十三年詔春秋崇祀春以三月十六爲侯所生辰秋以八月十八爲江潮之候三十四年知縣吳三畏徙今所樹石坊以表之萬曆三年知縣朱一栢置香田有記王德丙子五月邑令林誠通考績北上早行迷道忽一老人引之斜行得脫寇害老人忽不見林及從者憶其貌酷類陳侯塑像知其爲

神由是林令悉具前後之功奏請祠祀准查未報至甲辰乃祀令邑士民捨置香田立神戶慮其久而無徵爲之請記余書其事於石

十五年知縣萬民紀更拓之門外關地極宏廠縣丞吳鶚鳴董其事

行狀詳俞浙記見墓下故不傳○宋端平二年五月初一日勅諭曰蓋聞幽眞之分雖殊而畐報之理則一朕以渺躬嗣承大統不意北敵懷奸冐干神器爰命謀臣猛士奮厥智勇殄滅羣孽幸賴錢塘潮神陳賢相助陰兵默加護佑大顯神通於蔡州颶風黑雨狄人駭目斬首萬級餘種歸降翌日視之旗甲皆紙布兵馬盡土木也將卒疏奏是用褒封爰詔有司立廟崇祀加號陳賢爲靈濟侯改著太尉堂爲靈濟祠與國同休萬年不朽○淳祐十二年壬子八月十四日勅曰巨浸所稽視無端倪洶湧瀕洞窮東極西於是而能洄洑狂瀾迄無吞嚙非神之功豈人之力式俾侯爵聊慰輿情特封善應侯來勅於右碟到

奉行○寶祐元年癸丑正月十三日勅曰朕聞堯舜之時洪水汎濫大禹治之民害息矣朕以涼德嗣茲鴻烈不意九郡水泛蕩姓淪沒饑饉相仍臣民困苦痛自罪責莫知所規昨准徐卿所奏兩浙洪水爲患尤深幸錢塘潮神靈濟侯大顯神道逆風退浪不壞民居不傷民命祠宇臨江水波不入嚴備近郡亦賴保全是用重褒封號旌異靈聰宜改靈濟侯爲善應侯所以闡其祐洪水之患紹大禹之功載諸祀典耿耿不磨

王貞婦祠在清風嶺元至治元年縣丞徐瑞鑿石爲屋樹碑表之元秘書著作郎永嘉李孝光傳至元十三年冬師旅南行貞婦夫舅姑俱被擄部中千夫長見婦色麗乃盡殺其舅姑與夫而欲私之婦悲痛即自殺千夫長奪挽不得死責得囚婦八雜守之婦欲死不得閒自念當被汚即佯曰君殺吾舅姑與夫而求私我所爲妻妾者欲君終事君也吾舅姑與夫死我不爲之衰是不人也不天君焉

用我爲頑請爲服期月苟不聽我我終死耳不能爲若妻也于夫畏其不難死許之然愈兼置守助年春師還挈行至嶀嵊守者信之滋益懈過青楓嶺上婦仰天竊嘆曰吾得死所矣乃嚙拇指出血寫口占詩山石上已南向望哭自投崖下而死或視血則血漬入石間盡已化爲石天且陰雨復見血墳起如始日當是時后妃嬪嬙不死之三公九卿不死之郡國守邊大吏不死之而貞婦獨守死下從舅姑與夫獨何人也夫秉彝之性靡不有乃匹夫匹婦出之遂以驚動萬世苟人人慮此則金湯不足喻其固矣鈎戟不足喻其利矣勇士不足喻其强矣何有亡國僨家之憂彼貞婦何爲者顧奮爲烈丈夫之所不必爲彼宜爲而有不爲悲夫會稽嵊丞徐瑞爲起石屋樹碑廟中以旌其鬼焉余曰始吾見長老言貞婦所從死不能悲也後身過其地見指血化爲石追念貞婦决死時徬徨悲傷不能去豈其鬼未泯尚猶感人耶嗟夫匹夫匹婦顛沛流離誠能動天如此天豈遠人哉天豈遠

詩近俗而真

嵊縣志　卷十　一

人哉光詩見清風嶺下○王貞婦所題詩君王不
幸妾當災棄女抛男逐馬來夫面不知何日見妾
身還是幾時回兩行怨泪頻偷滴一對愁眉
怎得開遥望家鄉何處是存忘兩字苦哀哉後五
年僉浙東廉訪柱秉彞爲木屋四楹於石屋之南
至正中旌曰貞婦十八年屋燬守師周紹祖重建
始豐徐一夔有記明詔歲於春秋之仲有司致祭正統七
年叅政命仕悅姑蘇人命邑令建復祠宇自爲記其畧曰予因
考察官吏道經祠下見祠址没於荆棘不能不爲
之慨嘆甫至其邑首責有司之怠事慢禮繼立父
老於堂下曉以大義咸皆感發頓重新之後回顧
其處而祠已落成矣斯邑之民可謂淳篤而易化
歟　後知府白玉重修有記成化十五年知府戴琥命

縣丞徐倫重修員外郎上虞陸淵有記弘治十二年知縣徐恂新之〔無名氏詩〕嚼指崖上書投身崖下死伊誰知妾身千古長江水○〔暨陽楊維禎詩〕天荒地老妾隨兵天地無情妾有情痛血嚼開霞嶠赤啼痕化作雪江清能從湘瑟聲中死全勝胡笳拍裡生三月子規啼盡血春風無淚寫哀銘○〔張翥詩〕清風嶺頭石色赤嶺下嵊江千丈黑數行血字尚斕斑雨蕩霜摩消不得當時一死真勇烈身入波濤魂入石至今苔蘚不敢生上與日月生光晶兵塵澒洞迷天台骨肉散盡隨飛埃楓林影黑寒燐墮精靈日暮空歸來堂堂大節有如此正當廟食標崔嵬君看嵊江之畔石上血真與湘江竹上淚痕俱不滅○〔餘姚王琥詩〕兵氣暗奪霞城赤一片風花滚香魄翠幄空圍杜宇春釵鳳雙分鴦鏡隻啼痕漫點枯竹斑哀音不托琵琶絃天姥西來上楓嶺冰腸嘔出相思聯春葱入口纖纖碎紅噴金精泣魑魅翻身躍出虎狼羣百丈深潭半空

墜翠翹觸破青玻璃一泓冷浸珊瑚枝江妃木仙弔孤寂青天影裏鬪雙眉素質涓涓淨于洗洗心不用清冷水波裏難消精衛冤墓頭去作鴛鴦鬼斷石立屋官道傍沉冥不復愁天荒歲享春蘭與秋菊黃金像古苔花蒼林幽夜靜行人歎壁角紗燈半明滅往事無根有故墟兩岸青山半明月○〔郡守白玉詩〕江南烽火接天台獨有崑岡玉未灰詩寫石崖眞激烈身投江水肯徘徊千年卓行歸青史七尺殘碑蝕紫苔遺像尚疑南望恨行人下馬爲興哀○〔邑令徐恂詩〕斷知一死義相當暫托衰麻謝靚妝破鏡無緣歸故國孤鸞有影墮高岡石間血染莓苔赤波底黿依杜若香青史特書褒節義故鄉草木有餘光○〔布衣求澧詩〕野草無情春自綠江鴻有怨夜還哀祠前莫訝吞嗟久小巷花明謝豹來○〔會稽徐渭詩〕半岩竹淚堪啼月一水菱花解照人但取藁砧還破鏡祇持完璧碎强秦

萬曆五年知縣譚禮修前廳扁曰元貞婦祠十

三年推官陳汝璧桉嵊改題繫於宋有詩命知縣萬

民紀崇飭其祠大學士新昌潘晟記畧嘗觀國史與郡志貞婦時宋祚已移元運將啟則此千夫長者乃提兵招郡縣之校雖多殺戮而上下分名畧定非復昔日馳逐之悍也以故烈婦諸所哀懇之詞於俘婦中得以自達防守雖嚴而驅逼少懈遂得乘間嚙指出血寫詩崖石背從容自墜壁而死曩嘉靖間余拜瞻祠下見父老爲言容美官兵追討倭寇若烈婦之神驅使之入祠者幸一舉而殲之余觀四壁血漬殆滿獨像座間無纖汚是烈婦耿耿勁節雖數百年後凜然使不敢近而況當時生存孰得而犯之乎此烈婦所以有祠也祠堂廡傾圮郡理汚陽陳公過剡謁祠囑邑令南城萬君式廓而更新之徹其舊額改題曰宋殉與綱目書文陸諸人死宋者同時萬君初蒞任遂倡率鄉人新其棟宇祠前爲廳三楹柱石繚垣靡所不備庶往來瞻仰者一時改觀而歲時伏臘

亦稱其祟祀矣余樂從剡人之請歷闡其幽以記之石○推官陳汝璧詩序云剡盍有王烈婦祠矣至元間元兵南下烈婦死之語具記中余過剡父老爲余談烈媍題詩投水事余爲愴然低回者久之覩其額曰元貞媍祠夫烈媍而臣元也彼何以死哉善乎王元美之言曰二君而人者行禽也乃烈媍卽偉丈夫何加焉余爲改題曰宋烈媍云詩曰道旁遺碣自嵬然洒血千秋尚可憐嶺上淸風垂異代溪流嗚咽似當年一詩色借蒼苔潤九死心同白日懸知汝英魂原不散額題吾爲洗[illegible]○邑令萬民紀詩當時[illegible]正縱橫烈女忠臣志不更柴市臨刑天地老崖山抱溺水雲淸赤城俘媍芳聲並剡溪留題嚙血明江海無靈潮故止何如遺像掃倭腥○邑司馬喻安性詩自矢赤城王氏鬼卻嘶青塚漢宮人沉羅結恨同悲楚蹈海孤貞嘆帝秦○邑諸生袁祖憲詩朱顏轉眼隴頭塵霜露誰爲歲薦馨青草不遺王塚恨碧桃還笑阮郞春江潭月浸貞魂冽石壁雲封血字新寄語閨

中妖冶子漫施脂粉妄惑人○邑司理徐一鳴詩
策馬朝逐清風頭剛鈎翠竹相悠悠漁謌鼓棹發
淒思江水凝雲咽不流按策猿登認碑蘚摩娑往
右看珠淺傷心少婦發天台棄子拋夫促貞輦家
鄉潸眼盡歌氛仰首山頭不見君三尺羅裙爲誰
服忍猶鉛粉侍埃塵搥胞此日君恩息掩口吞聲
仰面泣躍髮頸瑩江魚中啼痕鮮蘸千年赤頸爲
嶺石望吾家頑借江葦數尺蘇頸向洪濤淬鵬鶚
頸將血淚映城霞一聲長慟赴江津只見清江不
見人鐵馬愴惶驚路墮吟風颯颯慘三辰到今夜
夜聲鳴咽雪浪銀濤澄漢節大國天王重烈臣鳳
口啣香出帝闕畫棁雕粱耀古坡清風碧日兩崖
莪我來嶺畔弔貞魂擊節車頭賡短歌嫋轉唏噓
謌不止祇將往事羞男子人生自古孰無歸那得
芳名盡如此○邑總戎姜君獻詩天生奇嶅天生
婦婦與山靈如有數山青永白从間間一朝何幸
傳冰素樓頭粉墮也生香樓敗看消已斷腸我過
清風三十載幾回瞻謁幾回傷蕭蕭夾岸起霜花

憯淡谿容落日斜斜縱使水泉靈墼竭于秋俎豆老烟霞○（邑舉人姚工亮詩）君不見曹娥江水欲飛翔洗濯癡兒脂粉香又不見富春江水落錢塘一釣先生本姓莊二江千古遥相望貞娥與之並秋霜先生以高娥以節投崖石上留丹血至今詩句明如雪何物狂且敢汚蟻娥以孝聞婦以貞甘心一死謝戎兵杜鵑嶺上日悲鳴彤管遺薇誌赤城吁嗟刈薪厭薄買臣妻覆盆有祠等塗泥採蓮人泛若耶溪扁舟攜載非白圭何如貞娥清風祠壓畫圖低且與流連上下二江千古分東西○餘題咏見清風祠集不悉錄

在士民所建奉者尹和靖祠在縣治東先生隨宋南遷居會稽支三派一會稽一龍游東第四世孫仲熙仲亨與剡聯姻因居剡後族寖盛宗祠外另祠祀之

吳公祠在望越門内爲知縣吳三畏建以報城功　置祀田三十三畝九分零

施公祠在應台門外爲知

縣施三提建今士人偕供大士像公像置大士側僅不廢耳宜正文昌祠宋時建桃源觀內後災元至元二十三年守帥周紹祖尹邢咨徙學宮旁巳人崔存記萬曆初重建明倫堂東廢屺山祠在南門外明嘉靖初建北向今順治間徙坐城下南向張陳二侯祠在南門外即陳侯故址邑民改建祀二侯近南橋南埠人以二侯素著靈捍水患故順治間邑人杜瑞宋龍等重新之宏敞丹堊爲一邑壯觀仙君祠在强口山仙君郎謝靈運也白雲祠在金庭白雲洞爲王子晉立王心一洞嶺樵歌詩昔年仙子吹笙去今日樵夫嶺上歌霞映碧桃紅灼灼風摇翠竹響珊珂雲生洞口非新雨斧爛棋枰是舊柯高調莫愁人和寡山靈答響振林多王右軍祠在孝嘉鄉金庭禪院左後裔祀焉石真君

祠在孝嘉鄉石沃州石氏宦旋有浮石附舟行數百里怪之奉歸立祠累著靈異神乩自撰碑文

應公祠在桂巖里居人祀其祖宋知縣應彬

胡公祠在繼錦鄉郡志云兵部侍郎胡則永康人也嘗奏免衢婺身丁錢民被其賜廟祀於二郡之間不啻數十胡殁於慶曆中廟初未有封爵永康之民因宣和中封方巖神爲祐順侯牽合以爲胡侍郎婺州稱祐順侯祠嵊亦因之

永富鄉祠在縣三十里吳赤烏二年建相傳神嘗令邑有美政民戶祝之宋宣和閒睦寇入境焚掠甚慘一夕驚見神兵郎反戈自殺永富崇仁二鄉以全紹興十一年上績于朝賜額乾道九年邑諫議姚憲率鄉社請之省寺封靈祐侯宣教郎黄倫有記

姜仙祠在清化鄉禱雨輙應知縣施三捷建姜洪天台縣人父母蚤喪甫三歲隨其姑至剡清化鄉桂山之沈氏姑育之入山見遺桃拾而食之半味

若擲去頃之形神覺異還覔所擲半枕不可得自此即著靈異隨伴耘田獨有雲覆之或揷篠地上水即湧溢明年乾道丙戌歲大旱輒能召雨六月六日卒瘞于家側之黃山雷震出其屍兀立不仆鄉人舁歸奉祀稱姜公禱雨輒應其所施雨率大如注連日夜不休諺云姜公放雨葫蘆傾底萬曆丁未施邑令禱獲霖雨建祠于其鄉

喻公祠在縣司傍即故矦館地公諱安性因改折南糧便民合邑建祠祀之

龐蕭二公祠在應台門外祀巡按龐尚鵬巡撫蕭廩以知縣林森朱一栢配享今廢

葛仙翁祠在太白山邑令許岳英詩斷崖崔嵬天驥騰虛明倒影勢欲崩太陰生寒激山籟微茫烟水涵青冥遠峯堆壥傳霄漢芙蓉城高錦雲亂殘紅稚綠春尚濃綺戶雕甍揷林半當年仙子遊無方鈞車足跡名殊鄉世傳得魚化龍去千年遺事歸渺茫雲烟

教化之大籍也已邑賢若前代而遺有周公汝士
本朝而遺有王公鈍不肖先君子諱謨瑜公槩杜
公民表德學事功炳人耳目余從兄夢秀又業有
成議茲六七君子者誰可少哉而且更有未盡者
存若名宦之遺亦類是前代有賀侯齊丁侯寶臣
過侯昱史侯安之本朝有臧侯鳳朱侯一栢是德
與功俱懋者而專語功則有吳侯三畏專語德則
有張侯暄林侯森學之諭有王公天和以是求之
他邑欲賢與宦之遺若是夥者葢鮮矣夫國朝以

來三百餘年入賢祠者董董兩賢晉以來千四百
年入宦祠者董董兩宦則烏得不遺且夥若是也
余慮夫遠益無徵私心痛焉揭其名以俟持衡者
按名而審諏其或有信乎余言若不肖先君子有
其實義不得掩故不避而筆於篇
後學續論曰祀典所載一則崇德報功一則風世
勵俗是烏庸忽而嵊之賢宦兩祠多闕畧蓋無人
焉以後先故美弗彰盛弗傳宜周志爲之三嘆嗟
乎在天之靈無以慰安於往昔作善之志無以典

起於來茲可不亟講哉即民間社廟乃先王寓治之微權以講親睦以嚴勸懲以固守望以肅報祈社舉而治無餘事矣品有常物儀有常制統自秩宗不得踰越令嵊社如魯衞較蓮長至五六桌碗大盈尺高二尺許果殽必陳難得以相誇耀炫綵張燈左絃歌右鼓吹窮五晝夜曠日靡費廢民事而瀆鬼神莫此爲甚司風教者當曉以立社之意與夫品物儀制之常而禁止之亦奢示儉之一機也至以大舜爲社神而位城隍下殊失倫次白鶴

神之從附會以丁姓另祠從祀男婦奔走若狂殊不經不又當釐格者乎

墓漢朱買臣墓在縣北六里石羊存焉舊志云買臣墓在吳姑以存疑晉阮裕墓在縣東九里戴顒墓在縣北一里王僧達吳郡記曰顒死葬剡山石表猶存宋紹興二年令范仲將爲作享庭墓下嘉定三年四明樓鑰爲書本傳立碑道左八年令史安之重建墓亭以修時祀亭左右繪剡中先賢像元至元二十一年縣丞汪庭作雪溪精舍於墓左置田八十畝以供祀享今舍廢田

亦民佔

明弘治十三年知縣徐恂重建墓亭邑人周山記畧

邑令嘉定侯尹吾嵊幾三載政通人和百廢具舉訪求先賢遺跡得晉處士戴公顒之墓于城北通越門外顧瞻之餘爲之喟然太息迺與寮寀丞王公薄沈公蓮幕蔣公謀謂戴公清名高節著于當時而聞於後世不幸饋奠無主而其墓在斯土鞠爲茂草又如此實吾長民者之責也欲爲之作亭於墓前以棲其神可乎寮寀皆曰善于是度匠作工徒之需木石陶甓之値作亭三間丹堊炳煥前峙大門外繚崇垣工肇于二月之望日不百日而落成焉嗚呼亭之或興或廢後先不一葢天理有晦明人心有敬怠故耳使此亭常固不廢不有望於天理人心之常存不死者乎吾因言之以爲後之繼尹吾嵊者○〔王梅溪詩〕千載戴顒墓三字道傍碑○〔費嵩詩〕淸風高節冠羣芳遺塚纍纍古道傍琴書自樂名猶在猿鶴相呼客重傷○邑諸生袁尚衷詩剡溪有隱淪逸韻高千古憂毀抱羸疾

制擒十五部肅肅破琴風背向中書鼓吳人爲築室天子頤賜脯鳳翔黃鵠山邈焉不可覩悠悠百世下尚留一坏土斗酒與雙柑誰復携春圃唯有黃鸝聲年年砭墓杜

王右軍墓在金庭瀑布山又名紫藤山即所居葬焉僧尚杲爲作墓志

山桐公墓在故港世傳爲謝氏祖郡志稱小相公墓

許元度墓在孝嘉鄉濟渡村亦即所居以葬

南宋褚伯玉墓在白石山即西白山南史云伯玉居一樓及卒葬焉

南齊朱士明墓在桃源鄉烏榆山

宋邑令宋宗年墓在大洋山

宋姚叅政墓在縣北靈芝之鄉許枚霖曰按舊志姚太師墓在諸暨長樂鄉子叅政憲附焉上世居剡後遷諸暨葬宜在彼此或爲祖墓生叅

政者故人呼參政墓云

求元忠墓在禮義鄉蓮花山求多見墓在書院山禮義鄉蓮花山石獸猶存

王夢龍墓在蛾眉山五十一都寶溪其祖迥墓在五十二都鳳凰巢夢龍仕至平章俱新昌人新昌又有石公弼墓在仙山今無此山石麟之墓在昇平鄉不可攷

高文虎墓在金波山

吳大有墓在縣北戴顒墓左

陳侯墓在浦橋縣西十里去其居一百步德祐十二年其孫爲立亭新昌侍御俞浙記剡之浦橋有神曰

陳侯諱賢者生于乾道戊子歿于紹定庚寅既歿神功禦災捍患所在響答至端平甲午以水戰助王師于蔡州封靈濟侯淳祐壬子以厭殺浙西大水加善應景定庚申借潮浙江航貴人舉嬰加協惠此其事卓異載在祀典人所共知也而詎知又有甚異者人殁而爲神有之矣未有生能爲神從

事幽冥以濟物者也侯生稍長不問晝夜假寐即神遊江海間拯護舟楫或爲人驚寤則曰壞一舟矣毎設祭潮神侯與焉籍則吽所享牲脯是所謂生能爲神者錢塘行在所恃堤岸以捍江潮嘉定庚辰潮怒齧堤由侯潮門抵新門潰突不可遏漂廬舍洎城郭日益甚朝廷命有司起徒卒勠力畚鍤隨築隨毀相顧無措召神問計侯呼江神祭以三牲諭以關係利病手一竹植沙塗上誓之曰神有靈無使潮越吾竹以爲神羞潮至望竹伊邇即勢伏遁遷折而東行未幾西岸擁沙成阜畚鍤就緒而長堤屹若山繞矣水之爲潮天地呼吸升降古今往來東西不敢自恣而聽命于侯人之生也必禀五行之秀侯葢鍾夫水行之英靈瑰琦不斵喪其神氣氣類感召無幽不達人見其蹟之似怪吾見其理之甚常也嘗欲傳其始末一月剡之鄉丈人趙公炎來道侯之孫某竊慕古人顯揚先祖之義將築亭墓上奉祀事求文爲記吾方遜讓若有物觸其衷者葢吾少時舟行浙江中流浪湧幾

廢篙工仰天呼侯數四浪輒平舟獲善濟吾時常有所禱之語久未克償其愿與遂爲侯記之侯墓去家百步而近弟某附焉子九人第三子無乍神功濟物雖有父風又以見英靈瑰琦之神氣人間得之于天子問得之于父信非修爲方術所可與能也因併記且求質于世之君子云○知縣張逢歡募修浦橋陳侯祠引先王制禮有功于國與民皆得崇祀故五行之神祀典所重而水生天乙尤居四者之先剡有陳神舊封靈濟歲凡兩祀稽其所自葢水神而靈者也浙乃澤國以舟楫爲利潮汐之來電馳雷吼逆高尋丈多鷗没矣此猶有信至颶母突如則雪浪崩山雲濤倒岸其不爲魚者幾希故水各有神浙神特重而搶呼輒應又無如陳神神出于乾道生而郎神矣若假筮以護江海之舟植竹以捍錢塘之阜真與李靖謫髯張逆洸灘相類及没而顯于端淳景者固無足怪歷元至明又久而彌赫矣俞侍御渡浙舟行幾覆號禱乃全故爲之作記林令北上蚤行迷道引險冠患故

忝其功以請祀則數百年精爽如一日迄于今禦災捍患祈晴禱雨應之如響自宦遊佃畈以迨管舵之子莫不尊爲矦矦親爲太公神眞靈也哉所謂天以五行生物獨鍾水之秀者水不息靈亦不息其與元冥馮夷修熙諸神同壽其祀夫何嵊邑西十里曰浦橋矦故居也有祠焉窈而深登其堂者肅焉起慄今榱桷且損矣里人欲將助以葺之持簿懇弁其首嗟乎靈宫精舍尚爾布金鋪玉豈有有功于國與民載在祀典而猶吝錢粟者乎是爲引

姜參政墓在福勝潭前理宗朝賜祭一壇

蔣志行墓在北門外一里有石碑係邑令

高孜墓在星子峯下係邑令

周侍郎墓在城北超化寺右崇禎間賜勅葬

王忠襄墓在峩嵋山南崇禎間賜勅葬

喻尚書墓在縣東石屏山

王監司墓在香爐峯

連枝墓在鳳凰

山裒德璋妻章氏仲弟德璇妻費氏季弟德瑜妻沈氏二十九都人娣姒相親賢于鍾郝璋爲仇扳配雲南曲靖衛不回璇携瑜子釋安往探俱病死金陵之瓦屑壩章費以節終合葬於鳳凰山後沈卒亦願歸姆氏夫瑜從其志三氏遂同墓墓上一木連生三枝人奇其跡稱曰連枝墓

塚

義塚舊在東門外洪水衝塌崇禎九年知縣劉永祚嗣置後僧募置石碑曰漏澤園十年北門外一所西門外一所西嶺頭一所○康熙九年六月念八口典史毛鼎鉉捐俸掩埋枯骨

廣孝阡在北門外范撫院檄縣建

寺

○惠安教寺在剡山晉義熙二年南天竺國有高僧二人入金華師道深弟子竺法友授阿毗譚論一百二十卷甫一宿而誦遍道深遂讚法友曰釋伽重興今先授記遂往剡東岬山復于剡

山立般若臺寺唐會昌中廢咸通八年重建改法華臺寺十道志曰西臺寺今法臺寺是也陳惠度所立惠度事見鹿胎山天祐四年吳越武肅王改興邑寺宋大中祥符元年改今名有應天塔灌頂壇增勝堂幽遠菴元至元間寺廢明宣德中僧文彬永寧邑人劉文敏捨基重建景泰中僧巨源建山門併棲雲房弘治二年建翠寒亭嘉靖十七年殿燬十八年僧道玦智方等重建三十五年僧惠宗造山門隆慶三年僧智佩等建觀音閣僧原昭原祥等爲石磴闌干及更衣亭今皆廢　國朝康熙間僧明超重建觀音閣○（趙嘏蚤發法臺寺詩）暫息勞生樹色間平明塵事又相關吟詞宿處烟霞去心負秋來水石閒竹戶半開鐘未絕松枝靜霽鶴初還明朝一倍堪惆悵回首塵中見此山○（王銍增勝堂詩）放鶴歸松徑呼猿開竹門妙高峯頂住客到亦忘言○（錢莊詩）欲識招提境相將策瘦藤風高鳴鳳塔旛影暗禪燈鐘斷鶯聲細香銷瑞靄凝浮生駒過隙何必羨飛騰○（張性詩）溽暑

蒸人勢莫禁偶來山寺滌煩襟長松遶塔連三樹秀竹當簷恰半林斷續香烟凝佛座氤氳清氣透禪心老僧更喜能留客煮茗論情到夜深○（胡淮詩）喜對山僧供笑語勝遊蓬島聽笙歌○（張元澄詩）天開南國眞圖畫人在西方小湼盤○（周光祓詩）蒼茫蜃氣籠朝閣迢遞鷗羣點暮沙俯瞰蓬房連禹穴廻看牛渚泛仙槎鉢雲潤沛千巖雨盂水滋開五品花曉梵鐘餘孤岫出亭臺幾處抹烟霞

實性禪寺　在縣西二百五十步唐乾元中建號泰淸院會昌中廢後晉天福七年重建宋大中祥符元年改今額明弘治三年僧福榮重建嘉靖十六年知縣呂章以例査廢弛寺院會寺僧不法廢之改正殿爲啟聖祠舉人周震佃殿西空基及山構屋爲居萬曆二年捨復爲寺更建獅子菴在獅子岩爲寺下院尙書平湖陸光祖修撰山陰張元忭助成之○（本府知府彭富記）按一統志嵊諸梵宇獨載實性寺以邑之官師于此習儀祝聖壽也又閱郡志寺創自唐年有賜田饒甚甲于

諸山嘉靖中邑令呂章毀寺而寺之隙地爲舉人周君震佃而得焉周君治爲宅益買傍山君三十年矣周君後爲衡州判歸謂其子夢科等曰晉唐諸賢如王內史陸宣公皆捨宅爲寺余迺佃寺爲宅汝必復之而平湖陸司寇杲與周君同年厚善聞而義之數移書贊決命子大理卿光祖捐金以助贖寺之廢田遂以其宅并益買地請復爲寺以狀來上予矍然嘉歎亟召寺僧還寺如故得田地若干畝僧于是始有香燭饘粥之費余惟弘德以前士大夫無毀寺爲業畏國憲而謹儒行也近世始有借口異端之闢以恣其利便之私周判篤毅然改決陸公成人之美二公之行事古之人哉夢秀夢科克承父命自節困若是皆足以敦勵末俗而障頹流者也表章以垂永久非我有司事乎乃詳記之

圓超講寺

在惠安寺東南舊在縣治西北四百步剡山之巔高平處目靈岫菴奉觀音大士祈禱必應晉天福末年號奉國院宋大中祥符間改今額治平間國子博士鄭某來宰

剡感觀音靈異崇寧五年承務郎鄭雄飛紀其事於石明洪武二十四年廢香火猶存永樂十一年僧會法濟重建半嶺有挾溪亭嶺側有俯山堂昔有近離城市不多景高壓樓臺無數家之句弘治元年提學副使鄭紀命徙于今所而空其址○宋王銍詩松間清月佛前燈菴在危峯更上層犬吠一山秋意靜敲門知有夜歸僧○明錢莊詩清時薄宦縻山椒寄胸臆攬衣謝寅上寅上窮探歷决皆欲無遺羣峯居屐舄川原走延廣灌水瀰雲腋鳥美向日華狐奔避人跡僧歸象鼻低樵唱鹿臺寂取樂信有時童冠初未識笑談避芳塵細語相嘖嘖禪房不久居儒彥毋與逆頓足拂菁茅短歌記疇昔○丁哲和同知黃璧詩別駕巡遊爲胗瘵公餘乘興訪名山滿林嵐氣蒸衣濕一徑苔痕染屐斑石壁捫雲天路近藤蘿過雨鳥聲閒江南行樂知多少罕有登臨到此間

晉安教寺

去縣二十里八九十都南宋元嘉二年檀越王澄建捨田五十畝山六十畝唐會昌中廢後唐清泰

二年重建後廢明正統中魏胡二姓重建後廢

國朝康熙元年釋智琮重建禪堂側樓○（張文學詩）步入招堤取次遊無邊風景快吟眸白雲低護經坛冷綠樹陰籠寶地幽夜靜榻留明月伴雨餘泉帶落花流滿懷塵慮消磨盡何必乘槎到九洲○（張邦信詩）鐘磬醒塵夢風光浣客愁鳥聲雲外落樹影月中浮

福山寺去縣二十五里六都晉天福二年建名報恩寺宋大中祥符元年改福感寺明成化中重建嘉靖間殿圯萬曆三年重建　國朝順治十年僧智音重建改今額○（邑人王國蕃詩）修篁曲澗護禪關掃徑依[illegible]苔蘚斑犬吠一聲秋月靜天花落盡瀑[illegible]潺

資福寺去縣三十里十一二都唐乾元中建後圯晉天福二年重建　國朝康熙五年住僧惠啟等新其殿宇○（邑司空周汝登詩）蓬徑歸山寺都無鐘磬聲老僮猶帶髮荒殿不安名栢蔭環池滿松根迸石生縱令禪誦少自覺意根清○（邑諸生李茂先聽松詩）招提頻印屐多半愛松聲潮落濤非海琴彈

曲有名方從窓外過旋向枕邊生一榻分禪室心閒耳亦清

華藏教寺 去縣三十五里十一二都晉開福二年茹蘭禪師建名雲峯院宋大中祥符元年改今額明景泰中重建○邑諸生李茂先詩蘚護山門古烟穿徑竹斜鹿歸大士閣鳥語藥王乂老衲勤携手僧雛學捧茶暗香山外滿殘雪放梅花

尊聖寺 去縣四十里十一二都宋永嘉二年建號後山庵唐會昌廢咸通十二年重建久之廢晉天福二年重建治平三年加今額○邑司空周汝登詩偶逢樵客引勸馬過招提布地新沙擁環墻細竹齊堦前看虎步枕上聽猿啼色色通元妙無言自啟迷

上乘寺 去縣四十五里十三都梁永明二年建名安福寺唐會昌五年廢宋景福元年重建改今額

清隱寺 去縣七十里十六都在三峯山唐大中七年建名三峯院宋治平二年改清隱院至明改爲寺嘉靖中燬萬曆二年僧會奇重建觀音閣左右三峯鼎峙中有龍池有靈龜金線文蛇龜蛇見

既雨初剏寺時塑佛像壓壇池上每歲作佛座下淵水泛濫後遷龍神于寺北十里外峻山有池水處至今禱雨者趨之○仲皎送僧伴入三峯詩上人瞿曇裔律身玉無瑕力究毗尼論汪汪海無涯振錫復何許三峯隱倉霞堂上大道師靈芝之發根芽想見滂法施鼕鼕鼓聲撾上人從之遊勿憚歲月遐坐待霜露熟香風散天葩○魏塤詩尋幽遠步到山峘勝境巍峩取次看竹色曉含烟色翠松聲時共澗聲寒禪房寂靜纖塵絶心鏡虛明雜慮安最是遠公能愛客更留清話坐蒲團

法祥寺

去縣七十里十五都宋嘉元二年建名延福院唐會昌廢後唐清泰二年重建宋大中祥符元年改法朗寺又改法祥寺明爲教寺近廢寺踞山山勢秀拔寺之後有峯曰獅子頂

明覺寺

去縣南十里五十都梁大通元年僧智遠建號禪林寺唐會昌中廢晉天福元年重建宋大中祥符元年改今額按舊志寺始營于長安老僧望見一處有靈光現遂遷之今謂其地爲光明堂在今所

北二里後復闢前山有鐘鼓聲又遷之即今所前有燕尾峯右有獨秀峯左有龍池舊顯礎下有蝘井明萬曆二年僧智榮重建　國朝順治間洞宗釋淨地募邑人袁士臯新建大殿改北向又募馬元宰建大悲閣于新殿後○邑司空周汝登詩蕭寺危樓殿竹扉枯藤怪木兩因依臨窓絕巘平堪倚合棟孤雲靜不飛硤石流泉雙鷺起空林落日一僧歸樓遲自覺投閒好未老何妨蚤拂衣○周夢科詩竹院深深鎖寂寥白衣過此遠煩囂青山碧石無人到惟有閒雲一片飄○僧智生燕尾峯詩紫尾拖雲日影寒飛投閒處且盤桓精靈化作雙峯老高出千山竹數竿

雨錢寺縣去二十里二十六都齊永明元年安南將軍黃僧成家雨錢數萬億以造寺號錢房院梁天監中改禪惠寺唐會昌中廢咸通二年重建明嘉靖三十年僧惠輝重建　國朝洞宗釋淨地重建改今額○邑人徐開磬有記出處而存乎道者幾人哉超凡而登先覺掇巍科登顯籍以秫援胥溺者儒者之

事也振俗而洞元理授永拂蹤師位以度脫群迷者釋者之事也雖爲教不同其道一也我邑有寧遠師者以簪笏之裔一旦棄儒歸釋不數年盡洞徹奧旨爲宗門龍象余以朽邁不一見爲恨也已酉春伊弟雪公來吳得閱師五會法語欣然如面并囑余名其山因問山之顛末于其弟荅曰剏于南齊以其空中而錢故以名寺鼎革來廢荒特甚歲在丙午師駐錫焉一年伐木鳩工二年蒔松種竹三年而莊嚴成峯若城環溪如帶繞寺居其中與烟霞互發樵牧賡歌乃剡西勝地也余聞而擊節曰其今之西林乎大抵山以人重廬之東有東林遠公主之剡之西有西林寧遠主之世隔二千餘年而二林之主同字遠豈非東林而西歸乎天假數年得進西林之杖履以徜徉老人之願畢矣

戒德寺 去縣三十里二十九都齊永明二年建號光德院唐會昌中廢晉天福七年重建治平三年改今額元符間宣議黄頤拓產重建國朝康熙九年釋淨地重建將土田併歸兩錢若下

院
然
顯淨寺
去縣三十里四十六都齊永明中建號
清林寺唐會昌廢後唐長興元年重建
宋大中祥符元年改今額寺
空相寺
去縣四十里
在平嶼中有八池水清美
四十四都宋
太平興國元年建號開明院大中祥符元年改空
相院今爲講寺明洪武中殿圮萬曆四年僧能震
重
建
報恩寺
去縣十五里四十九都西晉太康中開
山掘地得古磚有大同六年肇法師號
唐乾寧元年重建號報德寺西晉天福開運間僧
遇明與其徒新之有開運十年贍部鎮杜司空捨
茭池公據宋大中祥符元年改報恩院明洪武二
十年重建萬曆十年殿燬十四年僧成順重建天
啓元年僧宗道與徒慧月重修舊有菊花院閒遠
樓雲棲樓○棲樓秋房題閒遠樓詩四山野樹護修
竹天姥沃洲雲往還中有道人閒且遠前身支遁
晉名山○邑人周元齡詩杖劍來僧刹疎松月正
明君親恩未報
慚愧此題名
悟空寺
去縣二十里後周廣順一
年建號保安院即古烏流

寺基宋治平二年改今額○（盧天驥詩）山在江寺欲盡頭招堤無處着清幽寒沉水底長留月冷入天圍不剩秋村静遠遺看鶴戸溪寒只愛釣魚舟眼前佳思能如許恨不常為隱地游

（資國寺）去縣西四十里三十六都晋天福七年建號資國大明院宋大中祥符元年改大明院一云晋天福四年有姚氏女捨宅為寺號曰崇明治平二年改大明寺明僧大宗以詩鳴有幻庵集正統十二年僧視超重建嘉靖中造鐘樓東有聖姑橋西有深坑 國朝康熙八年僧法淨大歡重建仍改資國○（同知黄璧詩）鐘聲遥出翠微間問是來經獨秀山白杜蓮香清佛骨紫荊花艷映禪關休詢幻相三生事且共浮生半日閒最愛可人清絶處奇峯數點座中攀○（教諭陳烜詩）大明寺裡竹林間獨秀前人詠此山松蓋鶴歸能自庇岩扃雲去不曾關簾垂香裊清風細僧定堂空白晝閒今日屏星照勝地喜從騶尾共躋攀

（宣妙寺）去縣四十里三十都宋元嘉二年建改崇明寺唐會

昌中廢晉天福四年重建宋治平二年改今額明洪武中歸併下鹿苑寺嘉靖中寺廢惠安寺僧惠綜重建○宋方鴻飛詩雲觀烟樓是梵家竹圍如洗遍寒沙因風綠浪搖晴麥過雨紅香落澗花人鎖畫房聽鳥語僧歸晚塢放蜂衙不須老遠來沽酒只覓天酥爲點茶

定林寺　去縣四十五里三十四都宋元嘉二年建號松山院唐會昌中廢晉天福八年重建宋治平間改今額○盧天驥詩寒旌隱隱入花村小雨初收水帶昏不憚山城尋寺去只將詩思與僧論菱侵水步深藏艇柳暗人家半掩門莫厭禪居蕭冷甚此來一爲訪溪蓀

普惠寺　去縣五十里四十二都齊永明二年建號安養法華院唐會昌中廢乾符六年重建宋治平中改普惠今爲講寺明洪武中歸併報恩寺嘉靖殿圯實性寺僧殊識重建○王鋌詩鏡裡形容水底天定將何物喻真禪心安便是毗盧界晝日添香伴兀然

上鹿苑寺　去縣五十里三十七都宋元嘉七年有姚聖姑者來赴下

鹿苑梵宮不納遂乘雲登鷲山中曳杖止處有靈犬隨之遂立寺號披雲院唐會昌中廢咸通七年重建晉吳越王改披雲寺至宋改今額未審何年歸併下鹿苑寺寺有堂名接山今廢○（盧天驥詩）鷲峯遊屐少我獨住多時僧護翻經石猿扳嘯月枝地寒春到晚山遠夢歸遲尚被浮雲誤吾心信自癡○着地嵐陰撥不開傍開同到妙高臺老僧只恐泉聲少坐遣飛雲喚雨來○修蛇細路困車牛公事催人不自由欲到遥○郎上鹿苑岑冷侵骨寄聲歸雁莫來休

下鹿苑寺

山下宋元嘉二年建號靈鷲寺唐會昌中廢咸通十四年重建宋治平元年改下鹿苑寺山有龍潭源洩水下爲飛瀑對瀑爲玉虹亭有隱天閣後廢明萬曆十三年重興今廢○（邑人邢德徤詩）古寺一荒丘禪房續舊遊種蓮看漸發瀑布不曾收佛是當年供鍾爲此日留喜逢僧共語久矣狎沙鷗○（邑人周夢科詩）鹿苑重興梵宇寬天台羅漢逐雲端雨花石上成趺坐瀑布泉邊悟水觀四壁無隣山鳥待

深岩有洞老猿看當時發嶺龍南去今日還歸護法壇

皇覺寺去縣六十里四十都漢乾祐三年過楷建捨田四百二十三畝號仙岩院宋大中祥符元年改皇覺院今爲禪寺有遲碧軒○〔盧天驥詩〕倦枕曾遲夢清溪一繫船山寒疑有雨寺古只藏烟未了惟詩債難忘宿世緣回頭雲晝處空有雁書天

安國寺去縣六十里三十九都晉天福七年建號太平院宋治平三年改今額

真如寺去縣六十里二十八都晉開運元年建號寶壽院宋大中祥符間改今額元時廢明天順間重興嘉靖間幾廢僧能達智信重興剡錄云帛道猷行谿而來登山腰居之後入于山坦平處立剎四圍山林蔚茂峯巒峻拔溪澗環回○〔邑司空周汝登詩〕青山開北牖況復寺堂清鳥語出深翠僧衣暴晚晴觀魚成久坐數竹自閒行身世不知有何當更問名○〔王國藩詩〕翠流竹徑濕蒼苔雲頂珠宮絶點埃玉舄扶風飛復下瓊花帶雨落還開鐘聲遠送晴嵐裊樹影低垂爽氣回

五色摩尼隨處是○證道寺去縣五十里二十八都何須移錫度天台晉安運元年建號五龍院宋治平間改今額元末燬郡志云晉高僧帛道猷道場山有龍潭○靈巖寺去縣七十里三十三都寺在萬山中有策道者開山山有仙岩上徹雲霄有盤松石洞前有獨秀峯嶺有三井龍潭一澗自潭而下環寺而前兩松合抱千餘年木也夜有猿鶴聲有茹蘭禪師伏彪歇石岩岩下有龍潭唐乾符三年于古石門寺基建號靈岩明隆慶中殿圮萬曆　年重建○天竺寺去縣四十里二十五都晉天福七年　五都葉仁贊捨宅建鐘像皆有贊名寺後即贊墓週圍皆寺業初號西明院宋大中祥符間改今額明景泰三年重建山麓數里有道場巖乃張鋼建也復號西明院○邑人黃寅詩尋幽遠到梵王　蘚捫蘿鳥道斜千畝銀塘通石罅滿籬金粉散松花岩前草㬉初眠鹿林下烟凝正煮茶老衲心情何所似野雲孤鶴在天涯○瑞峯寺去縣七十里五十五都荆

建莫改。**廣愛寺** 去縣七十里五十五都赤烏二年建號德正院宋改今額慶明正統初重興。**佛果寺** 去縣七十里五十六都剏建莫改。**龍藏寺** 去縣四十五里二十一都梁天監二年建號龍宮寺唐太和七年重建會昌中廢咸通十二年重建宋大中祥符元年改今額元末廢明正統十三年重建嘉靖間廢僧能明復興○唐李紳碑記岁乩地濵滄海西控長江大禹疏鑿子溪人方宅土南岩海跡高下猶存司其水旱潦為雲雨乃神龍之鄉寺曰龍宮在剡靈芝之鄉嵊亭里地形爽塏林嶺依抱剎宇頹毀積有年所自剏三徙始安此地像儀消化鐘磬不揚堵波已傾法輪莫轉老釋修眞護念常啟歲月屢遷物力無及貞元十八載余以進士客江浙將適天台與修眞會于剡之陽師言老禪有念今茲果矣後當領鎮此道幸願建飾以資福履余笑不荅師曰星歲有期愚有冥告元和三年余罷金陵從事河東薛公苹招遊境中師以臥病約言無易太和癸丑自分命洛陽詔以檢校左騎省廉察于茲歲踰再紀修眞已爲異物龍宮棟宇將盡命告墳塔因追昔官以頭陀僧會眞部工藏寺捐錢三十萬監軍使某公承泰亦施焉從事僚吏咸同勝因闔里慕仁風靡爭施子來之功雲集清泠之宇欝興浹旬而垣墻周逾月而棟幹合奐矣眞界昭乎化城擇淨行僧居之以總寺事翊我后無疆之祚資龍神水府之福一雨之施潤洽必同七郡山澤城邑民人介福所安繄我龍德用迴法力永資泉宮刻石記言于寺之剎銘曰滄海之隅岩乩巨潭維禹功力生人始籍土壤山嶼濱海之東溟派空濶邈秘龍宮貝闕難知珠宮莫測雲雨交昏深沉不隔闇法必聽依佛必降豈騰溟海亦化長江既資勝因爲龍景福節宣風雨以成播奇幢鐘以告三界必聞惟爾龍室昭昭不昏我昔麻衣有僧傳信斯人已亡斯言不泯敬報前志以垂後功建餙儀相昭明有融普利羣生罔資已力琢磨記言太和九年四月二十九日建又自叙并詩曰銀地溪邉遇衲

師笑將花雨指潛知定觀元度生前事不道靈山別後期眞相有無因色界化成與滅在遵基好令滄海龍宮子長護金人舊浴池○僧擇璘詩扁舟一葉繫江滸岸笠風行到此遲弔古有心懷短李鄧塵無力看豐碑擁門過客難投轄慕道吾僧絕置錐相望吾廬如咫尺杖藜來往亦長羈○老僧宗鑑送僧詩雲去無心鳥倦還笠衝晚雪不嫌寒千岩萬壑知何處一片家山卻耐看 寶積寺去縣三十里十八都後唐長興四年建號興德院宋大中祥符元年改今額唐永嘉郡護法寺智希禪師善相山自四明至此築庵未幾邑人錢氏爲創寺寺接車騎山詩僧擇璘建高山堂下有高山泉○詩入景蹟下遺王過二首今補入此○內殿崇班嵊監酒王相詩巧構層巔絕頂平登臨還解俗愁醒雨中佳樹千株綠望裡晴嵐一抹青繞檻碧苔深匝徑倚窗孤柏長成屏盡愁恣目情無極一水盈盈遠北溟○鄉士過守 詩層檻寶勢壓禪扃俗眼塵昏到易醒千幰樹排 串蓋翠萬

螺山蠶佛頭青夜將溪月澄心境春把岩花作面
屏我欲期師不肯出世途今險甚東濱○孫仲益
贈義久詩長廊合沓履聲中一笑歡迎得
此公定續于燈齊佛去先招一瓣供詩翁

印月寺

去縣三十里唐龍紀元年王時儉捨建後爲法華
接待寺明改今額嘉靖間王楷招僧程進居住萬
曆二年王氏合族嘉客等告司府勘實重興○邑
人胡濬詩沙頭精舍好暫借息塵喧萬籟空中寂
三生夢裡論水雲蒸紙帳山月浸松門靜劇令人
愛無由蛻業根○邑司空周汝登詩禪房曾借榻
開戶見江清樹色當窗午鐘聲出殿晴探源時獨
往惜蟻更徐行自揣沉埋久題詩不記名○王國
藩詩青嶂吞江杜若汀蟾宮着地化螺亭四時漲
汐滄桑界一塋林巒水墨屏波漾清光臺映碧山
函素鬼宇鋪玲泛虛已作
乘槎計猶憶枝棲理石經

明心寺

去縣三里二都
唐顯德七年鄉
民蘇老賓請于錢氏爲僧院宋建隆二年陳承業
又捨宅增建號黃土塔院治平三年賜今額山巔

有歸鴻閣歸雲亭僧仲皎作閑閑庵後改倚吟閣慶元中翰林學士鄭人高文虎于寺側作寮廬後卒塟焉　國朝康熙九年僧自度嶽月重興○唐國唐咨記曰邑北三里林巒幽邃如城郭其西北一隴望之蔚然高出于羣峯曰黃土嶺嶺腰有靈泉清冷甘美行者負者賴濟渴吻顯德七年鄉民蘇老寶請于錢氏爲僧院宋建隆初爲黃土塔院又民陳承業捐山以廣寺治平三年賜今額景祐中僧仁偃甃龕爲二泓立廊以升凡二百級人至瀟灑不知人間有暑惟佛法能轉惑見爲眞智羣迷爲正覺離執着爲圓明然後逍遥乎眞空之里超悟乎妙道之場所謂明心者因夫明心之理以告云○（僧仲皎詩）精舍傍修嶺道心隨眼明山遺僧偃迹水作剡溪聲無雨竹亦淨有風松更清上方眞可住不用觸歸情○（邑諸生袁尚衷次姚孝廉秋遊寺詩）禪房纔七月山色已三秋日淡芙蓉冷雲寒薜荔幽深池開石鏡老樹臥松虬不識風聲裏梧桐葉墜不

超化寺（去縣一里二都）

晉天福七年建號水陸院宋大中祥符元年改超化院舊有鑑軒明景泰間重興崇禎乙亥寺基爲周司空墓今寺改建基左三十步○（高文虎和曾原伯寄超化舉長老詩）文聲宫祉韻矗和素履水霜凜節柯鵬翼扶搖鶩斥鷃鳳翔寥廓舞靈鵝參元問學淵源遠支許游從日月多詎袖新篇來此地夜寒不覺聳肩哦○（邑人夏孕昌詩）不爲尋幽至那知竹院深雲光清水鑑松籟鼓山琴望隴思過澤臨風誦虎吟玉甌試雀舌輕汗散煩衿

金鍾寺在四明山今廢

平田寺在西白山今廢

法華院在縣東二百步唐龍紀元年建今廢

瑞象院舊在縣治東聯桂坊唐景福元年吳越王建後廢明萬曆四年西隅民黃尚國請於知縣譚禮重興徙五十四都西嶺西捨田地十餘畝大理卿陸光祖給匾

南巖廨院在縣東二百步唐龍紀元年建今廢

永明禪

縱火燔其錮，烈焰必頹時，輒復沃以醋，旋將錐鑿加去之，如切腐，更揮斧斤手芟草，仍炸樹一線嶔嵜塲，忽焉坦如鋪。昔險今方夔，山適逢其數，乃信事無難，成敗憑心愫。昔也不周傾，煉石資老媧。王屋與太行，愚公移以效。是皆手足功，智巧非天付。策駑振康莊，予亦砭沉痼。

瑞旒庵 在十一二都金庭鄉，邑人袁祖輔建，置田四十餘畝。

西谷義庵 在十四都陳公嶺麓，明王文高設長茶以濟渴，行人德之。

靈源庵 在縣北十里十九二十都，明成化十三年建。夏雷詩：步入招提眼界寬，森然數畝碧琅玕。層崖滴翠半空雨，萬木屯陰六月寒。活水有源通石竇，白雲終日護經壇。蹁躚更有成雙鶴，得食堦除去復還。

甘露庵 在永寧院前，崇禎間里民童法建，置田三十畝施茶濟衆。康熙七年僧本頂重緝。

芝興庵 在縣北十九二十都，徐廷芝建。

金峯庵 在二十一都，順治間僧元明自一建，置田二十畝。

太平庵 在二十一都，明崇禎

閒僧智和建茅房施茶置田六畝零後廢國朝康熙六年僧自一因建橋重建。**雨華庵**在二十五都逵溪僧古愚建一名滴水岩。**福泉庵**在縣西二十六都陸光祖有記。**顧復庵**在念六都僧智淮建。**指月庵**在念六都僧隱西重建。**高湖庵**在縣西宣德中建。**秀峯庵**在縣西二十八都行僧德錦建今其派最盛江南省城皆有謂之秀峯派。**石井庵**在縣西三十三都金大海建。**華家塢庵**在縣西三十三都僧佛完建。**白竹庵**在縣西三十五都。**四顧坪庵**在三十三都今名永福庵邑人張爾熾重建昔湛禪師悟道處○**得淨地詩**峭拔懸崖聳碧空昔年入定憶師翁那知幾代空山裡復見兒孫拜下風。**普濟庵**在縣西七十里四十都三懸岩頂明洪武三年邑人屠氏捨基建舊名普濟龍祠知府自玉置田三十六畝。**福勝庵**在四十九都白泥嶀里民俞松建。**護福庵**

在四十九都江田史起禎建

永昌庵 在五十四都里民趙昌之建

定心庵 在縣北二里犀子峯下東隅知縣王玉田捨基僧成恩建舊名剡坑庵後僧佛身徒法瑞拓大之陸光祖有記順治九年僧本項重建

迎恩庵 在北門外僧原宗建施長茶

觀

桃源觀 在逼越門內唐武德八年建在門外楊公橋側號太清宮後廢乾祐三年楊施民楊有民捨基重建于門內改今額有山門廡殿層樓明洪武十五年置道會司于殿左成化十二年水入城頹圮弘治七年燬楊克明楊克誠等助穀二百石銀二十四兩重建大殿後楊蘊清楊允清重修嘉靖三十三年提學副使阮鶚撤知縣吳三畏建慈湖書院于道會司所後廢里民改作吳公祠國朝順治十二年知縣吳用光重建○（宋沈遘贈王道士詩）我昔剡溪遊道人一相遇重來十歲餘顏色宛如故顧我命衰早鬢毛以蒼然乃知世上榮辱若山中閑道人家東都問胡不歸北北方

多歷塵素衣化爲黑斯言共所信吾志亦江湖瀟灑會稽守平生欣莫如君恩容苟安頭奉三年計幸爾數到城閒談北方事按會稽志云遷宋嘉祐六年十二月以右正言知制誥來知越州七年七月轉起居舍人知制誥移楊州〇（張器之詩）宿雨初收月露文模糊影動未全分羅衫拂影桃花落蔾杖穿雲柳絮紛仙馭珩璜鳴秘館蕭蕭聲逕調隔黎雲卻懷採藥劉郎處一徑蒼苔鎖夕曛〇

金庭觀 在金庭山晋王右軍嘗家于此後捨宅爲觀子孫世居金庭之側初名金真館又改金真宮唐裴通云南齊永元三年道士褚伯玉啟高宗明皇帝于此山置金庭觀正當右軍之家也又許汝霖云南史齊蕭子顯言褚伯玉隱剡瀑布山高帝召之辭敕于剡白石山立太平館舍之孔稚圭從其授道爲于館立碑今瀑布山在剡西太白山上白石山即太白山山下有太平鄉館宜在彼若與金庭觀不相當又與裴通記文相抵悟而稚圭之碑無明文可據姑志于此〇沈約撰金庭觀碑

生靈爲貴有識斯同道天元及終天莫反故仙學之秘上聖攸尊啟玉笈之幽文貽金壇之妙訣駐景濛谷還光正枝吐吸烟霞變鍊丹液出没無方升降自已下棲洞室上賓羣帝覲靈岳之騶啟見滄波之屢竭望元州而駿驅指蓬萊而永鶩芝蓋三重駕螭龍之蜿蜒雲車萬乘載旗旆之逶迤此蓋棲靈五岳未暨夫三清者也若夫上元奥遠言象斯絶金簡玉字之書元霜絳雪之寶祕士所不能窺學徒不敢輕慕且禁誓嚴重志業艱劬自非天禀上才未易可擬自維凡劣識鑒鮮方徒抱出俗之願而無致遠之力蚤尚幽棲屏棄情累留愛岩壑託分魚鳥塗愈遠而靡倦年既老而不衰高宗明皇帝以二聖之德結宗元之念忘其菲薄曲賜提引末自夏汭固乞還山權憇汝南縣境固非息心之地聖主纘曆復蒙縶維永泰元年方遂初願遠出天台定居茲嶺所憇之山實惟桐栢實靈聖之下都五縣之餘地仰出星河上參倒影高崖萬沓邃澗千迴因高建壇憑岩考室飾降神之宇

置朝禮之地桐柏所在厥號金庭事昺靈圖因以名館聖上曲降幽情留信彌密置道士十人用祈嘉祉越以不才首膺斯任永棄人羣竄景窮麓結懇志于元都望霄客于雲路仰宣國靈界茲景福延吉祥于清廟納萬壽于神躬又願道無不懷澤無不至幽荒屈膝戎貊稽顙息鼓輟烽守在海外亟此自勉兼遂微誠日夕勤劬自强不已翹心屬念曉臥晨興食正陽于亭午念孔神于中夜將三芝之而延佇飛九丹而宴息乘鳧輕舉留舄忘歸以茲丹顏表之元極無曰在上日鑒非遠銘石靈館以旌厥心其辭曰道無不在若存若忘於惟上學理妙羣方用之日損言則非常儵焉靈化羽變蜺裳九重蒉光三山璀燦日爲車馬芝成宮觀虹於拂月龍轡漸漢萬春方華千齡始旦伊維菲薄竊慕隱淪尋師請道結友問津東探震澤西遊漢濱依稀靈眷髣髴幽人帝明紀歷惟皇纂位屬心鼎湖脫屣神器降命凡底仰祈靈秘瞻彼高山輿言覆蕢啟基桐柏厥號金庭喬峯迴峭擘漢分星臨

雲罝墠駕岳開穚磵塗蹇産林圻蔥青誰謂應遠
神道微密慶集宫闈祥流罕畢其久如地其恒如
日壽同南山與天無卒更生變練外示無功少君
飛轉容與神通因資假力輕與騰空庶憑嘉誘永
濟微躬○（唐張說金庭觀詩）元珠道在豈難求海
變須敎髪不秋他日洞天三十六碧桃花發共優
遊○（羅隱送裴饒詩）金庭路指剡山隈彌重良朋
自此來兩鬢不堪愁歲月一卮猶得話塵埃家通
曩分心空在世逼橫流眼未開笑殺山陰雪中客
等閒乘興又須迴○（宋李易居剡寄鄭天和詩）金
庭洞在桐栢山山高一萬八千丈中有神仙不死
區郁郁黄雲覆其上透岩流壑繞四房面勢參差
皆意向鷄登天姥有時聞鶴在沃州何待放彩衣
大勝官錦袍白髪奉親仍縱賞異才爭出輔清朝
爽氣自驚遊碧嶂古來無位有重名吾家謫仙魯
陸望平生願到猶不諧剡復區區走俗狀桃源康
樂舊鄉存路接風烟甘遠往渡江正謂九華丹石
弃飛泉歸指掌鳶翔鶴浴傳異時列岫方迴閑想

像剡溪隨處可卜居乘興扁舟正相訪○〔劉旦遊金庭詩〕衡嶽眞人稱福地南齊高士寄山阿赤城仙去騎丹鳳墨沼人傳詠白鵝一世風流俱寂寞千年氣象古崔峩登臨不盡懷人恨惟有蒼蒼石可磨○〔仙都李清叟詩〕山屬蓬萊第幾重奇峯翠岫繞靈宮雲藏毛竹深深洞烟起香罏裊裊風放鶴也歸天漢上養鵝無復小池中羽人盡得飛章法神與寥陽路暗通○〔天台金卞詩〕尋眞窮養浩崇妙路迢迢洞掩峯千疊塵分水二條白雲生石壁飛閣挿崖腰隱隱存仙迹渾疑在碧霄○〔淮南馬并詩〕右軍學業隱林丘世隔年餘景尚留苔鎖一泓殘墨沼雲遮三級舊書樓歡逢羽客開金闕儼覩仙童侍玉旒自悔今朝脫凡骨飛身得向洞天遊○〔羽士李太澄詩〕步步谿山轉幾重五雲深處敞琳宮峯巒秀擁神仙致門徑清無世俗風晝靜碁聲深院裡月明琴弄夜堂中丹成仙子無餘事祇待蟠桃信息通○〔許薦石隱訪金庭道士劉友鶴詩〕柱杖敲雲登翠微黄菁青蔓牽人衣寒泉

涓涓磵底發幽鳥逐逐山前飛路入青雲細如綫
天風吹落碧桃片忽聞白鶴空中鳴報道劉郎請
相見○〔王鈍詩〕長懷遊寶地攬轡共登臨石洞風
霜古仙壇歲月深好山供野趣流水洗塵心欲上
吟鞍去徘徊待日陰○〔邑諸生尹震和朱中尊遊
金庭詩〕山靜如太古清遊久未聞美哉賢令尹幽
訪晉將軍舊觀今增勝芳名振古存歸途千戶月
燈影雜人羣五馬金庭賞新詩注鳳聞輿酣迷七
聖詞陳仆千軍指顧春天老涵虛性月存無言同
物處一笑入鷗羣月暑躡爐雲閑臨覔舊聞道遥
蒙滌吏雅淡右將軍鳥道鳧飛遠龍池兎影存逢
僧留墨妙不換白鵝羣○〔王國維詩〕信展金庭到
林寒值暮冬香爐雲篆靄石鼓雪函封鶴跨思遐
舉笙吹憶古蹤徘徊誰共語赤水有潛龍○〔裔孫
王心一金庭霽翠詩〕丹池赤水紫雲鄉金作庭兮
玉作床雨過青山新浣刷霽開紅曙舊蒼凉千年
鶴放峯涵白一瞬鵝飛田晒黄芳
草王孫遊未已幾多感慨照斜陽

周誌曰寺觀興廢廢興不知凡幾然歷千餘年卒以不堙惟其公不有耳乃世有力者利其地善欲奪以爲居或墓公者私之不有者有之心且鑒矣何地之足云或更托廬居焚書之說實其口夫假韓朱之公談以濟巳私是蹠竊仁義以爲盜必棄於韓朱者韓朱其與哉若彼二氏之徒亦不必過爲後大增擴過爲後大增擴曇與聃之教亦不然

後學續論曰寺舊白馬在嵊頗多而竺潛支遁輩遊嵊者亦不少以嵊俗崇佛故頗民產賣僧即爲

寺產僧產賣民後寺與復產必浚民價三一爲嵊耗議者謂當裁制俾無惑於左道產又可以濟民貧蓋儒者之言哉余曰否是不易制且不必制也嵊民廉靜務內理其性情有以感之入於先王之道也不難當庠序學校之教亡勞來匡直之方廢故奮興無自耳而佛之無住生心者適相近一爲煽誘無惟其不傾倒也余謂治嵊者務使民治而僧無不治矣俾曉然於性之有仁義行之有孝弟習焉安焉不見異而遷焉雖有千寺萬僧誰能惑

之不惟不足以惑吾民彼見吾民父子兄弟夫妻之樂必翻然勃然相率而盡爲民僧既爲民則僧産獨非民産乎故曰不必制也世有孔子即有㡯乎之回而七十三千共若其教其明徵矣彼僧亦人耳非眞異類不可化苟主持風教者以孔子之心行孔子之事嵊民熙熙皆先王之民尚有堅守其説謂父子兄弟夫妻之樂無以易吾寂滅也豈人情哉

武備志

鮑家寨在五十三都禮義鄉無考管解寨在二十三都永富崇仁兩鄉宋紹興二十年浙東諸司奏置寨永富官一員弓兵百人後改巡檢司明革長樂寨在四十都長樂鄉宋宣和三年知越州劉述古奏置寨長樂官一員弓兵一百八人後改巡檢司明革

民壯一百名明初置以守城池倉庫嘉靖間海寇汪五峯亂增置一正一副共計二百名霜降操演教

督戚繼光舊養陳法　國朝康熙七年裁去八十四名止存十六名康熙九年仍復三十四名共五十名

鄉兵明天啟間流寇亂每里設鄉兵一名共七十六名糧皆里給　國初四山皆寇沿鄉每坊置十名每里增置九名共八百二十名順治八年裁去四百名嵊民感悅十六年又裁去二百名十八年又裁去一百十八名仍存八十二名康熙七年盡革

軍器明崇禎間置弓矢若干長鎗若干鳥鎗若干火

球火磚若干火藥若干以鼓樓下東側爲武庫順
治三年監國兵起廢

駐防　國朝置城中駐防官一員兵五十名三界駐
防官一員兵四十名

教場在拱明門外爲武生試射民壯演武之所舊有
演武亭三間霜降日以祀旗纛今圮

後學續論曰邑之治亂視其郡故備郡不備邑亦
居重御輕之常嵊民朴魯易治亘古無發難者但
與台寧金三郡接壤間有突入若袁甫之據邑倭

奴之過境温盜之剽庫海賊之刼衙是巳寇如此等有兵無益其他鼠狗一捕盜之力耳乃沿弊科兵八百二十名嵊民憊矣嵊何武備哉守城池則有民壯當汰老弱勤訓練飭廵警也衛鄉都則有保甲當詳編次嚴稽查謹守禦也外有善法內有實心則奸宄無自而生雖然道不拾遺臥不閉户古何稱焉葢又唯其人不唯其備

嵊縣誌卷之六終

嵊縣誌卷之七

職官

知縣在周官曰縣正各掌其縣之政令而賞罰之春秋曰宰曰尹曰公曰大夫其職一也秦制郡縣縣置長漢因之食祿千石晉迄唐置令級從六品秩田五頃歲俸八百五石宋置知縣秩田六頃俸二十千元曰縣尹秩田二頃月俸鈔十有八兩增置達魯花赤兼諸軍奥魯勸農事一員以蒙古色目人爲之秩與尹同明曰知縣制級正七品階文林

郎月俸七石五斗　國朝品秩因之歲俸銀四十五兩

縣丞制始於秦漢因之食祿四百石晉以後無丞隨唐復設級從八品秩田三頃歲俸六十四石五斗宋制秩田四頃俸十五千元裁之明復設制級正八品階修職郎月俸六石五斗　國朝品秩因之俸銀四十兩

主簿制始于漢晉令長得自調用秩與尉同唐制級正九品秩田二頃歲俸十九石五斗宋制秩田三

頃有五十畝　月俸鈔十有三兩明制級正九品階
承仕郎月俸五石五斗嵊簿萬曆三十六年裁
典史制始于秦曰尉漢從之食俸二百石迄唐級與
簿同秩田二百頃歲俸十九石五斗宋制亦同簿
秩田三頃俸十二千元亦曰尉俸米八石鈔十兩
明曰典史制稱雜職月俸二石　國朝職因之俸
銀三十一兩五錢二分
教諭在王制曰學正崇四術立四教順先王禮樂詩
書以造士漢武帝置博士平帝增置經師後魏置

博士助教唐置學長使宋制初以知縣領學事崇寧中置學長諭直學各一齋長諭各一小學教諭一山長一景定三年改置王學階修職郎元置教諭增置經賦教諭大德四年裁減明亦曰教諭制編雜職月俸三石　國朝初因之康熙三年裁

訓導明制縣學二員職俸同教諭　國初因之康熙三年止設訓一員俸三十一兩五錢二分

附生員廩膳生二十人增廣生二十人附學生無定額制始漢武帝置博士弟子五十人復其家太常擇民年十八已上儀狀端正者補之唐制學生上縣四十人中下縣各三十五人下縣二十人長

史主之每歲仲冬録監舉其成者送尚書省用之所制廩膳生歲廩銀九兩六錢膳銀四兩諸生歲優免銀壹錢九厘準四丁　國初因之康熙二年裁廩膳銀三年裁優免銀八年復膳銀二兩

附吏員明置司吏七人典吏十四人司吏六曹各一人又儒學一人月給俸米六斗典吏掌與司吏同無俸順治間裁俸康熙間裁吏止留六人

縣令

漢三國吳

卜靜　字元風吳郡人　賀齊　傳

晉

周翼　高平人傳　謝奕　安之兄傳　謝裒

山遵　李克　一作充鄆人傳　戴邈

李弘度　路萬齡　殷曠之　陳郡人仲堪子傳

宋王鎮之傳 周顒元徽初遷山陰傳

漆斯 裴襲遠 陸終

齊張稷永明中令祀名宦傳 劉珞

周廸 宗善才

梁王懷之 賈叔熊 羊羨舊誤美

陳徐陵字孝穆東海郯人自上虞令移剡歷尚書左僕射

徐克孝東海郯人天嘉中任 烏璵 成式

唐張子胄 王球 崔名佚江西觀察使貞

觀十八年以高陽人田衢州殿中議治剡 崔諷須江令移剡

薛　名佚　洪　亂　陳　永　或作永秩

郭謙之

周志曰吳迄唐得令姓名具者十三人姓存而逸其名者兩人今補錄二十人何寥寥也計其時七百餘年今當以百計而茲十餘人獨著此殆有天幸要之匪賢弗能余綜其事即數語可采置之列傳他具空名與贈送有詩而不詳其故實者皆無從論列悲夫

許渾送剡縣薛明府詩車馬楚城豪清歌送濁醪露花羞別淚烟草讓歸袍鳥浴春塘暖猿吟暮嶺高尋仙在仙署不用費牛刀○方干送剡縣陳永秩滿歸越詩俸祿三年後程途一月間舟中

非客路鏡裏是家山密雪霑行袂蒙盃變別顏古今惟賀滿今潔解由還〔又〕和陳明府登縣樓詩見縣署下○〔劉長卿寄剡中諸官詩訪舊山陰縣扁舟到岸涯故林嗟滿歲春草憶佳期晚景千峯亂晴江一鳥遲桂香留客處楓暗泊舟時舊石曹娥篆空山夏禹祠剡溪多隱吏君去道相思

宋　周在田　晁　名佚　陳求古

譚雍　魏琰　林㮚　善詩

章珣　盖參　沈振　錢塘人慶曆初任創建學舍傳

丁寶臣　傳　過昱　傳

胡格　高安世　嘉祐中任以給事郎太子中舍來知縣葺修曹娥廟有記

聶長卿　熙寧三年任　江祖

鄭宗回　劉　繪　晏明遠

宋順國景文公祁子　施　佐一名仲素　侯　臨

蘇　駉　賈公述宣德郎元豐六年任是年新官制行

宋賡國景文公第十四子元初年任墓在大洋　錢長卿

王知元　吳　貢　史　祁

劉　旦　張　諤　呂必強

俞應之　符　綬　程　容

張慶遠　鄒秉鈞　孫汝秩夏志作張姓誤

宋　旅宣和中任傳　孫　潮　張誠發宣和間修城有記

莫伯軫　應　彬建炎元年任傳　楊　植

宋宗年祁之孫傳　范仲將蜀人紹興初任傳

姜仲開紹興四年任傳　錢　壙　趙不退

毛　鐔三衢人紹興十二年任修理學宫　郭康年

蔡純誠　韓　晦　李耆年

趙漁之　郭莽夫　趙伯懋

任望之　蘇　詡　吳　幬

陳嘉謀　李耆碩　張商卿

韓元修　鄭逸民　季光弼夏志作李姓誤

戚欽亮　張洭　李拓

陳謀　劉渠　詹乂民一名實傳

葉籧慶元中任壘堤捍城　周悦

滕璘　胡大年　謝渠伯

楊簡乾道中任祀名宦　趙汝遇太祖之裔

史安之嘉定初任傳　蔣志行嘉定初任　趙彥傳嘉定十三年任修嵊

浦廟有記　魏岠　蔣峴奉化人慶元末任

范鎔　陳厚之　趙師籛太祖七世孫

王埜　劉欽　趙崇伯太祖七世孫

王　喜二十九年任　鄔濟民寧海人三十年任

李　璠大都人三十一年任改新昌令　余　洪元貞二年任傳

宋也先大德三年任傳　萬　愿傳　韓持厚皇慶元年任

張忙古歹延祐二年任　王　瑞七年任

司名佚泰定元年任　王　檜大曆元年任

趙思誠至順元年任　張元輔至元元任能詩　呂惟良

仇　治傳　完　顏至正四年任　冷　贇字彥中膠西人由進士授江浙管勾五年調嵊修學舍諸祠廨各有記　文彭仲字一飛

趙　琬河南人傳　丁從正至正十三年任　崔　彬字文質十六年任

陳克明至正二十三年任時天下大亂奸民竺一鳳糾衆執克明至婺州于明師胡大海自是朝遷不至　邢容以邑人攝縣事公平有處亂世頼之後與其弟歸順于明

以上縣尹

明

高孜洪武七年任傳　江瀾廣信人三十年任修學校壇廟多所建立

龍淵三十二年任傳　湯禎蕪湖人五年任時縣事多滯分理有方不兩月去民

譚思敬傳　劉應祖江西人宣德中任豈弟愛民威刑不立

胡深北直人去邪振滯勤于學政以憂去　嚴格江西人公平坦易士民愛戴

徐雍常州人正統元年任傳

嚴獻昆陵人三年任有才能政尚嚴　單宇南昌人五年任傳

徐士淵 定遠人四年任傳　　孟　文 山西人八年傳

王　琦 江寧人景泰五年任修西門圩岸五載以廨宇毀謝事去

敖　瑜 新喻人天順二年任　　李　春 成化二年任傳

許岳英 五年任傳　　張　鵠 銅梁人十三年任豈弟清慎置先師廟祭器以憂去

劉　清 字一之德化人由進士十六年任勤敏決訟如流作興士類未幾憂去

周　曆 字克體武進人十八年任吏民畏懼憂去　　夏　完 字秉圭華亭人二十一年以柔道治民民亦愛之嘗修學校四載致仕　　臧　鳳 曲阜人弘治五年任

傀　　徐　恂 泰定人十一年任傳

李　吉 四川人由進士十八年任　　李　昆 正德三年任

張萱五年任一作暄傳　林誠通六年任傳

鄭畢十一年任清而有才　姚惟寳江陰人十五年任

謝秩分宜人嘉靖五年任　譚松德化人七年任傳

呂章歙縣人十一年居官勤敏綽有才能陞通判　楊旻射洪人十八年任

譚潛太平人二十二年任　鍾天瑞番禺人二十六年任

非罪繫獄憂忿卒民悲之　姜周太倉人二十八年潔已愛民八月憂去民立去思碑

温易鬱林人三十年任學博識宏有慈愛之譽三月憂去

吳三畏三十一年任傳　朱賫莆田人三十七年任

陳宗慶金溪人三十八年傳　林森四十一年任傳

史欽命　清河人十六年任

焦恒馨　鄒澤人十六年任

劉廸穀　安邑人康熙三年任

張逢歡　閩中人五年任

會稽陶祭酒望齡送林知縣岳倩榮滿序於越美山水而剡其面晉宋間名雅君子歌嘯頌嘆盤游之地在焉其民巖畊溪飲業嵓嗇少無商賈四達之慕一耳目視聽以媚君長於諸旁邑又氣名爲顓樸蓋吾郡海壖之僻壤也遊者不能時至或企以夢其有仕而居于斯居而久宜不爲有道者所厭薄也邇邑會塗繁政囂下雖有名覽奇觀而不關于耳樂于志者有之若剡者殆幸而免矣則上焉者之安其下下焉者之安其上莫如剡宜而剡于諸邑顧獨以難治著號何哉自望齡始有記聞以來令于剡而善遷去已去見思于民一人而已不復覩也上既疾視其民而被下以垢惡民昏瞀獷狠嚚于諍訟日月重襲不可剗剔下亦弗克狎上于政而嘖有煩言以謗讟其君子斯所謂兩失

也豈異民且以地後先淳薄抑何謬悖哉不特其民然也其時官斯學而流清泚前世所賞勝原奇者亦若有游湟封蔽湮縮而廻却抱徼來者入其疆若汩旋渦陟危棧心鬪目眩蓋不覺溪山之入眼矣安在其居而樂乎非特不樂而已也未幾而思去既久邑邑若墜諸谷不得出于是剡之山川果爲四方仕宦者所厭薄嗟乎山川則何罪乎吾師共麓先生入望之以爲樸茂淳篤君子也而令于剡愛先生者始無不以剡爲先生憂而難治者又或以非樸茂淳篤君子所宜處郎望齡亦私慮之居無幾何聲翔問流期月而浹及考而成萬口所喧列于薦牘考功受之厥有　恩綸推所自始剡人舞手告語如譽于身如榮于家望齡詫而問焉先生何道而得此于剡也先生曰吾邑之父兄子弟實易與吾惟拙而已夫向所謂悍戾不可教諭之民而先生獨以爲易與向之譸張險側善謗讟其上者而親譽先生至問其道則曰吾以拙而已然後知悃愊循常之果足爲治而剡之人民易罷于

仁易遂于德不至如曩昔所郵傳亦見于是矣夫民樸而治巧如以造父之術調野鹿故下駭而上惡其難今剡之民樸而先生亦退而推于拙拙以馭朴是故上不煩而下不駭也民保其朴先生成其大巧其相親譽不亦宜哉且先生之德于剡非一時賜其舉數十世訴惡之耻一朝而雪之剡山之高水之清洗滌芟薙悉復其故訟希吏散仰而眺高巔而臨深壑佩銅傲然有隱處之樂非獨剡之父兄子弟恐先生旦夕遷擢以去先生亦安能不眷然于剡之溪山與所哺抱之民哉又孰與疲息厭薄欲亟去之者也望齡先生之門人喜其政成幸其近而得于親見又高先生之政得于剡者爲尤難而著于此倘不遂擯斥尚隸史官當有所述矣○邑喻司馬安性贈施知縣三載考績序

國家朞置郡吏凡以爲民而親民莫若令故令之於民猶乳保之於赤子饑寒疴癢動輒相關一念少忽則啼號顛頓有百計求中其欲求回其怒而不可得者令之於民盍可忽乎哉我父母施侯來

令吾剡眞能以赤子視吾民而克盡乳保之任者方侯拜命輦轂下余政服官春曹見其恂恂訥訥若體不勝衣而言不出口者及諮諏利弊直窮源委竟日不休余時即爲鄉邦得賢父母慶已然猶意之也及敷政兩朞當大計天下吏余從前垣後與聞計典凡臺司之薦牘縉紳之評品以及輿人之歌誦罔不於剡治首推轂焉余時且爲賢父母得譽處慶已然猶耳之也逾年余備兵東粵啣命入剡境見草萊辟田疇易時和年豐諸田父晉余而賀曰自侯之來含哺鼓腹者三年於茲已既入郊道路修廣輿梁峴建而廻瀾望祲之臺亦將次第告成四顧川原秀色增麗諸工技晉余而賀曰自侯之來廢興墜舉者三年於茲已既入邑皋唬屏息市井恬熙糧輸以時訟不終兢官鮮追呼民不見吏諸耆老晉余而賀曰自侯之來家絃戶誦者三年於茲已既入膠門類圮者餙漫漶者鮮士有課課之士無田田之延見有禮而一毫不可干以私諸章縫之士晉余而賀曰自侯之來金就範

士就誕桃李成蹊者三年於茲已既又登侯之堂入侯之室心如水吏如木壁有蒲鞭案無留牘適趣於花鳥凝神於淡寘余再拜晉侯而賀之曰此侯之學也此侯之所以爲政而爲四境士民之所儔祚而稱慶者也三年有成豈虛語哉鄉之士大夫以侯當奏最期謀所以侈侯伐者而屬言於余余不佞無能爲役第述其身所睹記與夫父老弟子員之所謳誦者以佐宣盛美則可謂云耳已矣雖然祀河者先濟渤祀嶽者先崑崙侯先大夫龍岡公以名儒出守毘陵造士育民治行爲二千石冠郎今碑之碣之俎之豆之佑啓方來艾侯今之治剡即先公之所以治毘陵者也剡之士若民所以貞晛山之珉修南海之祝者視毘陵又豈少遜哉旦暮績奏于庭聖天子嘉與是能乳保赤子勤於而國者是能光昭先德克於而家者晉秩貤封成憲具在是天子方以剡民故推恩原本吾民親沐膏澤又何能忘濟渤崑崙之溯耶故因鄉士大夫之請并及其所自者如此蓋亦不忘原本之意

也○邑諸生王三台等祭文知縣典章文於乎天乎何遽奪我侯之速哉夫侯以入覲行而貝錦之口我剡人莫不扼腕而不平及聞有鉅鹿之命則又惜恂之無計而不勝其惆悵以悲鳴然私心猶冀侯前途之遠大爲國家沛霖雨以展其學而奏其能孰意彼蒼之夢夢二豎子之爲祟也竟一夕而隕長星我剡人聞北不啻奪孩提之慈母而涕泗之交零夫豈有私于侯而效兒女之態蓋以我侯之尹剡其所造福者蕩蕩而難名芹宮鼎建畫棟朱甍非侯則苟且歲月幾于草沒而碑横剏羅星于水口如廻旣倒之瀾而樹之以一楹非侯則風氣之衰誰爲施轉以慰多士之盱衡至于擊狙斂滑靡而舞文者必驚華長单之積弊而小民將竭之膏力若肉骨而死生其讞决也能察覆盤之隱卽私囑者臨以薰天之勢亦必不骫法以逢迎其御士也不混嘉禾稂莠之别而一種和藹之眞意使人人心醉而神傾其處餽也卽不爲懸魚之矯而苞苴之路斷斷乎不少玷于官評其好施

周玭　吳栩　高子津

陳戊　梁立　吳道夫

陳彭壽　項鶚　唐仲義

蘇彬　陳昌平　楊濬

樓淵四明人參政諭之子嘉泰元年任　俞杭

沈俊心　解汝篤　楊遵

張子榮　應泰之　趙崇謖太宗九世孫

劉厚南　王彝倫　高不倨

竟世昌　董夢程　姜琛

黄　履　呂元圭　葉　發
汪　煇　吳如淵　程　梓
木德藻　方士說
元李德恭　何公茂　張　顯
汪　庭改戴溪亭爲雪溪精舍置田八十畝祀二戴　劉宗益
張弘毅　王　郁　劉　信
劉　澄　張　吉　魯名佚　乞石列荅蘭
劉元輔　韋　安　徐　瑞強敏有爲吏民畏之
馬合麻沙　苗　暢　郭性存諸暨人和易近民

金得淳　邵斗卒于官　吳承鼎

袁士充　程希京有循政　王文運江西人

芮應耀　梁聘孟渾厚祥明署篆得民

江子循歙縣人天啓二年任署篆得民　高守紳卒于任

周士達南直人崇禎年任勤慎　張應宿鳳陽人

施于政南直人居官無議　嚴斌美建平人

張義　陳應昌揚州人　高鳳赴黃岡人國朝仍在任

國朝

石起鳳華亭人五年任　季春元盧州所人十年任

趙　勉大典人十七年任

門有年安平人康熙初任廉潔有守禁民邪戢修學廡講學會卒於任

胡　玒孝感人五年任

〔參政樓鑰子濤爲嵊丞次子淳爲上虞丞自四明遺二子書〕我老不復仕行將掛衣冠爾子俱二令官職恰一般剡川且書考上虞亦之官人言易棒檄歸奉重親僅我意正不爾期汝政可觀食焉怠其事古訓戒拾錢汝職去民親籍書當細看一邑無不問政爾責獨難平時固知汝廉謹無欺謾涉世終未深送汝能忘言故鄉去帝鄉舟馭多往還失已恒不可待人亦多端妄求違道譽善遺非意干窮達固有時此理真如丹聚散不足較豈得長團圞閑靜我所便汝其自加餐有時或乘興往來二子間踏雨送汝行浮家當游盤走筆如家書誰能苦雕剡○〔張旌送鄒縣丞順民致仕詩繪圖九老送矦還矦思飄飄不可板花落一片紅泛水柳垂兩岸綠搖灣鷗啼日暮帆歸浦鷄唱更殘客渡

關此去故鄉如有間爲言古剡即香山〇（邑士人祭門縣丞有年文仕學相資也而世胡以相背蓋以世之爲學者在章句詘之爲仕者在祿利故學非所仕仕非所學學與仕判而爲二若古之君子明新以爲學明新以爲仕修之家則爲純儒加之世即爲循吏何憂乎出處之異地今我公者以碩宿敎恒南不以丞辱於剡是蒞甫至而咨諏疾苦久之而釐剔治弊既方正而嫉邪復慈和而撫字凡力所能爲勢所可爲無不孜孜以贊治聞剡有證學之會遂同新其講院借諸生而月必一至迨咨其所爲學者則袪議論珍躬行子言言孝弟言言悌至心之覺滅性之善惡深微而不可見者一聽人之自悟姑爲含置故所言與吾黨合而一時之先生後進不敢丞視而師視是學則學其所仕仕則仕其所學眞民之師帥國之琛瑞先是邑長以病告邑人請於憲冀得秉篆而殫其所學行其所志安在民不五袴物不兩穗所以聞者傳相告咸爲喜而不寐何意以微疾淹朝露則向之喜者

又驚相失不覺淚淚其墜淚惟愛其學之甚深故悲其遇之多躓惟望其治之極切故惜其用之不遂嗚呼公死已公固不得令剡已而公之丞於剡與教於剡者不死則所以令剡者炳炳乎長纖要之位有尊卑人有生死學則曠百世而不墜茀謀其所爲學而令與不令可以不議茀謀其所爲學而死與不死可以不計公則何病而某等以同學之情一旦異路而南北矣能不少伸以　綿濆

縣簿

宋文纘世　劉士野　吳雍

陳友仁　司馬僖　蔣鐔

刁駿　靳擴　蘇林

江濤括蒼人乾道間任修學有記　鄭圭

趙崇規太宗九世孫　葉梓　趙善恕
陳秉禮　鄭伯衍　鄭宰
錢觀光　邊沂　姜强立
趙謜夫　李密　陳廸
徐愿贊史安之遷學　趙崇廥　沈忞舊誤文心
沈文煥　趙必鼎太宗十世孫　王孚孫
劉典祖　吳松　王鎔
賈煥　臧子文　沈炎
元闞濟至元年任　董貞二十二年任　程嶸二十六年任

周敬之二十九年任　耿伯通三十一年任　劉仲逵元貞元年任

楊謙大德二年任　傅光龍五年任　辛昭七年任

趙與仁十年任　劉乃蠻至大四年任　張華皇慶元年任

魏恭延祐二年任　薛良弼　月倫帖木兒　韓汝楫泰定四年任

傅偕至順元年任　諸苟元統元年任　元大明至元元年任

魏邦凱至元四年任，慈祥而達於事。　徐天錫至正十三年任

相哥失理　察理沙　不別沙

明

張道明洪武三年任　康寧九年任，有傳。　馬典真定人，剛直有理。

徐遠成廉介愛民　劉清山東人，成化二年任，沉靜簡易。

馬騰文安人十五年任　牛麟永平人十三年任

郝達懷慶人十六年任　鄭璊建昌人弘治元年任

陞簿不修罷　周嗣祀莆田人五年任　阮淮池州人八年任沉默

能守　遲銘高郵人十一年任

沈瀾如皐人十二年任勤慎有譽　張鵬正德三年任

王逼十一年任或作黃逼　江紀府有

韓椿嘉靖元年任　朱組華亭人五年任鋤强削盜民賴以寧

符廷祥曲阜人八年任　秦錫祥符人十三年任

許佑嘉定人十八年任　張大輿山西人二十三年任

朱　顯三十年任慷慨有才佐邑有儒林八政之碑署新昌篆有譽

夏　金三十二年任　姜　偉有傳　譚　章三十七年任

韋希舜四十一年任　宗之鳳建平人四十四年任

郭　璘贛州人隆慶三年任　吳　祺四年任有傳

汪一鳳羅田人萬曆三年任　鄭　輅南城人四年任

張　羅八年任　楊愼春九年任　林　顯香山人由貢士十二年任

邢　箴高淳人十四年任

張文洛　陳大禮　章文選宛陵人二十八年任慈祥佐治

魏繼孝三十一年任有循聲

孟景熙三十五年任一載奉裁去

〔周司空汝登送章主簿文選詩〕簿領江城是幾年勾稽無擾只蒲鞭才看鸞鳳初棲止又逐萍蓬浪轉旋榭葉陰多迷曉閣蘭花風動促歸船敬亭山色遙相望好自郵盃問謫仙

縣尉

宋晁秉　宋易　薛鎰

韓晝　于閎　楊矩

程衎　候杞　林懋能

祝溥　陸釜　杜師顔

吳正國　張永　魏興祖

謝深甫由進士尉嵊縣官右丞相有傳　趙師尚太祖八世孫
陳紀　于汝功　鍾闓
林昇　向士貴　趙舉
錢聞善　胡之邵　宋元老
趙崇原太宗九世孫　支文　趙彥垠
吳元章　任謙之　黃飛
姜漸　邵三傑　汪之幹
趙善嗣或作士　孫寬夫　趙時邁
向儀　曹良度　施復孫鳥程人淳祐年任佐

永丘袁修學　趙必與　李補

楊文龍　張芝孫　於珍

張德羽　劉次中　徐滐

元

張棟至元中任　韓進　馬騏有能聲

禿免撒里
花天祐　孫德慶元貞元年任　郭忠

張元嗣　張德温　胡漢卿延祐二年任

徐垓　羅從善至順元年任　葉仁元統元年任

謝元璟至元元年任　茂里　到剌沙

明

石友璘洪武三年任　舒伸池州人宣德年任

符　綽正統五年任有傳　王　琮景泰年任識治體有

才能事不勞而治　馮　和清流人景泰五年任誠心愛民

陳　彪巴東人天順二年任公正有幹才九載秩滿去　唐　琛清遠人成化二年任

處事不苟　劉　雲掖縣人五年任　孫　敬高郵人二十年任

趙　鉞上海人弘治元年任　戴　鎬星子人八年任

張　京十一年任　蔣　進平江人十二年任

貢　悅正德五年任　吳　榮六年任　鄒　崐十一年任

劉　玉十五年任　韓景宣鳳陽人嘉靖五年任

馬　容淮安人八年任　盧　崐莆田人十一年任

鄭　誠十六年任　程伯卿福建人十四年任

徐　紱常州人二十一年任　蔣　銀湖廣人二十一年任

李大節應城人三十年任　孫汝明三十一年任

徐　紳四十一年任　陳　周四十四年任　何　欽隆慶五年任

周守陽永新人萬曆三年任　羅　位八年任

李　陽十一年任　傅秉伊上高人　王文華

湯邦啟十四年任　蒙嘉約　熊國寶

戴　豸仙遊人　李宗舜豐城人　馬載道

黃維翰　張尚緒　趙艮璧涇縣人天啟年任畧

官誠實民愛戴之

姜堯 亦誠謹

王瓌選 崇禎年任

白彤郁 陝西人樸實無疵

郭邦鎮 福建人

程弘道 新安人卒於官葬剡山

李永春

楊時中

國朝

王垓

彭延祚 順治五年任

楊萬程 富平人十二年任

周明鼎 麻城人十六年任

陳玉鼎 富平人十七年任

李天錫 大典人康熙元年任

毛鼎鉉 武陟人二年任

學諭

宋

解南翔 大兄人景定二年任自著記事於學

徐應家 桐廬人

洪一鶚 天台人咸淳年任　馮子廣 紹興四年任後裔居馮家潭

元

周潛孫 至元初任　俞巳千　何翥 字平遠邑人

趙文炳　張杰　劉悌 上虞人

俞楊　張炎發 郡志作文發　李子紹 蕭山人

張蒙亨 上虞人　韓悅道 會稽人　汪宜老 慶元人元貞中任

葉元善 溫州人　鄭大觀 溫州人大德中任

王瑞　楊仲恕 慶元人　徐鵬學 處州人

胡得助 諸暨人　楊至 天台人　丁裕 鄞人皇慶中任

黄德允太平人延祐中　趙　復鄞人至大中　趙　源至治中

孔克穠鄞人　項　昱溫州人　沈　讓

楊國用餘姚人

明

王文合本邑人洪武三年任　湯　輔二十四年任有傳

黄　份永樂五年任有傳　劉士賢十一年任後佚

楊　贇福建人正統五年任　簡　名佚八年

馮　鉦甌寧人景泰元年任以性學訓迪多士又手授春秋忠義兩畫六載以疾歸

戴　委浮梁人天順年剛正有志操而待人以和　陳　烜成化二年任有傳

顧　纘莆田人成化十八年任　吳　泰二十一年任有傳

俞　成海陽人弘治十一年任學政克舉同夏雷纂邑志造泮橋　許　繆漳浦人正德三年任

房玉節金堂人十八年任　許　繆漳浦人正德三年任

葉　欽德興人六年任　王　崐宜川人嘉靖五年任陞國子助教

武　時涇水人造士有方勁節不撓卒於任　黃　仁歸善人十一年任

劉以真安福人十六年任以不職罷　蔡於藩仙遊人二十三年任

王　二十六年任本學訓導陞授

張　梅三十一年任有傳　林朝卿江陵人三十五年任

喻　曦潛江人三十七年任　雍世哲閬中人三十九年任

王　言四十三年任傳　韓天衢隆慶元年任　張惟表長樂人四年任

王天和萬曆三年任傳有學
王振漢福建人八年任
章木鄞人十一年任朴實
陳塾清江人十二年任樂易可親
楊繼朋內江人十四年任
鄧敏新安人陞舞陽令
杜承芳新城人陞福建汀州府教授
洪應科定海人
方叔俶莆田人
戴時雍玉山人
陳士彥三十六年任有傳
虞應節永嘉人
金以諫臨海人四十五年任
嚴法乾歸安人四十七年任
徐行忠餘杭人天啟元年任由舉人中戊辰進士
葉禾秀水人崇禎元年任
王尚行嘉興人四年任陞南陵令
江養潛定海人十年任忠誠

可觀

王汝勸處州人十二年任

張養淳烏程人十四年任　吳應祺永康人弘光時任

國朝

鄒謙吉無錫人順治三年任　陸鳴時錢塘人八年陞國子助教

費萬程海鹽人康熙三年四月奉制裁教諭職去

學訓

元

趙辰孫字深甫至元中任　王遹叟字棠泉

連山字棲碧　徐德嘉二十一年任　時應龍字文叔

葉仲禮　朱枋二十二年任　朱道坦三十六年任

謝慶集慶人二十九年任　楊瑞

周宗元　趙必恭　伯顏字近仁

王仲庸大德二年任　戰惟肅三年任

明

錢莊本邑人洪武二年任端重工古文　施震天台人七年任謨範

胡愚鄞縣人九年任博學贍文以禮自繩九載秩滿去

吳元亮仙居人三十二年任後建文永樂間佚　王蘭本邑人宣德中任能詩有林泉稿

周詢盧陵人正統八年任嚴立科條激勵生徒陞均州教諭

王敏河南人天順中任

鄭亨華亭人　李灝固始人　王洪成化五年任

林元立福建人卒於官　連銘福安人十三年任九載

許　昌同安人十八年任　胡　啟南平人二十一年任
剛方不苟取　方　輿廣平人弘治元年任
湯　浩丹徒人五年任卒於官　林世瑞閩縣人十一年任傳
學洽聞與夏雷同纂邑志　周　倸莆田人十二年任學行俱優同纂邑志
歐陽英十八年任　胡　顒辰州人正德六年任
何　隆邵武人正德十一年任卒於官　王　佐臨川人嘉靖元年任
王　貢泰州人七年任　曾伯宗東鄉人八年任　鄭　琛惠安人十一年任
許　潔福清人十三年任　石　泰長沙人十六年任卒
於官　黃積慶金溪人十八年任傳

謝　恪當塗人二十二年任　張德輝來安人二十六年任

江學曾青陽人三十八年任　徐　鑾上饒人三十一年任

韋　棠江浦人三十二年任　陳　僖廣德人三十五年任

李　瑚吉水人三十七年任　車　軒咸寧人三十九年任

長者之度開導不倦　徐　鐸南城人四十四年任

華國章無錫人四十五年任　郭克昌廬江人隆慶二年任

王天和三年任陞本諭　曹文儒永康人萬曆三年任

潘恒懼景寧人三年任　傅　遜蘇州人八年任博學能文所著有春秋辨行於世

王汝源九年任有傳　趙　棟武康人十二年任

陳賓連江人十四年任　張可久十九年任六載陞滿江教諭　金可器二十五年任六載陞太和諭

趙東詩湖廣人二十六年任講學淑人　王致思汾水人

林文華　趙裏合肥人二十九年任

趙珣東平人三十年任　韓鏶浦江人三十年任卒於官　任汝光寧海人三十年任

成克勳直隷人三十五年任　劉希儒

方一輝淳安人　盧季綰天台人　張聯璧江西人

李洵岳義烏人四十七年任　張弘瀧安吉州人

晏逢時府城人天啓元年任　朱文暉臨江人天啓三年任

陞桐江諭

徐應亢遂安人六年任　蔣龍芳湖廣人崇禎元年任

朱應宸義烏人三年任卒於官　周克中定襄人三年任

洪名盛平漢人六年任　王有爲蘄州人五年任　欽有爵長興人十年任

葉祺徹秀水人十二年任　嚴爾衡安吉州人十三年任

王希商桐廬人十二年任仁厚宅心坦誠待人秩滿去諸生立石思之

吳之翰鄞縣人　郭賁贛州人

國朝

江皐佩仁和人順治三年任　林允文定海人九年任

龔自淑西安人十六年任傳　謝三錫太平人康熙七年任

山陰張修撰元忭諭王教諭天和去思記嵊諸生數十輩持所編政教遺思錄造余拜而請曰此吾邑人爲吾師芙山王先生作也先生司教於嵊者九載覩邑篆者三月其德澤被於人無久近無不心戴之者陞南安郡傳以去吾士民欲攀其行而無從也敬邀子一言勒之石以永吾師余閱其編列王君善狀凡十有八其大者則禮書之布也士氣之培也孝節之旌且有贍也卻苞苴也具祭器新膠門也恤民之災緩催科平聽斷也正民之俗喪者不茹葷誕女者不溺也予閱之敬嘆曰有是哉王君之善教與善政其兼舉矣乎則又謂諸生曰王君之學其有本乎夫教與政非二也古之君子其修之於身推之教與政者皆不外乎禮故其學出於一而用隨試而輒效蓋孔門言仁其要在復禮教人諄諄以禮爲訓而極之爲國以禮然則修己治人一本乎禮豈非孔氏之家法也歟予少也窃嘗學禮惟於喪禮有不忍及也甲戌秋斬焉衰絰乃始讀喪禮似不能無悔於心且禮所載殆

有疎而未備者有疑而難通者猶不能無疑於志巳乃得王君所訂禮書讀之而有所取衷焉予是時固巳向往王君久之詢其行于嵊之人士嵊之人士數其事而予獨窺君深則知其所致力者固自有在政教之施特其緒餘焉耳蓋君爲雙江東郭兩先生之高第嘗從事陽明子之學矣陽明子之始而揭良知以覺人也謂良知盡于約禮是豈徒談妙悟而畧躬行者哉迨其後則爲說幽渺而愈令人惝怳而不可究詰甚者宕於禮法之外而藉口於解脫則重爲斯道病矣君旣有會於良知之旨而痛挽末流之獘其始司教于嵊也輒慨然曰學莫先於禮舍是則何以爲教故首爲禮書以示之而躬敦行以爲諸士先凡君之所以爲教者有一不由於禮者乎巳而受檄視邑篆也又慨然曰治莫先於禮舍是則無以爲政故惕惕焉厲官箴重民事振廢舉墜凡君之所以爲政者有一不由於禮者乎夫君之學一本於禮而施之敎與政隨試而輒效如彼空談鮮實者爲何如斯可謂有

功於陽明之門不畔於孔氏之家法者也豈獨有遺思於一邑而已哉君名天和字致祥吉之永豐人也勒是碑者爲張生籍尹生紹元袁生日新周生夢秀夔斗宋生應光王生應昌張生希稌而碑之建爲萬曆七年歲次己卯四月之吉

嵊縣誌卷之七終

嵊縣志卷之八

選舉　薦辟　歲貢　舉人　進士
武職　恩廕　例貢　材胥

薦辟

宋阮萬齡見隱逸傳

齊朱士明見列傳　黃僧成三十三都人景明中官安南將軍

王衡字孟平孝嘉鄉人右軍之裔黃門侍郎義興太守

梁張嵊見忠節傳　隋張茂先嵊之後官洗馬

唐許丑詢之後官秘書郎　張欽若嵊之裔貞觀中官鳳翔府尹

張復之嵊之裔官尚書郎

宋

童蒙初襄坂里人開寶間授景寧縣令

周忠和字紬嘉開元鄉人少通文學兵畧熙寧丁巳薦授度支贈三司將軍

王弘基字立本孝嘉鄉人大觀間舉明經科授亳州教授宣和間遷國子直講秘書省正字

姚宏有傳

周宗字從海開元鄉人薦授翰林中書歷大理寺評事贈亞卿

求多聞字守謙禮義鄉人高宗時收伏魔軍薦授承信郎監常熟縣稅務

呂祖璟見列傳

錢宇之字光儔本臨安人靖康之亂侍父杢徙剡源鄉紹興間應賢良方正直言敢諫科授國子助教追念先德立武肅王廟

張俁字仲碩性頴悟究心墳典隆興中以獻策授廸功郎後連領漕薦除能泉縣簿嘗官廉勤吏不能欺轉婺州法曹內翰洪邁李頴彥舉俁獻議平恕轉儒林郎致仕賜銀緋

周　俊字景威宗之孫博洽經史嘉泰巳巳薦授兩淮總幹有政聲贈嘉議大夫

錢揚祖字之之孫嘉定間舉博學弘詞科授廬陵知縣陞吉安太守

邢　宜太平鄉人性資明敏識達墳典嘉定間舉博學弘詞科授婺州通判子景望爲趙王郡馬

張　愻見忠節傳

商日新字道夫又新之弟博通經史理宗時薦授太子學任翰林學士度宗朝議論不合上疏致仕聖駕躬餞于錢塘門外賜金帛舉朝榮之

史　昱字廉夫紹定中薦授兩淮轉運幹辦公事兼提刑獄以伸理寃枉有聲陞大理評事

胡　岳字伯仁理宗時薦授台州教陞定海縣知縣

錢　瀰字之之曾孫宗文佐景定末詔崇經術考德行累官嘉興軍節度使僉判

周天祥 字麟之舊志稱誠一由汝南徙于杭咸淳末薦授臨海教諭元至元三十一年棄職歸剡

黃　濤 永富鄉人由明經薦

王昌龢 字文子孝嘉鄉人薦授河陽尉陞保寧軍節度推官宣城知縣

張子龔 嵊之後父文叔號清簡老人封承務郎龔由漕貢進士累授秉義郎差監右騏驥院

單庚金 見理學傳

王伯昌 字公盛孝嘉鄉人累官沿海制置司參議

元

錢　澥 字與祖宋僉判澥之子應求賢詔授諸暨州學教諭改江山學

胡宗道 東陽人宋尚書瑗之後戊寅任江西貴溪主簿當閩越之衝以勤自勵愛民如子而民戴之辛已解任歸

夏　椎 字懋誠聰穎博學至大三年薦授江

西龍興路稅課司提舉時權利太急引疾歸

甯崇　字志高薦授漳州路提舉

周承祖　字紹立宋教諭天祥之子至大四年薦授將仕郎浙江等處儒學提舉

喻子開　以材諝薦授四川副使

宋鐵　字秉心集賢坊人宋邑令宗年之後學優才贍善屬詩文薦授蕭縣訓導

王斗機　字吉甫孝嘉鄉人薦授汀州路教諭

舒奎　字文昌西鄉人博學能詩授諸暨學訓導

王宷孫　孝嘉鄉人以儒術任贛州大使

王碩　字景藩孝嘉鄉人任蕭山學教諭

錢晃　濟之孫元季舉孝廉任本府經歷後洪武初復起官博興知州

王君盛　薦授江西提舉

明

趙友誠　洪武四年兵部主事改合肥丞

張思齊　以孝廉薦授陝西參政

張翰英　洪武五年懷才抱德科授知縣

龔文致　字志端人物魁岸以人才薦授河南按察司經歷

王美　四年以孝廉薦授襄陽同知

喻顯中　以人才薦授俞次典史

王璘　見隱逸傳

單復亨　見儒林傳

周佳　字原美五年以材諝薦授福州同知

竺汝舟　四十八都人十三年薦授福州同知

王文鉉　字鼎仁十五年以文學薦授侯官丞

王佐　字子黎四十七都前王村人十六年以人才薦授合浦知縣恪恭其職

應均立　宋邑令彬之後十七年薦授廣東鹽課提舉

錢琲　字則敬以懷材抱德科薦任本縣訓導

韓信問字用敬俊之弟薦授雲南經歷　宋思義十八年由人才授洪同知縣

盧允中以人才授西寧衛知事　竺班名得義十九年以孝廉任淮安知府

張原輝四十八都人二十三年由耆老薦授登州同知

喻克銘二十四年由耆老任涇縣知縣　單季元復亨之弟以明經薦授處州通判

卜弘德西隅人二十五年以耆老薦授山西監察御史

屠任見列傳　應彥昌二十七年以明經薦授嘉興教授

邢汝節以才諝薦授廣州同知　劉大亨二十八年由耆老舉賢良方正任典史陞荊州同知　尹克成二十九年國子監學錄

單斯泰三十一年任海康知縣　沈信年三十二年西隅人舉經明行修任廣

東參議

史進賢以秀才薦任萬寧丞

王淲字施道任宣城丞著有宣城稿

黄彥通以人才薦任新會縣廵檢給事俞騶復以節操擧之爲嘉興知縣

高府澤永樂元年以文學薦入國子監母老乞歸

張　遜字宜中三年以經明行修薦授谷府紀善遷長史

王胥道十六都人以楷書薦

袁均正五十三都人六年由人才薦授江西萍鄉知縣

李克温靈芝鄉人薦授當諫驛丞貌魁偉讀書知律

王　蘭字元芳忠節鄉人以經明行修薦授本縣訓導

張士服清化鄉人薦授錦田驛丞讀書好古諳琴畫

韓　啟　字景明俊之子以經明行修薦授本省秀水訓導陞德府長史

王　鼎　蘭之弟以賢良方正薦授山東臨清丞

韓　昇　字景輝啟之弟以賢良方正薦授廣東蒼梧知縣有惠政

史　昶　字國通清化鄉人以賢良方正薦授福建侯官丞

歲貢

明洪武

胡觀　　沈常

高如山　昇平鄉人二十年貢授四川道監察御史陞湖廣按察司僉事

單汝信　晦溪里人廣昌縣訓導陞泰和縣敎諭

毛道德　禮義鄉人二十　袁道溢　五十三都人二十五年刑部主事　六年授丹徒知縣

王谷保同知改除工部主事

宋莊字以端，西隅人。二十八年授黄州府同知。

李恒一名常，西隅人。二十九年授延平府同知。

有傳

張得壽

竺仕俊十八都人。授直隸句容縣知縣。

建文

俞驪禮義鄉人。三十二年授兵科給事中。正直不阿，頗盡言責。

永樂

史鯨元年授望江知縣，卒于官。

王可彥

宋純西隅人。四年授邢臺縣知縣。

王復臯見列傳

郭顯名仁德鄉人。六年授寧國縣典史。

袁道距道溢弟

竺原轤金庭鄉人

王恕敬九年授山東潘州知州

張謙

俞祚　字克新騮之弟

胡德潤　字廣心西隅人十二年授德安同知寓八九十都

陳士基　孝節鄉人

施重　入上舍十五年授永平同知今村名

上舍

史成尹　西隅人授教諭

馬欽　字敬夫

張琛　字玉溫崇安鄉人十七年授福建興化知縣

吳文

任倫　昇平鄉人

婁希賢　見列傳

俞機　字伯楨騮之姪宣德二年任經歷陞長樂知縣

姚孟章　金庭鄉人

王允祥　仁德鄉人五年任海州教諭

張宗義東隅人　王玉田見列傳

黄孟端見列傳

（正統）史浩傳清化鄉人二年授趙斌東隅人四年授山北京武驤衛經歷東青州經歷司

王以謙部王事贈父母封妻致仕十六都人胥道子任南直工

王鈍孝嘉鄉人任福建漳州府司訓子瑄貴贈郎中有傳

竺時達忠節鄉人任江陳昱康樂鄉人任廣西贑州推官西平樂府照磨

江練東隅人

（景泰）胡鉞宗廷威西隅人德潤子元年任上杭知縣濬築城池建譙樓以才幹稱卒于官

王貴册東隅人　相永忠永富鄉人

陳勲 淸化鄉人知事居官勤慎陞武進丞

黃瑒 字叔圭西隅人五年任福建延平衛

王樞 見列傳

天順

尹儀 字鳳翔西隅人二年任南昌府訓導改新建學致仕

劉蘭 崇安鄉人任楊州同知民懷其德

陳昶 孝節鄉人四年任嶧縣丞

錢濟 字汝舟東隅人六年任寶應訓導陞唐府紀善天姿聰敏過目成誦所著有扶搖集精于篆隸

馬艮 字士賢東隅人七年任晉州訓導陞安平縣教諭卒于官

胡昱 字克昭西隅人七年任平原縣訓導

謝翰 字克通昇平鄉人任蔡新州導

劉篪 字木陽西隅人任懷遠縣主簿

宋郁 字文盛西隅人任昌邑縣訓導陞龍巖教諭

宋敏　字克修西隅人登州訓導○以上六人皆薦例一歲同貢

張軫　字器之清化鄉人世軒從弟八年任登州訓導

成化

王昆　字怡仲樞之姪

楊綺　字蘊夫東隅人四年授龍江遞運所大使

周泰　有傳

馬政　字廷治孝節鄉人六年任古田訓導

史晞　字國暘清化鄉人見鄉舉

張昇　字廷高積善鄉人十二年任泉州訓導

王輔　字廷佐仁德鄉人十四年任陵縣訓導所著有寓陵集

婁克剛　字以柔崇安鄉人希賢之姪十六年任新泰訓導卒于官

楊浩　字本洪清化鄉人十八年任蘄州訓導有賢名攝署州事及進表箋著有澹齋稿

李穆　字敬之靈芝鄉人二十年任雲夢訓導

裘鈴　字洪振崇仁鄉人二十二年任建寧訓導

鄭戔　德政鄉人

弘治

張濬　字原哲琮之子元年景陵訓導

張址　積善鄉人二年任泉州教授

王荃　字德馨孝嘉鄉人暄之姪

過誼　字正之長樂鄉人五年任絳縣訓導

應旭　字以陽尹之姪七年任南直邳州訓導

張倓　字克廉清化鄉人九年任南直邳州訓導

周嶧　字魯之山之從弟端厚有學初任寧縣訓導士率其教一生坐誣罪爲力白之遷鄒縣教諭教澤益溥引年家居絕迹干謁縣令張暄性寡合獨加禮焉所著有古愚集

張　曜字克輝清化鄉人七年授監利訓導

韓　顯字克洪孝嘉鄉人十二年任瑞昌訓導陞永安知縣

裘　芝字德馨崇仁鄉人十三年任長沙訓導

趙　岑字用之東陽人十五年任桂林推官性硬直恪守官箴家無羸資

鄭　軫字文華德政鄉人十七年任德州判官

婁懷岑十八年任潮州訓導

正德

胡　淮見孝義傳

鄭　燧三年任湖廣邵陽訓導

裘孔華字實夫崇仁人四年德興訓導

裘　策字獻夫崇仁人授博野訓導九載三署邑篆有政績

黃　榮東陽人七年任南直壽州訓導

謝　樓禮義鄉人九年任雲南府知事　馬雲鳳孝嘉鄉人十年任訓導

姚仕朝字弼天仕榮弟

嘉靖

馬　輝字文耀五十四都人元年授江西瑞昌知縣性慈祥居官一塵不染越二年致仕歸士民泣留如失父母　應　暐字以光崇仁鄉人三年任崇善知縣

鄭　堂字汝升德政鄉人五年任金谿教諭

鄭　經字廷濟德政鄉人　黄　懌字蘊中孟端孫七年授福建邵武縣訓導秉氣節正學術無何乞休士論重之　婁懷奎字仲光克剛子九年授丘縣訓導以父卒于官傷之早乞致仕　馬　充字克美東隅人由選貢十一年任德安知縣性質直絕于諂明敏博覽有馬書厨之稱與朋友直言不諱居官恪守官箴致仕

周　晟見儒林傳　　裘士濂見列傳

邢舜祥見鄉舉　　高　瑞字國賢桃源鄉人

張　鏵桃源鄉人　　尹　奎字世文東陽人

鄭　騮字德孚東土鄉人訓導　　鄭　文字用章東土鄉人固安縣教諭素稱長者有古風

胡　繁字克用二十三年任含山訓導

袁　旻字秉仁桃源鄉人二十五年任蕭縣教諭莊以律巳端以範士

江獻臣字惟翰箎節鄉人二十六年任新鄭訓導

鄭　宸字敬夫德政鄉人二十八年任香山教諭

周　謨見列傳　　喻一貫字繼曾西陽人三十年任建平訓導

胡　樂見隱逸傳　竺　該字文薦遊謝鄉人三十六年任魚臺

教授

裘汝洪字時範崇仁人三十八年江夏訓導

鄭應元字仁甫德政鄉人四十年任南直和州判官

裘日恩崇仁鄉人四十二年任海門訓導廸士先行誼難干以私

尹丕中字孔和東隅人四十四年任濟寧州訓導陞周府教授苦貧才立能甘人所不堪論經史時有卓識特不狥於俗人多誚之

隆慶

鄭大輅德政鄉人　邢德健見儒林傳

王嘉相字汝良東隅人三年任惠安簿陞通山知縣

趙　漳字克濟東隅人　吳世輝字蘊之崇信鄉人五年連州判官　忠謹質實與人處

其厚不處其薄人服其爲長者初授寶應訓導陞沛縣教諭引年歸撫按重之歸而封拜遠祖創立祭規有追遠之孝焉

萬曆袁仲初字大意西隅人元年任臨安訓導重厚儉樸言動不踰率恂恂自守士也以視豪華縱恣之輩有徑庭矣　竺天衢字時登筮節鄉人三年任歙縣丞居敎有績卒于官

周梧字鳳來西隅人四年任建德訓導循謹謙退溫然可親事叔如父至老敬養不衰居建德官況貧甚猶屢却門生之贄卒于官　袁大恒字仲徵仲初從弟五年任定海訓導陞常山教諭轉襄陽府教授致仕行誼朏篤端介有守士心誠服所至有聲

周紹祖字仲思晟之子九年海寧訓導　鄭甲德政鄉人十一年任於潛訓導

鄭王政德政鄉人　周夢斗字繼奎嶧之曾孫十五年任閩清知

縣性端介善屬文居官務以德化不事刑朴養廉外杜絕苞苴有以金餽者輒拒勿受當事薦揚之

周維翰　字孔文開元鄉人授徽州府經歷轉遼東衛性穎慧善詩文所著有學耕軒草

鄭化麟　見列傳

童仁　遊謝鄉人授東陽訓導謹愿自守

周仕麟　西隅人任本省永嘉訓導

吳越岳　見鄉舉

周夢神　西隅人見孝義傳

王嘉宴　字君錫任含山知縣

錢萬貫　剡源鄉人任仁和教諭

周邦銑　字國雍開元鄉人任於潛訓導陞東鄉教諭謙謹自持致教歸杜門謝俗

鄭鳳儀　德政鄉人

于謹

邢化龍　字見夫太平鄉人任江西德興知縣

周光臨　字元敬博洽能文所著有名山息遊

丁則綏字子章東陽人　葉應斗字汝光崇信鄉人任廣西梧州通判

錢大敬剡源鄉人

泰昌　丁彥伯見隱逸傳　張我綱字宏甫希稷子

天啟　王禹佐見忠節傳　吳應雷字子潛崇信鄉人任湖廣武陵縣丞陞貴州石阡府經歷

袁祖乾見理學傳

尹志凝見立相傳中

崇禎　吳廷珍見列傳　周儀世字羽可西隅人恩貢淵博多才

唐民敬字敬所東隅人任安吉州學正　應信遇字邦際崇仁鄉人任湖州教諭

厲汝恩見列傳　徐一鳴見列傳

胡永賓 字惟賢東陽人任[illegible]州府訓導陞慶元教諭不赴

姚來學 字思兢金庭鄉人任海寧訓導　尹志燧 見立相傳中

徐　行 字子義遊謝鄉人　王心淵 字流謙孝嘉鄉人坦易曠逸有詩集

金之聲 字聖啟仁德鄉人見理學傳　鄭漢千 字五雲東土鄉人有孝行傳

王倣韋 字績之心純次子志行磊落羞與俗伍而文心藻發可以奴騷

吳效恩 字君覃五十五都人　章日遜 字仲升德政鄉人

吳　鉉 字仲舉五十五都人　鄭　奎 字池生德政鄉人

國朝

順治　葉應茂 字爾成任廣東河源知縣

周運昌 開元鄉人拔貢　周際昌 開元鄉人拔貢歷任遵化知縣

周有亮　字信卿西隅人歷任湖州教諭

俞華服　字斯章見湖州府教諭

謝汝中　字自御任仙居縣訓導

喻恭泰　字大來西隅人任永淳知縣

裘應秋　字鴻甫崇仁鄉人

朱爾銓　字衡章任建德訓補寧海見任

喻恭復　字七來西隅人

周　鉞　字公襄西隅人

康熙

尹　巽　選貢見孝義傳

王基宥　字爰對敵弦長子天性孝友入都廷試因父邁且病遲回不前以教習官學留病劇不聞于家恐遺父憂隱忍至死妻夭不再娶

周　默　字永思開元鄉人

張明易　字惟旋二十八都人

錢　濬　字爾哲富順鄉人

周煜新　字朗仲開元鄉人

吳光廷　字子昭德政鄉人

鄉舉

宋

周汝士 見列傳

周世則

周汝能 見進士三人並以内舍生中式

姜安

費元亮 字文明乾道二年由明經發解補太學生越三年薦名試禮部初任江山尉歷樂平推官審囚平恕明決以恩陞江州太守引病歸隱築室于秋山麓之秋湖自號秋湖居士

吳守道 字貞一德政鄉人會稽籍慶元六年以禮經中式第三名

史夢協 字逢衡淳祐十二年中式累官兩淮安撫總幹正議大夫沿江訓練士卒

費九成 字邠古淳祐十二年中式開慶庚申授永康尉轉信州司理秩滿赴京時賈似道當國會鄉友吳大有責其誤國遂與歸隱

李應旂 寶佑六年省試經魁

許㮚景定三年省試第二見列傳　張榘字襲子咸淳補上舍生

趙登炳　趙文炳

吕諒見進士

元

費述至治二年以春秋中式第一名　卜可壽泰定三年中式

許汝霖見隱逸傳　王文合一名天合字應時東林里人亞魁任本縣教諭　王原暐字彥夫大約里人與文合同年舉授餘杭教諭元末歸隱寓懷詩歌尤長古體所著有剡溪吟稿

吳本立德政鄉人會稽籍延祐元年經魁

明

董時亮洪武三年中式　王奇生十七年中式見進士

王文奎　忠節鄉人二十年中式任魯山縣丞

史道志　字孟禎昇平鄉人二十二年中式授大寧都司斷事改四川都司操履端潔舉止鎮重贊軍政明察剛決用刑欽恤上官保奏其能將遷會疾卒

王惟謹　字謹言原暭之姪二十六年中式任舒城縣丞改靖安縣

永樂

張孟韜　清化鄉人元年中式

沈　翼　二年中式交趾潞州府同知

史原信　清化鄉人三年中式授新河教諭行修學博所著有牧謙文集

張　玻　字宗儒西隅人六年中式任廣信府訓導陞湖廣長沙府教授卒于官

季　囘　字希顏筮節鄉人六年中式舊誌作李姓誤

龔　璉　文致之子十八年中式見進士

韓　俊　字用彰嶧之子十八年庚子科中式

任永平知縣

唐　津字要夫忠節鄉人十八年中式任江西袁州府教諭歷仵讀

王仲賓字光治昇平鄉人仝前中式任經歷

江宗顯字克光崇仁鄉人仝前中式

宣德　鄭　貞德政鄉人會稽籍十年中式任山西提學僉事

正統　謝　濂十二年順天中式

景泰　張世軒元年中式見列傳

張　政字以仁東隅人四年中式授中書舍人歷王府審理正贈父子堅如其官轉江西贛州府通判居官廉能性硬直處事公平

天順　鄭仁憲德政鄉人順天籍六年中式

成化　王　瞻見列傳

張　性字克循清化鄉人四年中式任南直

贊應知縣
改陞安縣

應　尹　字天民崇仁鄉人
十年中式任江西
南康府通判有志古道興白鹿之教改
南昌府勸寇安民居官勤慎綽有能聲

史　睎　十三年應天中式
任廣西全州知州

楊　素　字尚文上岡里人十三年本
省中式任南直贛榆知縣

杜　傑　見列傳　　丁　哲　十六年中
式見列傳

周　山　見列傳　　陳　珂　見進士杭
州軍衛籍

鄭如意　字允錫德政鄉人
援司務累官知府

豐　儉　洛陽縣籍十九年
河南中式官通判

閻士充　德政鄉人二十二年
中式任永春知縣

弘治

夏　雷　二年中式見儒林傳

韓　華　字克熙孝嘉鄉人二年中式任南直丹徒訓導卒于官

陳　璠　珂之兄五年中式歷官長史

周　際　十一年順天中式見進士

姚士榮　字仁夫金庭鄉人官教諭

正德

張邦信　二年中式見進士

吳公義　德政鄉人五年中式任雲南景東府判性樸實無械歸田屏跡城市著有羅湖集

金　鯉　五年山東中式見進士

鄭蒙吉　八年中式任山西岢嵐知州

王　朮　八年外籍中式歷官御史遷僉事

杜民表　十一年中式見列傳

王　喬　十一年中式

嘉靖

胡　釆　字原素東陽人三年中式舉禮經亞魁任城步知縣改會昌縣少穎敏有志問學居城步化服苗蠻居會昌剪除奸宄居鄉郡鳴東關之苦累所任稱德

周震　十六年中式見理學傳　　王燗　十六年外省中式

王朴　十六年外省中式　　邵惟中　十六年雲南中式見進士

喻璆　十九年中式見孝義傳　　裴仕濂　二十二年應天中式見列傳

杜德孚　民表子二十二年順天中式任弋陽縣教諭

邢舜祥　字時鳳太平鄉人二十五年中式性耿介公車北上見楊忠愍下獄慷慨形于詞色憤欲論救迨疾卒猶言之　　王念祖　貴州軍衛籍任新寧知縣改保山縣

王煉　三十七年貴州中式　　王培　四十年貴州中式

喻思化　四十年應天中式見列傳

隆慶

董子行　字時卿四年中式紹興衛籍見進士

萬曆 周汝登 元年中式見理學傳

王應昌 元年中式任廣東雷州同知見列傳

張希秩 改名向辰字惟序西隅人元年中式任德慶知州

周光復 四年中式見進士

王大棟 字子隆東亡鄉人七年中式任山西絳州知州

李春榮 字邦彥西隅人十三年中式任廣東崖州知州卒于官

朱萬壽 二十二年雲南中式見進士

喻安性 思化子二十二年中式見列傳

王瑛 二十五年貴州中式累官雲南按察司副使

鄭化麟 三十一年順天中式見列傳

趙起 字近思東隅人三十一年中式博學贍才能古文詞有著禮書

錢永澄 字久心三十四年中式任松江府同知贈父母

吳越岳字秉官德政鄉人三十七年應天中式任湖廣漢陽知縣調應山萬年二任在應山爲蠲無田浮稅時楊都憲漣在籍率士民升堂祝之

周家俊字仲英開元鄉人三十七年中式任洧川知縣

吳中穎字支機德政鄉人烏程籍四十年中式任太平知縣民沐其德尸祝之著有奚適吟

王心純四十三年中式見列傳

周孕淳字無遷汝登次子四十六年應天中式性敏慧能詩著有朗瑩齋集

天啟

尹膺簡字可行東隅人元年中式

尹鼎臣膺簡姪同前中式官知縣

胡自平字節之原名守禮東隅人四年以麟經中式任江西瑞州府判署篆新邑除盜賑荒克盡其職歸橐蕭然一琴一硯而已

吳應芳見理學傳

崇禎裘組字章甫永富鄉人三年中式國朝任江南壽州知州

尹志烶字伯光東隅人六年應天中式見義行傳中

盧鳴玉九年中式見列傳　徐一鳴十二年順天中式見儒林傳

國朝

順治姚工亮字代人晉溪里人三年中式任河南內鄉知縣見任

尹巽十七年中式見孝義傳

進士

宋史綸四十三都人天聖五年丁卯登王堯臣榜官龍田員外郎

史叔軻綸之子景祐元年甲戌登張唐卿榜累官刑部侍郎

尹仲亭 東陽人榜佚官員外郎　茹約 六都人慶曆二年登楊寘榜

尹仲寧 官通判　茹開 皇慶五年登鄭獬榜

姚肅 前榜　姚勔 嘉祐四年登劉煇榜見列傳

史安民 綸之從子熙寧九年登徐鐸榜官中大夫

黃特 頤之子二十八都人元祐六年登馬涓榜歷宣城令婺州知府

求移忠 字許國五十二都人紹聖元年登畢漸榜靖康間累官吏部尚書轉朝議大夫乞休

贈祖從吉父顯如其官　姚舜明 紹聖四年登何昌言榜見列傳

求元忠 移忠之弟崇寧二年登霍端友榜初任仁和縣簿轉知義烏縣知衢州府紹興八年改知臨安府賜紫金魚袋致政贈通奉大夫

姚棐忱 字天廸同前榜任永康知縣

過　卓　昱之子大觀三年登賈安宅榜　姚景梁　政和八年登王嘉榜

黄　時　一名唐傑特之弟宣和二年登何㬇榜官信州府判

馬　佐　紹興十三年登陳誠之榜　張　攄　舊姓馮前榜

茹紹庭　十五年登劉章榜　黄　昇　前榜

周汝士　十八年登王佐榜見列傳　茹　驤　集賢里人前榜

周汝能　二十七年登王十朋榜官鄞縣簿主陞宗院

姚　筠　前榜　姚廷袞　三十二年登梁克家榜

趙師仁　隆興元年登木待問榜　高宗商　乾道五年登鄭僑榜一作商老

任惟賓　前榜　姚　憲　舜明子賜同進士出身見列傳

王　璃孝嘉鄉人乾道間進士歷官衢州知府

周之綱汝士從子淳熙二年登詹騤榜任婺州教授

唐　琦前榜　　桂　森前榜

白公綽字仕優淳熙十一年登衛涇榜任丹陽縣丞

姚一謙前榜　　石宗萬淳熙四年登王容榜官至兵部侍郎

周之瑞之綱弟前榜任荆門軍學教授　　應　爕縣令彬之子前榜官翰林承旨

郭　綽登前榜官翰林承旨　　宋叔壽紹熙四年登陳亮榜

石宗魏宗萬弟慶元二年登鄒應龍榜　　王復明慶元五年登曾從龍榜

茹　騤前榜官安福縣丞　　石孝浦前榜樓三石爲新昌人姑從舊志

任必萬開禧元年登毛自知榜歷參議　過文煥前榜官揚州府判

盧補之前榜　申宋說前榜

田廙前榜　周之章之瑞弟嘉定元年登鄭自誠榜

茹彧嘉定四年登趙建大榜　榮熙辰前榜

錢難老前榜　姚鏞字希聖嘉定十年登吳潛榜官監丞

所著有雪蓬稿　周宣子之綱子前榜

過必采嘉定十三年登劉渭榜　周溶孫宣子子嘉定十六年登蔣仲珍榜

任貴必萬之子紹定二年登王朴榜官知縣

呂諒祖璟子登前榜資性強毅淹貫韜畧任東陽主簿轉朝奉郎置制司參議以疾致官

張崧卿 倓之子前榜累官承議郎沿海制置司參議致仕

張飛卿 崧卿弟同榜

勞崇之 前榜

王鵬舉 紹定五年登徐元杰榜

過夢符 前榜

趙汝崖 前榜

王景壽 前榜

過正巳 嘉熙元年登周坦榜官參軍

尹鳳梧 前榜官大理寺評事

屠雷發 字聲伯前榜累官觀察使朝請大夫主建昌軍仙都觀

朱元光 淳祐四年登劉夢炎榜

楊光之 前榜

陳肖孫 前榜

李士特 前榜

商又新 字德孚淳祐十年登方逢辰榜官至紹興撫參著有曲溪集

董元發　前榜　　毛　振　寶祐元年登姚勉榜

應　瑜　前榜　　陳　碩　字台輔開慶元年登周震炎榜先世東平人南渡時徙嵊以儒傳家授春秋于石宗魏官至臨安府判以忤賈似道罷官

劉瑞龍　前榜　　許　臬　景定三年登方山景榜見列傳

張　霆　前榜　　趙　炎　字光叔咸淳元年登阮登炳榜任義烏簿累官刑部架閣兼權員外郎炎與平章王爚爲故交責爚從賈似道爚乃劾似道似道坐貶炎爚亦並罷

趙汝㠓　前榜

俞　相　一名德前榜　　高子埜　前榜

朱士龍　咸淳四年登陳文龍榜　　朱得之　士龍姪前榜

商夢龍 前榜初授梁縣簿一日有犬號于庭夢龍曰此必有異乃令人隨犬去犬入徐員子家新種牡丹花下爬之隨掘土見以草束一童子氣未絕救之得甦日我陳家子也夜出頭有金珠等飾員子欲奪之以石傅我暈而死埋焉員子服罪郡上其事陞梁縣尹後仕元爲盧州路治中揚震龍反歸

吳觀道 德政鄉人咸淳七年進士

相起巖 登進士年次未稽德祐中補武功郎仕元歷福州知府

元

費述 字元明泰定元年登陳益榜任鄮山書院山長

許汝霖 字時用至正十一年登文允中榜見隱逸傳

明

董時亮 洪武四年登吳伯宗榜三都竹山人任臨邑縣丞初爲諸生時建議重興二戴書院

稱義

舉

王寄生 十八年登丁顯榜歷官左布政

章信宗字守誠德政鄉人十九年登曾鶴齡榜歷官御史廉慎有守三巡卒于任寠乏僚友賻贈以歸

永樂　龔璉字廷器六都坂田人二十二年登邢寬榜未仕卒妻以節名

景泰　謝濂五年登孫賢榜見列傳

成化　王暄字時暘十四都孝嘉鄉人八年登吳寬榜見列傳

丁哲二十年登李旻榜傳

弘治　陳珂三年登錢福榜累官大理寺卿　周傺字國信十二年登倫文敘榜任蕭縣知縣

正德　金鯉六年登楊慎榜累官按察司副使

張邦信字德孚九年登唐臯榜任刑部主事歷廣信桂林道僉事好名義不下于人以亢

衡巡按歸善

詩多所吟咏

杜民表 十一年登舒芬榜見列傳

嘉靖

王烱 十七年登茅瓚榜累官同知

裴仕濂 二十三年登秦鳴雷榜仿御史見列傳

邵惟中 二十六年登李春芳榜授行人歷南道御史累官太僕寺卿致仕

喻聚 二十九年登唐汝楫榜見孝義傳

萬曆

董子行 字明卿五年登沈懋學榜任福建侯官知縣歷監察御史巡按山西陝西贈父和如其官

周汝登 前榜

周光復 字元禮紹祖子八年登張嗣修榜授行人累官工部屯田司郎中轉益府長史晉階

喻安性 二十六年登趙秉忠榜見列傳

崇禎

王心純 元年登劉若宰榜見列傳

盧鳴玉 十三年登魏藻德榜見孝義傳

國朝尹巽康熙三年登嚴我斯榜見孝義傳

武職

宋裘貞藩郡馬尚書安郡主咸淳乙丑贈忠獻侯

童霓字望之遊謝鄉人由冑監福藩郡馬

元應原達見孝義傳

明邢應麟洪武間太平鄉人有勇畧元季兵亂散家資聚兵捍衛邑里稱義兵萬戶率衆臣服于明授海寧衛指揮使世襲千戶後邢越童襲坐與藍玉通姻奪爵

周景初積善鄉人有勇畧二十三年補衛軍伍勳叛有功陞虎賁衛百戶永樂間征交趾率子通襲

姜彥章從山西平陽衛戍伍征雲南有功累

陞本衛千戸

黃隹二　東關人從直隷永平衛戎伍進征有功累陞本衛千戸子玉襲永樂間調武城衛僉源襲改景陵衛千戸授武畧將軍

王　敏　昇平鄉人進征有功授清平衛指揮僉事子聚襲其官陞貴州都司子潾襲

永樂

王岑六　元年以軍功陞校尉轉龍驤衛百戸

謝時通　清化鄉人性敏嗜學十七年補錦衣衛校籍征討有功授鎮撫緝獲叛首陞正千戸

封父如其官

正統

商　源　崇信鄉人從沅州衛戎伍四年調征雲南叛寇有功授本衛副千戸僉洗襲

成化

王　玘　積善鄉人授錦衣衛百戸爲人謹實

嘉靖

王　道　靈芝鄉人由吏員授廣東平海衛吏目委討有功陞瀧州守備加都指揮使

萬曆

俞世隆十八都人有材勇從戚參將繼光征討敘功授紹興衛指揮僉事

茹日章六都人二科武舉庚辰進士授鎮撫陞守備都指揮行事

童朝明遊謝鄉人甲辰進士北直遵化營遊擊

竺凌雲字抱冲節鄉人由文學善騎射中己酉壬子武舉癸丑進士授黃州三江口守備江寇出沒標掠出奇擒滅陞福建都司遇覃恩誥贈祖父討平土寇陞江西贛州參將調廣東雷廉陞河南懷慶副總兵官卒于閩中

呂一端遊謝鄉人由行伍授廣東把總

呂振遠遊謝鄉人由行伍授舟山把總

童惟坤朝明從姪中武曠會舉己未進士歷官遊擊贈都督僉事見忠節傳

俞宗德十八都人授紹興衛鎮撫

天啓

丁國用二十三都人由軍功歷官山海奮武營參將崇禎己巳赴援京城陣亡

童朝儀朝明從弟壬戌會舉歷官廣東都司

崇禎

周繼雲材授江西建昌營守備討叛僧戰歿于南豐撫院題卹未報

徐麟字我錫白巖里人武舉兵部考取將

童惟基惟坤弟由將材考拔授南直揚州江防守備卒于任

馬騰五十四都人由材勇順天廵撫收拔內丁營千總補標右營中軍加守備轉漕撫提塘都司補標陸旗鼓遊擊陞徐州總鎮中軍叅將加副總兵

童惟封惟坤從弟由將材授守備陞雷廉都司

過大任長樂鄉人由武舉歷官貴州龍塲都司

錢法長樂鄉人雲南武舉

錢榮德長樂鄉人由行伍任象山把總

童如壽承父惟坤廕襲夏[illegible]西隅人田將材授三江所百戶[illegible]昌鎮黃花路守備

張拔鼎承富鄉人由行伍加所鎮撫

國朝

姜君獻字軼簡清化鄉人由文學上策勅授掛印總兵官勦禦山海都督同知

史起環原名童志由行伍有戰功任台州千總

張朱英字[illegible]十八都陳村人巳酉科中式本姓竺

恩廕

宋

姚寬見儒林傳

求多聞字守約承父移忠廕將仕郎寶應簿

求多見字守道承父元忠知明州捧表恩補將仕郎歷官溫州知府太僕寺丞

求多譽字守賓承父元忠廕補將仕郎除淮南轉運司幹辦致仕以子楊祖貴贈朝請大夫

求之奇字仲頔多聞子承祖移忠蔭補將仕郎未及銓卒時乾道四年

趙不怎字德容仕實之姪父仕轍爲左承議郎不怎以祖仲嘗恩補忠翊郎官至武德大夫

呂　詢父祖璟蔭補浦城縣丞

呂　慶詢之子以蔭補南豐簿

周之相字有道寧宗時承父汝士蔭補將仕郎累官鄂州觀察使承直郎開禧丁卯卒鄂州

求興祖字子發承祖元忠恩補將仕郎累官通直郎溫州司法

求承祖字子紹承祖元忠恩補將仕郎遷監察御史賜緋魚袋歷朝散大夫兵部郎中賜紫金魚袋知潮州沿海制置司參議

黃　頤父溥蔭官宣議郎子貴晉中奉大夫

呂汝霖承父諒蔭補將仕郎

求昭祖字子明承父多見恩補將仕郎累官福州司理致仕

求揚祖字仲舉承祖元忠恩補將仕郎除御

史臺歷朝奉大夫通判潭州軍事知台州致仕

求師説 字巖卿與祖子理宗時承祖多見恩補成都提舉司幹官遷淮東制置司幹辦

商惟新 又新之兄祖恩廕補台州司戶

求倬 字漢章承祖多見恩補將仕郎改仙居主簿遷文林郎撫州軍事判官

求作德 字德夫承父揚祖恩補將仕郎累官奉直郎奉化丞

童驥 郡馬霓之子廕補重慶府判

求得宜 字行甫以祖承祖廕補將仕郎累官岳陽節度推官

求循 字良夫得宜子以曾祖承祖恩廕補將仕郎累官承直郎僉判衢州軍事致仕

明

邢越童 承父應麟恩廕世襲千戶坐藍玉連姻自縊死奪爵

韓嶧 字允暘承父宜可左副都御史廕歷官雲南參政自山陰遷嵊十五都靈芝里

周孕衷字無競承父汝登恩蔭歷官刑部雲南司郎中卒于任

喻允英字膺茲承父安性恩廕歷任南前軍府經歷嚴毅世冑夙弊一清遇覃恩加封其父擬遷秩卒于官生平有行誼會于旅寓貸金完人夫婦

例貢

正統 夏時字希正西隅人邑增廣生謫椽任豹韜衛經歷封父母如其官憂居喪有禮

天順 韓熙字景昭信問之子授廸功郎

成化 周南字遵化開元鄉人入監授南直贛榆丞憂歸補貫溪丞

王温字厚之玉田之孫邑增廣生謫椽授寧化丞

丁偉掊之子授兵馬司兵馬

孫諫五都人授諸城丞有政聲

王淵見列傳　周沛山之子授伊府經歷性嚴毅慎重四委署縣有政聲　王椿字壽卿溫之子授寧遠衛經歷上疏分俸養親累遷貴州四川雲南屢著功有直聲　周昭西隅人悟之父謹實有行誼

周簡西隅人任江西新昌簿居官六載慎守不苟

鄭本恩任甘肅右衛都事　鄭應期州吏目

嘉靖唐福東隅人任建平丞　王邦侯孝嘉鄉人任番昌縣簿

鄭朝新任崑山簿　張組邦信子以廩生入監任廣安州判

周譜任四川江安簿　杜德輝民表之子任四川銅梁簿

宋鶚西隅人順國之後二十三年入監性伉慷知書法

孫惟晟 名國昌以字行諫之姪　　鄭　瑀 東隅人

尹惟直 東隅人任淑浦簿　　孫　瀾 東土鄉人官經歷

邢舜禋 舜祥之弟　　董　策

邢公璽 三十八都人　　尹良逢 奎之子官吏目

尹如玉 惟直之姪　　葉世鎬 五都人二十年入監

喻思化 見鄉舉　　尹如泉 如玉從弟

胡　璘 輔之子任直隸涿州判　　喻思侶 思化之弟

應載道 二十四都人　　宋　袞 由增廣生改納任廬陵巡檢

孫　賓 由增廣生改納任太平府獄官　　袁大志 增廣改納任京庫大使覃恩封父母

周汝强 謨長子由增廣生䟦納任南京贓罰庫大使有文譽

隆慶

丁僅 東隅人任溧陽簿

宋允仁 西隅人任進賢簿

喻思儉 思佀之弟

尹如度 奎之孫任宜黃丞歷陞鄧州同知

萬曆

竺治 八九十都人

尹如卓 艮望之子任沛縣丞

張志穆 邦信之孫五年入監

孫渙 五十六都人任考成簿

尹立禎 東隅人

鄭國賓 東隅人任北直兵馬司吏目

裘紹燧 崇仁里人任湖廣按察司知事

屠應鳳 十八都人授光祿寺典簿

邢九韶 太平鄉人任德興簿

邢九韺 任德化簿

裘嘉策 崇仁里人任貴溪簿陞宿州衛經歷

崇禎宋裕廸西鄉人任廣信府照磨　過用清長樂鄉人任德安經歷

袁祖賡西隅人任新繁簿　尹立覺東隅人任長沙丞

鄭自强字乾行化麟子任忠州同知陞福建按察司經歷有學行

裘徵昌字司降嘉策之子歷光祿寺掌醢署丞陞直鎮海衛經歷光祿寺卿施邦曜薦語云才猷敏練議論通達方掌醢具見清釐纂修務尋原委

袁秉常四隅人任吉安經歷　周奇芬東隅人任化州同知能書畫

周家禎開化鄉人任瀝水簿　王徵弦一名勲階字毅之心純長子由庠生入國學考升上舍

周有開字先之孚淳子由上舍膺薦舉隱居不仕

國朝　張昇字惟元，永富鄉人。由文學隨征任福建南安縣教諭，補合淝丞。

尹有禎東隅人，字綏之。由文學隨征授廣東清遠衛經歷，委署臨高、陵水二縣。

喻恭晉字康侯，西隅人。由生員援例入貢監，未除。

葉朝諫字君極，五都人。由生員援例入貢監，初授貴州思秉知縣，補樂會縣。

材諝

明　尹正善洪武間東隅人，任芮城典史。　李輔靈山鄉人，任黃梅丞。

竺均禮十八都人，續詩稱吉，任東莞丞。

永樂　厲文義西隅人，任刑部主事。　竺原十八都人，任米脂典史。

景泰　楊孟溫清化鄉人，任泰興丞。　王疇蘿松鄉人，任漳浦丞。

何昂崇仁鄉人任武平典史

〔天順〕謝榮清化鄉人任山東臨朐簿　楊琰崇信鄉人歷文安典史

周宸五十四都人授皮作局大使遷巡檢

孫平八九十都人授丙字庫大使　尹孟政東隅人任福建龍岩丞

魏鵬四十六都人任倉官　單思浩忠節鄉人任同安典史

〔成化〕宋徵四十七都人任長安丞　錢輔四十一都人任阜城丞

李俊八九十都人任巡檢　楊榮五十三都人任徐州倉大使

戈剛任池州倉官遷湖廣河泊所　杜瑶三十九都人任清流簿署縣有聲

裘與成五十二都人任白石巡檢　江應時八九十都人任白岩巡檢

張昱四十七都人任淮安鹽課大使　王昂十六都人任典史

吳滄四十七都人任常州河泊所　王皎十四都人歷官贛州衛經歷

馬雍十四都人任倉官陞巡檢　吳文四十六都人任倉官

徐歛二十五都人任邳州倉官　應昉二十四都人任廣西巡檢

徐廷邦遊謝鄉人任益王府典繕　陳豪五十二都人任雲南斷事司吏目

弘治

張河四十八都人任廣東倉官　姚順十三都人任巡檢

竺翰十八都人任倉官　河泠二十四都人任貴溪驛丞

邢伯韶三十八都人任北直通州衛知事九載考滿陞開州判官

史玧清化鄉人任江浦簿　史培清化鄉人任龍江驛丞

俞　晐五十二都人任應山典史　史　葭清化鄉人任清流薄

唐　昱十七都人任廣積庫官　葉　璫五都人任常樂巡簡

求孟信四十七都人任倉官　李　河西隅人任泉州府知事

張時通四十七都人任崇明倉大使　袁　英四十六都人任草塲大使

葉　景五都人任倉官

正統

陳叔遷三都人任海陽丞　陳叔權遷之弟任懷寧縣丞見列傳

李時通任懷寧典史　裘　巽崇仁鄉人任太倉衛經歷

周　泮山之子任衛吏目　周　浩西隅人任巡檢遷倉官

裘　震巽之兄任竹崎所巡檢　施　洽五十二都人任巡檢

袁　雷　西隅人陰陽訓術委捕賊有功　錢大德　任倉官

嘉靖　夏思明　西隅人任益王府典膳　周　用　泮之子任柳營巡檢廉直守法

袁存達　雷之子任福州知事　裘鳳翔　二十九都人任海門簿

汪宗明　五十五都人任德安所吏目　王　杞　淵之子任采石驛丞

俞秉遠　五十二都人任豐城尉　董　泮　五十六都人任順德丞陞經歷

尹良望　東隅人任揚州巡檢　王　梃　淵之子任吉水驛丞陞倉大使

葉世鍔　五都人任四川吏目　韓撫民　十四都人任巡檢

孫國治　諫之姪任廣西巡檢　王　道　見武職

胡　梅　東隅人任饒州千戶所吏目　宓　柽　十七都人任泰和簿

隆慶 錢大德任南直宜城巡檢　王蓁十四都人任鷲湖驛丞陞倉大使

萬曆 吳有守德政鄉人授鳳陽王府吏目　王三德東陽人任鄱陽典史

俞汝明五十二都人任奉新典史　俞汝悌汝明弟任襄城典史

竺振聲十八都人任裕州判官少孤且窶不由師資而能以文藝稱

王嘉衢東陽人歷河南府知事署登封縣有政聲致仕年九十五卒

宋允雍西隅人任清流簿　王三術三德弟任海陽簿

趙時登東隅人任縣簿陞大寧衛經歷有行誼

鄭可立東隅人任鹽場大使　史秉直[illegible]人任鹽場大使

童惟亮十八都人任漳州九龍驛丞　吳守信五十五都人任夔州府照磨署奉節

梁山二邑

裘良鵬崇仁人任益將巡檢

諭安盛西隅人任倉官

尹可秀東隅人任都水司稅課大使

袁日宣西隅人任贛州倉大使

高希元渡南人任淮安鹽場大使陞寧鄉簿三解邊餉以賢勞聞隨攝縣事轉顯陵衛經歷有能聲

王萬鍾西隅人任廣州倉大使

趙子經東隅人任霍山典史

丁祖明東隅人任鉛山丞陞經歷

徐大經遊謝鄉人任臨清衛經歷

董師孟任泉州鹽場大使

徐大學遊謝鄉人任蕪湖典史

陳伯敬三都人任攸縣典史

沈承詔五十一都人任廣東驛丞

袁育淳西隅人任新城典史

姚一恭十三都人任海源所吏目

張承善湖廣人任巡檢　王嘉勣東隅人任四川倉官

張文元任溫州倉官　任應和人任山東驛丞

王應觀任江西遞運大使　吳大中人任新貴典史

葉子望任濟寧州吏目　鮑世經遊謝鄉人任盱眙簿

宋學敬西隅人任河南縣尉　竺萬年遊謝鄉人任惠安簿有政聲

喻銃西隅人任萍鄉簿　李敬人任苑馬寺錄事

孫象賢五十六都人任襄陽府税課大使有才畧

天啟過用澄長樂鄉人授彭山簿守禦著勞陞眉州判轉五開衛經歷致仕復遷福建都司經歷以母老乞歸　趙子本東隅人任山西税課大使

許如度下任里人任大同府稅課大使　竺立賢十八都任南直巡檢

丁一貫東隅人任鎮南長官司吏目　舒萬言二十六都人授襄陽府稅課大使

周維溙邢銑子任夏邑簿　趙應宗東隅人任大城簿陞經歷

張貴旻任本省永嘉縣倉大使　丁祖科東隅人任寧國府巡檢居家孝友居官勤慎人稱長者　童允中十八都人任成都府巡檢

裘紹啟崇仁鄉人授陝西斷事司吏目　鄭佐任均州吏目

沈濂任廣東巡檢　尹可功東隅人任吳縣巡檢

王應祖東隅人歷神武衛經歷　王守賜任淮崖所吏目

高希祓渡南人廉靜寡言與物無忤任藍口巡檢平寇除奸一境肅然陞河源簿

過用鼎長樂鄉人任瓜州巡檢　吳泳西隅人任徐州倉大使

茹元和浦口里人任江西巡檢　周有源西隅人任廣東江浦巡檢貧而能孝爲兩弟完娶撫猶子六人居官廉幹地方安堵謝職林泉八十三卒

茹萬里浦口里人任巡檢　袁祖謨西隅人任崎山巡檢陞孝感簿

王友廉四十[illegible]都人任無錫典史　竺光卿東郭里人任廣東巡檢

唐天爵十七都人任稅課大使　鄭純仁五十六都人任如皋尉

裘見榮崇仁鄉人任安福典史

國朝

馬壯東隅人任樂陵典史　宋文象西隅人任節慎庫大使陞池州巡檢

吳自性棠溪里人任鄆州判

選舉志卷第八終

嵊縣誌卷之九

人物志

縣官　學官　留績　寓賢

縣官

吳賀齊字公苗會稽郡山陰人守剡長縣吏斯從輕俠爲奸齊立斬之從族黨糾合千餘人攻縣齊開城門突擊破之轉守太末長民叉期月盡平之後領會稽東部都尉爲新都郡太守加將軍從孫權征合肥權幾危殆齊率兵迎權封山陰侯累遷後將軍假節領徐州牧入晉加平康校尉有武功剡

縣治舊在江東齊徙今所城亦齊建

晉

周翼郗鑒之甥少遭喪亂賴鑒相濟得存翼爲剡縣令鑒亡辭職歸心喪三年後歷青州刺史少府卿

謝奕字無奕安之兄少有器鑒辟太尉椽爲剡令有一老翁犯法奕以醇酒罰之乃至過醉猶未已安時年七八歲在奕膝邊坐諫曰阿元老翁可念何可作此奕於是改容曰阿奴欲放去耶遂遣去累遷豫州刺史

李充字弘度江夏鄳人也祖虞父矩皆有美名充初辟丞相椽記室參軍嘗嘆不被遇殷揚州浩知其家貧問君能屈志百里否充答曰北門之嘆久矣會聞窮猿奔林豈暇擇木遂授剡縣令

殷曠之父仲堪事武帝曠之有父風

宋王鎮之字伯仲瑯琊臨沂人父隨之爲上虞令因家焉鎮之爲剡令遷歷上虞山陰令並著殊績補安城太守居官清潔爲御史中丞執政不撓百僚憚之出爲廣州刺史蕭然無營去官之日不異初

至鎮之善于吏職嚴而不殘遷祠部尚書

周顒字彥倫汝南安城人嘗隱鍾山宋明帝頗好玄理引顒入殿内親近宿直帝所爲慘毒顒輙誦經中因緣罪福爲之少止元徽中爲剡令有恩惠百姓思之歷山陰令國子博士

齊張稷字公喬母疾時稷年十一侍養夜不解帶每劇則累夜不寢及終毀瘠過制杖而後起州里謂之純孝永明中爲豫章王嶷主簿以貧求爲剡令會山賊唐寓之作亂稷率厲部人保全縣境入爲

僕射遷冀州刺史爲賊所害祀名宦稷子忠貞公嵊世居剡延芝里其裔孫文彬自延芝里徙入城秀異坊

宋丁寶臣字元珍晉陵人少以文行稱第進士爲太子中允知剡縣首重學校興殿舍肖孔子像治民聽決精明賦役有法民畏信而便安之改令諸暨民思之恨不可復得寶臣用治剡者治暨大有政聲遷編修交理秘閣累官尚書司封員外郎英宗每論人物屢稱之其卒也歐陽脩王安石表識其墓

過昱字彥專皇祐三年以秘書丞來知縣事時歲大祲流亡千里集于城下昱勸閭右得米二萬斛賑之明年麥饑出常平錢萬緡請糴得麤米數萬斛以給流民隨割俸麥七十斛爲種假超化院左田十餘頃役饑民耕種之明年得麥五百餘斛民賴以活熙寧己酉昱已亡劉彝過故院覩所耕田與僧追誦噓唏見民有談過公者無不泣下作悼賢詩題之院壁良田十頃接晴烟曾假過侯救旱年俸麥一車開德濟流民千里荷生全人嗟逝水

今亡已俗感遺風尚泫然獨對老僧談舊事斜陽春色漫盈川其爲所傾慕如此

宋旅字廷實莆田人宣和中令剡方臘連陷州郡且犯越越盜羣起爲應縣吏多遁走旅遣妻子浮海歸閩獨繕城固守以忠義激勵士卒誓與城俱存亡俄而賊擁至旅躬率壯士冒矢石禦之屢有斬獲終以力不勝戰死太守劉韐以聞詔贈朝散郎錄其四子祀名宦

宋宗年祁之孫建炎中令剡時金人攻越守李鄴

以城降屬邑俱潰宗年栅守獨堅民賴以安官至中散大夫因家于剡子孫元時居集賢坊今居一都愛湖之傍

范仲將蜀人姜仲開緇川人紹興初相繼爲令仲將峻明高爽徤于立事而仲開剛明廉肅政在急吏寬民性行畧相似仲將先斥大孔子廟崇廊廡備像設創戴顯墓亭歲時致祀仲開復建學堂移殿廡與門南向皆重學崇儒建竪偉然葢先後稱二仲云仲開卒葬福泉山其子孫居江田村

謝深甫字子肅臨安人乾道初進士尉嵊歲饑有

死道旁者一嫗哭訴曰此吾兒也傭于某家遭掠而死深甫疑之廉得嫗子實匿他所嫗驚伏曰某與某有隙賂我使誣告耳皆抵罪自是人不敢欺爲浙曹考官一時士望皆在選中曰文章有氣骨可望而知調知青田侍御交薦孝宗召見深甫陳言用人在上涵養之振作之勿使沮傷辭極剴切上嘉納之擢大理丞累官右丞相致仕先是深甫布衣時由丹丘赴南宮嵊有嶀浦廟神告富貴以期既登科來尉事神謹甚入樞筦請封神爲顯應

廟

史安之字子由四明人浩之孫嘉定初來令剡安之性剛敏有爲而愛民始至清訟剔蠹豪强屏息度田土稽版籍役賦乃平貧民有兩稅不能輸者絹綿錢穀凡數千計安之以俸代輸奏免方郭和買錢二千餘貫絹四百餘疋百姓歡呼載路流蝗入境禾不爲傷食草木之葉人謂德政所感卜爽塏地徙故學宫拓其制既廪士子程課不輟修一切城郭倉庾祠廟百廢以興民不告勩以其餘作

面山堂于治北累石爲山注水爲池雜樹卉竹映發臺榭參錯時時引客觴詠其間風致洒然求高似孫作剡錄剡文獻百世籍之

陳著字子微奉化人登文天祥榜進士初監饒州商稅改白鷺洲山長景定初吳潛等以著才可大用相繼薦于朝時賈相當國諷其及門者日眾不登朝不爲此態遂出授福安令咸淳四年改知嵊先是宗室外戚有居嵊者持一邑權前令率以譴去闕令者十有七年貴豪布凶徒僻地剽禁行人

至家胥靡役之歲終復攫行人代乃紓去謂之奪僕造白契結連證左占人田屋著至秉風裁設禁治之諸豪乃戢且相戒毋干縣政民賴以安七年遷通判揚州代者至民乞留不得去嵊距著家僅五舍民自東郭道中至城固嶺數十里祖帳遮道不忍舍因更名嶺曰陳公嶺以志去思代者李興宗謂著何以處民著曰義利明而取予當教化先而獄賦後識大體而用小心愛細民而公巨室如是而已累官監察御史出知台州府

元余洪字仲寬益都人元貞初來尹洪廉介明決爲民蘇困稱偏邑夏稅絹準鈔過重洪請得減其半謂田科粮役而山與地不科非制倣史安之例酌步以均之秋粮以布代輸爲疋凡萬有奇民旣輸其半在帑會淮郡旱蝗復令改徵米所輸布隣邑俱退若之洪力陳不便邑獨免退尚復起米三千有奇洪又陳邑難險嶺峻民疲請留備本邑春歉民大稱便新廟學創書院舊多以儒充里胥曰非以崇儒其令除免洪以儒起家知好學敦儒飭吏

治民愛之邑人爲立遺愛碑

宋節一名也先大德間爲邑尹廉厲凜然一介不苟取政多惠愛上下和合調奉化知州陞監察御史

高閭蒙古人至大二年爲達魯花赤政尚嚴肅裁吏卒目濫者若干人才名籍甚鎮守千戶縱戍卒擾民閭繩之千戶與閭抗閭白帥府置諸法仍請革去鎮守司民獲安堵時尹萬愿嚴毅有守勤于民務與閭相持以正一時並稱循良

教化的怯烈人泰定元年爲達魯花赤潔己愛民以粮税輸郡道路艱阻請折以布民感其惠爲立石志思

仇治字公望以廉幹著聞至元初來尹首定役法細民稱便時達魯花赤馬合麻縱吏卒暴民治悉逮捕械府論罪縣境肅然亡何竟爲馬合麻所中傷罷去治明於吏事務折豪扶弱嘗曰手執鈍斧所無名樹樹盡山空樵夫歸去其疾惡如此

趙琬字仲德河南人元至正間尹剛果有爲務抑

豪强扶細弱吏卒知畏大有政聲累遷台州路總管世運改自經以殉先是其兄璉爲淮上參政治行嚴毅淮寇張九四起高郵亦以節義死稱二難云

明高孜洪武七年任蒞政敏明愛民如子三載卒于官丁壯號哭老人兒啼亦如喪厥考爲葬北門外星峯下歲時展拜

康寧洪武初爲邑簿力自濯雪政務恤民民懷之凡賦役民自子來不煩勾稽遇事明決庭無留訟

龍淵字景雲洪武末令嵊不苛節撫字有法政在寬猛之間識者謂爲得體秩滿陞監察御史轉淮慶知府

譚思敬湖廣人由鄉舉永樂間任爲令政先教化時以孝弟格言告諭父老使歸訓其子弟邑民景從無少長咸親附之日誦所訓曰教我孝者譚乎因呼爲孝譚九年秩滿民奏留復任九年不忍舍民去民亦不忍舍遂家于禮義鄉子孫世爲剡人

嘉靖間令譚崧德化人簡靖和易一意拊循百姓

人有譚外公之稱二譚庶幾一轍焉

舒仲池州人宣德初典史姿儀俊竦通經史喜接賢豪長者非賢豪長者過之即過賢豪長者每留止經旬張飲不輟視一切聲利澹如也又十餘年

有符綽不知何許人正統間爲典史性嗜詩酒詢能詩者羅致幕中日與揮籌梟白迭球爲樂綽出口即能驚座善詼諧有淳于優孟之致令長知其志不縈以政而綽亦斷跐不檢人或以爲酒顛

單宇南昌人由進士正統間來令政識大體先學

楲重農事創義倉以備旱暵民不告勞善吟詩所著有菊坡叢話

徐士淵定遠人由鄉舉正統間知嵊時值旱蝗力請于上得米八百石以賑已而游饑憂皇成疾卒于官橐空無以爲斂先二年有令曰徐雍毘陵人潔己愛民勞問民疾苦憂勞遺疾子彥華刲股以救弗愈卒百姓先後兩哀之

孟支潞州人由鄉舉正統八年任居官廉能民庇藉之時方縣丞徐王簿符典史民乃謠曰孟青天

方索錢徐老實符酒顛十二年處州賊爲亂奉都
御史檄率民兵往勦黎頭軍機踰年寇平賚金旌
賞六載考滿引年去
李春成貢人由鄉舉成化二年來令性嚴毅寡言
吏卒畏悚不敢爲奸布疏以臨民民雖畏而可親
有歌云勸課農桑民樂業作興學校士登科謂爲
實錄三載丁外憂解職去行李蕭然
許岳英字邦賢潮陽人由鄉舉成化中知嵊清慎
警斂爲政以教化風俗爲急當春出郊視稼導民

爲立勸農亭比之甘棠舉行藍田呂氏鄉約崇奬節孝率諸生習射于射圃開社學教民子弟建廟學齋廡及豆籩罍爵等一切省視修飭廛田土舊多詭冒賦役不均特爲丈田均賦宿獘一洗益嚼然稱能吏云引年休致

臧鳳字瑞周曲阜人第進士弘治中來令操守粹白器量平恕而力能任事有鄉民至堂下誤上堂觸公案墮地民叩頭不知所措鳳笑遣之鎮撫郭榮犯法榮善結權要訊者咸推避莫能決鳳立鞫

之寘于法邑治臨大江舊惟土堤洪水暴漲則嚙堤漂屋歲爲民患鳳相基壘石周遭若干里石堤屹然迄今賴之三載擢監察御史民送之莫不流涕累官南京兵部尚書

徐恂字信夫嘉定人由鄉舉弘治間來令勤敏有吏幹百廢具興翻刻學庸冠冕續編淸風祠集求夏雷作嵊志尤能以文飾吏治

張瑄由鄉舉正德間任強毅英明淸操凜凜時謂之張彊項特中官橫肆使者下邑誅求莫敢誰何

暄立笞其使中官識暄名置不問童椟斜還里挾勢玩法暄懲之上官以所不便檄令諸邑奉檄不敢後暄獨封還或反論駁見者吐舌暄不爲意上官亦嚴憚終身檄不敢妄下民賴以寧

林誠遍由鄉舉正德間令貞廉絶俗入覲逢盜啟篋僅數金盜曰廉吏也還金而去誠遍恬澹厚重與人嚬笑不輕假或謂才不稱德擬之公綽然爲邑中裁冗費數事民以寧息又才者難之官至參議

三伯當北直隸人正德間丞持身清白請托不行數年如一日擢令去邑人繪氷壺秋月圖以贈

吳三畏字日寅莆田人由鄉舉嘉靖間以臨海學諭陞嵊令時倭夷猖獗所過殺掠慘烈三畏覩邑無城曰嗟乎不城是以其民棄也余誠不能苟一日而食周遭相度則城故有址多屋于民令[illegible]卽懟怨不避計費當巨萬緡徒當數萬衆或有難色進辭者曰城勞民不城無民則奚擇難者悟翕然惟命三畏晝夜省督食寢爲廢數月賊自天台

突入境相望五里三畏曰城即半猶愈無城率民兵上半城燎火燭天呼噪動地賊知備乃宵遁明年城成賊復至三畏乘城守禦賊不敢近於是邑士若民謂保障生全惟城之功爲速且鉅云三畏短小精悍敏慧强幹絕人遇事無盤錯盈庭訟牒口决手判如馳民千百在前一目不忘善大書遒勁有古法五年陞廣信府同知祀名宦又特祠祀于望越門内子應台嘉靖壬子臨海長于嵊戌進士歷兵巡使及紹分守使歷浙左右布政體恤嵊民加摯

陳宗慶金谿人由鄉舉嘉靖間令爲人慷慨有大度方直不阿至邑勞問民瘼上書論列兩事其一謂協濟東關爲嵊重役不均累苦萬狀竊計曹娥東關兩驛隔一衣帶水耳誠併一費得減十之四五而嵊協濟當首免其一謂嵊例食台鹽乃里道險阻經年鹽不一至而私鹽禁且厲是使民卒不得食鹽也且彼肩販窮民捕獲多胥靡死捕不獲則捕竄不還念之流涕看得姚會鹽場與嵊接壤宜以彼鹽令商人告稅載發抵嵊仍罷禁私販

使窮民得以商鹽展轉貿易官民兩便書上皆不報頃之改官去至都下猶持所見上書徧謁諸貴人卒無信者去之十年兩驛併又十年商鹽通其言大驗而嵊恊濟卒不得蠲鹽禁卒不得弛則以無宗慶也民益悲思之官至通判

林森長樂人由鄉舉嘉靖末來令森早孤事母孝嘗語人曰吾幼母憂吾不得長又憂吾老何以慰母惟當爲好官耳舊有糧長常例金森至首革之即一切公資謂非分拒不受其政務恤困窮抑豪

右定圖均役吏胥束手然不能曲意上官竟坐調象山瀕行止餘贖金數十曰此嵊金宜爲嵊費發修縣譙父老釀百金爲贐曰必橐中無一錢我心始安卒還金去上官署其考曰氣高如山心清如水人以爲知言官至知州

吳祺無錫人由監生隆慶初簿居常爲塾師糊口至爲簿嘆曰簿所得俸視塾師不啻過之於分足矣久之又目其子曰兒癯不勝衣與過其涯將階之禍吾當以清白全汝五年常俸外終不索一錢

祺老成練達剛介不撓清而有用葢近世卑官之麟鳯擢邑丞不就致仕

薛周壽州人由歲貢隆慶間仕爲令精沉有心計搜奸剔蠹老胥不及催科遵行條鞭法使豪滑無侵攬其大者在度田均賦民永賴之語具田賦集中

朱一栢寧國人弱冠舉于鄉爲鄉舉士者十餘年循謹若處子隆慶五年除知嵊奉法循理人疑無治幹甫月有胥玩法懲之不數日一老胥抱牘陳

公事間徵言欲中以利又懲之人大信服糧里役干公者月有限非限令且去各得所便而公事亦畢舉兩造設平心而聽鮮不當情然往往諭其自解後訟日簡堂下蕭然嵊士三十年無舉于鄉以問令昔盛衰之故於是諸父老文學言宋盛時溪流環邑若抱今南徙風氣用漓然故道可濬復之人文幸甚即民灌溉亦利賴是曰苟利士民吾其肩焉乃計日興役鑿渠增埠引流歸故道命丞童質董其事不數月河成星子之峯宋故有亭爲建

亭其上又曰地道耳盡修人道乎羣士子于學宫
厚其旣廩月凡三試身臨之寅至亥歸終歲無惰
容由是士斌斌興于文行而是科舉者三人今且
駸駸以起皆邇其功不衰云一栢外恂恂内井井質
任自然絕無城府初至不矯飾以立名而瀕行亦
不稍縱弛行事如一日事有智巧之士所退托不
肎者獨秉義不讓不知世機械爲何物待人無疎
昵不作愛惡閭閻得伸其情而左右無所偏聽破
觚斲雕政緩禁止吏絕其奸民樂其生以方三代

循良眞無愧色迄今士庶彌久彌以思彼謂無治幹者是聞道大笑者哉五年陞南京光祿署正廣信府同知改廣州府轉長蘆鹽運司同知歷官慶遠府知府

童質歐寧人由監生隆慶四年任傴僂短小而性率直所操執卽豪貴人不能奪以愼禔身收糧一無所耗督河工蚤夜省視謗怨不避竟以勞瘁卒于官

施三捷字長孺閩福清人由鄉舉萬曆丁未蒞嵊

嚴毅有爲操持凜凜性澹泊不喜自奉事有不便於民者祛摘如風雨尤精于律例諸讞決手自填註吏書無敢骫法待士有朗鑑尤重行誼有私謁者謝不受故在任五載事無無偏掣即豪右亦戒無犯其錚錚彊項上官皆敬憚之終其任差提飲跡不至縣徵課遵行一條鞭法詳訂賦役全書至今奉爲準繩爲嵊建南橋邑人士以施恩志之公餘闢署圃植菊有澹園譜詩咸爲水心雪餘人與菊勁儷也陞順天府推官嵊人立祠于南橋首祀名

宦

王志達號升齋閩龍溪人由鄉舉萬曆壬子知嵊天性悃愊豈弟宜民一切政從惇大廉不市名惠不沽譽視編戶如赤子嵊人以王外公稱之甫下車旱甚暴躬禱雨奉檄須賑雖僻壤無不徧歷在嵊五載囹無寃枉巷有絃歌陞判本府待嵊民尤厚每曰嵊民老實不似郡人刁猾也祀名宦弟志遠先以名進士判越嘗署嵊曉暢治體亦惟子惠爲先蓋過古循良稱漳水二難云

王應期字我辰南直六安州人由鄉舉萬曆庚申知嵊賦性清剛裁事敏決加意釐奬剔奸魑魅皆望風屏跡事無大小言出即洞知肺腑環嵊林總一面即不忘咸以神明擬之聽訟無嚴刑無重罰堂清如水豪勢干謁輒擯不受署堂聯云天地好生動念須充不忍聰明忌盡凡事務留有餘蓄精明中不失渾厚也秉試公明所鑑拔皆寒素二載調繁桐鄉陞河間府同知

國朝

郭忱陝華州人由鄉舉知嵊練達剛斷奸猾不能

移力任艱鉅每有徵發委曲調劑冀以寬恤民力台海之變士馬麕至屯南郊勒憦鞭箠喝胥役皆竄匿恍以身應凡所供億取之官衙以巳騎代民差多方接濟邑恃以安憲檄開路爲營弁威使督代民墓本鄉人飲以茗辭不受曰斧斧砍我心忍下咽耶其負切如此叛兵自餘姚走嵊通夕料理提帥追勦臨邑恍往謁帥爲前令索結語甚厲心身困憊兼以冒暑疾篤卒于官恍在事甫期月當士馬繹騷之際能恫瘝乃身豈易得哉故傳之

誌思

門有年博野人康熙間由歲薦爲丞潔己奉公釐奸剔蠹左右不敢撓見學廡壞神位無所泊懸置不問捐俸建東西廡各三間嵊俗婦女有會八佛及燒香者出示禁止聞鹿山講院絃誦不輟上院與講每月至朔必赴事覲孝雖在署日懸像拜奠是能移孝作忠者也後爲奸蠹所忌匿名訟府事雖白而志不伸以疾卒紳士作奠詞以哀之

學官

明 湯輔字師尹弋陽人洪武間由進士除教諭講經授徒士類傾心學明倫堂頽圮令不爲意乃與其僚施震胡愚及諸生謀捐俸廩修飾倉庫庖湢具爲一新成化間陳烜字士華閩人由省魁除教諭有志操訓廸不倦以邑無鄉賢祠爲掌風教者羞乃節俸以倡諸好義者創爲堂三楹祀晋以來名賢若干人既自舉其職而更相有司所不逮彼有司者愧此兩諭矣

吳元亮仙居人洪武間訓沉静方嚴動必以禮詩

明正學以開後進及卒與僚友諸弟子訣整衣拱手端坐而逝

黃份字原質不知何許人永樂間諭王洪字宗大江寧人成化間訓兩公俱能詩胸次洒然份自號埜雲於舍後編籬爲圃圃有孔氏泉陳公石鳳尾竹虎鬚蒲胭脂桃翠縧柳玉帶水寶塔鈴校士之暇盤桓圃間一物一咏稱野雲八咏手植松檜蒼翠夾道至今手澤猶存洪搆居爲竹林蘭砌敦朋敘僚翱翔自縱扁其居曰璞庵自謂官閒心靜境

隨意會不知天地間何物足易此樂亦有八詠八者蘭窓琴操竹院棋聲秋夜書燈雪天畫意石影茶烟金猊香靄欹枕詩懷圍爐酒興共盎皆璞庵中物云

吳泰江陰人以舉人除教諭志趣恬澹不逐勢利爾上春官不第遂飄然解職去士論難之

黃積慶金谿人嘉靖間由貢授訓導布袍蔬食不溺紛華以端嚴律已而待士子則盎然和易士樂親之博學好古所著有樂律管見行於世

江學會青陽人由歲貢嘉靖間訓受業王文成公至嵊以致良知啟廸多士士率興起能疎財取與不苟且善屬詩文

張梅字元卿句容人嘉靖間由舉人除教諭少閑肆於文章以親老就養能以祿娛其親與人無外餙惟率真意振飭學規督厲諸生諸生非公事不得履縣庭有贄幣進者問其家之裕否爲受却時多曲意令長梅獨曰我賓師也與之亢不少貶損而令長亦不能屈更爲加禮其介特如此

王言長樂人時鄉邦重其行以爲膺歲貢嘉靖間由武康訓陞嵊諭古貌古心動循禮法雖跬步必謹耄益精明與諸生談五經四書究析微奧陞教授去

王天和字致祥吉安永豐人由歲貢隆慶間訓導萬曆間陞教諭在邑凡十餘年所登遊鄒守益聶豹之門刻意問學砥礪名行至嵊一意振作踔厲首以冠婚喪祭古禮誨導諸生著全禮纂要使遵行之其居喪酒肉之禁尤嚴時無敢不齋素者舊

鄉飲多宦者而清貧篤行之士無問和慎重不使濫與布衣袁榜有志操慕古家貧獨延禮之他所請實率類此由是人知所勸諸生貧不能喪葬者捐俸爲助崇獎節義引拔後彥更所拳拳與邑令議建名宦祠遷學門增置廟器創造良多委署邑事數月廉能著聞當道獎檄交馳嘗修邑志未就今究覈賢宦名實尤以其言爲折衷然卒爲忌者所中不獲薦用遷南安教授

王汝源烏程人爲其邑庠一菴高第也以歲貢除

邑訓談學不事口耳務敦實踐動循繩尺蚤喪偶不復娶與人小柬長牘必手書點畫不苟其小物克謹類如此為諸生講授性理亹亹不倦廵撫蕭廩不妄與可獨稱其學淵源行高古時謂知言所著有貢選二約性理圖書二述陞義烏教諭績益懋先是王士諭言人稱行素先生而汝源亦號憶素兩人姓號同而學行又同乃狀貌亦酷相類云

陳士彥錢塘人由鄉舉諭嵊諄誠造就一以行誼相先遇好修士則臭味孜孜折節致禮介以持己

而賑恤貧士惟恐勿及署令篆留心風俗著戒訟戒溺女文梓于嵊以艱去歷官知縣

國朝龔自淑西安人順治間由貢任學訓古貌敦龎清操廉潔足以式偷儇消玼吝待士有禮不屑屑于錙銖見賢宦二祠廢乃捐俸搆屋四間爲祠及講院又搆柵于戟門使營馬不得入汚廟庭卒于官先一年其妻卒子扶柩去比淑卒子不在煢煢一媳一孫無以爲殮知縣張逢歡贈以櫬邑紳士歛銀二十兩爲賻方得奔喪歸

周志曰明令凡若干人所表汪者幾人傳述者十有六人賢者列而他可想見矣以問閭閻老稚亦能口其是非不爽哉故傳者筆其口者也余又覩夫今以賢名者往往位通顯惟是敗喪者卒以沉淪直道凜然在上下間可畏哉而或乃謂嵊令難令嵊而起殊聲更難試以質諸茲數人者吾不知其誠然否彼佐尉與校能其職亦罔不譽語曰欲習爲吏視已成事嗟乎嵊官師是非升沉之故往跡歷然方來者可以鑒已

後學續論曰周志之後令及諭訓丞尉不知凡幾而入傳者自明季迄今寥寥數人抑何嚴哉以所聞見合諸父老所云約畧如此其間不無功德可紀者或過求於民或有初鮮終直道在人是非難昧不敢以私意濫入也嗟乎召父杜母傳不勝書企望後賢以光誌簡

嵊縣志　卷六　二十四

留續

唐王式太原人咸通元年觀察使時象山賊裘甫據剡上掠台婺下攻姚虞慈奉復據寧海賊氛猖獗宰相夏侯孜薦式智勇可當一面式即日受命馳道賊方劇飲爲壽聞式除書即不樂式分軍東南進勦賊自黃罕嶺復入剡乃令諸軍畢會于剡三日凡八十三戰以汲絕出降疾趨擒之

宋劉述古宣和中越守帥歲庚子睦寇方臘爲亂連陷州邑嵊令宋旅戰死丁壯爲俘廬舍悉燬明年

逃古將兵掃除督令張誠發繕城自守未幾賊黨復至掩殺幾盡建義于白峰嶺置長樂寨守之

朱文公熹婺源人淳熙七年差提舉浙東常平茶鹽浙東薦饑惟嵊爲甚熹條陳救荒七事拜命趍歷明年正月七日入嵊三界共發米十六萬餘石奏劾侵漁官米指揮使荒政克舉邑人賴以全活公嘗訪呂規父子于鹿門訪單崇道于畮溪皆有遺雅

黃由字子由長洲人淳熙中進士第一通判紹興

至嵊督行荒政改糴爲賑發米五萬石與民不取直嘉定初以正議大夫知紹興聞嵊有虎患訛言虎有神變化叵測或爲僧或爲猨狙倏忽莫可蹤跡由禱于神募人捕之虎患除官至刑部尚書兼直學士院贈少卿

元

游偰紹興路判官泰定甲子越旱饑剡邑尤甚偰奉檄來賑初發官廩食餓人四千八百有餘口不足募諸富民又不足市米他邑隨在橐米給發防疲民蹂踐間微行較斗斛察吏弊絕無乾沒所活

人以億萬計郡士嚴光大講諸山陰韓性爲之記

明

李寔四川廣安人由監生任餘姚丞成化乙巳來署邑廉慎有吏幹先是歲丙申水決獄墻乃移囚儀門左偏數歲囚多露處時寘亡爲守者累寔至築垣百堵建廳事以視獄建囚屋以處囚徒未閱半期去民德之

龐尚鵬廣東人浙江巡按御史嵊東關力役苦累尚鵬改爲銀差民大寬省雖惠政槩全省而嵊所被德尤至百姓仰之如包孝肅然

蕭廪字可發萬安人巡撫浙江都御史釐嵊弊數事民用以甦詳具賦役考中百姓爲立厖蕭二公祠而廪且軫念嵊東關役曰吾以是不平者屢屢顧其事未易言終不可無言姑須之無何入爲兵部侍郎卒民聞之涙下先是嘉靖間有顧廷對者官湖　部使者委往來台紹間過東關問夫廪多輸自[illegible]邑而入嵊復供夫廪廷對愀然曰奈何一邑而兩役之民必不堪受之者能自宴然耶倚尹湖未議以鳴其事意盖與蕭類云

國朝趙廷臣字君麟鐵嶺人康熙初總督部院雅志澄清期救民于水火丈田須令轄屬勿苛求往弊嵊民獲安四年八月輶軒蒞嵊時苦濫派邑城人士投牒訴額按驗得實卽出示禁革計歲省八千金較糧戥除蠧書積弊一洗傳頌徧山谷又慮後令不遵特須檄使勒石永禁其加意撫恤如此後卒于官嵊人士哀之

寓賢

剡多佳山水，自晉迄明，幽人韻士入覽勝者往往留連不能去。代遘滄桑，戎馬屆于海隅，卽明越台婺亦罹兵爭，所及剡能免於驛騷乎？雖有問津，旋亦返棹矣。

晉許詢，字元度，高陽人。父皎爲會稽内史，因家焉。詢有才藻，善屬文，隱居不仕。徵爲朝議郎，不就。築室永興之西山，蕭然自致，乃號其岫曰蕭然山。簡文帝悅其情旨，每造膝對談，夜以繼日。劉惔嘗曰清風明月輒思元度一時名士多仰企焉後入剡居金庭山詢子四裔孫有家金庭者名潛唐中葉爲著作郎曾孫丑唐末爲秘書郎五代間自金庭徙東林今金庭有濟渡村許家廟乃其遺跡許詢詩曠見有竹扇詩良工眇芳林妙思觸物騁篾疑秋蟬翼團取望舒景

阮裕字思曠陳留尉氏人嘗居剡縣累辟不就郎家拜臨海太守少時去職後除東陽太守尋徵侍中皆不就還剡有肥遁之志在東山蕭然無事常内足于懷或問裕曰子辭徵聘而宰二郡何耶裕

曰雖屢辭王命非敢爲高也吾少無宦情兼拙於人間既不能躬耕自活必有所資故曲躬二郡豈以騁强聊自資耳在剡曾有好車借無不給有人葬母意欲借而不敢言後裕聞之嘆曰吾有車而使人不敢借何以車爲命焚之年六十三卒葬剡山子寧寧之子萬齡世居剡並列顯位按史稱裕三子傭寧普傭早卒而阮氏譜以爲長子牖仕至州主簿不同

謝元字幼度少穎悟爲叔父安所器重及長有經國才時符堅數犯邊境朝廷求文武良將安不避

親以元應舉郗超素與元不善聞而嘆曰元必不負所舉吾嘗見其使才雖履屐間亦得其任徵拜建武將軍監江北諸軍事與叔父安從弟琰中郎將桓伊等拒之大破苻堅加都督七州進號前將軍假節鉞封康樂縣公會翟張愿叛河北騷動元自以處分失所上疏求解職又以疾辭前後表疏十餘皆不報久之乃轉授散騎常侍會稽内史輿疾之郡初元父奕爲剡令樂其山水有寓居之謀元因歸剡嶀山東北太康湖于江曲起樓樓側桐

梓森鬱人號桐亭卒謚獻武葬始寧有文集十卷
三子曜弘微皆歷顯仕府志作上虞人
孔淳之字彦深魯人少有高尚居剡性好山水每
有所遊必窮幽峻或旬日忘歸嘗遇桑門披衿領
契自以爲得意之交與戴顒王弘之敬弘等共爲
人外之游會稽太守謝方明苦要之不能致使謂
曰苟不入吾郡何爲入吾郭淳之笑曰潛游者不
識其水巢棲者不辨其林飛沉所至何問其主終
不肯往茅室蓬戶庭草蕪徑惟床上有數帙書元

嘉初徵爲散騎侍郎乃逃于上虞界中家人莫知所在

齊顧歡字景怡鹽官人隱剡山六歲時父使驅雀田中歡因作黄雀賦不復顧雀食稻過半貧無所受業竊聽鄰人讀書悉記不遺入天台以經學開館受徒嘗數百人母亡廬墓以居讀詩至蓼莪篇輒執卷慟哭齊高帝輔政徵揚州主簿踐祚乃至稱山谷臣進政綱一卷優詔東歸賜麈尾素琴年六十四卒于剡山中著有文義三十卷

褚伯玉字元璩錢塘人少有隱操寡嗜慾年十八將婚婦入前門伯玉從後門出來剡居瀑布山三十餘年隔絶交往齊高帝手詔吳會二郡敦遣辭以疾上不欲違其志勅于白石山立太平館舍之孔稚圭從其受道爲於館立碑卒年八十六常居一樓卒葬樓所

宋高文虎字炳如鄞人禮部侍郎閌之從子紹興中進士累官中書舍人國子祭酒翰林學士文虎聞見博洽多識典故嘗與修國史始寓越娶剡仁德

鄉周氏慶元中入剡建玉峯堂秀堂藏書寮雪廬於金波山明心寺之東釐卒塟其處成化間歲饑盜發文虎墓弘治五年知縣夏光徙其華表墓石甃砌文廟兩廡堦簷論者非之

高似孫字續古文虎之子累官中大夫提舉建康府崇禧觀贈通議大夫似孫博雅好古有父風嘉定七年邑令史安之訪似孫作剡錄十卷文物典故有稽迄今藉焉子㬚字堯象累官通判溫婺等州積階朝奉郎卒葬文虎墓右㬚子燊蘭谿令

邢達字宏甫上世河南鉅鹿人徙山陰達舉進士

累官樞密院直學士與奸黨不合歸隱入剡遊太白山樂其山水就太平鄉家焉慈湖楊簡誌其墓

呂楨字規叔榮公夔簡四世孫初與姪祖謙同登楊時門漸染陶鑄氣象迥別自壽春遷嵊之鹿門

朱瑀翁題其居曰貴門楨以淮南安撫使致仕

錢植字德茂武肅王九世孫由台州遷剡長樂鄉賑貧恤弱開義塾以訓後學閭里有爭不相下者植一言決之人稱小太丘云

趙仕實字若虛祖宗諤父仲曾皆以節度使封郡

王仕實于建炎中以母在剡攜二子自行在至剡居焉官至開國侯

史仕通字國用鄞人從父必裕官金華知府秩滿道入嵊愛山川佳麗因家于積善鄉恩補承務郎紹定四年知贛縣卒于官

王銍字性之汝陰人官樞密院編修忤秦檜避地剡中遂家于靈芝鄉入剡時梅開夾岸幽香不絕稱非人間世自號雪溪居士善屬詩文絕意仕進剡中即事吟詠最麗既卒秦檜子秦熺屬郡將索

其遺書欲官其子子仲信泣拒之曰願守此書以死不在官也竟不能奪

李易　人官諫議宋運改晦跡入剡家于貴門山剡中郎事吟詠頗多

錢奎臨安人宣和間以祖廕補越州司理參軍避靖康之亂携子宇之居嵊剡源鄉

高世實字若虚高韓王五世孫由蒙城避地家剡世實受世賞累遷至訓武郎凡五任

周天祥字麟之汝南人徙于杭博學有志操薦授

臨海教諭元至元末乃隱居于剡遂占籍焉

明邵伯正洪武初自高郵徙嵊官戶部員外郎以廉能稱尋有令江浙人不官戶部遂謝職歸杜門讀書善敦族明宗纂敘圖系剡俗歸厚云周志曰戴逵自譙國徙王銍自汝陰徙王羲之自臨沂徙宜並屬寓賢乃巳祀鄉賢姑從之謝元居始寧屬上虞而猶系嵊亦從舊志

王徽之字子猷羲之第三子居山陰夜雪初霽月色清朗四望皓然獨酌酒咏左思招隱詩忽憶戴逵逵時在剡便夜乘小舟訪之經宿方至造門不

前而返人問其故徽之曰本乘興而來興盡而返何必見安道耶今嵊艇湖即徽之回艇處有子猷橋以下係留跡

謝敷字慶緒會稽人澄清寡慾入剡太平山十餘年以母老還南山若耶中嘗于剡中造風林寺崇信釋氏以長齋爲業初月犯少微少微一名處士星占者以隱士當之戴安道有美才時人惜之俄而敷死會稽士人嘲曰吳中高士求死不得死

謝靈運元之孫少好學博覽羣書與顏延年並以

文章爲江左第一襲晉爵封康樂公累遷秘書丞宋受命降爵爲侯爲太子左衛率少帝即位出爲永嘉太守在郡一月引疾去職遂還始寧修營舊業傍山帶江盡幽居之美作山居識并自注以言其事文帝徵爲秘書丞頃之賜假東歸與從弟惠連結刎頸交共爲山澤遊靈運因祖父之資生業甚厚奴僮既衆義故門生數百鑿山浚湖功役無已尋山陟嶺必造幽峻巖嶂數十重莫不備盡登躡着木屐上山則去其前齒下山去其後齒嘗入

剡有詩曰旦發清溪陰暮投剡中宿登嶀山觀四畔放彈丸落處即立祠宇今有謝跳巖仙君廟嶀浦有釣魚臺車騎山康樂遊謝二鄉皆其遺跡靈運卒以恃才放逸多所淩忽爲有司所糾徙廣州或復告其有異志詔棄市年四十九

孫綽字興公家會稽博學善屬文遊放山水十有餘年作遂初賦又著天台賦友人范榮期謂試擲地當作金石聲溫王庾諸公之薨必綽文然後刊石遊剡諸山嘆其佳絶蔡系字子叔濟陽人有文

理仕至撫軍長史居剡最久而他有王洽導諸子中最知名爲中書令劉惔沛國人有文武才爲車騎司馬殷融吏部尚書孫曠之爲剡令王修晉陽人明秀有美稱爲中軍司馬何充廬江人思韻淹通酷好名山王坦之述之子與郗超俱有重名謝朗奕之從子文義艷發名亞於元仕至東陽太守袁宏陳郡人有逸才王濛太原人神氣清超放邁不羣謝萬安之弟才氣高峻蚤知名爲散騎常侍並皆遊剡見白居易沃洲記以上剡俱無事跡較

著姑按舊誌紀其名而行實不備紀焉

孔稚圭字德璋山陰人少多學風韻清疎不樂世務嘗作北山移文以譏周顒徵侍中不就入剡從褚伯玉授道

唐齊抗字遐舉高陽人少值天寶亂奉母居會稽初棲剡嶺後遷玉笥自解薛此山未二紀而登台鉉

秦系字公緒會稽人號東海釣鰲客有詩名天寶間避地居剡作麗句亭郡守攺其居曰秦君里

朱放字長通襄州人隱于剡溪徵辟皆不就戴叔倫贈

詩)山曉旅人去天高秋氣來明河川上沒芳草露
中衰此别又萬里少年能幾時心知剡溪路聊且
寄前
期

方干字雄飛新定人舉進士以缺唇廢遯跡鑑湖
任意漁釣以詩自放嘗入剡有題詠

賀知章字季真越永興人性曠夷陸象先曰季真
清談風流一日不見則鄙吝復生官至秘書監晚
自稱四明狂客天寶初請爲道士還鄉詔許之帝
賦鑑湖剡溪一曲賜之

李紳字公垂有詩名貞元十八年紳爲布衣東遊

天台過剡令崔某座中有僧修眞謂曰君異日必當鎭此修寺所居寺元和三年紳以前進士爲故薛苹常侍招致越中眞已卧疾使門人相告幸勿忘前言乃寺有靈祇相告耳太和癸丑紳以檢校左騎省廉察蒞越果符其言僧徒悉殂謝寺更頹毁因召寺僧會眞捐錢三十萬率諸僚施俸以餙寺宇閭里子來踰月工成紳有龍藏寺紀并詩一云紳遊寺中晝寢老僧見一黑蛇上李樹而食李復前行入紳懷中僧問曰公睡中有覩否曰夢中登李樹食李甚美似有一僧相逼乃寤僧知非常延遇甚謹

宋王十朋字龜齡樂清人紹興間游上庠與周汝士同舍十八年汝士第進士延十朋居家塾賓師其弟子十朋亦愛剡山水日登眺以詩文自娛作剡溪春色嶀山等賦又十年許十朋舉倫魁而汝士弟汝能同年舉進士後周氏登科相望大都出十朋之門十朋初仕紹興簽判累官龍圖閣學士致仕卒

盧天驥字駿元政和六年以朝散郎出爲浙江提刑使明年以捕寇來剡時積雪水漲橋斷不可行

盤桓剡中歷覽諸勝多所題詠其詩風格竣竦直
逼盛唐
鄒績字孟熙山陰人少負雋才無所不學後成名
儒嘗入剡遊貴門諸山有詩
元楊維禎暨陽之名賢至正中避兵來剡嘗題清風
嶺王貞婦詩
明錢德洪字洪甫餘姚人第進士授郎中受學王文
成公會其宗旨入剡以所學講授人士裘仕濂輩
皆遊其門而其宗人思邪等亦多信服宗主之

王畿字汝中上世由剡徙山陰故畿時時往來剡中嘉靖初舉進士授郎中文成公高第也所見解超玄入微不落階級隆慶間王天和周震等聚徒爲慈湖書院講學會而畿南向坐師席談說開示能令人人憬然有省袁榜鼓舞刻厲如胡夢龍等若干人皆在造育中云畿父經進士子應吉己卯舉人遡其上世稱剡人近且附籍焉

陶望齡會稽人官祭酒每入剡會講鹿山書院

祁彪佳越人官侍御嘗入嵊襄事海門周子營窆之

崇禎丙子剡大祲與劉中丞宗周倡率越中縉紳賑剡且陳籲郡縣寬徵尤委曲嘉惠其友人王朝式山陰諸生來剡募賑矢誠周恤金之聲詩贈其行有此行能重金庭隱去後長留戴水舟之句

嵊縣誌卷之九終

嵊縣誌卷之十

人物志

列傳　理學　儒林

士自束髮讀書無不牴掌蓬門願揚名竹帛及至入官輒負乘以爲鄉黨羞何哉利誘于外而操不堅也君子重秉心焉嵊通籍者或以廉潔或以忠勤或以慈愛班班可攷豈盡由于學抑其天性有然蓋嵊山水清峭而風俗儉樸其士多剛方罕狡捷以故不出則已出則所表見皆不虛詩云秉心塞淵嵊士有之或曰不以簠簋敗守而以耿介忤

時亦嵊士之過余曰觀過知仁與其佞捷也寧剛

方

梁朱士明齊舉茂才天監初授儒林博士歷吏部尚書封漢昌侯祀鄉賢鄉人亦祀于社至夜常有神燈出沒意必生有功德歿有靈爽者矣

嘉祐

宋姚勔字輝中第進士起家永康令入爲太子中允重親在堂思疏榮所生乃納祿致仕遇郊祀封父母父母請移封祖父母特詔從之元祐初召爲秘書丞左正言奏中丞趙君錫雷同俯仰無所建明

紹聖

累遷寶文閣侍制國子祭酒請外補知明州紹聖初王安石嗾言者論其阿附呂大防范純仁謫知信州再貶水部員外復奪職勒毋省先墓徒步出城迓溯哀惻見者感動祀鄉賢山陰亦祀而嵊進士題名載之蔡京列其名于黨碑

姚舜明字廷輝第進士爲臨漳主簿歷平年崑山華亭三縣令遷河南經略安撫使宣和二年睦寇連陷杭睦衢婺處歙六州以舜明通判婺州方之任城已被圍遂招集士卒數千人突圍入城引兵

出戰賊衆奔潰又僞將洪載衆四十萬據州不下舜明訪得其母妻縶之令載所厚往諭載解甲來降平賊之功於時爲冠欽宗即位擢監察御史僞楚之變舜明挺節不汚高宗時除知江州兼本路安撫制置使劇賊李成擁衆三十萬至城下舜明布列將士晝夜接戰賊衆蹂踏不可勝計隨開門奮擊生擒其將王成等賊攻益急舜明輒以計襲破其營然援兵道絶賊圍卒不解經冬及春饑餒枕籍將士至食妻子守益力勢漸危圍遂舉兵決

戰大破賊砦以出時謂舜明藐然孤壘制賊橫潰使不轉入東南其功居多頃之召爲右司員外郎復以秘閣修撰充江淮都督府轉運使湖湘賊曹成馬友反側未定命舜明往招撫遂以二賊入朝韓世忠劉光世駐軍江上朝廷以舜明計且俾置司建業以總經費調發犒賞百須以給總領之置自兹始丙閑除集英殿修撰進徽猷閣待制中大夫文安縣開國男卒贈太師所著有詩文十卷奏章三卷補楚詞一卷祀鄉賢子宏寛憲按諸暨志亦祀舜明

以爲舜明自嵊遷暨墳墓子孫在彼而剡中列祀舜明及寬憲其來已久明季永富鄉溪涂水汰出社廟碑乃宋時豎文内有鄉人諫議大夫姚憲之文知屬剡無疑

吕祖璟字大誠敏而果勇通曉詩律紹興中薦授淮南安撫幹辦尋陞安撫使訓兵撫士恩威明信兩淮盜賊不警上聞論賞以疾告歸子諭孫慶俱以廕補官公爲規叔子祖謙再從弟始居貴門里篤學高節應祀鄉賢者也

周汝士字南夫上世姑蘇人避五代亂來家剡至大父瑜貲產甚裕族聚千餘指闔舍搆書捐重幣延名士訓子若孫及宗姻有志於學者汝士天資

叔出紹興問與與從兄世修世則及永嘉王十朋同游太學世修太學首中選補内舍生明年汝士與世則及弟汝能試鄉舉聯名薦禮部汝士遂登進士授右從事郎永康縣丞太常簿進左奉議郎王管台州崇道觀以憂歸先是汝士既及第即招致王十朋爲賓師使子弟益勵學居數年汝能中乙科十朋爲倫魁當事稱爲盛事周氏一門登科者七人與鄉薦者十數人文物之盛爲邑首稱由汝士發之其行義卓越亦可想而知也家有淵源堂

製先聖十哲像列七十二子傍爲五齋蓋古家塾之遺意云周志謂其宜祀鄉賢

姚憲字令則以父舜明任補承務郎監臨安府糧料院歷海鹽龍游宣城三縣丞知臨安府仁和縣車駕駐蹕臨安仁和事劇甚憲資強敏日未晡吏已散去囹圄亦空秩滿知秀州土豪錢安國居大澤中重淵深阻舍匿亡命爲奸盜州縣莫敢詰憲至部擒安國及其支黨寘于法焚其巢穴州里遂安浙西大水蘇常爲甚憲請輸粟萬斛以賑之上

嘉其能賜勑書獎諭除知平江府羣盜毛鼎等出沒海道不數月悉擒之改知臨安府進直顯謨閣入權戶部侍郎賜同進士出身不一歲間累遷左諫議大夫御史中丞遂拜端明殿學士參知政事監修國史俄以端明殿學士知江陵府卒年六十有三先是江陵帥治盜嚴猛憲繼其後常語各曰故帥得賊輒殺僕至必付有司問訊多所原宥而當誅者卒亦不得倖脫僕平居雖雛卵不敢妄殺今寧以罷軟不勝任去安忍濫及無辜哉人以此

景之

益惟長者祀鄉賢

許梟字養浩詢之後父鵬飛字圖南深於易梟遂以易舉於鄉爲亞魁明年試南宮第二授金陵教授除兵部架閣陞太學國子錄時丁大全用事諸附麗者皆通顯有沈翕者爲之腹心藉勢輒禍善類太學六館士以上書被禍徙他州時劉黼寓越在遣中梟往見之義形于色作書切責翕翕怒將併置于法人危之梟怡然曰吾以此得罪夫何憾時謂梟不以生死禍福爲秋毫顧累志操卓然惜

未究其用宋亡避居東陽卒葬焉祀鄉賢子薦

趙炎字光叔咸淳初進士任義烏簿轉金華令陞鎮江推官入爲刑部架閣權員外郎京師戒嚴廷臣接踵遁跡炎責平章王爚依違賈似道非大臣體爚遂上章劾似道似道坐貶炎及爚亦罷歸

明

劉性傳字士原元季兵起散家財聚兵捍鄉邑號義兵萬戶明師駐金華率衆歸附陳匡國安民之策數千言稱旨擢中書門下侍郎固辭改陝西華昌知府地近朔漠民物凋弊性傳撫輯軍民恩威

並著邊境以寧

屠任了溪人家貧力學善屬詩文兼精篆隸洪武間任蕭縣訓導遷河南武陵知縣有獻瓜菜者曰此苞苴之漸也拒不受任九載毫無苟取清操凜然遷刑部山西司主事卒于官昇櫬歸葬惟篋書束帛而已

王復阜字原古永樂間貢入胄監與修永樂大典越七年書成授工部營繕司主事委治窰冶以能名改虞衡司居官廉介御役寬厚卒于德州官舍

婁希賢三十四都人宣德間以歲貢授福寧令邑軍民雜處富軍橫取民息希賢申禁不敢肆田患旱澇爲築堤障之袤約二十餘里瀕海爲陡門以時蓄泄民咸賴之卒于官

王玉田東隅人自少端飭崇尚名節宣德中歲薦入北雍與蕭山魏驥定交爲文相贈答任江右永豐令一秉清操先教化而後課督即輸額必量緩急體恤民隱靡不至有廵方使蒞豐欲腴取之以其乘輿昇修田曰輿固無恙何修爲即上牒告終

養歸槖蕭然林居數十年贊修學校與革利弊里中德之年七十九卒

黄孟端字正夫三十一都穀來人正統間貢授延平府同知居官儉約服食一如韋布屬邑妖賊爲亂蔓延延平時關守孟端專任郡事矢志固守與城存亡爲詩有保固危城全我節捐軀自是一毫輕之句竟以憂勞成疾頃之賊平孟端卒民哀之

王樞字克慎十六都東林人景泰中貢授寧國推官剖决明敏獄無寃滯南陵有富民賂結顯要誣

奪人山樞鞫實斷歸其主迮顯要不爲意丁氏婦

鄰少寡叔挑之鄰欲聞于官叔懼誘母訟鄰不孝

守將刑之樞察母詞緩訊得其情爭於守曰公不

惜一婦人獨不惜寧國郡三年不雨乎守悟鄰獲

免期年以疾卒橐無餘錢氏爭釀錢爲賻其子某

謂不可以喪故汚吾父具卻之太守聞而嗟異

各捐俸以助乃獲歸葬

謝灝字允清清化鄉人順天軍衛籍景泰甲戌進

士除刑部主事遷郎中以廉明稱成化間眞保定

等郡民饑濂奉命往視爲勸貸斥帑設法賑濟招撫流遷還定全活以億萬計事竣上加賞勞明年遷河南參議總督七郡糧税革弊除奸軍民仰之未幾以勞卒歸葬本鄉

張世軒字晃之冑之子景泰中以鄉舉除廣州府同知時兩廣峒蠻爲亂率兵勦除居民安堵或謂世軒厚賂中貴功可獵遷顯職世軒謝不爲都御史韓雍將上其績丁父憂歸服闋補臨安府操履冰蘗益堅於惠賜父如其官封母妻宜人尋遷兩

淮鹽運司同知致仕所著有巽齋稿

陳叔遷弟叔權俱起家吏員叔遷正德間授廣東海陽丞守廉不取民一錢或嘲其愚諷之曰子更何冀而自苦乃爾計若官不過多得錢耳叔遷笑不荅頃之拂衣歸叔權爲直隸懷寧縣尉清白不撓其兄時宸濠之亂委給軍餉毫無染指人勸其爲子孫計叔權曰令子孫佚樂而我先汙辱弗能也堅厲如初致仕歸家徒壁立兩人躬耕終其身

略無悔色周司令曰世方以資格限士右明經貢

舉而右胥徒觀兩陳則士何可以資格限哉以彼其清而破格物色之假一以風百則人人勸矣奈何居官澡雪而當路不知返里貧窮而有司不問非無力爲如兩陳而不自阻喪者幾希矣余故傳兩陳著其名不朽以示所風焉

王瞻字時暘鈍之子敦厚宏達姿貌甚偉聲如洪鐘幼承家學淹通羣籍議論風生成化戊子舉于鄉壬辰登進士授南禮部儀制清吏司主事三載考職敘云敦厚以存心精詳以錯事儀容旣偉輿

禮能勤轉即中尋陞南康知府或云衛辟與君才不稱瞻曰昔濂溪考亭兩先生嘗守此嘗建白鹿書院宏暢教鐸吾正可承此以彰吾家學羅太史璟贈詩云白鹿洞幽宜設教青牛谷美起題詩甫五月釐奸折獄政通人和百姓戴之以勞瘁卒于官

杜傑字世英五十五都人成化十三年順天鄉舉初受夏邑令改文登遷湖廣辰州通判直隸延慶州知州州致仕居官三十餘載操履純潔如一日還

家閉門却掃蕭然四壁晏如也年八十餘卒卒之後數十年有容美兵調至浙擾掠過傑門知爲傑舊廬相戒莫敢犯更餽遺以去葢其慕德不忘浸世如此

杜民表字望之傑之子正德丁丑進士爲鉛山令心慈而守介視民如子宸濠之變決策守禦民賴以不驚尋拜御史大禮議起忤旨廷杖罷職服父南還家業蕭然不爲意一意奉父承歡晨夜省視眠食浴語移時乃退視襠褻服躬爲檢澣葢忠孝

成化

兩無愧云臺省屢薦不報鉛山人祠祀之勒銘云道上有青天之譽獄中無白日之冤

丁哲字以賢二十三都人第進士授刑部廣西司主事遷郎中時中貴李廣負上寵不法縱其黨殺人事下刑曹諸郎相顧錯愕推諉不敢訊哲從傍大笑諸郎曰公寧有意請以畀公哲首肯立逮至掠治之廣使使持尺書爲地哲對使慢罵裂其書不覷掠治不已日殺人當死我急不能須臾斃之杖下廣大怒以事中哲罷歸哲門吏徐圭不知何

許人痛憤哲寃家貧鬻一女為資具疏走闕下擊
登聞鼓欲自剄給事龐泮救釋泮復為論列疏聞
召哲至京敬皇帝御皇極門親訊鞫之得實廣論
罪哲所殺雖當坐無傳爰書不具獄貶濮州知州
圭以貲當補濮州同知奏王屬不敢亢禮改他州
哲遷蘇州府同知致仕進階哲善詩年九十餘卒
哲為郎志節較然爭天下大體彼徐圭郎古杵臼
荆軻之徒不過是世毋謂古今人不相及又言
圭位至僉事所至磊磊有聲然卒無由訊核其詳

嗟乎亦偉矣哉

周山字靜之泰之子成化十六年中式孝養祖母扶侍不離學訓林元立死無子有母八十山扶櫬暨其母歸閩更爲築墓乃返初知德州丁父憂歸協纂邑志補保德州設社學勸農桑刻冠婚喪祭圖式民知有禮保德州志山所手創建義倉義塚救災恤患上下和悅六年卒于官民哭之如喪厥考祀名宦嵊祀鄉賢

周謨字居正用彰之後嘉靖間貢授靜海訓導事

父母至孝性端方步準履繩言笑必謹自幼不染紛華曠然世味之外讀書手不釋卷潛心體究務極精微義利之介斬然一介不妄取與爲靜訓以親弗逮養設王晨昏進膳遇忌則泫然流涕待諸生嚴而有恩爲講授經史亹亹若鑿師鄉飲及婚喪等制多所釐正興起務以禮移易其俗諸生服其文學行誼翕然尊信若山斗而情又如父子藹如也致仕歸諸生揮淚爲別子汝登歷南京光祿寺卿贈如其官祀鄉賢

王淵字本之玉田之孫貢入北雍充按差廵書入
闈積書千餘卷博涉有文采授燕山右衛幕尋改
尉州左衛出納惟允克盡其職考績貤贈父母陞
閩永春令凛守官方屏絶苞苴持法不少阿二載
致政歸永人攀留不可得追隨百餘里乃爲書以
諭代事者曰毋易我政毋勞我民則率由之下猶
然前日不擾之政也歸林杜門自娱日盤桓于了
溪仙巖間登籍十載買田不盈頃而爲先世擴歲
祀三墜潭濟義渡皆捐產以垂久梓里稱之年七

嘉靖

十六年

裘仕濂字子憲二十九都人大有文譽第進士冠本房初授常州推官操持廉潔讞獄詳慎多所平反項之拜御史益持風裁刷卷河南校勘積案以勞瘁卒濂樸愿儉質舉止端重斤斤以禮自繩雖貴無媵妾疾俳優不一注目拜御史還里即族黨訟事避不以囑有司人謂爲悃愊老成士云子嘉禜幼不好戲美垂髫遂謂賢聖可學長益務束修至行屏一切聲色嗜慾進退容止以禮敦孝讓族

嘉靖

黨信服年二十餘爲諸生夭死

瑜思化字伯誠娶之從子舉應天鄉試爲鄉舉上十餘年不以一事干有司授興寧知縣潔廉剛果與民興利去害興民植靛爲業前令具私取靛稅充巴橐延習不爲異思化請諸上官以其稅充兵食丁糧往者令他出率受民廩餽思化謂有常俸在令除免其他利孔蠹竇一切剗洗殆盡大都約已惠民民大寬省而清風肅肅振湖湘矣吏修舉庠序身課其業徭夷數千餘衆爲亂招撫既平立

社學訓誨漸磨其子弟漸成善類典廨舍理橋梁

百廢具舉然卒以焦勞盡瘁民肥政洽而貌日癯

三載卒于官上官及其民具哀痛焉祀鄉賢以子

安性職歷贈兵部尚書

王應昌字家文尚德子少有夙悟與海門先生定

交吝省巳過佩簡以比韋弦萬曆癸酉領鄉銓授

邵武知縣潔巳愛民謝絶請托折訟惟分曲直不

取贖鍰發奸胥濫派年省三百餘金置社倉十有

七廒廒皆儲備適旱澇相承百姓告饑公嘆曰此

嗷嗷者旦夕斃，寧俟詳而後勘，勘而後賑乎？乃籍災民三千餘戶，戶給穀一石。當事以爲擅，督追其半，公即出俸補還，不以擾民。遷大名府判，燭弊祛蠹，查出附餘米三千百餘石以充市本。撫按交薦，擢守定番州。所屬蠻長皆逋深罪重，負固不出。公至，悉捐宿儲，徧以新圖，無不望風格化，競勸輸糧，搆廨宇若干，官吏得免露處。創右文書院，拔其尤者考課之，邊方文運翕然興起。蠻長黃獮猖亂，奉詔討賊。時督餉在軍，王師敗績，公挺身獨殿，幾爲

賊中幸馬騰躍而免踰月大舉克之公爲鄉道所
扼降級歸後敘平賊功復補解州尋轉雷州府同
知多惠政民立祠祀之以母老解組林居二十餘
年杜門不涉城市邑大夫罕識其面登籍十年僅
田不盈百至若存祖母石氏之祀佃金庭右軍之
田復家塾修族譜設義塚諸善事則傾貲以爲之
享年八十有三所著有居蓺雜著拙拙集宗吉誼
叅諸集祀鄉賢

喻安性字中卿思化之子偉丰容壯膽畧奇才贍

務雄辨風生在弟子時即以天下爲已任萬曆戊

戌進士授南昌司理廉公自勵平反無寃朝議開

採江右騷然公獨繪圖建言當宁色動遂撤使不

行秩滿以卓異擢禮部主政未幾遷吏科給事中

司禮監成敬亂政抗疏論罪引爲君側政本生靈

宗社之危神宗置諸法餘黨側目左遷羅定僉書

海倭盤踞香山嶼勢獗莫支樞府將興師搗其巢

公恐滋擾乃單騎直入指陳利害倭即解散數十

年之積患談笑而消莫不欽其識力之遠到推邉

才擢昌平副使隨轉密雲按察使滿旦索賞蹂躪內地公劄議曰是藐我也不可以惠行率將尤世祿等整兵而前卽望風納款陞順天巡撫都御史順永災祲請帑十萬爲賑且奏免加派民賴以安中貴程登擅催牧地租徐貴擅駐天津採鮮皆劾罷之陵監劉尚忠等七人蔑視臺使譁謾無禮特上其狀奉旨鞫治一時閹豎歛迹陞遼東巡撫爲奸璫魏忠賢所憚又惡不投一刺矯奪其官崇禎改元賢敗薦陞兵部尚書兼右副都御史總制薊

萬曆

遼分設班兵以防要害叅處悍將以肅紀綱軍中缺餉遼撫王應豸解安無法以致鼓噪往慰乃定後朝議苛求解職歸公秉持介節在朝不比權奸居鄉不干郡縣中外畏而敬之雖家食十餘載語及邊即起舞聞邊報未嘗不唏嘘泣下也常建議改常豐秋折梓里祠祀之年八十一卒著易叅若干卷養初集若干卷祀鄉賢

鄭化麟德政鄉人幼敏慧刻勵于學由拔貢登北闈賢書念父年逾耄亟圖祿養陳情乞職授弋陽

令甫除職而父已捐館後補詔安恪守庭訓以施于官報政陞廣信府同知拔士棘闈得士望攝二千石上計銓曹左判開府榮辱不驚署黄縣蘇民徭役尤嘉意恤士復其力役遷常德判減商船稅絕不染指職司詰盜冒險擒渠十八人以積勞攖疾遂拂衣歸八閱月而卒子自强勤學勵行由北雍上舍拔授忠州同知有山居吟南北遊詩集

王心純字化遠應昌子沉靜而多慧昌家政嚴肅純起敬起孝克承其歡弱冠補弟子員師事海門

周先生研究心傳當下有省萬曆乙卯登鄉薦授虞城諭訓弟子不尚藻繪以變化氣質爲先崇禎戊辰登進士選龍巖令覃恩授文林郎父晉階奉政大夫丁父艱哀戚若孺慕而所以理家者一如其父分寸不敢越服闋補清江縣獎善除奸緩刑寬課稍稜則行賑濟唯以愛民爲急務建書院講學以海門心旨爲提撕門人日進癸酉分房取士時稱得人五載行取戊寅授刑部主政哀矜平反旋召對欽授兵部歷武庫司提督武學職方司轉

副郎己卯典試西川力下札苗文體粹然一歸于
正庚辰陞僉憲揚州兵備兼理漕鹽驛傳下車首
禮心齋王先生葺其祠集士子講學其中環橋以
觀一如海門先生之會滁陽也增祠田以垂永久
時值旱蝗餓殍載道加意撫綏焉閩寇氛震警廵
視沿海兵迅皆廢弛無紀督責守將具實以告兵
餉尅減伍缺經年點驗時悉屬僱倩因憤嘆曰時
事如此尚可爲哉以忤時調遣歸臥龍山不復仕
進與二三老友講學于鄉其家居敬先瞠族建石

坊以揚先節復右軍祠田四百畝以隆先祀皆繼述賢父之志邑若秋米轉運陳當事復折色梓里德之著有兵部奏議及詩文二卷

吳廷珍字文翼崇信鄉人三載失怙母苦節教育珍體母志克自修勵弱冠入黌序試列第一即請旌母奉旨建坊表焉崇禎戊辰以薦銓授廉州別駕撫字無遺策廉民切戴之適郡守缺士民籲以珍請署篆未幾隣郡雷守亦缺雷地去廉四百里其士民奔省請撫按改署雷以故雷人歡迎廉人

天啟

堅拒兩相交閧監司爲之大駭屬邑靈山學廩員額僅踰十名力請廣教且捐俸置田以充廩餼一時風聲丕振遷雲南和曲州守丁艱歸里卽于母建坊處拓地立特祠以垂美報當歲歉以母氏素好施遂分俸稟以給宗黨全活多人撫從子如己子尤見其錫類之仁年六十九卒

尹鼎臣字士德東隅人性簡約勤勵登鄉榜歷諭旌德金壇學陞澄海令剔除厞稅平反寃獄邑多豪右撓令權臣乘法不少假卒爲搆陷左遷淮安

崇禎

首領值甲申中國變江淮騷動署桃源篆委理船廠明年陞黄岡令知時事已非隨解組歸埋首自安巷居蕭條晏如也邑令强升賓筵不諳一面一日坐談如常擁衾而瞑卒年八十七

厲汝恩字君戴天性和坦不設藩籬以遷善改過自砥礪弱冠食餼八試棘闈兩登乙榜師事海門先生參証有年卓然有以自命以貢授景寧訓寧地僻而風陋恩至爲月試其藝而上下之隨相與匡坐而飲勉以孝弟名節漸引而入于理性於是

寧士始知有心學翕然懷山斗之推未幾卒于官

寧學潘一賚等請祀名宦寧令徐日隆移關到嵊

嵊士葉應茂等請祀鄉賢

理學傳

理學自羲卦始窮理盡性見於系辭葢理者事之體事者理之用必體備而後用始周則理不可不窮也然上古未有以理學揭名者揭名自宋儒始宋儒之出豈偶然哉先是五星聚奎竇儀曰自此天下文明矣故濂溪子應運而生倡明大道以續夫孟氏之傳嗣後代不乏人明之任斯文者有文成公而越中理學蔚然興起吾剡海門周子淵源於濂溪私淑於文成遂爲一代儒宗雖未知純乎

孔孟否豈非孔孟之流亞歟一時附青雲之士指不勝屈爲援其尤者著於篇

宋單庚金字君範居晦溪父崇道有志學問嘗與朱晦翁交少承家學克自勉厲以經學舉漕試値宗社失馭遂抱志入山不樂仕進居晦溪山中三十餘年日夜取聖賢經傳潛心討究求以闡明聖學爲事家無贏餘而飲水茹蔬陶然自樂客至則開門延引談證不倦蓋眞以德義自繩者所著有春秋傳說分記五十卷春秋傳說集畧十二卷論議

增集說約若干卷晦溪餘力稿若干卷

許瑾字子瑜薦之弟傳極經史嘗從朱子遊明於理學新昌俞浙狀其行曰子瑜學傳而正行峻而和文麗而則君子人也學者從之隨其資禀皆厭足所欲稱爲高山先生宋運革徵辟不就家藏書千卷至老手不釋所著有春秋經傳解十卷文稿若干卷

明

周震字居安生而誠朴弱冠舉於鄉宼艮知學入自振飭初仕宿松令平徭役招集流亡遇賢人貞

婦之廬而禮焉改教承天擢通判衛州來陽大洲賊爲亂震以計擒勦搗其穴集郡縉紳爲石鼓講學會人稱武功文教三年謝職歸羣邑士數十輩於慈湖書院講誦禮驗益力而養益粹生平孝友奉母手進甘脆旦暮承顏省定無一日輟以田宅畀諸弟比其子睦宗和黨恂恂長者篤友誼嘗投牒吏部會其友病卒遂罷選護其喪而歸

周夢秀字繼實震之子爲邑庠生生有至禀潛心篤行瞻視不苟屏絶世味紛華惡衣糲食宴如也

性好施槖中不畜一錢而稍有入則以與親友之貧乏者以例當歲薦一友年踰六十在其下以誼讓之事父孝父嘗佃實性寺爲宅請其復捐爲寺而别僦數椽以居風雨不蔽無愠色生平嚴戒伐木殺獸行既超卓而其志則時在用世抱蒼社之憂日練習世故采諏人物習傳士家言與海内作者稱顔行嘉典陸光祖謂爲三絶學絶行絶貧絶年四十六賫志以卒鄉人請祀於學宫太守宛陵蕭良幹題其墓曰高士

周汝登字繼元謨之子生而聰慧讀書過目不忘性和易兒時即與羣無忤年十四而孤十八爲諸生二十四歲師事龍溪王子聞良知之旨工夫所入參之心驗之境使心不爲境窮境不爲心擾心境一如融徹無碍有軒軒物外之意萬曆丁丑第進士授工部屯田主政督稅蕪湖稽核精嚴潔廉無染舊稅額二萬當事增至四萬先生曰吾不忍暴於關竟致缺額謫遷兩淮運倅轄有十塲皆勇鬬健訟抗猛難馴爲講鄉約刻四禮圖說以化導

之又取贖鍰及俸餘每塲建一學學延一師又置產以充社師之費東臺建一總學月會十塲之生儒而身自提撕安豐乃王心齋所產地爲拜其墓飭其祠廣其田禮其子孫使人觀感十塲之民翕然嚮風升南兵部車駕司主政分理草塲管總庫沿弊多乾没痛切埽除庫政肅清轉驗封司郎中與許公敬庵楊公復所馮公具區會講學天泉證道語相質敬庵不然作九諦以示先生作九解宗風大暢語入性理書自後弟子日益進執贄者千

餘人陞廣東按察僉書過吉水與鄒公南皐語
南皐心折送至吉安會講于白鷺書院而別賚俸
入賀疏丐終養未允升雲南叅議再疏陳情得肯
歸里與會稽陶公石簣及郡士數十輩會於陽明
祠曰陽明遺教具在吾輩正當以身發明從家庭
間竭力必以孝弟忠信爲根基在境緣上磨勘勿
爲聲色貨利所玷染習心浮氣消融必盡改過知
非絲毫莫縱察之隱微見之行事使人知致良知
之教原自如此會衆敬諾升南尚寶司卿疏乞休

不允起任署京兆纂建陽明祠規制甚備祠成會講其中門人祁承爜記或問十條語在證學録中升太僕寺少卿疏辭不允至滁修陽明祠修社學置義田賑饑修學滁人德之升光禄寺卿疏乞休不允尋升通政使司再疏丐休晋户部右侍郎致仕先生見解高超不離實地證修人知其透悟之妙不知其體驗之難隨機誨誘要在當下推求嘗曰吾無知識唯當下一着頗能無疑令諸子習舉業便了舉業事在家庭便了家庭事便是妙道不

必他求故遊其門者中人上下膠解纏釋皆有所得其政治不尚刑罰以躬行教化爲先利興弊革所至有慈祥清白之稱通籍五十載林居三十餘年難進易退者如此不畜財不治第不營產布衣蔬食蕭然一室宴如也御史王業浩薦云一代儒宗四方山斗左都御史曹于忭特疏題薦畧云道遡先天統承往哲遯世遺榮迺其餘緒登朝展蘊實所優爲奉詔擢用起工部尚書巳六月疾革
命朝服加身作謝恩狀召門人王三台袁祖乾訣

日吃緊目遂瞑壽八十三學者稱曰海門先生擬謚文昭賜祭塟如例嘗秉修邑誌建議裁簿員改常豐米折色邑人請立祠不受著證學錄聖學宗傳聖行宗系四書宗旨程門微旨王門宗旨助道微機楊邵詩微共二十餘部祀鄉賢

袁榜字仲奎西隅人少習博士業不得志棄去蚤未知學年四十餘翻然曰人生有一大事而吾行冥矣何可虛吾生夫聖賢必可爲近若陳剩夫王心齋皆爲之者也彼何人乎何人於是發憤于學

執贄事龍溪王子潛心性理一書擇可而語慎趾而蹈屏絶紛靡崇尚恬淡挺然流俗中服古衣冠以自別流俗或詆笑之心絶不動嘗闢義學以迪後進王掌敎天和折節遇之與周夢秀宋應光裘士沛爲友晚自城市徙居山水間自稱丹泉子出入輙携琴書自隨有丹泉詩稿

吳伯化字紹南始寧人成童補邑弟子敦麗淳朴篤於孝行傳洽經傳具有學爲聖人之志端方如戒尺宗黨子弟敬事若嚴師與海門先生爲老友

深相叅証力求精進無時放舍一日在臥病中聞鵲噪豁然大省覺天地萬物皆吾一體曰吾向讀五經四子及性理諸書以爲皆聖賢之言聖賢之心而今始言言印我心也樂意舞蹈不能自巳海門先生贈以詩一曰乾坤頓覺元非外堯舜方知實可爲又曰始知喫飯穿衣處一笑鳴鴉噪鵲時其孜孜接引後輩不問賢愚少長必令反求諸心易簡直截故人樂從而信入者多壽九十歲考終同學王思位挽詞曰姬文緝熙衛武切磋千古一

脈再見斯禩其二子鈺鉉澹於世緣潛心性命之旨家庭咨勉惟此一事人謂有洛水父子之風

王三台字思位東隅人少孤母知書曉大義台惟母訓是凛弱冠補邑庠師事海門周子隨事體驗不遺餘力深信聖賢傳習之緒不外家庭遂以定省爲樂事每日以已所行與人所言者必歸告其母嘗曰吾無不可對母言之事無不可對母言之心痛父不及養終身蔬食不啗肥甘每祭必備物淚涔涔作竟日哀沉摯慕古講論不輟寒暑時有

所思都養以饌進不覺即請饌亦絕不聞其篤志如此故升堂入室師門推爲祭酒晚年循省益密以焚香拜天讀書靜坐爲常課嘗自署曰老年工夫務從簡易念慮一根繫要在是凡有中萌法惟省制凡屬當行道惟勉致靜坐參脊密密檢視循此爲常告之上帝周子殁挺身擔荷號召同門鼓舞講會惟以師道不傳引爲己罪工古文辭根據至理而暢所欲言有閎中肆外之擬與人和易封畛俱捐弟子執贄者日進示以文行合一之旨彝

誘無方多所成就後進稱爲衡南先生以子貴貤封郡倅制詞畧曰古道照顏閭修近裏敦孝友而爲政慕惟終身究性命以立身遊多長者若乃一脉傳姚江之緒居然羣賢集泗水之間道雖樂于安貧忠已徵乎移孝可謂實錄云年七十卒邑士民請祀於鄉不報著有四書附註詩經附註衡門文集正學堂詩徵

袁祖乾字清侯西隅人與弟祖憲同日執贄於周門先生咸器之以道爲任務求無虛日然頓悟絶

人聞聲即了語言慷爽儀度開都推爲師門端木王思位與丁性甫言曰清矦喉快意疊甚不偶然蓋其資性爽脫自是便易於弟更屬對症也周子易簣與王思位同時受囑豫章文公德翼司李嘉禾代按至剡上周子講院知縣劉公永祚學訓葉公祺徧與縉紳數十人在座辨難若干言心折清矦次日獨造其門文章有輕車駿馬之快從遊者衆婺之趙鳴嶔趙鳴峯邑之盧鳴玉皆出其門九試棘圍不偶天啟間膺歲薦見時事日非卜居林

墅以稼穡代食年七十餘卒著有天洩鼓吟子師孔字

則學以文名世海内咸願識荆札問盈笥刻有琴伶蛾術等篇

袁祖憲字章之日曜之子成童補邑庠師事海門周子傳通典籍研究師傳埽除騰說容從踐履參証家庭蒸蒸自艾至外物之交毅然有守倉猝不能亂一日默坐有妹捧茶至正色曰男女別嫌何得獨來獨往妹慚頷而去從兄祖輒卒一戚曰與我六百金當繼公子公笑曰貧富有命吾子貧雖富亦貧吾子富雖貧亦富吾不願此聞者嘲以爲

廷公怡如也後繼者果如其言咸嘆其先見嘗自題其像曰四十記顔尚戴儒冠既不能如禮所云强仕操功而不動心者更難奚敢曰吾其不惑亦庶免惡者之譏彈受學於周夫子令予求諸家庭之間菽水果可以承歡是以此像喜見于眉端蓋有所自得云爲文極風雅如金石相宣鏗鏘多韻著有守菴集及類抄十二卷

吴振昇字國超棠溪里人幼失怙恃凛凛懼忝所生讀朱子四等人語慨然以賢聖自期乃立治心

篇書一日所爲要以閑邪存誠復還心體而已聞
海門周子唱道鹿山進謁與語不之服再謁反覆
辨証始心折執弟子禮自是追隨參証不輟棄置
家緣必期究竟此事從周子覽盡名勝交遍名賢
吟風弄月以歸嘗憬然有省以詩自証曰來往何
緣不憚煩只因錯認好金丹一聲消息從天至雙
手拍開生死關周子以陳剩夫王心齋擬之卒年
三十八在周門銳意圖進而蚤夭者又有吳鉦丁
美袓鉦字孟剛居始寧以第一補庠第一食餼唯

殫心理學絶不分志於功名父子兄弟聚首晤語每夜分忘倦在師門猛力擔當不少退讓書院初成各吟咏見志有敢學師門一唯參之句而同門亦推爲領袖山陰劉鎬贈以詩曰相對忘言坐如愚如樵如牧亦如漁此可想見其深致美祖字中甫居東隅弱冠食餼兩登乙榜博涉經史唯觀大意不屑屑章句而詩詞必自出手眼未嘗蹈襲隻字嘗制一小粉版盛以皂囊繫之腰間每有所疑則書版以待質問其勤篤如此故年雖少而聞道

最蚤一日周子嘆曰余一生全賴友朋弱年爲會有八士八士外更有四人今盡淪亡入仕後同叅五六輩皆毅然此猶年相若者至晚年從游若吳國超吳孟剛丁中甫皆少年得力之徒亦相繼而夭念之令人心折云

尹志賡字載歌少志於學長師海門先生以學道在主敬故步履持重視聽端嚴坐卧謹飭終日衣冠雖盛暑儼如也凡行禮及見賓冠自製三才巾岸然高舉服古深衣以粗布分淸白而已篤于孝

親君友有禮連承重至九載不衰中年喪耦不再娶一子病瘤教以詩書朝哀不替家貧結茅山中四面玲瓏不蔽風雨一冠數年冬夏布袍多綴穢破履綻其踵胼皆見瘡無宿粒竈無常烟或友贈以衣或就食於友家雖一寒至此而恬然自適非其人不相取予不同語言比師没聞念臺劉先生講學於白馬山徃郡問難聞春州陳先生講學于安門走發謁之與友人語侃侃義方不妄詭隨至排斥佛老雖遇位高年長必厲聲爭之無所顧忌

毘陵劉宛穀尹剡屬意講道時詔與小學建學于鹿胎之麓延載歌爲小學師嘗會講於此辛丑六月十八曉起整襟危坐與癯子笑語竟日就寢而卒年六十有九其詩文稿爲癯子所燬友人徐一鳴王國禎袁尚衷等置田以供其祀

金之聲字聖啟甘棠里人生而清癯父母甚憐愛之自襁至離膝依依慕戀惟知有親無他嗜好比長聚順承歡鄉黨稱爲金孝子師事中甫丁先生一日講孝經正與素心相對喟然曰聖賢大道始

於家庭晨昏尤加策勵與人處終日凡坐言不輕發語及愛親敬長則娓娓惓惓嘗聯家社相勉以子弟之職曰一卷孝經致知力行與治國平天下功在是效亦在是每樂遊田野閒與耕夫牧豎語亦必以服勞供餼爲易性耿介不苟合當世然當世與交者無不嘆其篤摯朋友急難必傾貲竭力周救之至鄉黨解推視爲巳分不求人之德我體怯怯不勝衣苟遇綱常名節之大强項自持雖賁育不能奪邑令劉永祚雅好汲引善類王忠襄與大

孝廉以聲聞企思一面在任六載終難屆致乙酉膺歲薦不樂仕進依棲嚴岫結廬二親墓側焚香禮拜自矢勿諼窮年子處食不兼味衣不重襦夜則懸版爲榻一纛一席而已自言父母生我無補於世聊淡薄以自引咎耳有甘露降于墓木人謂孝感所致友人謚曰孝節著有凱廬吟

吳應芳字佩兹振昇子振昇與王思位丁中甫同在周子門命芳執贄於二友期以力希聖學芳沉潛靜默好學多思能克承父志父歿益自奮勵下

帷講誦文情颷舉力追先進丁卯舉於鄉卷壓分
房歸謁海門先生先生爲說以貽之大約言慰父
於九泉者不在登科登第而在希聖希賢芳悚然
請益進曰要在勿忝而已矣一言之發必省曰其
毋忝吾父之言敎乎一事之行必省曰其毋忝吾
父之身敎乎一念之萌必省曰其毋忝吾父之心
敎乎直至口無妄言身無妄動心無妄萌必如是
而後足慰於九泉也芳拜受請求書紳自後用志
益專紛華靡麗絕無所動舉措必循規矩令長之

庭非延請不妄入其他賓主相對亦不苟爲寒暄
家貧布衣蔬食以硯爲田從無傒僮依身之物手
自提携六上春官不偶　絶意仕進與吳鉉
王國禎袁尚衷金應登袁生芝輩聯社鹿山講求
微言大義勿使垂絶或飲酒賦詩互相酬唱或放
浪山水之間如鶴翔鹿走隨意自適嘗治圃掃徑
栽菊數本霜下華開必舉盃以酹曰正與吾意一
般卒年七十有六著有崇溪集卦說六十四篇坤
貞四則諸書

儒林志

讀禮至儒行未嘗不嘆儒之難也所云近文章則亦和積而英發如玉之輝珠之媚特一班耳而世猥以文當儒謬矣故戒子夏有君子小人之別正以公私義利相去倍遠也嵊之儒者豈盡如儒行所稱豈盡如君子其人然皆矯矯砥礪名節行著當時名垂沒世不獨以文章見有過人者較之無實而盜名爲世詬病不大逕庭哉

宋姚寬字令威以父舜明任補官江東安撫少有才

望筮仕之始一時名流爭禮致之秦檜以私怨抑
而不用寛亦不屈後累晉樞密院編修官寛傳學
強記於天文推筭尤精完顏亮入寇衆號百萬中
外震慄云惟有退保耳寛獨抗論沮止且上書言
今八月歲入翼明年七月入軫又其行在巳者
東南屏蔽也昔越得歲而吳伐越吳卒以亡晉得
歲而符堅伐晉堅隨以滅今狂敵背盟犯歲滅亡
可待又推太乙熒惑所次皆敵必滅之兆亮果自
斃從上幸金陵以其言驗令除郎召對上首問歲

星之詳寬敷奏移晷復論當世要務奏未畢疾作
仆榻前舁出後一日卒年五十八上甚念官一子
所著有西溪集十卷司馬遷史記注一百三十卷
戰國策補注三十一卷五行秘記一卷西谿叢語
一卷玉璽書一卷注韓文公集未畢作古樂府二
卷流麗哀思超越漢魏近體詩絶去尖巧全造古
律俱爲當世推重詞章外更精篆隷及工技嘗謂
守險莫如弩乃以意增損爲三弓合彈弩矢激二
里所中皆飲羽論大駕鹵簿指南車皆得古不傳

之秘按姚宏亦注戰國策深得古人論辨之意兄弟用意此書而宏書存祀鄉賢

明單復字陽元晦溪人博通典籍尤長詩歌素習杜少陵詩自爲翻註曰讀杜愚得十八卷傳於世洪武初膺薦授漢陽知縣

求漁字宗尚弟澧字宗衡兄弟在幼時父戍貴州瀕行指所藏書囑其母曰以是教吾兩子比長母出所遺書告以瀕行語兄弟相對感泣苦志窮經史旁及稗官小說靡不涉獵卒以文學齊名人稱大求小求先生漁善評隲詩格嘗編次越山鍾秀

行於世澧著有蘭陵稿其事母孝兄弟相友愛重
問兩推其行後漁老而喪明澧正統間以事株連
遣戍數年釋歸卒於途又兩悲其遇云

張胃字仲冀少聰敏年十三能爲雪賦既長從天
台顧景蕃遊肆力於古文詞嘗聘修輿圖志新昌
楊給事信民薦其經學該博言論正大才堪任使
不報自是絶意仕進徜徉溪山間自號西溪子所
著有西溪集年八十餘有司時禮於其間以子世
軒貴封奉政大夫

夏雷字時震西隅人弘治己酉舉人性和易有才
善屬詩能楷書筆法疎勁緝嵊誌搜訪山川人物
纖悉靡遺任湖廣羅田知縣政優守潔甫十月卒
於官嘉靖間郡守張明道隆慶間邑侍汪一鳳俱
爲立石墓前以志感焉
王鈍字希敏文高之子力學修正動循古道事親
供養甚篤與兄弟終身不析居貢授南安訓導丁
外艱服闋赴京會英廟北狩感憤不樂仕且念母
老乞終養歸考訂婚祭等式以導族族染其化彬

彬典於禮懿德茂行迄今檢鏡猶歸著述甚富有千齋集行世以子暄貴贈南京禮部郎中

張燦字蘊之胄從姪天性孝友父跛不能履背負終身弟癡贍之至老嘗從羅玹學經史讀書過目不忘屬詩文才思逸發舉筆立就尤長詞賦著擬離騷二十篇駁軒集二十卷太守重其文行折節遇之祀鄉賢

周晟字伯融宋汝士之後貢授山東齊河令天資穎敏超羣博極書史爲詩文有奇思時方厭講學

晟獨從王文成公遊教授生徒性嚴難犯士大夫接其丰采談吐率傾心焉令齊河袪弊雪獄綽有能聲未期月丁外艱歸遂不復仕晚年一意導養不預外事子紹祖孫光復所受經史皆其口授云

錢悌字舜夫長樂人性耿介博覽經史善屬文爲詩更沉鬱醖藉知縣許岳英聘修邑志未行所著有古齊集悌叔汝貫弟經樵俱善吟咏而樵尤有古行鄉邦推重焉

邢德健字汝行太平鄉人貢授蘄州同知居官廉

潔有惠政轉漢王府審理正居籍生有慧質淬志
博洽為學以孝友為先謹言行閑靜寡嘗其詩文
雄卓自成一家嘗著辨佛論足以懔勵末學林居
惟化導族黨為事著聖諭解立家約至今鄉人服
其敎年六十六卒所著有崑源藏稿
徐一鳴字文孺西隅人生有異表鹿鼻鼠耳鬚長
尺有半事父孝於寡母尤周摯父沒弟一鶚方九
齡不惟鞠育婚配之常且督課之使學業有成故
工於詩文而蜚聲黌序師友之貧者生時以貲賑

死則置田以供祀牲讐斂篤志慕古講論至窮晝夜爲文偉麗入閩林任先崑山徐九一姚江施四明邑令鄧雲中本邑王存拙雅器重之明乙亥援例入北雍己卯登賢書國朝戊戌謁選授盧陽司李平反者十有四案出獄者三十餘人督運至漕除供帳革陋規郵傳不役一人黃維河爲立碑會審江寧衞直指以五百三十詞發讞准否皆用出語不竟日即反即借以隨巡檄取同考闈禮記射覆皆時髦瓜州警人盡錯愕嗚繕署如故已而遽

畢至紀錄者四薦獎者五後以失明謝職優游林泉偕儕輩講求鹿山遺緒年六十三卒著有平子日集盧吟汗漫遊五經摘解百將評衡有暘巘語諸集

王國禎字我寧忠襄公長子性質而介不事修飾喜獎進善類嚴於疾惡傳聞强志以第一補邑膠嫺辭令操管立成渾麗淳樸無靡靡之調忠襄入仕嘱侍大父養志承歡晨昏惕若大父不逮殮畢奔訃居庸而忠襄已伏節殉難矣叩闕請䘏時大

冢宰題錄廕而詔旨未出或曰今昌宣總監上所注眷其人折節下士君徃具一牒令再題可乎禎曰不肖止求表先烈豈爲身謀果爾是欲不肖因景監以顯耶扶櫬還里經營兩窆躬殫劬勤而歲時辰諱修祀必虔夙夜督諸弟共期策立以無隕家聲後偕諸弟徙居福泉山麓家無良田力耕代食杜門著書垂二十年以紹述家學痛闢佛老之教嘗裒緝邑中文獻作嵊志備考至今賚以採稽友朋多造廬訪之以詩倡和且與遨遊山水間晚

緒先達及門同人講求前哲遺緒以俟後起是時剡中戎馬旁午猶復絃誦依然皆其鼓舞之力年五十四卒臨訣賦别惓惓以學爲囑友人袁尚衷挽詞云海澗工夫惟務孝鐵堅護衛只防禪益深知其志者著有勿齋集文鈔剡中詩文集内則㣲音敬時録等集

嵊縣誌卷之十終

嵊縣誌卷之十一

人物志

忠節　孝義　隱逸

世際其盛策名仕版者得稽首颺言老而休致固生人之大願不幸而多難至捐軀殞首顯節於時豈得已哉然而致身之義聞自肄三服官而後自頂至踵當唯君所使苟徒擁堅肥席高厚以長子孫國家亦安賴若臣爲嵊以忠節著者不數人意處遇皆隆故身名多泰而此數人獨當將傾之際臨節不奪其君子人也故特標而表之以爲世風

梁張嵊稷之子稷初爲剡令至嵊亭生子因名嵊字四山雅有志操能清言父遷冀州刺史州人徐道角作亂爲所害嵊感家禍終身蔬食布衣手不執金刃起家秘書郎累遷湘東王長史後遷爲太府卿俄遷吳郡太守太清二年侯景圍京城率兵赴援授嵊征東將軍嵊曰天子蒙塵何情復受榮號賊行臺劉神茂下義興遣使說嵊嵊斬其使逆擊之破神茂神茂退走侯景聞神茂敗乃遣子監率精兵二萬人助神茂以擊嵊嵊爲所敗嵊乃釋戎

服坐於廳事賊臨之以刃終不爲屈乃執嵊以送景景猶欲活其子嵊曰吾一門已在鬼錄不就爾賊乞恩景怒盡殺之梁史書曰一門忠義年六十二賊平元帝贈侍中開府儀同三司謚忠貞祀鄉賢

嵊詩不多睹有短簫詩促柱絃始繁短簫吹初喨舞袖拂長席鐘音由簴亮已落簷厓間復繞梁塵上時屬清夏陰恩曄亦非望

張慫一名景說字欽甫紹定間由獻策授廸功郎光州定城尉奉憲檄攝麻城縣事會賊攻破沙窩關深入麻城兵不支被執欲脅使降慫叱曰吾氣

吞若曹顧力屈耳吾從汝爲不義耶遂遇害事聞
淳熙八年贈通直郎祀鄉賢
明王禹佐字之益三台之子忠孝性成追隨鹿山師
席領畧超羣務反身實踐甫弱冠卽儼然典型偉
丰儀饒經濟遇事勇敢靡鉅細一以實心當之夙
爲儕輩所推公亦思自表見天啟元年領恩薦銓
考第一除判保定分駐居庸關司昌平三區屯漕
嘗自署座曰願將白節酬君父莫玷汚名累子孫
所有案牘夜則挑燈擱管研摛職掌詳且一一見

諸施行當事咸服其練達學宫頽廢爲擴堂廡治道路備豆籩置爵罍又捐金購四書五經大全通鑑宋儒文集督弟子誦習其間咸彬彬典于文學陪巡周歷三輔讞決詳愼飭邊防恤商旅雖時事掣肘錚錚不爲所移當宣大告饑歲輓援餉十五萬民不餒而軍不譁敘功加級署懷柔凡城守濠柵火器無不畢備殘邑卒恃無恐移鎭昌平烽火告亟登陴固守督府連檄調公回關公曰關有重兵而昌無守備我爲其易則誰當其難羽書再至

不受内變突起囑中軍顧震曰城不保身與俱亡君爲我持二印沉署井遂嬰城不辱死氣未絕命老卒取衣覆軀而瞑子國宣同殉震奉印投井中壽亦遇害事聞上命優邺順撫吳阿衡奏略曰濵危不屈視死如歸較古秉節結纓之士何讓焉詔贈光祿寺丞賜祭葬擬謚忠襄巡按宣大兼攝學政侍御林銘球從士人請祀名宦後追論保障功按關侍御楊四知奏配享羅通表忠祠卒年四十七所著有瀫關集

童維坤字弘載遊謝鄉人附武驤衛籍萬曆己未登武進士除宣鎮昌營守備陞都司僉書留戎政兵部効用陞眞定遊擊崇禎癸酉夏調大名勦寇連戰克捷冬赴援趙州追賊至内丘寨冒險襲勝賊望風却避司馬盧象昇慷慨許國甚交歡戒曰簡書可畏務滅此朝食也維坤奮勇窮追至摩天嶺時監軍迎戰于山南維坤迎戰于山北分翼冲突賊踞高擊下維坤竟血戰死事聞詔責當事無方畧追贈都督僉事世廕三江所百戶維坤膽氣

果敢遇士卒有恩不避艱險有古飛將風卒時年

四十盧司馬爲文以奠之

孝義

孝以義起義由孝生以義而達孝則孝至以孝而行義則義盡孝至義盡而人道全矣嵊俗敦龎務本歷代登仕版者多以孝弟賢良起家事功彪炳焉迨海門先生倡道每提知愛知敬之旨使有所推致擴充以訓勉學者故近居景從没世風聞之士言無鞶帨行有坊表大都根柢于孝他若閭黨間秉性有恒好行其德皆由孝而生者也故分帙列之

晉戴顒字仲若年十六遭父憂幾於毀滅因此長抱

羸疾剡多名山故世居剡與兄勃並受琴於父父歿所傳之聲不忍復奏各造新弄勃製五部顒製十五部顒又製長弄一部並傳於世中書令王綏嘗攜客造之勃等方進豆粥綏曰聞卿善琴欲一聽不答綏恨而去桐廬縣又多名山兄弟復共遊之勃疾醫藥不給顒願得干祿自濟乃告時求海虞令垂行勃卒乃止桐廬僻遠乃出居吳下吳下士人共為築室聚石引水植林開澗乃述莊周大旨著逍遙論釋禮記中庸篇宋元嘉中徵不就來

止京口黄鵠山北竹林精舍復還剡文帝每欲見之嘗謂黄門侍郎張敷曰吾東廵之日當宴戴公山下也年六十四卒葬剡墓在城北一里元時置二戴書院贍田設官規制甚備旁立特祠與墓相近或云即顒兄弟讀書處今㕑史稱顒世居剡下則顒始終爲剡人祀鄉賢

（齊）公孫僧遠居父喪至孝事母及伯父甚謹年饑僧遠省飧減食以養弟亡貧無以葬身自販貼與隣里供斂送之費躬負土手種松栢兄姊未婚嫁乃

自賣爲之成禮名聞郡縣高帝即位遣部使表門閭蠲租稅

韓靈敏早孤與兄靈珍並有孝性母尋又亡家貧無以營兄弟共種瓜于野朝採瓜暮已復生遂辦葬事靈珍亡無子妻卓氏守節不嫁慮父家奪其志未嘗告歸靈敏事之如母

剡縣小兒年八歲與母俱患赤斑母死家人以小兒猶惡不令其知小兒疑之問云母嘗數問我病昨來覺聲羸今不復聞何謂也因自投下牀匍匐

至母尸側頓絶而死鄉鄰告之縣令宗善才求表墓事竟不行時建武二年失其名

陳

王知元丁父憂哀毀卒宣帝改所居清苦里爲孝嘉里按府志作公孫知元丁母喪又他志云知元姓汪太原人僑家剡縣不知孰是

鄭僧保居父母喪廬墓側十載芝草生于墓甘露降于松栢

宋

姚宏字令聲舜明長子少有才名呂頤浩薦爲删定官時秦檜當國嘗語人曰廷輝與我靖康末俱位栢臺上書粘罕乞存趙氏拉其連銜持牘去經

夕復見歸竟不僉名此老純直非狡獪者聞皆宏之謀也或以告宏宏曰不然先人嘗日固書名矣今世所傳秦所上書與當來者大不同更易其語以掠美名用此誑人以僕常見之所以見忌已而言達于檜檜大怒欲害之會宏調江山令適歲旱有巡檢自言能以法致雷雨試之果驗民告妖術秦檜令逮下大理死獄中有註戰國策行于世宏在上庠有僧知人休咎語之曰君不得令終候端午日子胥廟見榴花開禍至以故宏赴江山不經吳山子胥廟走諸暨值大風雨亟憩路傍小廟見榴花開詢云此子胥廟也其時乃端午日宏憮然遂

罹其禍

元

相大有永富鄉人敦尚孝友同居七世里耆舉其

蹟于守禦帥官牒縣縣聚申行中書省以聞于朝

命紹興路總管泰不華旌以義門

明

應温遠崇仁鄉人讀書尚義有府倅署邑篆索其

父大成苞苴不與受庭辱含憤卒温遠治喪後寢

食俱廢輙曰不共戴天之讐誓必報之乃治牒走

訴通政司得引自下法司鞫問倅伏罪

周傑字廷智東隅人父愚受誣論死傑甫三歲能

隨母悲啼愚繫獄二十年傑年二十三遂北走闕下上疏請以身代居京師數年疏累上不報景泰歲庚午覆奏慨切上悲其意詔釋愚罪寧家孝養二十餘年後傑居父母喪其哀毁盡禮邑令許岳英以孝義表之

趙嵩東隅人父病瘋不能履母且盲嵩兩扶侍之三十年一日也邑令許岳英表其孝

錢紱字仕彰長樂人早孤方數歲母鄭口授之孝經論語即成誦長奉母孝母殁見梧棬讀所授書

未嘗不流涕也人謂能永慕云紱嗜學恥言利爲
詩冲澹古雅著有順菴稿
邢魯三十八都太平人父早喪母錢氏年二十三
守節家貧魯孝養篤母年八十餘臥床蓐數年晨
昏奉粥糜視藥無怠色年四十未有室邑令許岳
英捐俸爲求王氏女妻之
周泰字叔亨用彰之孫成化間貢入太學念母在
耄年恐祿勿逮乞終養遲授布政司都事歸林旦
暮承歡膝下非公事不入縣庭篤學好修人稱孝

廉先生郡守戴琥加禮焉著有菊莊集

喻祿孫者西隅人也奉嫡母孝母死結廬墓側晨夕哭奠夜虎入廬祿孫號泣呼母虎去明夜虎復來咆哮動地祿孫復號泣廬有羊虎竟不啗去邑人張胃爲之傳

喻檠字日章西隅人素性謹恪跬步不敢踰閒爲諸生有聲方居憂太守洪珠固請見以衰服往珠謂知禮伯兄袞教之嚴而檠亦敬事如父信義孚于儕輩自牧過貶損即後進亦謙謙以禮下之爲

鄉舉十十年紀足公門庚戌第進士使山東諭諸宗藩厚遺一無所受便道歸里例有鹽取諸民致曰吾幸一第歸無以德吾鄉而更以累吾鄉父老子弟吾無用是却不受諸所操厲皆有伐檀之風尋授工部營繕司主事數月卒于官所學不究論者惜之

錢瀛剡源鄉人能孝養其親母周氏遘疾勿瘳刲股和糜進之隨愈尋復遘疾仍刲股以救母年九十餘知縣許岳英以孝感旌

張玉字廷禮邑諸生治父喪哀毁盡禮父耄年患瘋且瞽明玉棄業跋涉江湖請醫療勿愈每夕稽顙北辰以舌舐目閲數年目復明母卒廬于墓側朝夕悲號每夜分有猿鳴于廬外哀若相助云

金廷榮字仁甫甘棠里人强敏有材藝事親盡歡父殁事母求孝養尤篤以母暮年每日焚香告天請分筭于母及母死廷榮哀甚同時一蹶而絶聞者感慟

邢浩球三十八都人父殁出廬于墓者三年後母

殁而浩球年六十踰矣復出廬如喪父時若兄弟以其爲衰白也者而强之歸不聽居廬歷寒暑鳩來巢其廬錢善性四十都人廬父墓白鹿繞其廬馴狎不驚求尚梁二十九都人以母病割股療母母愈姚祖阜晉溪人父一章患羸疾祖阜事之孝家貧無肉糜醫藥乃割股食之父差愈卒以貧故養不給越七日子父相繼死敎諭王天和捐俸以葬且表其里論曰語有之廬墓割股非孝爲其過而不中於禮然謂觀過知仁彼數子者眞愛迫切

足比堅金石矣倘所語仁人非耶夫孝已靈均不以故取忠孝名是亦不可令泯泯作廬墓割股合傳上從舊志

袁璽西隅人敦行孝友讀書補邑庠母病封股父病又封股皆得愈父爲讐寇所掠胃死入寇寨哀號搶地晝夜不絕求以身代渠魁憫其誠釋之且斬其讐首以謝兄弟分財無嫡庶讓好取惡怡怡如也孝嘉鄉王舜周金庭鄉屠時伸皆封股救母

趙滕字克文東隅人天性孝友雁行五人滕居季

年最少而承家甚早竭力不敢言勞遇二人疾百計調治衣不解帶殫辛臞瘠觀者憫之叔兄體怯不能遠涉代爲往返百里至事辦始啟知其服勤伯仲皆類此爲先世立墓碑置祀田倡議興建宗祠以報本歲朝每着里長行祝萬壽禮曰此先王法服也輸稅務先於人曰庶人以此忠上也生平行無踰禮而濟人惠物終身不懈年八十餘卒子

子瀛字惟登亦季子也爲諸生仲兄目瞽瀛年及髫奉養衰親靡遺力當父恙廢眠食者五閱月值

嚴冬僵冷以身溫貼終夜目不交睫時竊嘗糞驗甘苦居喪哀過于儀茹蔬三載母喪亦然撫兄遺孤如其子身爲之師業成遊庠益父子孝友行誼若一轍云

厲嶸西隅人天性醇篤傷父肩勞勤棄書日治生產父所事事無鉅細皆以身任父亡絕意房幃晨昏與母氏相依侍食侍寢二十年如一日母病籲天刲股以療母得以康寧老萬曆十五年歲大祲道殣相望煮粥以食饑人多所全活

周元齡字子遠西隅人少孤事繼母及大父母以孝稱年十三遊泮家貧乏不營貨利時以不能表揚繼母之節爲恨中年失偶遂不復娶從叔海門公爲之傳

盧鳴玉字君式東隅人崇禎丙子亞魁公車北上中途念母遽返棹旋里庚辰登進士時見禁廷内操炮聲震地邏卒譏嚴巷中難偶語嘆曰國事如此可能久乎家有衰親吾不敢貽母憂不如灌園擷蔬朝夕爲甘旨計觀政歸省卩占一聯曰試看

朱紱方來日正是黃粱未熟時南旋鬱鬱不樂至邗江病劇有問之惟以不及面母爲恨遂卒

尹巽字庚三如度之孫甫弱冠即有文聲順治甲午拔薦入北雍庚子浙闈中式甲辰登進士分入吏部幼爲大母所愛及大母年踰八旬巽奉侍靡不周病革將瞑號救復甦又延數年其事父母極寢膳溫凊之節丁酉應北闈試父歿不及訣心爲懊恨每諱日哀號擗地奉寡母尤懇摯每夜侍母就枕而後寢所需衾器必親驗視晨起衣帶未完

結卽啟戶走訊曰安乃色喜曰常作嬉戲以盡其歡處弟怡怡橐無一銖自專必稟命母而屬弟爲出納一飲一食未嘗私製也同祖之親子女有孤而窶者皆收養于家性好施與順治間邑令以遭糧抵廩至其里見其虀鹽藍縷舍之而歸至若取婢還皂隸之女往試完秣陵之妻者類無算且和易近人無少長貴賤皆有光霽以相接而有道仁人尤所在敬故鄉黨及四方之士爭景慕之及卒聞者無不于邑鄉士民請祀學宮未報

錢守家富順鄉人當山寨肆掠其父任本兄守國皆被執家時年甫十二追隨六七里不舍曰父老願以身代不聽叩頭流血不已乃蘇其父曳守家至寨其渠見之問頭破何爲寇陳其請代狀渠亦感動遂釋之後四年病夭有遺腹子任本命名曰難孫蓋憫其代巳難也守國承父志撫恤有加焉孝友見一門矣

吳節十二居始寧家貧爲篙長善事母年踰七十目瞽二樸舟積十五金欲娶婦自藏于篷篙中一

日母出薦暘之遂失其銀子歸聞暘薦卽知鏌失遂絕口不言及恐傷母心也里人稱之

[illegible]

竺王姐二十二都人爲竺思聖義子康熙庚戌春里中猛虎爲患思聖爲虎噬從兄思文往救被齧死王姐奔與虎抱同溺水塘中尋脫走負父屍歸力之死二人奮義不顧身難哉 已上孝子

宋

吳孜仕監簿三界里人有文行名聞越中嘉祐間捐地爲府學基王十朋贈以詩云右軍宅化空王寺秘監家爲羽士宮惟有先生舊池館春風常在

杏壇中 舊祀會稽鄉賢

姚景崇字唐英晉溪人開慶中建義塾一區延師設教英俊多遊其門

元

應原達慷慨嫻方畧元季盜起郡邑不防禦村落屠掠無烟火達散粟募壯士以衛鄉里出奇襲擊以寡敵衆事聞授義兵萬戶明洪武初追敘保障功擬加職引年歸

明

竺瓚孝嘉鄉人性孝友祖父同居已四世一門二百指戶大役煩瓚綜其事從兄璟以罪被繫瓚念

從父僅一子吾有兄弟三吾又有子當以身代遂白于官言犯律在已非兄璟也力爭之乃釋璟而繫瓚瓚死獄中年三十二史官宋元僖爲之傳

張秉玉富順鄉人性孝友明初著令吏蠹于公悉遣戍玉弟拳以他人事連坐罪傳之京玉念弟年少傷父志爲隨其行叩闕白弟寃而拳不勝斷鍊自引伏玉乃坐誣罔并繫獄遘疾上疏自咎旋卒於獄

鄭敏行崇信鄉人倜儻好義西隅張門錢氏苦節

子仁貧不能舉姻斂行重其節以長女妙安字之且給田畀屋贍其母子踰數年兵亂妙安以不辱死仁感念婦死不欲再娶斂行曰不娶義也但無後如堂上昔節何復以幼女妙寧妻之捐田百畝爲奩妙寧歸仁生子玻中永樂鄉舉官教諭

周用彰字邦達西隅人性和厚慷慨有大度好善樂施率子畜藥以療貧病作糜以食獄囚夏月煮茗飲行人冬日造橋設渡市産不計價值爲萬石長他多乾沒用彰能損巳惠人兄卒于戍以貲輿

其姪共之年七十餘卒趬路田岀嶺周氏發祥由其碩德焉

尹孟倫東隅人與弟孟遠同居慷慨樂施永樂壬寅出粟數百石賑饑明年又饑復賑之

張堅東隅人仗義疎財能爲鄉隣解紛有貸不能償者置之不問竭其貲以修道路與梁不以好善自居尤人所難子政任中書舍人贈堅如其官

周克恭用彰之孫支永昇四十八都人裘廉裘江十六二十九都人並于天順丁丑歲饑捐賑各出

粟數百石鄉里德之

周昺克恭之子邑庠生勁直不撓嗜義若渴父遺產率以讓兄若弟有孫姪子畜之卒教之成嘗爲人白寃得釋其人進金爲壽昺睜目視之曰毋以是汙我斥去其介如此

夏叔恢客越飲肆中拾遺囊五十餘金次日候其主還之子雷仕知縣

胡淮字宗豫東隅人正德間例當貢其友鄭同軫居其次家貧且當景暮憐而讓之後任光州訓遷

武昌諭嘗爲民白寃不受其報休致歸結廬金波山蕭然自樂所著有歸田錄

周鋭字伯頴開元鄉人性嗜善常構茶亭濟渴捐貲重立世祖祀田宗人義之成化間歲祲出粟施賑詔頒恩助粟四百石者給七品服鋭辭不受

周河西隅人用彰裔孫多隱行一隣婦年幼失物恐得罪于姑與夫欲自盡河委曲全之婦感恩潛來謝河正色遣之嘗拾遺金還其人以孫汝登貴贈光祿寺卿

王文高字斯浩華堂里人事母石氏以孝稱剏家塾賑恤貧乏修砌輿梁道途嘉惠于鄉其裔王誕世守其緒

馬德忠孝節鄉人正統七年歲大祲出粟千三百備賑有司以聞詔旌義民

王謙文高之後善事母樂義好施立義田延文行之士主師席以教族人陳公嶺北曰上塢苦乏憩所謙爲建菴且捐田三十畝以濟渴行人德之

王誕字洪夫文高之後性孝友色養無怠遠祖冢

湮没者六代尋訪其所葺亭置祭爲貞祖母石大姑建專祠雅好文墨有十樂歌傳于後年七十考終

王尚德字惟本誕之子賦性嚴重端厚讀書涧名理每嘯歌以見志居恒以做人難自凛善養先志厚撫弟妹追遠報本先祠先塋莫不修舉祖右軍祠域在金庭觀觀田爲巨豪勒克兵餉命子應昌力復田四十畝若建毓秀亭砌陳公嶺築水口堤凡可以利濟者雖家道中落必傾囊以擲也族有

爭訟者質之輒爲解息以子貴封奉直大夫定番州知州年七十六卒著有詩文及做人鄭詞祀鄉賢

王尚恩字惟庸諸生華堂里人勤學好修妻亡不再娶遺女贅俞壻壻歿女亦矢志不他適父與女相依家益窘有久雪詩隣家幾間爐烟寂過客誰憐足跡希遥地瓊瑶難救腹此心艮不愧夷齊有從弟尚忠亦妻亡不娶後族姪應昌爲捐貲置田丞祀之

周夢神字繼存西隅人自少事親從兄克循于禮早遊膠庠試輒高等貢入大廷念繼母攖疾決志遺榮周旋子舍比母喪廬墓三年嘗捐貲修治祖塋及議建宗祠倡義建西橋開覺道門雅志施濟惠及無告以明經家居三十載年八十高矣猶日手一編不輟督學使奉例給冠帶卒邑令王應期申請祀于鄉夢神子應昌亦有善行父喪爲廬墓盡哀年亦八十卒應昌子有覬爲父病亟刲股以療得生邑令表其門周氏世守先德固宜昌而大

哉

姜世用江田里人萬曆十六年歲大祲出穀貸鄉里明年又饑復施貧之遂焚前貸者券任南橋幹首自爲造一版文令典章嘉其尚義

周亮起字汝瑞四十二都人母夢彩鳳自雲而下紉名雲鳳性和易有光風霽月之懷少遊庠均締交海內名士念親垂白又鮮兄弟乃決意終養事父以孝聞奉繼母內外無間言爲曾祖以下三世存祀周卹親黨不計有無毎遇飢荒必煮粥以食

餞者甬東楊太史守勤與之遊贈詩二律其一[illegible]云春因有脚三江暖風可披襟萬物蘇壽七十三考終氣如雲烟繞室不散臨瞑遺囑不作佛事卒時六子一壻孫二十曾孫四崇儒篤學刻中字比

尹艮臣東隅人富而好施舊誌傳其施棺以千計此其易者其令委督城工田粮丁役悉經臣手不惟殫力矢公且捐貲以補不足尤人所難倡義建祠報其令城功五鷹賓筵葺邑廨節焉子如度歷鄧倅以廉惠稱薦于宦情澹泊歸築圃以自適其

恤貧周乏一如其父吳令祠田爲守祠盜賣虞獨理復又益以己田五畝入祠有世德云

袁日曜字子光以孝友著聲父大韶積善好施曆冠帶賓祭三豆生四子公次三長兄以例選居京邸次兄矢志于膠幼弟蚤夭父抱羸病凡堂構舊會事公獨任其艱長兄故爲檢遺契得白鏹數百于篋一戚在傍曰姪與姪孫皆弱未必能享眼前無他人願與公分此公曰長兄在堂可因以爲利乎吾不敢欺天欺鬼以自汚辦喪畢當給若輩初

交兄妾收有胠篋者幸不失更交兄家婦又佯言盜去公無如何另措以終兄喪從姪祖軻卒富而無嗣析藏銀盈萬公戒家人弗往視父遺金百餘兩兩兄故以次交公子姪無知者及安厝出前金紙封爲蠹所蝕而墨蹟依然子姪無不嘆賞名聞鄉黨海門周先生贈以聯曰至心克念雙親孝徵垂老勁節堪風一邑義顯臨財生平租不取盈債不責子濟危急惠孤窮家業雖中衰惟知行義爲樂有司以齒德上聞詔賜冠帶歲給粟帛當考終

預知其期年八十有七

尹如環字無端東隅人業儒有志操雅好篇章不求甚解年三十二喪偶守義不再娶就居爲齋樞卉畜魚以自樂年九十一卒

喻安情字和卿思化次子例貢師事海門周子崇尚儉約處貴介澹然布素也初鄭嗣聘張氏女爲妾訂及笄迎之適妻誕一子即遣媒致謝捐聘不取隨兄性任薊遼總制邊將持賄爲壽怫然卻之曰吾不妄取非分生平絶跡公庭士尤難之所著

有自修篇

裘紹烓字可全崇仁里人倜儻有才略晦跡藩司功曹非志所在輒棄去周旋子舍承歡靡懈母與父相繼歿哀毀盡禮遠近稱之雅好施予賑貧乏嘗完相德榮賣妻贖李楊保鬻子有失金于市者憫其悲楚出己橐以贈之諸如幹修文學餙治輿梁擒盜以安鄉里皆略見一班尤嘉意亢宗隆師課子仲子組舉鄉官知州人謂少償其志云

尹立相祖良臣樂善循禮相承世澤有孝行歲祲

出穀賑人一日途遇鬻子者捐之金雖好暱近賢豪尊師重傳以訓厥子子志烶志燧烶字伯光登崇禎癸酉應天鄉書父卒以祿養不逮爲憾處諸弟恭而和季弟外繼幼弟庶出析田必均與人謙愛取與無背于誼任南直定遠令惟務寛徵恤民邑磨盤山盜羅萬傑出沒爲亂上官咸議勦烶親往諭令歸順又常壽五倡亂亦招徠之使邑無揭竿有富室讐誣作叛願以千金爲壽烶痛絕之爲白其冤代値革命爲定民攀留不忍捨別荏苒數

載謝事歸里卒年六十有六燧字仲明膺歲獻貧
而勵行課子弟不問束修有遠客困覊不能還竭
已槖資其行辛巳歲饑以子罰誓書于券貸金以
賑雅志康濟尤爲鄉黨所稱
尹志和邑諸生如志之孫如志世有隱德好施與
萬曆丁巳巡按使者奬其善行和世亨素封崇禎
丙子大祲稟母董氏出所畜營貲三百金全活多
人至辛巳又祲再出粟以賑邑令劉永祚鄧藩錫
申奬其門康熙間通學舉賢膺賓席年八十餘

童有成，字化徵，上塹里人。敦尚倫禮，行無非僻。慷慨有大度。當歲祲，出粟以贍饑人。鼎革時，横孽蔓山野，郡邑堅壁自固。成糾集鄉社，扼險守禦。追後力不支，復苦心調畫，以奠安東鄙。不意隣邑搆陷省帥，提繫下獄。後雖事白，而家已傾矣，然卒無慍色。里人重其義俠云。

葉乾元，上崗里人。爲傭以養母，終身不娶。性好施。崇禎辛巳歲饑，每有餘餐，即與其隣之餓者，不自計宿儲也。時棠溪人吳日禎倡義質産千人以賑

其里乾元聞之踴躍從事於是各鄉施賑人多全
活邑令劉元祚表曰方古義俠
袁祖禮字恒初西隅人性孝友兄弟分析能推腴
以讓伯氏生平樂善好施施邑侯建南橋助銀一
百六十兩後爲洪水衝塌每年爲造木橋至沒而
後已見學宮兩廡圮捐資獨建不行勸募鄧邑侯
建明倫堂助銀十兩南門屢遭火災助銀一百兩
造水火神祠南田渡病涉爲造義渡菴崇禎九年
大旱賑穀五十石十四年又旱復賑穀五十石見

死無歸者必捨棺爲埋處鄉黨間甘損已以厚人邑稱長者

袁有瑞字文呈祖禮之姪邑諸生家世好善樂施瑞稟庭訓仗義周卹貧乏里有不平而爭者必償已資以息其忿朋儕有鬪難鬻産以代不恤也後至囊橐屢空妻子或難之彼欣然如故遁跡達溪躬耕以自養知交過訪把盞論心坐談終日終不道人隱諱與人子言孝與人弟言友而已嘗著課兒百咏以遺其子

邢明俊太平里人成童而孤有一妹三弟與母鼎氏晨昏操作且蔬布自甘以贍弱妹幼弟比長皆爲婚配家致素封遇歲歉以餘貲賑貧乏至年老倦勤分析諸弟毫無私蓄弟明僑明倡明佐等皆讓曰我家蒙長兄力得至於此願以半分長兄半分我三人兄弟相推不決後以母命均析亦近所罕覯者

高希貞楫之子渡南人少好學二十補庠醇謹好施絕跡公庭父病臥三年藥餌衣食調奉無怠父

歿泣血終喪崇禎九年饑賑粥三月里有解糧三百而遁者邑主追捕甚急舉家號泣赴死貞鬻產代償全活其家明季不干仕進惟以經書課子詩酒連朋爲樂卒年八十餘

朱家宋字石帆東隅人奉繼母以孝稱長兄事之如父疾篤日夜調治至瘥而後已家計雖蕭然而樂于爲善嘗賑粥以給饑施藥以療疫順治間叨薦賓筵

胡繼周字二懷東隅人大司馬喻安性之甥爲邑

諸生少喪事繼母無間言孤姪撫之如子病危時督學按臨聽除名不顧繼母翁患瘋爲贍理者七載痛念曾祖父三世未葬竭已產力營安厝有清操司馬宦四十年絕無所干邑至及學師雅器重之屢薦優行以癆瘵蚤卒

尹膺晉字君賢如度子幼補子弟員性慷慨好交四方長者矜恵孤窮宗黨尤篤弟膺肇無子早晚焚香告天地祖宗願減巳子以與弟弟故遺一女曾約與内姪貧不能迎或勸改適勿聽終從弟命

歸之贈以奩又贈以産子與登進士

隱逸

士之道足匡時才足濟世固將出而致主臯安天下許巢卞務君子不爲雖然難進易退儒者之分苟或勢與願違則高尚其志曰果哉或寓情于山水禽魚或寄志於琴書詩酒塵鞅不攖徜徉自適亦達士之淸風也嵊之逸民著自王戴而遁世遺榮吾見其人卽理學儒林半爲隱士尤可怪者讀書談道冥冥鴻飛迄今如蜎風俗志曰山林隱逸者能以詩文自娛然則嵊士恬退蓋其天性寧獨王戴哉

晉王羲之字逸少司徒導之從子也家世貧約少有美譽風骨清舉不類常流恬暢樂道未嘗以風塵經懷公卿皆愛其才器起家秘書郎爲右將軍會稽内史雅好服食養性不樂在京師初渡浙江見會稽佳山水便有終焉之志築室東土嘗修禊山陰之蘭亭自爲之序以申其志晉祚中替重以敦峻鼓亂羲之知時事不可爲稱病去郡於父母墓前誓不復仕與東士人士盡山水之遊弋釣爲娛徧遊東南諸郡嘆曰我卒當以樂死嘗遺謝萬書曰

古之辭世者或被髮佯狂或汚身穢迹可謂艱矣今僕坐而獲逸遂其宿心豈非天幸頃東遊還修植桑果今盛敷榮率諸子抱弱孫游觀其間有一味之甘割而分之以娛目前雖植德無殊邈猶欲敎養子孫敦厚退讓彷彿萬石之風衣食之餘欲與親知時共歡讌語田里所行故以爲撫掌之資其爲得意可勝言耶常依陸賈班嗣楊王孫之處世甚欲希風數子老夫志願盡於此也年五十九卒葬剡金庭觀乃其故宅有書樓墨池墓亦在焉

隋大業間沙門尚杲爲誌其墓祀鄉賢

戴逵字安道譙邑人以剡多名山因居剡祖碩父綏並有名位逵少博學好談論善屬文以禮度自處深以放逸爲非年十餘歲在瓦官寺畫王長史見之曰此童非徒能畫亦終當致名恨吾老不見其盛時耳武陵王聞其善鼓琴使人召之逵對使者破琴曰戴安道不爲王門伶人孝武時以散騎侍郎國子博士累召辭父疾不就郡縣敦逼不已乃逃于吳會稽內史謝元慮其遠遯不反上疏請

絕召命帝許之遂復還剡王珣爲尚書僕射復請爲國子祭酒竟不至時郗超每聞欲隱者輙爲造立屋宇在剡爲逵起宅甚精整始往與所親書曰近至剡如入官舍云所註五經大義三卷纂要一卷竹林七賢論一卷文集十卷別傳一卷祀鄉賢〔譙令亳州〕○安道文希見今得六篇三復贊嘆欲深則天機浅名〔稱〕集則純白離如此故識鑒逾昏驕淫彌汰心與慎乖則理與險會然後役智以御險履險以逃害故陰陽寇其內人力攻其外陰陽結則金石爲之消人事至則雄智不足賴若然者雖翠幄華堂焉得而康之列鼎重味焉得而嘗之

○〔開遊贊序〕神人在上輔其天理知溟海之禽不以籠樊服養櫟散之質不以斧斤致用故能樹之

于廣莫栖之于江湖載之以大猷覆之以元風使夫澡朴之心靜一之性咸得就山澤樂閑曠箕嶺之下斯有閑遊之人焉降及黃綺逮于臺上莫不有以保其太和肆其天真者也且夫巖嶺高則雲霞之氣鮮林藪深則蕭瑟之音清其可以藻元瑩素全其皓然者舍是焉故雖𢦤世之彥翼教之傑效舞雩以登詠聞乘桴而懔厲況乎道華方內體絕風塵理揖長謝歌鳳逡巡遨入嶺於元流澄雲崖而顧神者哉然如山林之客非徒逃人患避爭門諒所以翼順資和滌除機心容養淳淑而自適者爾凡物莫不以適爲得以足爲至閑遊者奚往而不適奚待而不足故蔭映巖流之際偃息琴書之側寄心松竹取樂魚鳥則澹泊之願於是畢矣然奇趣難均元契罕遇終古皆孤棲於一巖獨玩于一流苟有情而未忘有感而無對則輟斤寢絃之嘆固以幽結于林中懸感于遐心爲日久矣我故遂求方外之美畧舉養和之具爲雜贊八首暢其所託始欣聞遊之遐逸終感嘉契之難會以塵

一往之誚以揚幽人之心云爾贊曰茫此草昧綿邈元世三極未成天人無際萬器既判靈朴乃翳實有神幸忘懷司契冥外傍通潛感莫滯總順巢高兼應夔惠細矣遐心超哉絕步顧揖百王仰拾泰素矜其天真外其囂務詳觀羣品融神萬慮誰能高佚悠然一悟○（尚長贊）尚與冲頤肅行昏世和龍婉約元識閑滯瞻彼崇高俄爲塵翳亦有同好潛莊籍契超超增翥渺渺偕逝跡絕青崖影滅雲際○（酒贊）醇醪之興與理不乖古人既陶至樂乃開有客乘之隗若山頹○（山贊）蔚矣名山亭亭洪秀並基二儀萇嶕雲搆嵯峩積亞宏籠虛岫輕霞仰拂神泉傍潄日仁溪樂希靜比壽○（松竹贊）猗歟松竹獨蔚山阜肅肅修竿森森長條

戴教字長雲逵之子爲散騎常侍與父逵及弟顒並高蹈俗外三葉肥遁世稱清風家盈素氣故使

箕頴重輝吏皓疊跡爲海內所稱焉前後辟命不就府志敎作敎

宋阮萬齡祖腆左光祿大夫自陳留尉氏徙剡父寧黃門侍郎萬齡少知名頗有素情永初末自侍中解職東歸謝靈運稱其辭事就閑纂戎先業浙河之外棲遲山澤如斯而已旣遠同羲唐亦激貪厲競元嘉二十五年卒時年七十三

許蔦字伯玉居東林里氣宇剛直談論宏壯弱冠游庠序以文詞雄行輩然試輙不利婦翁胡某嘗

覽所試詞賦日中遐必矣後以覆韻黜胡執薦手一晡而卒薦嘆曰知造物所以處我者矣因放浪江湖以詩文見志作石窓瀛洲等記飄然物外學者因稱爲石窓先生又自題其像云竹杖椶鞵幅巾野服意氣不仙而仙形狀不俗而俗田無五畝詩有千軸安命不憂守道自足此其所以爲石窓之福石窓爲誰姓許名薦而字伯玉

吳大有字有大寶祐間入大學升上舍居寶庠以詞賦有聲率諸生上書言賈似道奸狀不報遂不

復有仕進意退遊湖海與林昉仇遠白珽等六七人詩酒相娛時以比竹林七賢宋亡返剡更名嵘號松存元初辟爲國子檢閱不赴卒年八十四葬戴顒墓左所著有雪後餘清飯牛茗味歸來幽莊等若干卷松下偶抄三卷先是大有之及費九成爲信州司理秩滿赴京會大有上書亦與歸隱

元王璛字公玉東林里人自幼強學淹貫經史操行端慤善詩文工篆隸李公平薦之授慶元路儒學提舉不就明興以名聞召至金陵復授前職又以

母老辭是時應聘而起公玉與許時用單陽元三人皆居邑東陽元受令職而公玉時用堅志遺榮徜徉丘壑誠不可幾及矣所著有玉軒集

張爚四十八都范村人少孤有遠志以家世宋臣絕意仕進稱莘嶠居士作休休吟以見志與其友朱長卿崔存朱鼎元等賡詩爲樂有紀蹟録日書所行以自鏡至老不輟裔孫憑厲行慕祖珍其録求華亭徐階平湖陸光祖山陰張元忭爲之序

許汝霖字時用臬之曾孫至正丙寅進士初授諸

暨州判官累官國史編修巳而退居越張士誠據淮浙羅致士大夫霖先遯走求之弗得遂歸隱洪武初徵至京未幾乞歸宋景濂有送還山序及詩贈之文具景蹟編下其詩曰鐏酒都門外扁舟水驛飛青雲諸老盡白髮故人稀風雨魚羹飯烟霞鶴氅衣因君動高興我亦夢柴扉汝霖頴敏博雅嘗兼修邑志所著有東岡集禮庭遺稿若干卷

明李恒字志常洪武間歲薦至京師更名常嘗從王文忠公禕使滇南禕殉節死常與儕輩數人還奏

上以爲能授福建延平府同知將之任中道病目
眇其左引年歸日以琴書自娛不聞外事自號慎
獨居士

胡樂字濟英東隅人貢授連江訓遷海豐諭性樂
易可親受業王文成公門聞文成卒披麻號泣後
致仕歸一切置若棄其子掄貢大廷會以事廢或
疑其當不豫曰尚平婚姻久畢意未嘗不在三島
五湖尚復問後人事耶怡然不爲意人服其度晚
談黃白之事甚力即試不一驗而志趣飄飄物外

矣年八十卒

丁彥伯字性甫與弟美祖師事海門周子美儆敏而彥渾厚有二難之譽由歲薦任安義知縣平易近民不事刑威惟無擾而已然不樂簿書傴僂之煩冀以校職自安請之不得嘗候臺使于郵夜分不至就郵宿黎明遺印而返吏卒起視主不見驚相告曰爺何獨往爲問騎乃知回縣也後竟謝職杜門却埽蓬藟自如雖處困約而雅好琴書始終不踰其槼年八十餘卒著有蟋蟀吟

盧用義字冶生仁德鄉人爲人然諾不欺取與不苟事親貧而能養嘗采樵以資菽水父歿廬墓盡哀居恒以孝弟雍睦開示鄉人雖蠢頑亦化之壯年始淬志讀書年三十餘入邑庠旋食餼廪

隱居教授以窮餘年卒時七十有三

童其鈁字敬之遊謝鄉人邑諸生放邁不羣居四明山中尋幽覽勝得意忘返嘗採械株大一圍盤根錯節屈折多奇刮餙爲供性好飲醉則坐卧其旁以快已意嘗教授生徒過弟子舍必沉酣而後

巳弟子過之亦列饌作竟日歡里中稱曰酒仙山寇梟張居人多奔逸舫縱飲如故寇至其里則以壺漿飲之寇見爲酒中人且坦率無猜不惟不虐更加禮焉

趙汝諤字孝義起之子少承父命執贄于思位王子及歿終身稟事焉感家難茹素引責能勉力獨支弱冠即爲塾師以自給爲人重然諾嚴取與愼交遊其教弟子不徒事章句歌詩習禮循循有規矩　遁迹林泉灌園以自適客至則相對手

談酌酒問花拈韻以相唱和留數日猶戀戀不忍
別年七十五卒所著有五蓮書

嵊縣志卷之十一終

嵊縣誌卷之十二

人物志　列女　仙釋　方技　序志

粤稽女史如大任大姒以迨敬姜共姜之類詳矣夫坤者配位於乾故曰至柔而剛至靜而德方則女秉剛方之正不當與士垂不朽哉嵊之孝若麗敬若孟慈若芒者不少槩見然往誌所傳皆敬共者流而不及任姒何歟意者任姒順而易敬共逆而難易則恐混砆目難則庶乎珠玉矣前賢如此姑仍其舊獨是世丁鼎革兵寇交閧而嵊節尤多

語云歲寒知松柏大都因窮而愈顯者也目所見耳所聞顧使晦而勿彰敢君是懟緣備載焉

晉公孫夫人以節操聞鎭滔母孫氏爲作序贊序曰資三靈之淳懿誕華宗之澄粹奇朗兆於齠齔四教成於弱笄慈恩溫恭行有秋霜之潔祇心制節性同青春之和敦悅憲章動遵規禮居室則道齊師氏有行則德配女儀禮服有盈籩豆無闕贊曰猗歟夫人天資特挺行高冰潔操與霜整性暢蘭芳德震玉韻猗彼瓊林奇榦有秉展彼碩媛令德來緝動與禮遊靜以義立

梁張氏楚媛僕射稷之女適會稽孔氏無子大歸隨父任冀州刺史徐道角作亂父見害楚媛以身蔽

刃先其父死人哀之

元商淵妻張氏名貞鳴絃里人父納淵爲贅壻二年生子芹甫彌月姑病且篤貞乃歸省姑姑見貞與芹喜甚留事姑孝謹得姑心至正戊戌冬方國珍軍據縣貞勸淵先事去之家獨全明年冬胡將軍張士誠兩軍交至淵貞走匿新昌南明山淵間出爲遊兵所虜貞聞以爲已被害日夜泣曰夫喪矣吾何用生爲不食五日淵得脫歸貞驚喜曰不自意復得侍乃食且語淵曰子丈夫也遇遊兵幾不

脱如妾者寧尚可脱乎今兵且未已有如一旦過難不投萬仞崖則沉萬丈川耳時縣之白泥墪有一婦掠于軍行至東陽賦詩五章遂自縊淵爲貞誦其詩而道其事貞曰子豈以我不能爲若婦耶復嘆曰子今未必我信終令子信我又明年夏胡將軍復統兵掠縣地時貞共淵匿會稽山中會人從縣來問軍今安在曰引兵還矣乃以四月返里方弛檐具食而軍大至貞遂赴門塘中自溺死後三日芹乃收葬之宋濂哀詞并序嵊民裔淵妻張氏貞賢而有志操事姑姑愛之

事夫夫宜之處約而不㬏好禮而能致命女者指以爲表論婦者取以爲則年始四十五元末兵亂自溺初貞未死時聞亂每以不屈自期至是果死人於是美其能死死也婦者托于夫以生當乎治之世身享乎上壽而令終乎閨室以爲美則宜夫既不幸而值于變亂至于徬徨四顧處身無所抑哀奮志而沉于溝瀆豈其所願而美之哉是可悲也然人之所慕者壽所樂者適意使皆獲其願止乎百年之内耳過此則無稱矣所願者貴富所甘者修泰使位配乎封君貴殖乎千金苟無善焉將孰知而稱之貞也死而以節名事昭乎閭里而行自乎文章過其死之所爾然如見其生讀其傳而考其蹟儼乎若未嘗亡雖謂幸且美亦宜也於悲何有哉雖然舍生而取義惟烈丈夫能之猶窮一世不可累見况婦人乎婦人爲質且弱矣而貞激義就死不顧纖介如此使其爲丈夫食君禄有勢力其自處宜何如哉彼不過而于此見之斯其可悲也余是以辭而哀之其辭曰蕣之初秀兮天雨雪

霜驅車出門兮遘彼羊腸治時孔多兮喪亂始生人逢其美兮子値其殃命之俾然兮義曷可爽終有一死兮死貴不亡舍義希生兮諒非所藏殞身深困兮所存者長令夫悲棲兮弱子傍徨姻親胥弔兮行道周章懿猷徽質兮人莫與方溘其永逝兮天道茫茫恒人所願兮富壽平康籍其既獲兮如歡一觴適意須臾兮未久即亡彼此重輕兮不待較量修名足恃兮與日爭光子之所安兮人寧汝傷我傷昔時兮大義不彰面目甚都兮冠佩衣裳受君之命兮有土有疆臨危畏亂兮鼠拱以降非婦而婦兮以柔化剛子質孔弱兮厲志何強使爲丈夫兮人孰敢當欷歔感奮兮赴火蹈湯使君如夫兮屹爲巨防彼之不聞兮此多烈芳吾將誰光兮哀子斯章

白泥墊烈婦元末兵亂被掠于軍婦誓不受汙行至東陽賦詩五章自縊死失其名氏

胡氏名妙端祝家婦也至正庚子春爲苗獠虜至金華縣義不受辱乘間嚙指血題詩壁上弱質空懷漆室憂捜山千騎入深幽旌旗影亂天同慘金鼓聲淫鬼亦愁父母劬勞何日報夫妻恩愛此時休九泉有路還歸去那個雲邊是越州即赴水死時三月二十四日也獠帥服其節爲立廟祀之邑人咸曰烈女廟事蓋與王貞婦類議者謂當配饗清風云

陳發妻邑人少與二子寡居好飲茶茗以宅中有

古塚每飲先輒祀之二子患之曰塚何知徒以勞苦欲掘去之母苦禁而止及夜母夢一人曰吾止此塚三百餘年汝二子恒欲見毀賴相保護又饗吾佳茗雖潛壤朽骨豈忘翳桑之報及曉于庭内獲錢十萬似久埋者惟貫新母告二子二子慚從是禱酬愈至母壽至九十餘終

（明）張門雙節者彥聰妻范氏彥明妻錢氏葢娣姒云范名佛壽年二十一適彥聰比五年舉一子甫周夫卒錢名德善年二十九生子在襁褓夫亦卒妯

娌矢志靡他家貧紡績以養舅姑而更下撫諸子舅姑年皆八十餘相繼亡棺殮具以禮值兵燹不能舉二婦日夜號慟鄰人憐之相與舁櫬葬于先塋側二婦携諸孤廬墓旁祭祀不違聞者驚異名葬地曰張墅吳元年還居西隅舊址有司以聞洪武二十一年表曰雙節之門范年八十六壬戌年卒錢年八十二壬申年卒合葬遊謝鄉國子監博士錢宰贊曰剡山峭拔剡水清冽二節婦貞白之操鍾焉人謂范之操若崩崖斷決皓月獨懸初不知繼志之錢也錢之操若貞松勁竹孤鸞高騫殆與范比肩矣春闈並繅寒燈共織撫諸孤俾各有成乃

今白髮高堂同享壽康天固有報施之也雖然閭巷閭婦女執義守信如二婦者代有之矣名湮沒不彰悲夫

謝源妻袁氏年十九歸謝事舅姑孝謹閫政克舉十載源卒守節不二詔旌之子仲濂官參議封母太恭人

應源妻錢氏名宜字妙真剡源鄉錢信一女性專靜父爲擇配贅源無何源歸疾卒宜時年十九悲慟屢絕偕母往視斂哀毀不欲生母促之返宜曰此兒家也將焉往耶葬畢母促之甚不得已偕往

母憐其少欲奪之遂引繩自縊家人覺而救之聽歸夫家終其志歸事繼姑益甚謹而董亦賢相依以守以叔氏子則民爲後弘治己酉享年八十餘卒有司以聞旌其閭焉張燦詞曰吁嗟兮貞婦金石其堅兮冰栢其苦警稿砧兮云殂掩空閨兮泣嗚嗚歌栢舟兮情激烈母不諒兮矢心以絕髧兩髦兮我心可忘彼王雎之有別兮豈吾匹之無常婦失所天兮婦依有姑婦姑同室兮抱姪爲雛姑臥病兮如己疾食不下咽兮眠不貼席皇天愍遺兮姑復康聯形附影兮組衣緝裳資紡績兮飲食雛日大兮成羽翼祀有托兮勿替烝嘗身隨殞兮夫穴可藏抗修名乎共姜

盧允中東陽人任西寧衛知事死難妻許氏年二

十六守志終身蔬食布裳堅持苦節撫孤成立允中弟允端妻黃氏年二十四抗志如其姒各年八十餘卒以雙節稱

孝嘉鄉王瓊字廷玉妻石氏新昌石彥遠女于歸四年廷玉父嗣仁以事被逮廷玉詣縣請代得允傳至京師病卒子文高生三月氏矢志鞠孤事姑龔及王姑黃謹甚以節孝名〔張燦贈詩〕舞鸞鏡劈鴛鴦離麝煤誰畫遠山眉空鬭寂寞蕙蘭歌閉戶獨誦共姜詩堂上老姑垂暮齒膝下嬌兒幼方乳桐梧雨暗孤燈明甘旨供餘習機杼心許黃泉不二天天應照得此心堅不然請看池中藕湧出雙頭並蒂蓮

王慕妻陳氏王詡妻韓氏王應坤妻李氏年十八王莊妻張氏名玘年二十七王應星妻施氏年十七王和賓妻姚氏年十九王繼遥妻俞氏年十九竝青姿芳節且多享高年者有司表其閭

金庭鄉烈婦屠氏屠埠人晉溪姚旭輝妻也旭貧役于公氏勤紡紝供舅姑或不繼遭詬詈則婉愉以承婦自食日惟一餐憐姑或憐而進之食曰吾腹已果然不須也族有長者知其狀厚遺粟帛冀分惠若婦婦惟取供舅姑而已夫免役歸益自窘

謀出婦婦痛陳堅志詞極酸楚不聽遂歸母家夫

且協計强奪之婦又泣語其母以死自誓終不聽

乃密紉裏衣潛夜啟戶出抱石沉百尺潭而死撈

數日不得踰月尸浮原所顏色如生邑人王思位

喻和卿並有傳

姚安輝妻吳氏輝亡氏年二十遺腹三月生一男

苦志堅守又夭撫孫以延宗祊年八十卒

姚學箕妻王氏箕亡氏年二十二生二子未離襁

褓姑已年耋竭力紡績以爲生贍死塟育子成立

年七十七卒

姚仍妻孫氏年二十七守節姑患瘋敬謹不怠成化中許知縣岳英以聞詔旌

羅烈婦黃氏夫家四十一都佚其名夫喪惟舅在且耄夫弟欲亂之婦覺密綴其衣不寐者累月里婦密爲語諷之婦不應衆樂其弗拒也乃設宴集客呼婦語已縊死

里士錢汝貫作哀詞

羅家婦命何苦從夫未三年中道成間阻姑亡舅年高寂寞誰與伍强將門戶自支持晝辟菅蘇夜紉補小郎當盛年其力復如虎昨夜走推門直前敢相侮羅家婦叫皇天呼后土欲避欺凌竟何所顧赴黃泉叫杜宇羅家婦命何苦我作哀

詞陳爾肺腑觀風使者天
上來會見清名播千古

李廷獻妻周氏夫歿氏年二十三遺孕甫三月舅姑皆七十餘無伯季可倚氏矢志自守小姑適新昌豪家利其出嫁屢危之謂孕未必男男未必長氏指天誓曰孕即非男男即不長吾無他志紡績以贍舅姑生子振才舅姑歿才六歲小姑以其孱弱更危之曰如不保奈何須早爲計氏聞之切齒志益堅雖資產盡鬻凍餒屢經不少變完年九十考終小姑初有四子俱暴亡及卒振才爲治棺衾

鄉黨傳以爲鑒

李光堯母胡氏夫亡家徒四壁三子皆稚弱茹苦獨支工紡織夜無膏火令諸子畜松節燃以代燈貿布市棉餬鬻相繼爲食比堯稍長率弟力耕燒炭願可自給欲爲堯娶室堯辭乃婚兩幼子令堯讀書赴鹿山學會堯孝事母病則封股終身廬墓里稱其節孝並茂云

德政鄉吳有本妻石氏本病劇石封股以救不痊時年二十守志終身閫範嚴肅足不踰戶家貧君

邑給贍粟帛謝按院題旌年八十餘卒一日所旌扁忽墜地家人徙他所未幾室燼而扁無恙若天使然

鄭郊妻王氏年二十一吳梓三妻詹氏亦年二十一鄭蕃一妻諸氏年二十七鄭景六妻鮑氏年二十八鄭本深妻胡氏年二十三皆青年堅操享上壽以終

金汝發妻鄭氏亦貧守志處母家紡織力支尤稱苦節

鄭品二妻陳氏順治丙戌兵略其境被逼投長橋潭死

東土鄉孫清五妻張氏氏父名俊貧弱獨居沙墕贅清五相依里有劣生董信謀奪其婚令族人張千十三者爲妁俊詈而拒之信訟于官託其新第門人爲囑當事䝨法縲繫其父兄氏曰以我一人貽一家辱我不死事不白遂閉門自經死

孫日恭妻吳氏幼善事父母年十五歸于孫辛卯歲白寇掠村落夜分氏扶老姑踰巖險匍匐遠竄

其夫被執歸寨見害氏多方購骸骨歸親塋窀穸時年二十餘舅姑相繼亡糲食布裳不事紛澤立伯氏子爲後配之室一日病革其父仲舉視之哭甚哀氏曰生死之理父豈不達夫死日見死已定所以延者爲母背欲養父以終天年耳今大事已畢當爲慶歸全何哀之有寢疾踰日而卒

靈芝之鄉沈祖述妻陳氏年十五夫亡遺腹生子守暘家貧姑苦以育之暘娶吳氏暘亡婦亦守節無嗣繼一子娶媳吳氏夫又夭亦克繼貞操有司表

其間

長樂鄉錢子文妻吳氏青年守志

錢雲集妻邢氏二十一夫喪育遺腹子學治家徒四壁勤渠紡績以食其姑日羞甘旨而自與兒食粃糠勿使姑知姑嘗病困醫藥勿效告天刲股以進遂得霍然有司表其貞孝子補邑庠生年七十餘卒

過廷用妻奚氏廷舉妻王氏皆青年守節育成其子以一門二貞稱

崇仁鄉裘曰彦妻張氏又彦之子廷器妻王氏裘繼旻妻周氏又旻之子諸生允登妻應氏並兩世靑年守志按院旌獎歲給粟帛

裘三策妻史氏裘尚友妻應氏並守苦節

諸生裘素妻吳氏年二十四矢志撫二月孤成立尤孝謹事舅姑年七十一卒

清化鄉史自和妻裘氏未及字而自和殺人繫獄氏執欲一見之父母懟止不可得值和解讞隨父至南溪上隔樓一面泣問曰君可終脫否和曰也

婢無生理願子自擇良偶氏拭淚歸自縊死年一十八

史原壽妻陳氏青年守志子宗實宗範以孝稱

史佳元妻邢氏孝事姑姑疾刲股以救

張瓛妻王氏張修妻邢氏並弱年守節未表

竹山里董和妻姜氏青年秉志子子行成進士官御史請于朝奉詔旌累受封章享年七十餘卒

棠溪里吳振宸妻劉氏早年守志奉詔旌年八十餘卒子廷珍官知州

開元鄉周亮德妻尹氏年十九夫死無子舅姑欲易其節竟斷髮毀容惟死自誓後繼姪居沅爲嗣媳黃氏孝事尹尹遘疾刲股以療閭里嘉之

周珢妻呂氏年二十一守志撫孤且孝于其姑甚謹周亮清妻錢氏亦年二十一守苦節周謹妻馬氏年二十六守貞操苦育二孤孫邦銑官教諭

周家祺妻邢氏夫癘不能諧姻父母遲其歸氏慨然願往扶調病夫日夜不懈甫一年夫卒遂矢志自守舅姑欲奪之不得後爲伯叔爭繼訟氏官誣

以中垢氏節自刎流血幾斃父母抱救不死終貞于苦節邑諸生周光被贈以詩有慷慨人爭重從容義更高之句

夏烈婦開元周家婦也夫貧居鹿苑山官塘順治丙戌寇掠其地殺氏夫及家人八口見婦麗欲汚之拒不辱受刃死〔王國楨詩〕鹿苑之山高且峩鹿苑之水怒以烈凄風白日亂荒烟下有烈婦操如雪於呼烈媍遺未辰雙丸忽跳世胥淪綠林白莽起干戈撲面颯颯飄妖塵妖塵到處鬼神號獨有金閨持玉節彼狐開口擘拳舞說道人生如電滅百年石髮鬢青蓡誰是含汚誰是白於乎烈媍憤填匈一片貞心貫金石頭可斷兮骨可碎志不渝兮身不涅有言激烈地天知豺

狐羣擁鉤其舌穿喉折股面猶生血香濺處草木
聲褫褫殷殷女在乎寧爲同死化日星噫嘻節義
人之性秉彝在我綱常正聞有永新譚烈婦血漬
雙磚孤心耿崿嶠青楓來王氏懸崖萬仞風何冷
庶幾先後聲同美我遊不禁仰芳踪悲自中來淚
欲揮舉眼何堪無日色多少士女血模糊空對西
風泣反側於乎烈婦今不死名自我播揮
巾幗千秋萬禩永不磨松栢青青丹化碧

諸生周清新妻胡氏貞靜嫺婉訓歸寧母家下相
村適山寇至母子匿後門山寇逼不受辱被劒母
金氏胡承達妻也冒死奔救並遇害

太平鄉邢克威妻胡氏武昌諭淮之女幼通書史
年十九夫亡氏家以無子欲奪之氏曰兄弟不我

知尚誰望焉遂自縊死

邢便善妻商氏邢淙妻張氏又邢魯母錢氏邢堯妻商氏邢本蕭妻朱氏皆富年守志不移

邢鑑妻吳氏邢鎮妻史氏邢欽妻吳氏三人妯娌同操孝養其姑育子底成

許如朝妻葉氏年二十四朝子夢龍未齒父母欲奪之氏矢堅操苦心養龍終始不渝年八十卒

周璉妻俞氏年十七守志育襁褓孤備嘗艱苦倭寇訌閉戶待死歲大祲紡績以供旦夕侍姑疾衣

不解帶者爾歲詔旌其閭年八十卒

周楞妻高氏年十九楞亡孤未晬也矢志父奪之撫引刀自決救免苦育其孤室廬俶火百苦備嘗年七十餘卒

尹琦妻趙氏名靜貞年二十三夫亡守志慮見奪斷髮誓死不更紡績以事舅姑後伊孫詣赴闕陳其節奉詔旌表年八十九卒

尹紹信妻魏氏年二十尹志本妻張氏年二十七尹志尚妻韓氏年二十一皆守堅操吉壽考

尹燦妻唐氏丙戌逃難入山讐家掠其貲懼辱自狂跳死

鄭金妻宋氏喻逈妻王氏胡成義妻周氏並弱年秉節清操

袁祖典妻張氏典入庠早夭遺二子皆夭繼一子又夭苦志自矢孝舅姑睦娣姒年七十餘卒

丁一松妻董氏年二十一松卒生子起說甫六歲家貧苦志養說教以詩書及說入黌里隣舉民於縣劉知縣永祚旌其門

仙釋

儒者絀二氏懼以左道亂君父也然而好奇之士每艶稱之往往見於傳記彼其垢軒冕塵寵榮皭然不滓以適其性情較之蠅趨蟻附眈眈於聲色貨利者隔雲泥矣故從俗例以誌仙釋豈素隱哉

漢劉晨阮肇邑人永平十五年入天台山採藥經十有三日望山頭有一樹桃取食之見流水中有胡麻飯屑二人相謂曰去人不遠因過水行一里又度一山出大溪見二女顏容妙絶便喚劉阮姓名

問郎來何晚也館服精華東西帷幔寶絡左右盡青衣進胡麻飯山羊脯設旨酒歌調作樂日暮止宿住半年天氣和適常如二三月鳥鳴悲慘求歸甚切女喚諸仙女歌吹送還鄉鄉中怪異驗得七代子孫傳聞祖翁入山不歸云太康八年失二人所在剡有桃源鄉在縣三里舊經曰劉阮入天台遇仙此其居也有阮廟即阮肇故宅〔擬劉阮入天台詩〕樞入天台石路新細雲和雨動無塵烟霞不省生前事水不空疑夢後身往往鷄鳴巖下月時時犬吠洞中春不知此地歸何處須就桃源問主人○〔和詩〕路入烟霞杳不分桃花千樹鹿成羣耳邊彷彿聞鷄

犬應有人家隔彩雲○擬洞中遇仙詩天和樹色
靄蒼蒼霞重嵐深路渺茫雲竇滿山無鳥雀水聲
喧澗有笙簧碧紗洞裏乾坤別紅杏枝前日月長
願得花間有人出不令仙犬吠仙郎○和詩霧閣
雲窓有路通月華涼浸玉屏空翠眉丹臉分明見
不比高唐憶夢中○擬仙女送劉阮詩殷勤相送
出天台仙境那能却再來雲液既歸須强飯玉書
無事莫頻開花當洞口應常在水到人間定不回
惆悵溪頭從此別碧山明月照蒼苔○和詩莫道
姻緣是等閒溪頭此別幾時還相隨只有今宵夢
遮莫千山與萬山○擬仙子思劉阮詩不將清瑟
理霓裳塵夢那知隺夢長洞裏有天春寂寂人間
無路月茫茫玉紗瑤草連天碧流水桃花滿澗香
曉露風燈易零落此生無處訪劉郎○和詩曾與
劉郎夙有盟落花流水本無情相思兩度腸俱斷
十二玉樓空月明○擬劉阮再訪天台不遇詩再
到天台訪玉真青苔白石已成塵笙歌寂寞閑深
澗雲隺蕭條見舊鄰草樹總非前度色烟霞不是

往年春桃花流水依然在不見當年勸酒人○〔和詩〕只見桃花滿洞開碧山何處有樓臺糊疑前度經行處不是身來是夢來○〔上唐曹唐疑詩〕明劉師邵和○〔唐元微之詩〕美容脂肉綠雲鬟圖畫樓臺青黛山千樹桃花萬載藥不知何事憶人間○〔明徐渭詩〕去後重來訪碧山當時曾此狎雲鬟傷心流水依然綠要見桃花如此難○凡心自悔出天台一見桃花一度哀若使仙人知此意還教流水引郎來

馬朗字子明一名温公邑人履信行義爲鄉里所重聞葛山楊許得道傳南眞上清經法以其居接金庭天台咫尺仙府彌加崇慕元典三年許丞黄氏載經避亂朗恭迎道左以禮延止許丞還錢塘

封遺先代眞經曰此仙靈之蹟愼勿他與與朗敬事經寶每有靈光現于室壽終稱茅山五代宗師保眞先生見茅山志

三國

趙廣信陽城人魏末渡江入剡小白山受李法成服炁法又受師左君守元中之道内見五臟法如此七八十年周旋郡國或賣藥出入人間人莫知也作九華丹丹成乘雲上昇剡鹿苑山有廣信丹井

晉

葛元字孝先句容人從左元放受九丹金液仙經

嘗服餌求長生絕穀不食入剡後以八月十二日尸解號仙翁翁之從孫洪字稚川悉得仙翁丹術亦至剡今太白山有仙翁井皇覺寺有釣臺石梯上釣車痕稱遺跡焉

袁根栢碩並邑人驅羊度赤城山有石門開見二女方笄遂入與居後謝歸女以香囊遺之根羽化碩九十餘卒

〔梁〕孫韜一作文韜字文藏邑人入茅山師陶隱居叅受真法隱居授以握中秘訣門人罕能見之惟韜

與栢闓二人或云卽潘四明按南湖碑陰云文韜心柔容毅迹方智圓旣業不羣物故與簡昇焉見茅山志

（齊）顧歡隱剡山性好服食每旦出鳥集其掌取食弟子鮑靈綬門前大樹上有精魅數見歡歡印樹樹卽枯死山陰白石村居人苦邪祟求治歡爲講老子卽除又有病邪者歡爲取孝經仲尼居一章置枕邊而愈

褚伯玉傳見寓賢下

唐吳筠字貞節華陰人居嵩山元宗召問神仙冶鍊法曰此野人事非人主宜留意懇辭還以天寶亂僑居剡中

宋姜洪傳見祠下 已上仙

晉帛道猷姓馮山陰人少以篇牘著稱性率素好丘壑一吟一咏有濠上之風永和中居剡沃洲山及五百岡有禮拜石滌巾澗遺跡後入天台建國清諸刹稱曇猷尊者 與道一書曰始得優游山林之下縱觀孔釋之書適興爲詩愛峯採藥服食捐痾有餘樂也

竺潛字法深隱剡山學藝淵博聞望早著晉哀帝而遣使招至建業簡文帝又師禮之劉惔于簡文坐中嘲之曰道人亦遊朱門乎潛曰君自見朱門貧道以爲蓬戶耳還山支遁求買沃洲小嶺曰欲求當給不聞巢由買山而隱遁慚息一云就潛買東岬山

支遁字道林河内林慮人風期高亮年二十五釋形入道王逸少在會稽見之遁因論莊子逍遙遊作數千言才藻新奇花爛映發逸少遂披襟解帶

留連不能已即定交延住靈嘉寺已而入沃洲小嶺建精舍晚移石城入山陰講維摩經許詢爲都講賓主之辨相尋無窮四座厭心忭舞還剡謝安石自吳興以書抵遁曰思君日積計辰傾遲知欲還剡自治爲之慘然人生如寄爾頃風流得意之事殆爲都盡終日戚戚觸事惆悵惟遲君來以晤言銷之一日當千載耳此多山水山縣閒靜差可養疾事不異剡而醫藥不同思必緣此副其積想也遁卒葬石城山嵊報恩寺遁有遺蹟或云葬餘

[illegible]

于法蘭高陽人少有志操年十五精勤經典性好幽僻多處巖穴間嘗聞江東山水剡中最奇乃東游居剡後欲遠造西域求異聞至交州疾歿于象林

于法開與支公爭名雄辨後漸遜席遂遁跡剡下會道林在會稽講小品法開遣弟子示語攻難往返多時支遂屈沙門傳曰法開才辯縱橫以術數弘教

竺法支隨其師道深並自天竺來授阿毗談論一
百二十卷甫一宿成誦于剡中般若臺寺

宋竺法崇有律學精法華經居剡葛峴山茅茨澗飲
孔淳之訪焉因共留止遂停三載崇歎曰緬想塵
外二十年矣今乃傾蓋于此不知老之將至也

齊曇斐邑人棄家事慧基洞明方等深經典善莊老
儒墨之書游方考究疑義還鄉居法華臺寺學徒
甚盛衡陽孝王元簡廬江何胤並師事之張融周
顒並從其遊

僧護邑人住石城山隱岳寺寺北有青壁千餘丈護每至其下輒聞管絃聲或異光映射即發誓願就壁鐫十丈佛像建武中用工經年纔成面相俄臥疾臨華誓白再生當就吾志

梁僧祐邑人先南明石像是祐授準式護工未竟卒建安王以始寧令陸咸剡溪之夢奏武帝帝詔祐董其事天監十五年告成

唐靈徹字源澄會稽湯氏子雖受經論尤好篇章從嚴維學詩抵吳興與皎然游貞元中入京名振輦

下自廬山入剡終于宣州劉禹錫序其詩二十卷

釋靈一贈詩禪師來往翠微間萬壑千峯到

剡山何時同入天台路身與浮雲一處閑

宋仲皎字如晦居剡明心寺參竟禪學尤精篇章交文儒于寺立倚吟閣又于星子峯前築白塔結廬以居日閒閒菴宣和中與汝陰王銍以詩詞相酬荅有梅花賦及詩傳于世

明成權孝節人持戒森嚴坐臥繩床數十年日誦法華經一日床湧蓮花大如盆人咸異之

佛進昇平鄉人念彌陀無頃刻輟如是者數十年

一日示滅度期人笑以爲狂頃之持鉢乞米以歸屆期衆視之危坐如常曰俟觀音至便逝衆益大笑日亭午人有以木觀音來捨者以前乞米設齋拜像畢遂攝衣坐衆環視之見目漸合稍稍氣不息迫視之逝矣葬定心菴後

佛身故港里人童時隨父耕牧好離羣獨坐追爲僧勤習經典旦暮靡懈字有不識則終夜長跪佛前即自通曉暢悟禪要與海門公爲方外交是時湛然澄禪師吼震越中公欲拉之與會身曰道以

神契不須面承也休寧畢居士成珪有匡廬山結蓮社延身赴主席未幾卒徒法瑞攜歸葬剡故港殿山

慈航强口村農家子也浪遊楚中薙髮棲山鎮叅禪旨過訪耆宿當客雲養靜園林時甚相契合後還剡獨居剡坑之西巖卒葬焉

明攎字古愚會稽人湛然澄公徒也精嚴戒律入剡結廬遂溪緇白向慕遂闢蘭若吳孝廉顏其居曰雨花臺勤動自給不干于俗雖至衰憊尤日夕

荷鋤田間年八十餘卒

智音字密聞棠溪人雅志出塵棄室薙髮受洞宗傳居華岡匡衆重建福感寺

附張仲達秀異坊人生時有丁氏子素持齋年二十九病劇謂其父曰吾爲張氏伯淸子矣當囑勿以葷敗吾素丁子死張氏生仲達兒時母茹葷即不乳稍長見肉即嘔齋素如常

方技

諦小天下莫破雖曰方技葢有道焉苟進乎道自足以顯當世而成美名嵊方技不多見而琴書則專于王戴天文地理則驗于姚楊醫如于法開無名氏則幾乎扁華矣畫如張史錢王則幾乎徐白矣皆一時之雄也烏得以技而小之

晉王羲之書不一體隸行草章草飛白五種俱入神幼爲衛夫人所賞書黄庭經訖空中有語卿書感我而况人乎吾是天台丈人處肩吾梁武帝唐文

皇孫過庭各有品題不獨書也其畫亦精妙子操之居金庭得父筆法黃伯思曰操之得其體

戴逵善圖畫窮巧丹青十餘歲在瓦官寺畫王長史見之曰此童非徒能畫亦終當致名恨吾老不見其盛時耳嘗就范宣學范以畫無用不宜勞思逵乃畫南都賦圖范看畢咨嗟甚以爲有意始重畫中年畫行像甚精妙庾道季看之曰神明太俗由卿世情未盡逵曰惟務光當免卿此語耳逵亦工書總角時以鷄子汁溲白瓦屑作鄭元碑自書

刻之人謂文詞旣奇麗書亦妙絶逵又善琴武陵王晞召之對使者破琴曰戴安道不爲王門伶人逵子敦顒皆得父傳不忍彈父操各造新弄顒又自制十五部

于法開醫術明解嘗履行暮投主人其家妻臨産兒積日不墮開令殺一肥羊食十餘日而針之須臾兒下羊膋裹兒出

劉宋　竺法崇有律學見仙釋傳

宋　姚寬精篆隸通緯象能決完顏亶之敗嘗製三弓

合彈弩連中二里

〔元〕王璹善篆隸

張遜工篆隸兼善畫翎鳥

〔明〕張爔善眞草書

錢齊東隅人官訓導精篆隸書

史旦清化鄉人精翎鳥所爲蘆花羣雁率愛重之

錢世莊號畏齋長樂鄉人寫仙人跨驢信筆點沫

活潑有致亦善畫翎鳥皆傳于世

李河西隅人官知事善隸書

夏雷善眞草書

王繼儒號鷲亭山人畫禽鳥尤善蘆雁（徐渭贈詩本朝花鳥誰高格林艮者仲呂紀伯矮人生耳輒覯場只曉徐熙與崔白崔徐一紙價百金日韻稍讓呂與林郎如此圖王鷺亭云是剡溪雪夜人雁兒一掃足百隻何隻不落青天雲砂黃蘆白喜相逐逸省飛鳴勞者宿不須彭蠡泛扁舟彭蠡湖今在吾目）

喻安憲西隅人善畫菜翎反有致

周孕淳工詩善楷書

胡繼周邑諸生東隅人善草書孝友有孳行故壘跡爲重

袁師孔有文名善楷草書

盧雲生字玉潤東陽人邑諸生篤志力學有孝行精楷書以上書畫

楊處奇永富鄉人善形家穴法剡西名墓多其所扦

邢元愷太平鄉人瞽目課卜多奇中

道人無名氏不知何來戴華陽巾披鶴氅衣自言精方藥凡針藥所不到者能剜割湔洗若華陀然人不信過長樂鄉有錢遵道者病噎不治就道人

醫道人用麻沸散抹其胸剖之開七八寸許取痰涎數碗道量死無所知頃之甦以膏摩割處四五日差噎亦愈道人不受謝去人言遵道素謹實其父有芝饒隱行乃所遇不常有以哉

吕秉常貴門里人善醫治傷寒有殊效（許公時用贈吕秉倫有松雲丘壑詩）太白山前習隱者淸曉開軒炷香炧當軒長松碧連雲一丘一壑正瀟洒燕坐時籤岐伯書茯苓熟者煮供晨廚我哀世人痌瘝如請予盡發囊中儲三亟不怕三豎驅吾廬洵美寧潛居

李應日東隅人習儒而目眇精醫多效

錢德富順鄉人業儒究醫以養母遂著名術

裘世滿崇仁鄉人精醫術擅名有隱德

舊志序

宋史安之撰剡録序

剡在漢爲縣，在唐爲嵊州，未幾復爲縣。本朝宣和間以剡爲兩火一刀不利於邑，故更今名。邑舊有鄉四十，後分十有三別爲新昌縣，今所存纔二十七鄉耳。夫州縣之名雖數變更，然山川之靈藴自若也。使剡古而有志，則歷代因革廢興之典，百世可知也。余懼夫後之視今亦猶今之視昔，故爲剡録十卷。録皆高氏所作，凡山川城池版圖官治人傑地靈佛廬仙館

詩經畫史草木禽魚無所不載庋此板可支百年後之人毋以印刓而輙廢斯書也嘉定八年孟秋縣令鄞人史安之書

高似孫作剡錄序

山陰蘭亭禊剡雪舟一時清風萬古氷雪王謝抱經濟具二戴深經學奈何純曰高逸也嗚呼山川顯晦人也人隱顯天也天下多奇山川而一禊一雪致有爽氣可謂人矣江左人物如此然二戴剡王謝亦剡孫阮輩又剡非天乎漢逮晉永和六百餘年右軍請

人乃識剡派和至皇宋嘉定幾十年史君尹剡訪似孫錄剡事剡始有史桑欽水經酈道元詁道元魏人先儒辨其北事詳南事略似孫鄮人也如其精覈俟剡人嘉定七年十二月望日高似孫識

元許汝霖脩縣誌序

自夏禹會諸侯于越而會稽爲名鎮自會稽爲郡而剡爲名縣降及唐宋始更剡爲嵊上下三數千年山川之流峙民物之倫類以至氣化盛衰人事得失隨事遷變而不常者非圖牒紀載後欲窺其一二可得

乎哉宋嘉泰初紹興守沈公作賓與通判施君宿本圖經作會稽志剡之梗概附見其中嘉定間剡令史安之俾鄮人高似孫氏復本會稽志作剡錄而剡志爲有史詎今又百五十餘年而其沿革廢置葢有不得仍其舊者況高氏之書擇焉不精語焉不詳紀山川則附以幽恠之說論人物則偏于淸放之流版圖所以觀政理而僅舉其略詩話所以資淸談乃屢書不厭他如草木禽魚之詁道館僧廬之疏率皆附以浮詞而過其實將何以埀則後世啟覽者之心使知

古今得失之歸乎予於世變之際慨念舊錄雖多蕪漏今梓就燬則一邑數千年之故無徵也因取其遺編躬加搜訪而損益之作十八卷從時制更名嵊志繕寫以藏尚俟知言之君子重爲裒正以壽諸梓與邑人共之庶來者有攷而得以續其傳焉

明許岳英撰嵊誌序

古者列國各有史官掌記時事晉之乘楚之檮杌魯之春秋其義一也不寧惟是至于鄉黨閭里皆有史今天下郡邑之志亦其小史之遺意也予領嵊宰之

二年始得嵊志稿本顧其舛訛殘缺傳寫失眞心竊
患焉聞邑有錢悌者好古博學遂禮聘之假館授書
治政之暇相與修緝博攷采新集舊靡有所遺適二
尹古青齊公倫協恭籌度而掌教閩中陳公烜司訓
金陵王公洪福安連公銘實正訛而破疑也不踰月
書成展而閱之嵊之土地風俗民物貢賦典章制度
與夫名宦之政蹟人才之出處節義之可以勵俗述
作之可以垂後自古迄今皆於是乎載俾事無湮沒
千載之下有所稽攷其所係豈不爲益重者乎衆謂

宜鋟諸梓以傳永久於是各捐巳俸而樂爲之僉謂予宜序嗚呼嵊之志曠久采集多有略闕然而無有乎爾則亦無有乎爾蓋深有望於後之君子者焉時成化甲午秋八月也

夏鍭撰嵊誌序

徐侯爲嵊三年於今矣民樂其仁士趨其義於是刻新志十卷起地理止藝文視人之所簡忽者而獨加之意可謂遠于人矣鍭往來一京師去台山登天姥扣石城而西嵊爲道所必由每泛舟剡曲目觸環山

未嘗不黯然而思以二戴王謝之風流願一即其嘯咏之遺處恣想而托親焉逐昔人之履綦以爲樂顧視左右乃無所考問而止矣欝欝何如也今覩是編廓然若啓蒙覆何其快意哉以鋟所遇言之志亦不可以不作也夫志有以見得失別賢否達善惡于後世於是取之宜有大者焉區區考沿革識山名摟摘昔人之遺處以侈耳目快心意殆未足以盡志之蘊也然則志果不可以不作也周官小史掌邦國之志外史掌四方之志皆道以詔王後世始以一郡一縣

爲之志而志爲一郡一縣之書不復領於王官於乎亦可以觀世變於是書矣侯名恂字信夫吳之嘉定人是役也爲筆於德州知州周君静之鄉進士夏君時震本學長教余君成之二教林君廷錫周君元恭鄉士來官共五人分擬而合編焉各盡其能而時震實總蒞之志成侯使聽鈇吏王謐以志與幣來請爲序弘治辛酉秋七月望 錄天台八大理寺評事

周山撰嵊誌後序

嵊在漢爲剡縣在唐爲州爲縣志亡無稽至宋嘉定

間令史安之始作剡錄元編修許汝霖修錄爲志
明洪武永樂正統景泰間朝廷遣使文移天下修志
進文淵閣時則爲凡例所拘期限所迫嵊志之所紀
載者未免得此失彼簡略不詳稿之存者又皆傳寫
訛錯人不能遍觀盡識成化甲午令許岳英重修秉
筆者匪其人收錄失當類編系次又爲人所厭觀予
與夏生雷爲庠生時輒欲筆削奈攻舉子業弗遑恒
歎息焉迄今二十餘載未有能與之者幸今徐侯尹
嵊甫三載政事之餘猶惓惓于修志適余以憂制歸

請與邑博余君成司訓林君世瑞周君侏鄉進士夏生雷爲之余以情事未伸但領人物志餘則分屬於諸君焉於是詢諸故老蒐諸遺帙各纂修之一本許編修所著者增入國家制度缺者補之繁者删之訛者正之略者因之以致詳舊者推之而爲新無非欲明教化之得失而必俾乎治道也豈直辨名物紀事變資檢閱而已哉成編凡十卷謂可鋟梓以傳後請余序諸後夫志之作也其來遠矣成周職方氏掌天下圖小史掌邦國志外史掌四方志秦有圖書漢有

輿地圖後世郡邑各紀其所有或有志無圖或以圖合志未嘗領于王官故有以非史識所急置而不問偏邦下邑無文獻可徵此紫陽朱夫子守南康下車首詢郡志論者謂其知所務今徐侯每以修志爲急其心即朱夫子之心歟此志一出則嵊之一邑事如指諸掌可以垂之久推之遠傳之廣亦可使生于嵊仕于嵊游于嵊者皆得以有所考信而觀感興起焉徐侯可謂有功於嵊縣有補乎世教深達乎治體而知所務矣若或疎略之所當補遺忘之所當入又俟

後之君子與爲改知所務者弘治十四年歲次辛酉孟秋吉旦奉訓大夫知山東德州邑人周山靜之序

王大康撰嵊志序

夫嵊志之不傳也久矣志之傳自今始也先是嵊令萬公以脩志請於郡守蕭公公可之迺以蕭公意請邑工部主政周公總其事既易歲而書成適予來視嵊篆得取而觀之見其議公而覈其事簡而該其文古而雅馴至于敘貫都邑之盛衰山川之要害賦役之繁省士習民風之淑慝尤三致意焉大都扶元氣

敦正誼崇節儉拯彫瘵津津乎其有味哉言矣雖然余又有說焉今所貴于志者固以記載詳而評騭當也然究厥所以都邑盛衰孰致之山川要害孰守之賦役繁省孰裁之夙習淑慝孰剗之令所操耳惟令而以良稱則下之顧化不啻風草即数者咸得其理不焉者反是令之責亦要矣嗟夫起弊惟新之責在令而其本在令之心繼此而令嵊者誠執是而究盛衰之原探要害之實察繁省之繇明淑慝之機不責諸人而反諸已不求諸迹而求諸心吾心實見得是

則行君心實見得非則止得失不亂于中而榮辱不奪于外則庶幾令之賢乎由是而都邑不完山川不理民生不裕風俗不醇吾未之信也吾觀周公志中諸論於令之賢則揚之不賢者畧之責備之意隱而不發斯固君子長者之道也余亦有事於兹土者是以忘其固陋僭有言說以俟觀風者採焉萬曆歲次戊子仲秋吉旦堯都王大康撰

謝三錫撰重刻周誌跋

甚哉誌不易作也非見聞博學術純者不可以操觚

蓋見聞不博則文藝疎學術不純則是非謬嵊誌成於海門周先生冲然粹然藹乎仁人之言實而不夸正而不詭公而不偏約而不濫以發潛德之光以立生民之命編摩勞瘁兩越寒暑則周公之誌不可毀也板藏於周時方鼎革周所爲兵厨頗多散佚豫章羅公以裴演故徙諸壓至邯鄲焦公時城中火板且燼矣更歷三令未遑補鐫歲在己酉張公來涖之三載百務具舉與邑人議曰邑不可無誌誌猶鑑也人無鑑無以別妍媸邑無誌無以考得失且上檄時下

無以供命盍剛諸僉曰諾庚戌夏始告竣則重刻之功不可忘也諸賢囑余跋其後余思刻誌以傳一邑之謨其事小刻心以合先賢之誌其事大今日之嵊山川如故也伏莽者投戈矣都邑如故也茂草者美奐矣土田則坍者除塌者升矣戶口則流者集止者繁矣賦役則正者供苛者汰矣而且抑奔競進操脩以端士習而且敎頑嚚厲勤儉以鼓民風以至倉厫之肯構泮水之聿新橋梁道路溝渠之悉治凡誌所諄諄若操左券王公大康曰邑之轉移在令令之運

用在心誠哉是言以心作令以令宰邑何患不如誌所云則張公之心不可沒也嗟乎誌之不可毁也如此功之不可忘也如此心之不可沒也又如此因跋以告後之藏是板者　以上俱舊序

紀事

剡有志自宋嘉定間高公似孫始嘉定後百七十年元至正間許公汝霖有志至正後又百九十年迨我明朝有錢氏志弗行行夏公雷志今去夏公時又八十七年所矣先是嘉靖中繕部喻公聚余從叔别駕公震議修志業經始弗竟廢後邑令譚公禮學諭王公天和復議修志具草將付梓以授惠昌令胡公采校閱久之又弗就廢乃卒無議志者歳丙戌郡守宛陵蕭公良幹修郡志而太史山陰張公元忭太常餘

姚孫公鑛專筆削太史詢八邑掌故獨嵊志闕曠無徵曰邑不志曷爲郡志地太守右文舉四百年曠典寧當兹太守世而其所隸邑猶有以乏文獻稱者是在邦伯乃以諗南城萬公民紀萬公謀之博士内江楊公繼朝吳興趙公棟連江陳公賓乃告郡公修之報可而余小子汝登方臥病以筆札來請余謝不文請之固太史復贊我余重違兩公指更自念志不文未足深患患不公文不可强公可持夫所患者足恃以免而所不可强者則亦所未足深患者明年受札

既編摩累月甫半萬公考績不暇問遂廼易歲是爲戊子萬公謝職去別駕冀州王公大康來蒞篆王公任事無兩我請畢草時余同門友亳州李公國士由名給事僉憲浙司分鎮台越往來剡上弔王謝風流稽戶籍耗實問志謂宜亟就余益殫力以圖從弟夢科宋君應光實相左右而侍御董君子行方予告家居及州貳邢君德健鄉舉士張君向宸李君春榮時從請正又聞與文學尹君紹元汝陽王君嘉士李君德榮兄士麟姪玄齡山人錢君思棠參訂之五月蕆

具付梓邑貳吳君鶚鳴經紀甫就八月令君晉江林公岳偉至更申閱始布行焉嗟乎嵊上下數千年志錄僅三覩近且數十年謀議莫決其艱曠如是是令太史咨嗟令一旦肇議投艱小子卒獲潰於成以布則惟諸名公主決裁畫而余小子幸際其逢典筆札以竊爲已效稱幸藉免顧所論次多謬畧無以厭衆志則無如所不可强而勉所可持獨一念耿耿在卷姑以藉手謝諸名公對往哲而俟來許且以其艱曠君彼或庶幾已之愈云爾志凡十三卷周汝登識

跋嵊誌後

嵊誌自海門先生續修歷今八十五年矣物態變遷舊章殘闕一邑之土俗士風版章人物久無所考非無雅意修飭之士而留心典故主持風教者未易遇也今

典朝右文勑天下修志以成一代之書　郡侯禹翁張公祖學綜今古聿振新猷檄八邑禮聘耆彥各修縣志以續府志而　邑令張君玉臺愷悌宜民宰嵊五年政通人和百廢具舉乃遵憲檄採輿論延吳君

鉉等六人共議纂輯又以不肖謝職投閒謬委勷理府頒九十八條留人物公核外分條各任其實草創多出自王子國蕃而潤色討論筆之削之袁子尚衷有獨瘁焉若不肖與姜吳諸子僅獻可替否綜其大略而已書成上報　郡大人又命兩學司訓嚴加較讐始督工授梓真愼厥事哉獨孝義列女收不勝收或疑其濫予以善善從長與其苛也而大美或遺毋寧寬也而片善亦紀且以誘進將來風一勸百俾我邑士庶咸知自好於以砥礪名節也云爾書合新舊

共十二卷載筆於庚戌之六月歲就則壬子之九月也閱三載始告竣使非　郡侯張公極主持風教父母克虔乃事安能舉數十年之曠典而惟新之至於褒美錄遺而補所未逮敢以俟後之君子

奉直大夫江南壽州知州邑人裘組謹跋

盛旦嵊志跋

辛亥冬孟越嵊志成嵊自宋高迪議始作剡錄嗣是代有修纂至明周司容而彌精覈彬彬乎文獻備矣閒數十年曠焉莫紀今　郡大人張公以荊楚鉅

儒剌越首檄爲邑各輯志以進嵊令　張君學博謝君禮聘名士續成是編越期年乃獻余讀其書詳簡有法成一家言將授梓而　郡大人復以校讐見委余謹按其文義屬魚魯者正之存疑者標注若干條以付嵊士之博雅者訂焉閱五日夜而竣竊惟　郡大人嘉惠越人記其山川土俗賦役人物使後有考鏡而激勸聿彰而又兢兢詳慎不使有脫誤傳疑若此後之君子觀諸志可以知公之所以治越者矣余猥以校讐附志簡末檇李盛旦謹跋旦時爲蕭山諭

嵊縣誌跋

事不足以垂世君子不以爲事言不足以垂世君子不以爲言君子以其難其慎之心爲可久可遠之計斷顯於一時者光於千古蓋一代之大事在史郡邑之大事在誌一代無史則一代之治道不彰郡邑無誌則郡邑之美蹟不著史旣纂矣誌尤不可緩顧古史多遺訊雖盲腐不免矧郡邑之誌事雜言龐其能超然乎必傳以信而斷以理庶矯矯直筆與董狐南史相頡頏也嵊誌經周司空手井井乎炳炳乎質而

有文閒嘗序其重刻矣庚戌　郡大人張公檄縣修輯以成越書乃佐　邑侯搜羅名宿恭致五六君子以袁子尚衷總其成且月載事亥之秋報命　郡大人檄錫校讐自冬徂春與袁子重加訂証竟其全編其所紀人之賢否事之鉅細物之精粗非載籍所有則耳目所經諸名宿又出自周門夙領盡心知性之學故其爲書有信可徵有理可據無疑叛之說以惑世誣民眞一代之文獻百年之炯鑒也使非　郡大人以難愼之心爲久遠之計安能使其事其言之足

以垂世也哉時壬子上巳學訓謝三錫跋

古者陳詩以觀民風非文也將以云救也蓋有一方之山川則有一方之風氣土有堅弱之殊則人有剛柔之別爰命大師採知四方之風而後剛克柔克僉示禮示各有所施使天下中正和平會歸于皇極郡邑之誌亦然正欲審其堅弱剛柔以施補救爲功甚鉅不徒黼黻吏治已也嵊誌集成于　周夫子吾夫子抱惻時病俗之心發易化移風之論讀其書如見其人迄八十餘年陵谷變遷滄桑更易美弗彰盛弗

傳惜哉幸　郡大人右文徼縣緝誌　邑侯徵諸博
雅下追不肖亦藥籠之收溲渤也然　夫子成書具
在吾友袁子尚衷曾與　尊人同升　夫子之堂能
纂述其教甚惘時病俗者更深易化移風者更切觀
其續論與諸庠意可知矣不肖雖錄錄何難因之以
成哉成矣無能賛詞矣顧　夫子以理學之儒專筆
削之任文獻足徵也袁子自庚戌至壬子總攬梟長
爐錘今古功苦難沒也故贅一語於後以表彰　夫
子與袁子之志且使後之君子由此而施其補救也

嵊誌成知有造于嵊越誌成更知有造於越矣王心一跋

自書有禹貢禮有職方及大小內外史而四方之事詳焉後世變而爲圖誌以資郡邑之考鏡俾生斯土者在下有以美俗守斯土者在上有以美政流覽斯書者不出戶而有以窺天下故誌爲飾文也似可後而誌爲致治也則當先矣我郡邑之誌事越兩朝時經百載舊者殘新者缺何以傳世而維風乃　郡矦邑伯加意整飭急先務哉獨是古人所難而投我衰癯殊不得已嵊誌凡五作而論議不同簡者以詳爲

蕪詳者以簡爲漏尚理者以任情爲放任情者以尚理爲迂惟各有所見故各有所譏苟觀其會通簡則必精詳則必備尚理則近乎淵邃任情則幾乎牢點天地之變爲怪象鼎知神性情之感爲詩採風知俗道墨序于九流艸木禽魚疏于爾雅何莫非道未可短長也今者摭舊論以成新編不得已而姑資考鏡云爾無所短長具見于書短之長之安敢任受袁尚衷謹跋

附紀事　事載舘於尹君益所蓂四落既廩不繼尹子典衣以贍今竣矣尚義如尹顧可民哉特附記云

嵊縣誌卷十二終